붓다 다르마

붓다 다르마

불교의 올바른 이해와 실천

성열 지음

도•서•출•판
문화문고

저자의 말

필자가 '붓다 정신으로 돌아가자'면서 강남포교원의 문을 연 지도 벌써 스물하고도 팔 년째가 되어간다. 이쯤 되면 강남포교원에서 말하는 불교가 어떤 것이었는지 세상에 내놓아야 할 때도 되었다고 본다. 이십 팔년 전 포교원을 시작할 때나 지금이나 필자가 고집스러우리만치 지키고자 애썼던 원칙은 오직 하나 고따마 붓다의 정통의 가르침을 전파하는 것만이 포교일 수 있다는 것뿐이었다. 그래서 강남포교원에서는 우리 불교계에 관행처럼 일반화된 신행 형태일지라도 경전에 근거하지 않거나 비불교적인 것이라 판단될 때는 과감히 배척해 왔다.

어떤 이는 오직 정법만을 고집해가지고는 법당 건립도 어려울 것이라고 염려念慮해 주기도 했지만 강남포교원은 이미 오래 전에 법당을 건립했다. 지금 많은 사람들이 드나들지는 않지만 여전히 착실하게 잘 운영되고 있다. 정법만을 고집해서는 현실적으로 버텨 내기가 어려울 것이라는 우려憂慮를 깨끗이 불식拂拭시켰다고 본다.

정통의 불교에서 벗어난 비불교적 관행을 없애고서는 사찰의 운영이나 유지가 불가능한 것이 아니라 전근대적인 관습에 얽매여 시도조차 하지 않는 것이 문제이다. 물론 오래 된 관습을 깨끗하게 불식하는 데는 그만한 어려움과 노력을 기울여야 하는 것은 당연하다. 하지만 불교의 본모습을 찾기 위해서는 반드시 요구되는 과정이다.

책의 제호를 『붓다 다르마』라 한 것도 사실은 고따마 붓다의 정통의 사상이라는 의미를 함축하고 있다. 붓다 시대부터 붓다의 가르침과 외도들의 가르침이 다르다는 것을 분명히 하기 위해 붓다의 가르침을 붓다 다르마Buddha dharma, 즉 불법佛法이라 불렀었다.

역사적으로 불교는 고따마 붓다의 가르침이고, 그 가르침은 인류 역사상 그 누구의 것과도 다른 독특한 점이 있다. 그 독특한 점이 바로 불교의 특색이요 불교다움이며 불교의 핵심이며 불교의 정체성正體性이며 정통 불교의 요체要諦인 것이다. 따라서 고따마 붓다의 독특한 사상을 바르게 이해하는 것이 바로 불교를 바르게 공부하는 것이요, 이 책이 전하고자 하는 요점이기도 하다.

사실 세상에는 이런저런 이름의 다양한 불교들이 있고, 다양한 이름의 불교들 간에는 서로 상반되는 입장을 드러내는 경우도 비일비재非一非再하다. 불교의 역사가 긴 만큼이나 고따마 붓다의 가르침도 이런저런 모습으로 발전했을 것이고 때로는 왜곡되고 변질될 수도 있었을 것이라 본다. 이 책은 역사를 거치면서 발전해 온 다양한 이름의 불교 전반을 다루지 않고 불교의 원형을 이해한다는 차원에서 초기불교의 입장에서 설명하고자 했다. 그것은 고따마 붓다의 가르침과 지금 시중에서 언급되고 있는 불교가 얼마만큼 거리가 있는가를 간접적으로 말하는 것이 될 수도 있고, 때로는 대승불교에 익숙해진 이들에게는 정서적으로 잘 맞지 않거나 생소하게 느껴지는 내용도 있을 것이라 본다.

필자는 불교가 종교宗敎라는 이름으로 분류되거나 호칭되는 것을 달가워하지 않는다. 우리가 흔히 쓰는 종교라는 말은 영어 릴리전religion을 번역한 말인데, 릴리전은 불교와 전혀 맞지 않는 신학적 개념이기 때문이다. 불교는 릴리전의 개념과는 거리가 멀 뿐만 아니라 아예 차원이 다르다. 한마디로 불교는 신을 믿는 종교와 패러다임이 다르다.

불교를 릴리전이란 신학적 개념으로 설명하거나 이해하는 것은 개념적 오류에 지나지 않는다. 불교는 어디까지나 불교의 시각으로 보아야 불교다울 수 있다. 그러나 안타깝게도 많은 사람들이 릴리전의 개념으로 불교를 이해해 왔는데, 그것은 해방 이후 우리의 교육 자체가 서구적 관점에서 틀을 짜고 제도화되었기 때문이라 하겠다.

불교를 릴리전의 개념으로 접근하다 보니 불교를 믿는 사람이나 신을 믿는 사람이나 사상적으로 크게 다를 것이 없다. 믿음의 대상이 부처냐 신이냐의 차이가 있을 뿐이다. 불교는 오직 불교의 시각으로 이해하고 접근했어야 하는데 릴리전의 개념으로 불교를 이해하다 보니 부처님을 신격화하여 신불神佛을 믿는 현상이 보편화되고 말았다. 부처님의 신격화는 부처님 자신이 거부했던 일이었는데도 말이다.

사람들은 믿음이라는 이름으로 부처님을 신격화하기를 마다하지 않는다. 기독교인들이 신을 신앙하듯이 부처님을 신앙하는 것을 신심이 돈독한 것처럼 착각하는 불교인들도 많다. 그러다 보니 불교인들 가운데는 돈독한 신심을 가졌으면서도 정작 고따마 붓다의 가르침을 제대로 이해하지 못하고 있는 이들도 적지 않다.

고따마 붓다는 법을 보는 자가 나를 볼 것이요, 법을 보지 않으면 나를 볼 수 없다고 했음에도 불구하고 법은 보려고도 하지 않은 채 부처님의 형상만을 맹목적으로 떠받들기에 바쁜 이들이 너무 많다. 필자는 이런 현상을 『고따마 붓다』에서 불교의 신학화神學化라 불렀고, 불교 타락의 극치라고 말했었다. 고따마 붓다는 오직 길을 가리킬 뿐이라고 했음에도 오늘날 많은 사람들이 탐욕스런 재물의 신처럼 떠받들기를 주저하지 않는데, 이러한 경향이야말로 위험한 유행이 아닐 수 없다.

필자가 전에 '역사와 설화'라는 부제를 붙여 『고따마 붓다』를 쓴 것은 불교의 교주에 대하여 바르게 알자는 뜻이었고, 이제 다시 『붓다 다르마』를 쓰는 것은 고따마 붓다의 정통의 가르침을 바르게 알자는 뜻과 강남포교원에서 말해 온 불교를 세상에 공개적으로 내놓고 평가받으려는 뜻에서이다.

불기 2554(2010)년 여름

강남포교원에서　성 열 합장

일러두기

1. 이 책에서는 산스끄리뜨를 기본으로 했고, 빨리어로 표기할 때는 그 앞에 ⓟ로 표시했다.
2. 이 책에 인용한 한역경전은 대정신수대장경을 기본으로 했다. 예컨대, 雜阿含經 제13:<2-91중>은 대정신수대장경 제2책 91쪽 중단을 의미한다.
3. 이 책에 쓰인 약호는 다음과 같다.

A.N.=Anguttara Nikāya

D.N.=Digha Nikāya

Jt.=Jātaka:1981

M.N.=Majjhima Nikāya

P.E.D.=Pali English Dictionary: 1979

S.E.D.=Sanskrit English Dictionary:1960

S.N.=Samyutta Nikāya

Sn.=Sutta Nipāta: trsl. V. Fausböll

산쓰끄리뜨 표기용례

a·ā	i·ī	u·ū	e	o	au	ai	
아·아–	이·이–	우·우–	에	오	아우	아이	
g	gh	d	dh	b	bh	j	jh
ㄱ	ㄱ	ㄷ	ㄷ	ㅂ	ㅂ	ㅈ	ㅈ
c	ch	k	kh	t	th	p	ph
ㅉ	ㅊ	ㄲ	ㅋ	ㄸ	ㅌ	ㅃ	ㅍ
ṭ	ṭh	ḍ	ḍh	l·ḷ	r·ṛ	v	
ㄸ	ㅌ	ㄷ	ㄷ	ㄹ	ㄹ	ㅇ·ㅂ	
s	śa	ṣa	ya	m	ṅa	ṇa	ña
ㅅ	샤	샤	야	ㅁ	나	나	냐
ṁṅṃṇ							
ㅇ·ㅁ·ㄴ							

가 ā·ī·ū 는 장음으로 우리말에서 '아–·이–·우–'로 했다.

나 c·k·t·p 는 센 소리 'ㅉ·ㄲ·ㄸ·ㅃ'로 하였고, ch·kh·th·ph 는 'ㅊ·ㅋ·ㅌ·ㅍ'로 하였다.

다 b·bh, d·dh, g·gh, j·jh 는 연음(連音) h와 관계없이 'ㅂ·ㄷ·ㄱ·ㅈ'로 하였다.

라 r·l 은 우리말로 구분하기 어려우므로 māra는 '마–라'로, mala는 '말라'와 같이 구분하였다.

마 v는 vipassanā는 '위빳사나–', veda는 '베다'와 같이 'ㅇ'나 'ㅂ'로 혼용하였다.

바 ḥ는 위사르가(visarga)라고 하며 산쓰끄리뜨의 단어에서는 보통 모음 다음에 오며 앞의 모음을 동반하는 형태로 발음된다. 마히–빠띠히(mahīpatiḥ), 짜–쁘라자하(cāprajaḥ), 그라하아(grahaḥ), 헤또호(hetoḥ)와 같다.

붓다 다르마 ‖ Buddha Dharma

- 불교의 올바른 이해와 실천

차 례

저자의 말……5
일러두기……9
산스끄리뜨 표기용례……10

제1부 ‖ 불교의 올바른 이해를 위하여

01 불교의 출발점……18
1 객관세계……20
2 언어에 대하여……26
① 말과 호칭呼稱…… 27
② 말과 인식……35
③ 말과 진위眞僞……38
④ 경험론과 관념론……43
⑤ 말과 진리……45
02 불교와 릴리전religion……48
03 다양한 모습의 불교……50

제2부 ‖ 정통 불교

04 붓다가 말하지 않은 것들……57
05 붓다가 말한 것들……62
06 제자들에 의해 체계화된 기준……67
1 제행무상諸行無常……69
2 제법무아諸法無我……87
3 열반적정涅槃寂靜……93

제3부 ‖ 다르마Dharma

07 연기법緣起法……102
08 불교의 세계관……113
① 연기하는 이치는 상주한다……114
② 연기하는 이치를 법주法住라 한다……115
③ 연기하는 이치를 법계法界라 한다……116
④ 연기하는 이치를 법공法空이라 한다……118
⑤ 연기하는 이치는 법여法如, 법이法爾라고 한다……120
⑥ 연기하는 이치로서 법은 여如를 벗어나지 않고, 연기하는 이치로서 법은 여如와 다르지도 않다고 하여 법불리여法不離如·법불이여法不異如라 했다……120
09 연기법과 인과법칙……127
10 연기와 중도……129
11 이론적 중도……130
12 실천적 중도……133
13 불교의 교리체계……134
보설補說_ 1. 깨달음[覺]과 여如와 여래如來……137
2. 역사는 결정론이 아니다……144
3. 필연과 자유……153

제4부 ‖ 인식론

14 십이처十二處……165
15 십팔계十八界……174

16 오온五蘊……180

[1] 색色……181 [2] 수受……182 [3] 상想……188

[4] 행行……192 [5] 식識……198

17 오온의 종합적 이해……202

18 무아의 바른 뜻……205

19 긍정된 나와 부정된 자아……211

20 인식의 주체문제……213

보설補說_ 4. 사실과 가치……218

5. 신념과 지식……224

6. 지혜와 지식……233

7. 불교와 윤리학……236

제5부 ‖ 현상론

21 십이연기十二緣起……248

22 제식연기齊識緣起……257

23 삼세인과三世因果……271

보설補說_ 8. 무명無明……279

제6부 ‖ 실천론

24 사성제……287

25 붓다의 현실진단……290

[1] 사고四苦와 팔고八苦……290

[2] 고苦의 분류……296

26 모든 둣카에는 원인이 있다……297

27 고통은 극복된다……303

[1] 유여열반과 무여열반……304

② 열반과 해탈……305
③ 심해탈心解脫과 혜해탈慧解脫……309
28 고통 극복의 길……310
29 인식에 의한 해탈……311
30 실천에 의한 해탈……312
31 오정심관五停心觀……315
① 사념처四念處……317
② 사정근四正勤……322
③ 사여의족四如意足……322
④ 오근五根……323
⑤ 오력五力……326
⑥ 칠각분七覺分……327
⑦ 팔정도八正道……329
⑧ 팔정도의 두 길……333
32 선정에 대하여……337
① 색계의 네 가지 선정……340
② 무색계의 네 가지 선정……342
③ 멸진정滅盡定……344
33 중국 선종禪宗의 선禪에 대하여……348
보설補說_ 9. 인간 본성에 대한 불교적 입장……357

제7부 ‖ 세제로서 불교의 이해

35 제일의제第一義諦와 세제世諦……367
36 선과 악은 인위적인 가치……380
37 윤회는 도덕실천의 보상체계……385
보설補說_ 10. 인과응보의 유형들……391
11. 업과 윤회의 양면성……400

저자 후기……405
주석……408
찾아보기……439

Buddha Dharma

제 1 부

불교의 올바른 이해를 위하여

불교라는 말 앞에 어떠한 이름이 붙여지더라도 그것이 불교인 이상 고따마 붓다의 가르침에 뿌리를 두지 않으면 안 된다. 다시 말해 고따마 붓다의 가르침에 근거해야 불교가 될 수 있다는 뜻이다. 고따마 붓다의 가르침에 근거를 둔다는 점에서 모든 불교는공통적 시각을 가질 수밖에 없다. 그리고 그 공통적 시각이라는 것도 고따마 붓다의 가르침의 특징을 이루는 것이어야지 그렇지 않으면 불교의 생명력을 잃고 말게 된다.

이 땅에 불교가 전래된 지 천육백 년이 훌쩍 지났다. 이쯤 되면 저자거리의 코흘리개들도 불교와 친숙해졌을 법한데 아직도 불교를 낯설어하는 이들도 많고 어렵다고만 생각하는 이들도 많은 것 같다. 이대로 방치하다 보면 자칫 불교는 조상들이 남겨 놓은 문화유산으로 전락하고 마는 것은 아닐까 심히 걱정스럽기조차 하다.

사람들이 불교를 낯설어하고 어렵다고 생각하는 데는 이유가 있는 것 같다. 불교라고 말하면 먼저 팔만대장경八萬大藏經이란 말을 떠올리게 되는데, 팔만八萬이란 숫자가 놀랍고, 대장경大藏經이라고 할 때 대大라는 말이 부담스럽다. 더군다나 불교 하면 어려운 한문漢文을 연상하게 되어 부담스러움은 더 가중된다. 불교라는 말과 함께 떠오르는 것이라곤 '복잡하고 까다롭고 어렵다'는 것뿐이니 한문과 거리가 먼 신세대 젊은이들은 내용을 알아보려고도 하지 않는다. 그래서 앞날이 걱정스럽다고 말하는 것이다.

고따마 붓다의 가르침에 관계없이 불교가 오해받고 있는 측면도 있다. 불교 하면 미신, 우상숭배와 같은 부정적이고 낡은 것들이 떠오르기도 하는데, 그것은 불교인들 자신의 잘못을 비롯하여 이교도들의 저질적 음해도 한몫을 하고 있다. 이교도들이야 그렇다 치더라도 불교인들 자신이 불교를 미신이나 낡은 믿음으로 오해받게 한 것은 깊이 반성해야 할 일이다.

이제부터 고따마 붓다의 가르침이 어떤 것인지 바르게 공부해 보기로 하자. 그러자면 이제까지 불교에 대해 가지고 있었던 선입견이나 정확하지 않는 지식들은 일단 내려놓고 시작하는 것이 편할 것 같다.

01 불교의 출발점

고따마 붓다는 생로병사生老病死라는 실존적인 문제로 깊은 고민을 했고, 깨달음을 통해 생로병사로부터 해탈解脫했다. 해탈이란 꽁꽁 묶여 있는 상태에서 풀려났다는 뜻이므로 붓다가 되기 전에는 생로병사에 꽁꽁 묶여 고민하다가 깨달음을 통해 붓다가 되어 고민을 해결하고 자유를 얻었다는 뜻이다.

불교는 고따마 붓다의 실존적 삶의 체험담이니, 인간 실존에 대한 깊은 관심과 통찰로부터 불교는 시작한다. 그렇다면 고따마 붓다가 본 실존적 인간의 상황은 어떤 것일까? 이에 대한 대답은 고따마 붓다가 꼬살라국의 빠세나디왕에게 말한 다음과 같은 짤막한 비유의 이야기가 가장 적절할 것 같다.

어떤 사람이 길을 가다가 넓은 벌판에서 성난 코끼리를 만나 쫓기게 되었답니다. 그는 넓은 벌판을 이리저리 도망치다가 마침 빈 우물 하나를 발견하였는데, 우물에는 굵은 나무뿌리가 드리워져 있었습니다.

그 사람은 더 이상 도망갈 곳이 없었던 터라 우선 나무뿌리를 타고 우물 안으로 내려가 몸을 숨겼습니다. 그런데 자기가 매달려 있는 나무뿌리를 올려다보니 흰쥐와 검은 쥐가 교대로 갉아대고 있는 것이었습니다. 또 우물의 사방 벽을 보니 거기에는 독사 네 마리가 그 사람을 물려고 기다리고 있었고, 다시 우물 바닥을 내려다보니 독룡毒龍이 입을 벌리고 있었습니다.

그 사람이 나무줄기를 타고 내려가는 중에 나무가 흔들렸기 때문에 나무줄기에 집을 짓고 살던 벌들이 사방으로 흩어져 날면서 그 사람에게 달려들어 쏘아대기 시작했습니다. 더구나 그때 들판에는 불이 맹렬하게 타올랐고, 그 불길은 그 사람이 매달리고 있는 나무를 태우고 있었습니다.

그 사람은 '독룡과 독사에게 물리지는 않을까, 내가 매달리고 있는 나무 뿌리가 끊어지지는 않을까' 하는 걱정과 두려움에 떨고 있었습니다. 그때 마침 그 사람의 입으로 벌집에서 다섯 방울의 꿀이 떨어졌는데, 그 사람은 자기가 놓인 위험도 잊어버린 채 꿀을 빨아먹고 있었다고 합니다.1

이 이야기는 안수정등岸樹井藤이란 주제主題로 옛날부터 사찰벽화의 한 장면으로 자주 그려지곤 했다.

'세상에 늙음·병듦·죽음이란 고통이 없었다면 붓다는 세상에 출현하지 않았을 것이요, 세상 역시 붓다를 알지 못했을 것'이라거나2 '아는 자요 지혜로운 사람인 나는 제자들을 위해 도를 설명하되, 고苦의 문제를 바르게 해결하고 궁극적으로는 고통의 문제에서 완전하게 벗어나게 한다'거나3 '전이나 지금이나 내가 단호하게 주장하는 것은 오로지 고통에 가득한 인생을 직시하고 그 고통에서 벗어나는 길을 말할 뿐'이라고 했듯이,4 고따마 붓다는 인간의 실존적 삶이 괴로움의 연속이라는 사실을 역설하고 괴로움에서 벗어나는 길만을 논의하고 있다.

'나는 오직 여기 현존現存하는 것만을 추구하는데, 너희는 여기 존재하지 않는 것을 위해 슬퍼한다'고 말해5 고따마 붓다는 현존하는 것만을 추구할 뿐 과거의 문제나 사후의 문제와 같은 비현실적인 것들에 천착穿鑿하지 않는다는 것을 분명히 하고 있다. 불교를 말하는 이들 가운데는 붓다가 깊은 관심을 두었던 현실의 문제[Ⓟ diṭṭhe va dhamme]보다 현실을 벗어난 문제[Ⓟsamparāyika dhamme]를 언급하는 것을 자주 보게 되는데, 이런 접근은 말할 수 없는 것은 말하지 않는다는 고따마 붓다의 철학적 입장을 벗어나는 것이어서 범주範疇의 오류誤謬를 범하고 있다고 하겠다.

그렇다면 고따마 붓다가 깊은 관심을 가졌던 현존하는 것들은 어떤 것일까? 고따마 붓다는 실존적 인간을 문제 삼는다고 했다. 실존적 인간은 이기적인 욕망의 존재임이 분명하다. 욕망을 충족시키려는 이기심은 물질적인 것에만 작용하지 않고, 죽고 싶지 않다는 영생불멸이나, 죽을 수밖에 없다면 죽은 다음에라도 영원한 무엇이 있기를 강렬하게 희망하고 있다. 인간이 산다는 것은 결국 욕망을 충족시키려는 이기적 활동인데, 그 욕망이라는 것이 흡족하게 채워질 수 없다는 점에서 인생은 둑카duḥkha이다. 둑카는 '불안함'이요, '기분이 언짢음'이며, '고통'이며, '슬픔'이며, '걱정' 등을 의미한다.

그러니까 불교는 현실의 인간이 안고 있는 이 둑카에서 해방하는 길을 가르치고 있다. 고따마 붓다의 가르침은 오직 인간고人間苦의 해방에 있을 뿐 신들이 세상을 만들었다거나 인간의 행복과 불행을 어떻게 한다는 이야기는 없다. 흔히 종교[religion]에서 말하는 인격신人格神의 개념이 없으니, 불교는 인간학人間學이요 휴머니즘이다. 이것이 불교의 특징이다.

1 객관세계

오늘날 이 세상에서 가장 강력한 힘과 설득력을 가진 언어는 자연과학의 언어이다. 자연과학이 참이라고 판단한 것을 등지고 설 수 있는 진리는 없다. 자연과학이 인간의 모든 문제를 해결하고 있지는 못하지만 현대사회는 과학문명이 선도하고 있다는 사실만큼은 부정할 수 없다. 이 말은 과학이 제시하는 명제命題를 거부하고서는 현대사회에 살고 있는 이들에게 설득력을 가질 수 있는 말은 없다는 뜻이다. 설사 믿음을 전제하는 종교[religion]라 할지라도 과학을 거부하고서는 더 이상 인류 사회에 존립할 수 없게 되었다는 의미이다.

근래 서구 사회에서 교회가 점점 사람들의 관심에서 멀어지고 있는 것은 교회가 신학적 주장만을 고집하고 합리적 이성에 바탕을 두고 있는 과학을 도외시하고 있기 때문이라 본다. 따라서 과학이 인류 문명을 선도하고 있는 현대사회 속에서 불교가 지속적인 발전을 도모하려면 오늘날 서구사회에서 교회가 직면하고 있는 현실을 타산지석他山之石으로 삼아 자연과학이 내린 확실한 결론을 사실로 이해하고 받아들여야 할 것이다. 그렇지 않고서는 불교 역시 현대인들에게 설득력을 잃고 말 것이기 때문이다.

과학은 관찰觀察, 가설假說, 연역演繹, 실증實證의 과정을 거쳐 진리임을 확인하는데, 합리적 이성을 바탕으로 하고 있는 과학은 경험적으로 입증할 수 있는 것이나 확인될 수 있는 사실만을 확실한 것으로 받아들인다. 과학은 누구의 어떤 주장이라 하더라도 사실로 검증되지 않으면 가설일 뿐 진리로 받아들이지 않는다. 다시 말해 권위를 앞세운 독단獨斷을 배격하고 있다. 역사를 통해서 볼 때, 서양의 중세 사회는 종교적 권위가 이성을 지배하기도 하였지만 결국 합리적 이성에 의해 독단의 벽은 무너지고 말았다. 그것이 소위 르네상스의 발흥이었다.

결국 인류 역사의 발전은 권위와 이성간 투쟁의 결과였으며, 앞으로도 이러한 긴장관계는 여전히 유지될 것이라 본다. 그리고 인간이 사유思惟를 포기하지 않는 한, 그 긴장관계는 항상 합리적 이성의 편에 승리가 주어질 것은 자명한 일이다. 그렇다고 권위가 완전히 사멸한다고 보지는 않는다. 그것은 이성이 발달한 오늘날에도 여전히 권위에 안주하고, 그러한 상태에 있는 것을 편안하다거나 자유롭다고 착각하는 이들이 여전히 많기 때문이다. 다만 확실한 것은 그러한 권위는 중세시대처럼 강력한 힘을 발휘하지 못하게 될 것이라는 점이다.

과학[science]은 자연과학이란 말처럼 주로 우리의 의식 밖에 존재하는 것들에 대한 탐구를 대상으로 삼는다. 서양에서 사실의 영역은 과학의 전유물이 되고 교회는 의미의 세계로만 남아 있게 되었다. 신학이 지배하였던 시대에는 신학에서 제기한 명제를 비판하거나 거부할 수 없었다. 교회가 천동설을 주장할 때 지동설을 주장한 코페르니쿠스(Copernicus, 1473~1543)를 종교재판에 넘겨 화형에 처했지만 인류역사는 끝내 진실의 쪽으로 흘러갔다. 우리가 다시 중세로 돌아가지 않는 한 과학이 쌓아 놓은 금자탑마저 종교가 무너뜨릴 수는 없을 것이다. 이런 점에서 모든 종교는 과학이 말하는 명제나 사유思惟의 방식을 겸허하게 받아들여야 할 것이다.

다행히도 불교는 그 출발점에서부터 자연과학적 입장이나 방법에 대하여 견해를 달리하지 않았다. 고따마 붓다의 깨달음은 목전에 현전하는 사물을 있는 사실 그대로 알거나 보는 것을 의미하기 때문이고, 고따마 붓다의 깨달음은 합리적 사유의 산물이지 권위에 가득찬 독단이 아니기 때문이다.

고따마 붓다는 객관세계가 우리의 의식으로 파악되는 것은 의식밖의 세계 그대로가 아니라 주관적 의식을 통해서 이루어진다고 보았다. 사실 우리의 의식밖에 있는 객관세계는 의식에 관계없이 존재하고, 자연과학은 의식밖에 존재하는 세계를 파악하고 인간의 삶을 보다 풍성하도록 이용하는 것에 지나지 않는다.

객관세계는 의식과 관계없이 존재한다는 이 사실은 자연과학의 견해를 빌려 말하는 것이 더욱 납득하기 쉬울 것이다. 현대의 자연과학은 지금의 지구와 생명의 출현에 대하여 대략 다음과 같이 말하고 있다. 오늘의 태양은 지금으로부터 약 50억 년 정도 이전에 생겨났으리라 보고, 지구의 연령은 45억 년~ 50억 년 사이 대략 47억 년 정도 될 것으로 추정한다. 화석化石을 통해 볼 때, 지구상에 최초의 생명이 나타난 것은 대략 35억 년 전으로 추측되고, 다세포생물多細胞生物의 출현은 약 8억 년 전의 일이며, 가장 오래된 동물의 출현도 6억 년 전의 일이라 한다. 그리고 약 100만 년 전 태고

적에 최초의 인류가 출현하였다고 보고 있다.6

자연과학은 지구가 옛날에 인간이나 다른 어떤 피조물이 결코 존재하지 않았거나 존재할 수 없었던 그런 상태로 존재했다는 사실을 단호히 주장한다. 유기물有機物은 그 후에 나타난 현상이며, 오랜 진화의 산물이다. 따라서 거기에는 어떤 감각 능력이 있는 물질도 어떤 '감각복합'도 존재하지 않았다.7

인간은 지구상의 생물의 발전에 있어 최고의 단계에 있으며, 심리적 작용 및 음절音節로 나누어진 언어를 가지고 있다는 점에서 가장 발달된 동물로부터도 구별된다. 인간은 사고 활동을 매개로 하여 대상 세계를 인식하고 예측하며, 또 한편으로 자기 자신의 요구要求 · 이상理想 · 목적目的 등을 추구하며 그 실현實現에 힘쓴다. 사고는 언어와 함께, 인간의 사회적 실천의 발전 과정, 인간의 집단적 노동의 발전 과정에서 발생한다.8

다시 바꾸어 말하자면, 인간이 객관사물을 인식하기 전에 사물이 존재하고 있었으니, 물질세계는 인식에 선행先行한다는 말이다. 우리가 인식하므로 객관세계가 있게 되는 것이 아니라 인식과 관계없이, 인식 이전에 객관세계는 이미 있었다. 따라서 일체유심조一切唯心造라고 할 때, '일체'一切를 객관적 물질세계로까지 확대해석하게 되면 인식은 물질세계에 선행한다는 것이 되고 말 것이니, 자연과학적 입장과 상충되고 말 것이다. 흔히 '세상만사 마음먹기에 달렸다'는 말을 하는데, 꽤나 그럴듯한 말처럼 들리지만 오류를 내포하고 있는 거짓말이 아닐 수 없다.

고따마 붓다는 우리의 인식은 주관과 객관이 상대하는 과정에서 일어나는 것으로 보았다. 인식의 대상인 객관세계는 인식과 관계없이 그 자체로 존재하는 것일 뿐 인식이 좌우할 수 없다는 것이다. 그런데 의식 밖에 존재하는 객관세계를 주관적 의식으로 해체해 버리려는 경향이 있다.

예를 들어 『대승기신론』 중에 '이일체색법본래시심 실무외색…… 소위일체경계유심망기고유 약심이어망동즉일체경계멸以一切色法本來是心 實無外色…… 所謂一切境界唯心妄起故有 若心離於妄動則一切境界滅'이란 문장을 번역하는데,9 '눈에 보이는 모든 물체는 원래 "마음"이며 외부적인 형상이 있는 것이 아니다 …… 다시 말하면 우리의 인식에 파악되는 모든 대상은 오직 마음의 헛된 움직임으로 말미암아 나타난다. 마음에 헛된 움직임이 없으면 모든 대상이 사라진다'고 하였는데,10 눈에 보이는 모든 물체가 원래 마음이고 외부적인 형상이 있는 것이 아니라는데 이것이 과연 과학적으로 맞는 말일까?

이 부분에 대한 다른 이의 번역을 보면, '일체의 색법色法이 본래가 이 마음이라 실로 외색外色이 없음이니…… 이른바 일체의 경계가 오직 마음이 망령되이 일어난 연고로 있음이니 만약 마음이 망녕되이 움직임을 여의면 곧 일체의 경계가 멸할 것'이라 하고,11 부연하여 설명하기를, '일체의 색법은 본래가 마음이며 따로 색이 없는 것이다. 앞에서 말한 바와 같이 일체 객관의 경계라 하는 것은 진심眞心의 망동妄動으로 일어나는 것이니 마음이 망동을 여의면 일체의 경계는 멸하게 된다'고 하였다.12

아마도 색법을 색에 대한 인식 결과로 본 것 같은데, 일체법을 색법色法과 무색법無色法으로 나누거나13 구사학에서 제법을 오위칠십오법五位七十五法이나 유식학에서 오위백법五位百法으로 나눌 때의 색법色法은 의식밖에 존재하는 물질 그 자체(色相, rūpa-svabhāva)를 의미한다. 우리의 의식이 만들어 내는 것은 색상(色想, rūpa-saṃjñā)이라 해야 할 것이다. 이런 중요한 문제는 반드시 주석이 필요하다.

또한 경계란 말도 심식心識 안의 경계인지 의식 밖의 경계인지 반드시 구분이 필요하다. 심식 안의 경계는 루-빠 상즈냐[色想]가 될 것이고, 의식 밖의 경계는 루-빠 스와바-와[色相]가 될 것이니 분명한 설명이 요구된다.

또 다른 번역도 '모든 색법이 본래 마음이요 실로 밖의 색이 없는 것이니…… 소위 일체의 경계가 오직 마음에서 망령되이 일어나기 때문에 있는 것이니, 만약 마음이 망령되이 움직이는 것을 여의면 일체의 경계가 멸한다'고 했다.14 앞의 번역과 별 차이가 없다.

위의 번역들은 한마디로 내 의식 밖에는 객관적 존재로서 물질세계가 없다는 말인데, 정말로 그럴까? 사실 내가 그릇된 생각을 하든 올바른 생각을 가지고 있든 내 밖의 물질세계는 나와 관계없이 존재하는 것이다. 과학문명의 발달은 의식 밖의 물질에 대해 이해하고 그것을 효과적으로 이용하는 것이다. 만약 의식 밖에 물질세계가 없다면 과학문명은 그 자체가 이루어질 수 없는 것이기 때문이다.

위의 번역은 의식 밖의 물질세계마저도 주관적 마음으로 환원시켜 버리는 예인데, 과연 고따마 붓다도 그렇게 말했는지 의심스럽다. 만약 고따마 붓다의 견해와 배치된다면 그것은 불교라고 할 수 없는 것이다. 천 길 낭떠러지는 내가 알던 모르던 천 길 낭떠러지이지 내가 망상을 피운다고 없던 낭떠러지가 생기는 것도 아니요 망상을 피지 않는다고 있던 낭떠러지가 없어지는 것도 아님은 삼척동자도 다 아는 사실이다. 만약 내 말에 의심이 든다면 절벽 앞에서 낭떠러지는 없다고 주문을 외우듯이 외우면서 한 발짝이라도 앞으로 나가보라. 그 결과가 어떻게 되겠는가. 그러고 나면 위에서 인용한 것과 같은 불교 이해는 아주 잘못되었다는 것을 금방 알게 될 것이다.

『화엄경』의 유명한 구절인 일체유심조一切唯心造를 번역할 때는 일체라는 것이 어디까지인지 명확하게 구분해야 할 것이고, 유식학에서 삼계유심三界唯心이나 만법유식萬法唯識을 말할 때는 삼계의 의미가 구체적으로 무엇이고, 만법이라고 할 때 법의 개념은 무엇이고 한계는 어디까지인지 명확하게 밝혀야만 한다. 또한 대승경전이나 선어록에 자주 등장하는 심외무법心外無法을 말할 때는 그 법의 개념이 무엇인지를 정확하게 짚지 않으면 애매모호한 불교가 되고 만다. 법이란 말에 대해서는 다르마dharma를 설명할 때 자세히 할 것이다.

합리적 이성을 가진 불자라면 우리시대 최고의 과학이 발견한 것들과 일치하고, 그것들에 근거한 현실이어야 한다. 만약 우주가 이제 겨우 6천 년 전에 창조되었다는 식의 억지 논리를 가지고는 더 이상 속일 수가 없다. 성경에 근거한 창조론은 정통 생물학 및 지질학의 통설과 양립할 수 없을 뿐만 아니라 방사성 원소에 관한 물리 이론이나 우주론과도 모순된다.[15] 만약 6천 년 전에 아무 것도 존재하지 않았다면 6천 광년 이상 떨어져 있는 천체는 보이지 않아야 할 것이다.

2 언어에 대하여

본격적으로 불교 공부에 들어가기 전에 먼저 이해해 두어야 할 문제가 있다. 필자가 이 책을 쓰는 것은 언어를 문자화하는 것이고, 독자가 이 책을 읽는 것도 문자화된 언어를 이해하는 것이다. 우리가 불교를 공부하는 것 역시 언어를 매개체로 붓다의 사상을 이해하는 것이기 때문에 말이란 어떤 것인지 먼저 생각하지 않을 수 없다.

인간은 말을 가지고 사상·감정·의사를 전달하기도 하고 이해하기도 한다. 그런 점에서 사상은 바로 말이다. 또한 우리는 직접 보는 것만을 통해서 대상을 인식하는 것이 아니라 남의 말을 통해서도 세상을 파악하기 때문에 말은 인식의 중요한 수단이기도 하다. 한마디로 사상과 말과 인식은 불가분의 관계에 있다.

또한 말은 기호화할 수 있다. 언어의 기호화가 문자이다. 언어로만 의사를 표현할 때보다 문자를 통해서 사고와 의식을 심화 발달시킨다. 문자를 통해서 추상적인 사고를 할 수 있을 뿐 아니라 문자를 통해서 앞 세대의 경험이나 지식, 사상들을 다음 세대에 전할 수도 있다. 이처럼 현실에서 인간의 삶은 말을 떠나서 생각할 수조차 없을 정도다. 인간은 말과 문자를 사용한다는 점에서 동물에서 빠져나와 역사와 문화를 이룰 수 있었다.

우리의 일상생활은 말을 떠나서 성립될 수 없지만 거기에는 우리가 짚고 넘어가야 할 많은 허점이 도사리고 있다는 것도 알아 둘 필요가 있다. 말이 가지고 있는 이 허점을 간파하지 못하면 말로 의사소통을 하면서도 엄청난 견해의 차이를 불러오고, 때로는 대화한다는 것이 무의미할 수도 있다.

사실 우리가 말을 가지고 남들과 의사를 소통한다는 것은 그 말이 가지고 있는 뜻이나 의미를 공유共有한다는 것을 전제로 하는 약속된 행위이다. 만약 대화하는 사람끼리 서로 사용하고 있는 말의 뜻이나 의미를 공유하지 않으면 언어생활은 무의미해지고 만다. 말하는 사람의 뜻과 그 말을 듣는 사람의 뜻이 전혀 다르기 때문이다.

① 말과 호칭呼稱

사람은 누구나 자기의 모국어를 배우고 태어나지 않는다. 미국인으로 태어난다고 영어를 배우고 태어나지 않고, 한국인으로 태어난다고 우리말을 배우고 태어나지는 않는다. 인간은 누구나 자기가 태어난 사회의 말을 배우는 것이므로 언어는 생득적生得的이 아니라 습득習得하는 것이다. 그런데 습득의 과정을 간단히 살펴보면, 어떤 사물에 대한 이름을 먼저 배우게 된다.

예를 들어 어머니가 자식에게 가르치는 첫 번째 말은 아마도 엄마일 것이다. 갓난아기의 눈에 비쳐지는 자신을 엄마라고 부르라고 가르치는 것이다. 갓난아기의 눈에 비쳐지는 것은 하나의 물건에 지나지 않지만 엄마라고 이름을 붙이고 그렇게 부르게 했던 것이다. 우리가 처음 영어를 배웠을 때를 되돌아보아도 어떤 물건에 대한 이름부터 배웠듯이 사람은 누구나 사물에 대한 호칭으로부터 말을 배우게 되는 것이다.

그러니까 단어는 그 단어에 해당하는 어떤 물건이 있다는 것을 전제하는 사회적 약속 아래에서 언어는 습득되고 있다. 그렇지만 학교에 다니고, 어른이 되면서부터 상황은 달라진다. 말은 있지만 그 말에 해당하는 사물은 없는 것들을 익히고 그러한 말을 가지고 의사소통을 하게 된다. 어른이 되어간다는 것은 말과 사물이 일대일一對一의 대응관계에서 점차 벗어나 해당하는 사물은 없으면서 말만 있는 단어를 사용할 줄 안다는 뜻이기도 하다.

다시 말해 말의 내용이 구체적 대상對象에서 어떤 의미意味로 바뀌게 된 것이다. 예를 들어 어릴 때에는 엄마 · 아빠 · 형 · 동생 · 연필 · 지우개와 같이 대상을 지칭하는 말을 사용하다가 자유 · 양심 · 인격 · 신 · 사랑과 같은 개념적인 말을 사용할 수 있게 되었다는 뜻이다.

어려서는 어떤 대상에 대한 호칭을 가지고 언어를 사용하다가 어른이 되면서 개념적 언어를 사용하게 되지만 어른들이라고 언제나 개념적 언어만을 사용하는 것은 아니다. 언어를 사용하는 측면에서 어린애와 어른의 차이를 그렇게 볼 수 있다는 뜻이다.

이렇게 볼 때, 우리가 일상적으로 사용하고 있는 말에는 구체적으로 어떤 대상을 지칭하는 호칭呼稱이 있고, 구체적인 대상은 없으면서 의미意味를 표현하는 것이 있는데, 구체적 대상을 지칭하는 말을 사실적 언어事實的言語라 하고, 구체적 대상은 없이 의미만을 표현하는 말을 개념적 언어槪念的 言語라고 한다. 예를 들어 엄마 · 아빠 · 연필 · 지우개 등은 사실적 언어이고, 양심 · 인격 · 신 · 사랑 등은 개념적 언어이다.

그렇지만 우리가 말을 처음 배우는 과정에서 말은 그에 해당하는 어떤 물건이 있다는 것을 전제하는 사회적 약속 아래에서 배워 왔기 때문에 어떤 말을 들으면 그 말에 해당하는 대상을 자연스럽게 마음속에 떠올리게 된다. 말과 대상을 일대일로 연상聯想하는 것이 이미 몸에 배어 익숙해졌다는 것이다. 다시 말해 무슨 말을 들으면 그것에 대한 대상을 상상하는 것이 습관이 되었다는 뜻이다.

예를 들어 거북이 털이라는 말을 들으면 털을 가진 거북이를 연상하게 되고, 오작교烏鵲橋라는 말을 들으면 하늘 어디에다 까마귀들이 다리를 놓는 것을 상상하게 된다. 양심이나 인격, 신이나 사랑이란 말을 들으면 그에 상응하는 대상을 마음속에 상상하는 것이 전혀 이상하지 않을 정도로 자연스러워졌다.

하르트만(Hartman, 1842~1906)은 말과 그에 해당하는 대상이 사실적으로 있는 것을 실존적 존재實存的 存在 또는 실재적 대상實在的 對象이라 했고, 사실상 구체적 대상이 없으면서도 말을 통해 어떤 대상이 있는 것처럼 생각되는 것을 이념적 존재理念的 存在 또는 이념적 대상理念的 對象이라고 했다. 앞에서 예를 든 엄마·아빠·연필·지우개 등은 실존적 존재이고, 양심·인격·신·사랑 등은 이념적 존재이다.

불교에서는 말과 그 말에 해당하는 사물이 실재하는 경우를 유명유실有名有實이라 하고, 실재하는 사물은 없으면서 말만 있는 경우를 유명무실有名無實이라 한다. 그러니까 사실적 언어는 유명유실한 것이고, 사실적 언어가 가리키는 것은 실존적 존재이다. 이에 비해 개념적 언어는 유명무실한 것이고, 개념적 언어가 가리키는 것은 이념적 존재이다. 연필이나 지우개 등은 유명유실한 것이고 양심이나 인격 등은 유명무실한 것이다.

우리의 현실에는 태양, 달, 별들, 산과 바다, 바위와 나무 같은 실존적 존재들이 있고, 그것들은 내가 태어나기 전부터 거기에 그렇게 있었던 자연의 것들이다. 나의 밖에 존재하는 자연적인 것들은 내가 만드는 것이 아니라 나에게는 주어지는 것들이다. 내가 바라보기 때문에 존재하는 것이 아니라 그것이 존재하기 때문에 내가 그것을 바라보게 되는 것이다. 다시 말해 내 밖의 물질적인 것들은 내가 인식함으로써 존재하는 것이 아니라 나의 인식과 관계없이 존재하는 것들이다. 한마디로 존재하기 때문에 내가 인식하게 되는 것들이다.

나의 인식과 관계없이 존재하는 것들은 내 앞에 현전現前하는 것들이다. 현전이란 아비무키-부-따abhimukhī-bhūta로 바로 면전面前에 실재하는 것이란 뜻이다. 우리의 면전에 실재하는 것들은 우리가 표현하는 말을 벗어나 있고, 우리가 무엇이라 이름을 붙여도 상관하지 않으며, 우리가 어떻게 인식해도 구애받지 않으며, 그것들은 그것들 자체로 거기에 존재할 뿐 그 자체로는 예쁜 것도 아니요 추한 것도 아니며 좋은 것도 아니고 나쁜 것도 아니다. 존재하는 것은 단지 '그것'[tat ㉳that, it]일 뿐이다. '그것'은 하나가 아니라 삼라만상森羅萬象이라 말하듯이 온갖 형태의 것들로 복잡하고 다양하다.

인간은 다양한 모습으로 존재하는 온갖 것들을 식별(識別, discriminate)하기 위해서 그것들 하나하나에 이름을 붙인다. 이런 경우가 유명유실이다. 목전의 사물은 원래 이런저런 이름도 없었고, 이것저것이란 구분區分도 없었는데, 사람들이 이런저런 이름을 붙이고 이것저것으로 식별하는 것이다. 사물에다 이런저런 이름을 붙인 것은 각기 다른 사물들을 구분하여 알기 쉽도록 하기 위한 부득이한 수단이었다. 다시 말해 인식의 편의를 위해 사물에다 이름을 붙였으니 이름은 그 사물을 대신하는 호칭일 뿐이요 사물의 그림자에 지나지 않는다.

존재하는 사물들을 식별하기 위해 편의상 이름을 붙였을 뿐 이름 그 자체가 존재하는 사물 자체는 아니기 때문에 어떤 대상에 대한 이름을 들으면 그에 해당하는 사물을 일대일一對一로 알아보면 그만이다. 하지만 사물의 이름이란 그 사물에 일시적으로 붙여진 것이므로 이름만으로는 그 이름이 지칭하는 사물의 역할을 대신할 수는 없다. 예컨대 '불이야'라고 소리쳐도 입이 불에 타지는 않는다. 만약 이름 그대로 사물이라면 '불이야'라고 외쳤을 때 입에 불이 붙어야만 할 것이다. 그러나 현실에서는 그렇지 않다.

그런데 이름이 없던 사물에 한번 이름을 붙이고 나면 그 사물은 이름에 덮여 가려져 버리고 이름이 그 사물을 대신하여 우리 앞에 나타난다. 다시 말해 존재는 목전目前의 그것일 뿐 언어로 그려지는 무엇이 아니었는데도 이름이 붙여지고 나면 그것은 사라지고 무엇이란 이름이 되고 말았다. 다시 말해 사물에 이름을 붙임으로 존재 자체는 은폐隱蔽되고 이름만이 현전現前하게 되었다. 한마디로 이름이 존재를 소외疏外시키기에 이르렀다는 뜻이다.16

비유하면 나는 그냥 '나'일 뿐이었는데, 주민등록번호가 매겨짐으로써 '나'란 존재는 없어지고 숫자에 지나지 않는 주민등록번호가 '나'를 대신하게 되는 것과 같다. 단지 숫자에 지나지 않는 주민등록번호가 '나'라는 존재 자체를 대신하게 되었으니, 숫자가 '나'라는 존재 자체를 소외疏外시키고 만 것이다. 존재를 분명하게 드러내기 위한 수단으로 이름이 붙여졌는데, 이름이 존재를 드러내는 것이 아니라 오히려 존재를 은폐隱蔽시키는 방해물이 되어버렸다. 존재는 비언어적이고, 비언어적인 세계는 고요한 적寂의 세계인데 그 세계는 인간의 언어에 의하여 드러나기보다 오히려 은폐되어 버린다는 뜻이다.

비언어적 존재였던 사물이 말로 표현되면서 존재 자체가 은폐되는 까닭이 어디에 있는지 생각해 보자. 이름이 없는 사물에다 이름을 붙이는 것은 마음이 하는 일이다. 이 마음은 어떤 목적의식을 가지고 생각하는 마음인 의意로 마나스manas라고 한다. 마나스manas는 '~하려고 생각하다, ~이라고 생각하다. ~이라고 믿다'라는 뜻을 가진 제8류동사 어근(√man)에서 온 중성명사로 '~하고픈 마음, 심적 경향, ~한 생각, 의도, 의지' 등을 의미한다.

이름이 없는 사물에다 자기중심적인 마음이 이름을 붙이기 때문에 단지 존재에 지나지 않았던 사물에다 자기의 생각을 덧붙이게 되고, 이런 저런 설명을 하게 된다. 이것을 의언분별意言分別이라 한다.

존재는 뒤로 밀려나고 존재에 붙여진 생각이나 설명이 겉으로 부각되기에 이르렀다. 의언분별을 하면 의도에 따라 대상이 드러나게 된다[意言分別隨意顯現]고 하겠는데, 이때 설명이 존재를 제대로 드러냈느냐 그렇지 못했느냐를 따지게 되기 때문에 '이름이 없는데 이름을 붙이면 그 이름 때문에 시비가 생기고, 이유가 없는데 이유를 붙이면 그 이유 때문에 논쟁이 일어난다'고 상거사向居士가 말했던 것이다.17

우리의 목전에 현전하는 것들을 삼라만상이라고 말하는 것처럼 존재하는 것들은 복잡하고 다양할 뿐 아니라 어떤 정해진 모습으로 고정되어 있지 않고 이런저런 조건에 따라 겉모습을 부단히 바꾸고 있다. 비유하면 온도에 따라 싹이 나고, 무성하게 자라고, 온도가 낮아지면 낙엽이 되어 떨어지고 앙상한 가지만 남게 되듯이 목전의 삼라만상은 늘 변화한다. 그래서 제행무상諸行無常이라 말한다.

우리 앞에 현전하는 것은 변화무쌍하기 때문에 말을 가지고 온전하게 드러낼 수가 없다. 지금 이 순간의 모습을 보고 무엇이라고 이름을 붙였는데, 그 다음 순간, 즉 남에게 말을 할 때에는 이미 모습이 바뀌었다면 먼저 모습에 붙여진 이름과는 이미 거리가 멀어질 수밖에 없다. 그래서 온갖 사물은 이름이 없는데 마음으로 말미암아 이름을 짓고, 삼라만상은 고정된 모습이 없었는데 마음으로 말미암아 어떤 모습을 만들게 된다. 그러니 아무런 마음도 없었더라면 이름도 없고 모양도 없었을 것이라 했고,18 말은 진실을 떠나 있고, 진실은 말과 글을 벗어나 있다고도 말한다.19

내가 변화무쌍한 그것을 볼 때 내가 보는 그것은 단지 그때 그 순간의 그것의 모습일 뿐이다. 그러나 내가 그것을 설명할 때는 내가 보는 것만을 말하는 것이 아니라 내가 생각하는 것까지 붙여 말하게 된다. 어떤 입장에서 보느냐에 따라 대상은 달라지기 때문에 말은 내가 본 사물 그 자체가 아니라 내가 본 사물을 해석하고 있는 것이다. 말을 통해 사물을 아는 것은 사물 자체가 아니라 사물에 대한 해석을 이해하는 것에 지나지 않는다. 남의 말을 듣고 이해하는 것과 내가 직접 보는 것에는 차이가 있을 수밖에 없다. 그래서 '백문불여일견百聞不如一見'이라 말한다.

더구나 말이란 시대성을 가지고 있어서 시대와 문화의 정도에 따라 수정될 수 있고, 말하는 사람의 입장이나 인식 수준에 따라 얼마든지 달리 표현될 수 있다. 어떤 사물에 대해 말할 때, 말하는 내용은 사물에 있었던 것이 아니라 말하는 사람의 생각을 말하는 것에 지나지 않는다. 다시 말해 언어는 말하는 사람의 의식을 대변한다.

존재하는 것은 그냥 그것일 뿐인데, 말로 설명하는 것들은 설명하는 이의 주관적 의지가 개입된 의미意味이고, 그 의미는 존재가 아니라 관념이기 때문에 존재 자체를 왜곡하게 된다. 그래서 언어는 존재에 구멍을 낸다고 말한 이도 있다. 우리가 말을 가지고 어떤 사물을 설명하는 것은 근사치에 불과할 뿐 존재 자체를 온전하게 드러낼 수는 없다. 우리는 언어를 가지고 존재 자체를 '있는 그대로' 포착하기도 어렵고 표현하기도 어렵다. 존재 자체는 우리의 언어로 온전하게 해명되지 않지만 그렇다고 언어가 아니면 존재를 드러낼 방법도 없으니 어쩔 수 없이 말을 가지고 존재를 표현하게 되는 것이다. 어떤 사물에 이름을 붙이는 것은 부득이한 선택이었다.

사물 자체는 우리가 언어로 표현하는 무엇이 아니라 그냥 그것일 뿐이니, 사물 자체는 이해의 대상이 아니라 눈으로 직접 보아야 할 대상이다. 존재는 목전의 그것일 뿐 언어로 그려지는 무엇이 아니라는 것을 눈뜨는 것이 깨달음이기도 하다. 존재에 대한 깨달음은 지知의 문제이기보다 견見의 문제이다. 인도에서 철학은 다르샤나darśana이고, 이는 보는 것과 관계된다.

동산 양개(洞山 良价, 807~869)와 운암 담성(雲巖 曇晟, 782~841)의 대화를 보자.

양개: 무정설법無情說法은 어떤 사람이 듣습니까?

담성: 무정설법은 무정이 듣는다.

양개: 스님께서는 들으셨습니까?

담성: 내가 들었다면 자네는 내 말을 듣지 못하겠지.

양개: 그렇다면 저는 스님의 설법을 듣지 못하겠습니다.

담성: 자네는 나의 설법도 듣지 못하거늘 하물며 무정설법이겠나.

운암 담성의 그 말끝에 마음이 열린 양개가 다음과 같이 노래했다.

참으로 기특하고 신기하구나.
무정설법의 부사의함이여!
귀로 들으려 할 때 소리가 드러나지 않더니
눈으로 들으니 그 소리를 드디어 알겠네.

후에 동산 양개가 물을 건너다가 물에 비쳐진 그림자를 보고 전의 가르침을 크게 깨닫고 '절대로 남에게 구하지 말라. 나와는 멀고 아득해져 사실과 맞지 않는다'고 했다.20

무정無情이란 인식 기능이 없는 존재이니 자연의 존재를 뜻한다. 자연이 설법하는 것을 누가 듣느냐고 물었더니, 무정득문無情得聞이라 했다. 여기서 정情은 무엇을 보고 들을 때 갈등하는 마음을 말한다. 갈등하는 마음이 없이 듣는다는 것은 무심으로 듣는다는 것이요 주관적 선입견이 없이 있는 그대로 본다는 뜻이다. 그러니까 운암은 '남의 말에 의지하지 말고 네 눈으로 직접보라. 불확실한 것을 남의 말을 통해 믿으려하지 말고 분명한 사실을 직접 네 눈으로 보라'는 뜻이었고, 양개는 '말로 들은 것을 눈으로 확인하려 하지만 확인할 수 없더니, 이런저런 생각을 버리고 무심으로 보니 전에 들었던 그것이 드디어 보이더라'는 뜻이다.

우리 앞에 존재하는 것들은 그때 그 순간의 모습을 직시直視하면 그만이지 이런저런 이름을 붙여, 구태여 이것저것으로 구분할 필요가 없다. 거기에 그렇게 있는 것은 그냥 보면 되는 것이지 이렇게 저렇게 이해하거나 해석하려고 할 필요가 없다. 존재하는 사물은 있는 사실 그대로 직시하면 그만이다. 존재하는 사물을 있는 그대로 직시하는 것을 여실견如實見이라 한다.21

유명유실有名有實한 것은 말에 얽매이지 않고 사물 자체를 직접 보는 것이 그 사물의 참모습을 아는 것이요, 선禪은 바로 이 길을 말하고 있다. 그래서 선을 견득(見得, dṛṣṭi-prāpta)의 철학이라 말한다. 선에서 언어도단言語道斷이나 불립문자不立文字를 주장하는 것은 목전의 사물은 그냥 보면 되는 것이니, 그것을 해석하거나 설명하려고 애쓸 필요가 없다는 뜻이기도 하다. 고따마 붓다는 '와서 보라'(ⓟEhipassika)고 했을 뿐 '와서 믿으라'라고 하지 않았으니, 고따마 붓다의 이런 정신을 선사禪師들이 가장 잘 잇고 있다고 하겠다.

② 말과 인식

우리의 현실에서는 직접 보는 것만으로 우리의 모든 인식이 성립되지 않는다. 만약 자신이 직접 경험하는 것만으로 인식의 한계를 정한다면 우리의 인식은 대단히 제한적일 수밖에 없을 것이다. 다시 말해 우리의 지식은 자기가 본 것을 넘어설 수가 없게 된다.

외국 여행을 해보지 않은 사람은 외국에 대해 알 수가 없고, 지나간 과거에 대한 인식도 있을 수 없다. 우리의 인식은 남의 말을 통해, 다시 말해 남이 경험한 것을 들음으로서 인식의 세계를 넓힐 수 있게 된다. 우주여행을 하지는 못했지만 우주를 비행했던 사람들의 말을 통해 우주를 알 수 있게 되고, 문자의 기록을 통해서 과거를 알 수가 있으며, 여행가들의 여행담을 통해서 내가 가보지 못한 세상을 인식할 수 있게 된다. 이처럼 인식은 말과 밀접한 관계에 있는 것이다.

하지만 어떤 사람이 눈으로 직접 본 것을 말로 표현할 때에는 눈에 비쳐진 모습 그대로만 말하지 않고 자기의 의견을 붙여서 설명한다는데 문제가 있다. 그래서 말로 이것저것을 설명하지만 사실적인 모습을 드러내지 못한다고 했고,[22] 이름으로 사물을 분별하지만 사물은 이름에 걸맞지 않다고 했다.[23] 현실에서는 사물을 직접 보고 판단하는 경우보다 그 사물을 지칭하는 이름이나 설명을 통해 사물을 인식하고 판단하는 경우가 훨씬 많은데, 사물을 해석한 말을 가지고 그 사물을 인식하기 때문에 사물과 전혀 다른 모습으로 인식되는 일이 많다.

눈으로 볼 수 있는 것들에 대한 설명도 그런데 눈으로 볼 수 없는 것들에 대한 설명은 어떻겠는가? 다시 말해 유명유실한 것에 대해서도 오해와 왜곡이 있을 수 있거늘 유명무실한 것들에 대해서는 오해와 왜곡이 얼마나 심할 수 있겠느냐는 뜻이다. 더구나 우리가 처음 말을 배울 때, 말은 그 말에 해당하는 사물이 있다는 약속 아래에서 말을 배우고 그렇게 써 왔기 때문에 자신도 모르는 사이에 어떤 말을 들으면 그 말에 해당하는 구체적 사물이 있을 것이라는 집착이 생긴다.

예를 들면 신神이라 말하면 신이 실재하는 것처럼 착각하고 매달리며, 양심良心이라고 말하면 양심이란 어떤 물건이 있는 것처럼 오해한다. 인격

人格이니 영혼靈魂이니 열반涅槃이니 해탈解脫이니 하는 말들도 마찬가지이다. 신 · 양심 · 인격 · 영혼 · 열반 · 해탈과 같은 말들은 이념적 존재요 이념적 대상이기 때문에 의미일 뿐인데도 우리들은 습관적으로 그것을 실체적으로 생각하는 버릇이 있다. 그래서 말소리에 매달려 실체화하면 마치 누에가 실을 뱉어 자신을 얽어매는 것과 같다거나24 이름을 가지고 실재하는 사물을 찾으면 이름에 해당하는 실재하는 사물이 없다고 했다.25

백문불여일견百聞不如一見이라 하였듯이, 시각적으로 파악되는 것은 직접 보는 것이 최선의 길이지만 말로 설명되는 것은 그 말의 의미를 이해할 수 있어야 한다. 의미를 이해하는 것을 불교에서 지知라 한다. 그러니까 목전目前에 있는 사물은 보는 것[見, see]이 최선의 길이고, 말로 설명하는 것들인 이념적 대상에 대해서는 이해[知, understand]가 필요한 것이다. 어떤 의미를 담고 있는 말을 할 때에는 그렇게 말하는 원인이나 의도가 있을 것이고, 어떤 목적이 있을 것이니 그런 것들을 사실대로 꿰뚫어 통찰할 수 있어야 한다. 어떤 말을 들으면 그렇게 말하는 속내를 간파할 수 있어야 한다는 뜻이다.

비유하면 어린애가 울고 보챌 때 할머니나 할아버지께서 귀신이나 도깨비 이야기를 해 주어 울음을 그치게 했다고 하자. 사실 여부를 따지면 귀신이나 도깨비는 거짓말에 불과하지만 효용의 측면에서 어린애의 울음을 그치게 하였으니 꽤나 쓸모가 있는 거짓말인 셈이다. 이런 경우에 어린애한테 왜 새빨간 거짓말을 했느냐고 따져 물을 수만은 없다는 뜻이다. 왜냐하면 할아버지나 할머니가 귀신이나 도깨비 이야기를 한 것은 사실을 말한 것이 아니라 어린애의 울음을 그치게 하려는 의도나 목적에서 한 이야기이기 때문이다. 할머니 할아버지의 도깨비 이야기는 동기나 목적으로 이해해야 할 것이지 그 이야기가 사실이냐 아니냐를 따질 성질이 아니듯이 개념적 언어는 그 말이 뜻하는 의미만 이해하면 되는 것이지 그 말에 해당하는 어떤 구체적 실체를 연상聯想하거나 집착할 필요가 없다. 개념적 언어를 사실적 언어인 것처럼 생각하는 것은 망상妄想에 지나지 않는다.

불교에서는 일찍이 개념적 언어를 어떻게 사용할 것인가에 대해 심도 있게 가르쳐 왔다. 그것이 바로 『금강경』에서 무려 30회 가까이 반복되어 나오는 즉비卽非의 논리이다. 예컨대 인격人格에 대해서 말하자면 '인격이라 말하지만 그것은 인격이 아니라고 여래가 말했다. 그렇기 때문에 인격이라 불려지는 것이다'[所言人格 如來說卽非人格 是名人格]라는 식이다. 이 말은 '우리가 일반적으로 인격이라는 말을 하지만 붓다께서는 인격은 어떤 실체를 두고 하는 말이 아니라 인격이라고 부르는 말만이 있을 뿐'이라는 의미이다.26

③ 말과 진위眞僞

언어가 인식적 기능을 가지려면 하나의 문장을 이루어야 한다. 하나의 단어 자체로는 인식적 기능을 발휘할 수 없다는 뜻이다. 예를 들어 '개새끼!'라는 말은 인식적으로 참인지 거짓인지 따질 수 있는 방법이 없다는 말이다.

문법적 구조를 완벽하게 갖춘 말이라 하더라도 그 서술이 객관성을 가질 수 있어야 인식적 의미를 가질 수 있게 된다. 예를 들어 '사과는 빨갛다'는 말과 '사과는 맛있다'라는 말이 있을 때, 두 문장은 문법적 구조가 같지만 그 말이 참이냐 아니냐를 따지려면 빨간 사과처럼 객관적으로 검증을 할 수 있는 말이어야지 맛있는 사과처럼 주관적 감정을 표현하는 말은 진위眞僞를 가리는 인식적 언어로는 적합하지 못하다는 뜻이다.

또한 인식을 대상에 대한 파악이라고 볼 때, 인식의 대상으로서 언어는 사실적 언어라야 한다. 즉 유명유실한 것만 해당하고 유명무실한 것들은 인식의 대상으로 적합하지 못하다는 것이다. 예를 들면 '연필鉛筆이 있다'는 말과 '양심良心이 있다'는 말은 문법적으로 차이가 없지만 연필은 구체적으로 검증할 수 있는 물건이지만 양심은 말로 설명하는 의미일 뿐이므로 양심이 있느냐 없느냐를 확인할 수 있는 방법은 사실상 어디에도 없기 때문이다.

사실적이지 못한 언어는 무엇인가를 설명하는 의미에 지나지 않기 때문에 진위眞僞를 가리는데 적합하지 않다는 뜻이다. 한마디로 어떤 말이 인식적 의미를 가지려면 사실적 언어이면서도 그 서술이 객관적이어야 한다는 의미이다.

인식의 옳고 그름을 판단할 수 있는 것은 그것의 사실 여부를 판단해야 하는데, 오직 의미만 있고 사실이 없는 것을 검증하거나 확인할 수는 없기 때문이다. 사실적 언어는 참과 거짓을 판단할 수 있는 대상이지만 개념적 언어는 그 자체가 참이나 거짓의 판단 대상이 되지 않는다. 그러니까 참인지 거짓인지 여부를 따질 수 없는 말을 가지고 참인지 거짓인지를 분별하려는 시도 자체가 그릇된 것이란 뜻이다.

예를 들어 '신은 존재한다'고 말할 때, 신의 존재 여부를 사실적으로 검증할 수 있는 방법이 없으니, 신이 있다고 말해도 확인할 길이 없고, 신은 없다고 말해도 확인할 길은 없는 셈이다. 그러니까 신이 있다고 말하는 것도 독단이요, 신은 없다고 말하는 것도 독단이다. 붓다는 논박될 수 없고 동시에 증명될 수도 없는 문제를 무기無記라고 말했다. 무기란 분명하게 딱 부러지게 말할 수 없는 것이란 의미이다.

신이 존재한다는 말은 그렇게 믿는 사람들의 주관적 판단을 말하는 것뿐이지 객관적 사실을 말하는 것은 아니다. 한마디로 신은 믿음과 상상 안에서만 존재할 수 있으므로 사실 여부를 확인하는 검증의 대상이 될 수 없다. 신은 과학의 대상이 아니요 오직 그렇게 믿고 받아들이는 신앙의 문제일 뿐이다. 그런데도 일부 기독교인들은 신은 없다는 것을 확인할 수 없으니 신은 있다고 믿어야 한다고 말하는데, 참으로 웃기는 소리가 아닐 수 없다.

그런데, 개념적 언어라고 해서 모든 것이 처음부터 구체적 대상이 없었던 것만은 아닐 수도 있다는 점이다. 예를 들어 개나리 · 진달래 · 철쭉 · 소나무 · 참나무 · 오리나무 등은 우리 앞에 있는 구체적인 물건이지만, 이것들을 통틀어 식물植物이라 할 때, 우리 앞에 현전하는 개나리 · 진달래는 구체적 존재지만 식물은 구체적 사물에 공통될 수 있는 것들을 유추類推하여 만들어낸 유개념類槪念이다. 이러한 유개념으로서 보편개념 또는 일반개념을 언어로 나타낼 때 이를 보통명사 또는 일반명사라고 한다.

김아무개 · 박아무개처럼 고유명사나 개나리 · 진달래처럼 실재實在하는 사물에 대한 이름은 구체적 대상에 대한 지칭이라 유명유실이지만 보통명사로서 식물 · 생물 · 꽃 · 인간과 같은 보편개념은 구체적 대상에서 유추되기는 했지만 유명무실한 것들이다. 그런데 고유명사로 지칭되었던 구체적 대상들이나 실재하는 사물은 시공時空의 제약을 받고 무상無常하지만 보통명사로 지칭되는 것들은 시공을 초월하여 무상을 뛰어넘는다. 쉽게 말해 김 아무개는 죽지만 인간은 죽지 않고, 진달래는 얼마든지 없어질 수도 있고 다시 생길 수도 있지만 꽃은 언제나 있다는 뜻이다.

이렇게 볼 때 개념적 존재는 구체적 대상을 바탕으로 만들어지는 것들도 있고, 오로지 상상에 의해서만 만들어지는 것들도 있다. 식물이나 인간처럼 유개념으로서 보통명사는 구체적 대상을 바탕으로 유추한 것이지만 신神 · 영혼靈魂 · 인격人格과 같은 개념은 오로지 상상에 의해서만 만들어지는 유명무실한 것들이다.

인간이나 식물처럼 구체적 대상들을 바탕으로 유추하여 만들어진 보편개념을 구체적 대상인 것처럼 착각하고 오해하는 것이나 신이나 영혼이 실재하는 것처럼 생각하는 것을 망상(妄想, vikalpa)이라 말한다. 위깔빠vikalpa는 '차이'나 '어긋남'을 의미하는 접두사 위(vi-)에 '부합하다, 꼭 맞다'라는 의미를 가진 제1류동사 어근(√klṛip)에서 온 깔빠kalpa의 합성어로 '부합하지 않는 지각이나 인식'을 의미한다. 한마디로 망상을 뜻하는 위깔빠는 그릇된 인식이나 잘못된 지각을 뜻하는데, 분별分別이나 망상분별妄想分別로도 번역한다.

이러한 망상은 그 내용에 따라 두 가지로 구분되는데 하나는 인간이나 식물과 같은 보편개념을 구체적으로 존재하는 것처럼 오해하거나 착각에서 빚어진 망상은 므리샤-위깔빠mṛṣā-vikalpa라 할 것이고, 다른 하나는 신이나 영혼이 있을 것이라 생각하는 망상은 아부따-위깔빠abhūta-vikalpa라 할 것이다. 므리샤는 잘못되거나 틀렸다는 의미인데 비해 아부-따는 아예 처음부터 존재하지 않는 것이란 의미를 가지고 있다.

그런데 현실에서는 마음이 만들어내는 것들은 실재하지 않는 허상(虛像, virtual image)이요 허상(虛想, fancy)에 지나지 않는 망상이라고 해서 무조건 배척排斥하거나 일축一蹴할 수만은 없는 것도 사실이다. 신이라거나 영혼이라는 것은 과학적으로 검증할 수 있는 대상은 못 되지만 그런 것을 만들어낼 필요가 있었을 것이고, 그런 것을 통해서 얻고자 하는 목적이 있었을 것이 분명하기 때문이다. 사실 여부를 묻는 존재의 측면에서는 분명한 거짓이지만 효용效用의 측면에서는 쓸모가 있었기 때문이다.

앞에서 할아버지나 할머니께서 손자나 손녀들에게 도깨비 이야기를 해주는 비유를 들었는데, 할머니나 할아버지의 도깨비 이야기는 동기나 목적으로 이해해야 할 것이지 그 이야기가 사실이냐 아니냐를 따질 성질이 아니듯이 개념적 언어는 효용의 측면에서 이해할 수 있어야 한다는 뜻이다.

이와 같이 객관적 사실 여부를 떠나 의미나 가치가 있어서 많은 사람들이 생활 속에 받아들여 관습화할 때, 그것을 문화[culture]나 전통[tradition]이라고 할 것이다. 문화나 전통은 타당성보다는 보편성에 가치를 두고 있다고 하겠다. 그러나 그 보편성은 타당성이 밑받침이 되지 않으면 끝내는 역사의 유물遺物로 전락하기 쉽다. 그래서 문화나 전통의 유지 발전에도 지적 성실성이 필요한 것이다.

자연과학과 인문사회과학이 대상을 달리하는 이유가 여기에 있다고 하겠는데, 자연과학은 존재에 대한 타당성을 바탕에 두고 있다면 인문사회과학은 의미의 보편성에 기반을 두고 있다. 존재는 실재하는 대상이지만 의미는 오로지 관념에 속할 뿐이다.

신학으로서 종교[religion]를 진리라고 한다면 그것은 객관적 사실의 측면에서 말하는 진리가 아니라 효용의 측면에서 보는 진리에 불과하다. 개념적 언어에 대해서 사실 여부를 묻는 것은 방법상 잘못되었다는 것을 알아야 한다. 존재는 유무를 객관적으로 따질 수 있지만 의미는 그것이 적절한지 그렇지 못한지를 따질 수밖에 없다. 따라서 의미의 문제를 존재의 시각으로 보려는 것은 현명하지도 적절하지도 못한 접근 방법이라 하겠다.

인간 사유가 만들어내는 의미나 가치 등은 설명할 수는 있지만 동시에 파악할 수는 없는 문제이므로 효용적인 측면에서 이해할 수 있어야 할 것이다. 우리가 사는 현실에는 효용적인 측면에서 이해해야 할 망상에 지나지 않는 것들도 생각 밖으로 많이 있다. 신화나 설화가 그 좋은 예라 할 것이다. 그래서 '종교는 평민들에게는 진실로 여겨지고 현자들에게는 거짓으로 여겨지며 통치자들에게는 유용한 것으로 여겨진다'는 세네카의 말이나 '누군가 망상에 시달리면 정신 이상이라고 하지만 다수가 망상에 시달리면 종교라고 한다'는 로버트 퍼시그의 말은 꽤나 시사적이다. 여기서 말하는 종교는 릴리전religion을 의미한다.

붓다는 개념적 언어는 구체적 실체가 없다는 것을 제법무아諸法無我라 했고, 자아自我니 영혼이니 하는 것들은 유명무실한 것이니 그것에 매달리는 것은 망상이라 말했다. 목전에 현전하는 사물에 대해서는 있는 사실 그대로 보면 되고, 말로 설명하는 것들은 그렇게 설명하는 의도나 목적 등을 사실대로 간파하면 그만이지 그 말에 집착하고 매달릴 필요가 없다. 경經에 모든 교활함이나 아첨, 거짓이나 사기도 겉으로는 곧은듯하지만 속에는 간악과 속임을 품고 있으니 지혜로운 사람은 참과 거짓을 살필 수 있어야 한다고 했다.27

④ 경험론과 관념론

구체적 대상들의 어떤 공통점을 통해 보편 개념을 추상抽象한다고 하였지만 이와는 반대로 보편 개념이 있기 때문에 구체적 대상을 인식할 수 있게 된다고 주장하는 이들도 있다. 그래서 구체적 대상이 먼저 있었느냐, 일반개념이 먼저 있었느냐의 견해의 차이가 있게 된다. 구체적 대상이 먼저 있다고 보면 경험론經驗論이라 하고, 보편개념이 먼저 있다고 보면 관념론觀念論이라 한다.

우리의 경험을 통해서 볼 때, 먼저 구체적 사물을 대하면서 점차 유개념, 즉 보편개념을 가지게 되는 것이 순서인데, 관념론자들은 '꽃'이라는 말이 있었기 때문에 구체적 사물로서 '장미'나 '국화'가 있게 되었다고 주장한다. 우리의 의식 속에 일반개념이 먼저 있었기 때문에 구체적 사물을 알 수 있게 된다는 것이다. 관념론자들은 우리가 사용하고 있는 개념적 언어들이 구체적 사물을 실제로 지칭하는 것이 아니라 언어를 습득하는 과정에 생겨난 버릇이라는 것을 간과看過하고 있을 뿐더러 모든 개념적 언어까지도 구체적인 사물에 대응하는 것처럼 착각하고 있다.

사물 이전事物 以前에 언어로 표현되는 보편개념普遍概念이 있다고 주장하는 것은 신학적으로 말해 이 세상에 사물들이 있기 이전에 그것을 만든 창조자인 신神이 있었다는 것이요, 그 신이 땅이 있으라고 말하니 땅에 있게 되고, 사람이 있으라고 말하니 사람이 있게 되었다는 것이며, 어떤 물건이 있기도 전에 이름이 먼저 있었다는 것이다. 만약 보편적 개념인 이름 그대로가 구체적 사물이라면 불[火]이라고 말하면 입이 불에 타야만 할 것이고, 사물 그대로가 이름이라면 처음 보는 사물일지라도 이름을 알 수 있어야만 할 것이다.28

그러나 우리가 아직 발견하지 못하여 이름도 없이 살아가는 생명체들이 지구상 오지奧地에는 아직도 많이 있는데, 이것들을 어떻게 설명할 것인가. 이름이 있어서 존재하는 것이 아니라 존재하는 것들을 구분하기 위해 인간이 이름을 부여한다는 것은 우리가 현실적으로 경험하는 것이 아닐까? 이번에는 아무개라는 이름의 자식을 낳아야겠다고 해서 자식을 낳은 것이 아니라 자식을 낳고 나서 그를 다른 형제들이나 이웃집 아이들과 구별하기 위해 이름을 지었다는 것을 부정할 수는 없을 것이다. 결국 인식 이전의 존재는 가능하지만 존재 이전의 인식은 불가능하다고 하겠다.

사물이 먼저 있고 이름이 있게 되었느냐, 이름이 먼저 있고 그 이름에 해당하는 사물이 생기게 되었느냐는 철학의 중요한 과제로 취급되면서 철학은 관념론觀念論과 유물론唯物論으로 갈라지게 된다. 사물에 대한 보편개념은 존재하는 것들에 대한 감각적 재료로부터 추상抽象을 통하여 획득된다고 보면 유물론唯物論이고, 구체적 사물에 앞서 보편개념이 실재한다고 보면 관념론觀念論이다. 보편개념이 개체의 '사물 뒤에' 있다고 보면 유물론자이고, 반대로 개체의 사물들이 보편적 '개념 뒤에' 있다고 보면 관념론자인 것이다.

불교에서는 이름이란 구체적으로 존재하는 낱낱의 사물에 붙여지는 언어에 불과하다고 보고 있으니 유물론적인 경험론이라 하겠다. 불교에서는 보편개념이란 '단지 이름이 있을 뿐'[但有名字]이요 실체가 없다고 해서 유명무실有名無實이라 한다.

⑤ 말과 진리

언어에 사실적 언어가 있고, 개념적 언어가 있듯이 진리에도 형식적 진리가 있고, 사실적 진리가 있다. 어떤 명제가 객관적 사실과 일치하느냐에 관계없이 논리적으로 타당할 때 이를 형식적 진리 또는 논리적 진리라 하고, 명제命題가 사실과 일치할 때에는 이를 사실적 진리라고 한다. 그러니까 형식적으로는 진리일 수 있어도 사실적으로는 진리가 아닌 경우도 있다는 것을 알 수 있다.

어떤 명제가 사실과 일치하는지 그렇지 않은지를 확인하는 것은 인식의 문제이고, 인식의 참과 거짓을 따질 수 있는 길은 인간의 경험에 기초할 수밖에 없는데 인간의 경험이란 오관인 눈・귀・코・혀・피부[眼耳鼻舌身]을 통해서 물체・소리・냄새・맛・촉감[色聲香味觸]을 느끼는 것을 의미한다. 그런데 그 느낌이라는 것이 대단히 주관적이고 목적 지향적이라는데 문제가 있다. 느낌은 단편적이기 때문에 반복하여 경험하는 실천을 통해서 점차 객관화할 수 있게 된다. 한마디로 우리의 경험은 객관적이기 보다 주관적일 수밖에 없지만 실천을 통해서 객관화한다는 문제에 대해서는 불교인식론을 설명할 때 자세하게 말할 것이다.

참된 진리는 논리적으로 타당할 뿐 아니라 그것이 사실적이어야 하는데 어떤 명제命題가 사실적 진리가 되기 위해서는 전제前提가 참이어야만 하는 것이다. 전제가 참이냐 아니냐를 묻는 것이 인식이고 그것은 경험에 기초할 수밖에 없다는 의미이다. 참이 아닌 전제를 가지고 논리적으로 이끌어낸 결론은 아무리 논리적으로 타당하더라도 참이 될 수 없다. 그래서 진리가 참이냐 아니냐를 따지려면 논리의 타당성뿐만 아니라 그 사실성 여부를 물어야만 하는 것이다.

만약 전제가 참이고 또 그것을 토대로 한 논증이 연역적演繹的이고 타당

妥當하다면 결론 또한 필연적으로 참이 되기 때문에 사실적 진리가 된다. 논리적으로 타당하더라도 도출된 결론이 참이 아닐 경우가 있게 되는 것은 논리적인 것과 사실적인 것은 별개의 문제이기 때문이요, 참이 아닌 전제를 가지고 논리를 전개했기 때문이다. 논리적으로는 진리일 수 있는 것도 사실적으로는 진리가 아닌 것이 생기기 때문에 논리적 진리와 사실적 진리는 구별될 수 있어야 한다.

예를 들어, 내가 있기 위해 아버지와 어머니가 있었고, 아버지에게 다시 아버지와 어머니가 있었으며, 어머니 역시 아버지와 어머니가 있었으니 지금 나라는 한 개인이 있기 위해 부모들의 수는 2·4·8·16·32와 같은 식이 되어 윗대 즉 과거로 거슬러 올라갈수록 더 많은 조상들이 있어야만 할 것이니 논리적인 것과 역사적인 사실과는 괴리가 생긴다. 이런 경우 논리적인 것과 역사적인 것이 괴리되거나 모순되지 않고 통일을 이룰 때 참일 수 있다.

논리적 진리가 사실적 진리가 되기 위해서는 전제가 참이어야 하는데, 전제의 사실성 여부를 따지는 것이 인식론認識論이다. 인식론에서는 앎의 내용과 그 대상과의 일치관계를 따지기 때문에 입증立證이나 사실적 확인을 문제 삼게 된다. 따라서 논리적 진리[형식적 진리]가 사실적 진리[실질적 진리]가 되기 위해서는 논리적으로 타당해야 할 뿐만 아니라 인식론적으로도 타당해야만 되는 것이다.

가언적 명제假言的 命題에 의해서도 얼마든지 논리적으로 진리를 도출할 수 있기 때문에 명제 자체에 대하여 참과 거짓을 따지지 않을 수 없는 것이다. 형식논리에서는 논리적으로 타당하면 그 결론도 반드시 참이라는 믿음을 갖는데, 바로 그런 믿음 때문에 언어적 허위言語的 虛僞가 생기게 된다. 개념적 언어를 가지고 논리적으로 결론을 도출할 때는 그 개념적 언어가 사실과 상응하는가를 따져야만 언어적 허위를 벗어날 수 있게 된다. 진술하는 언어가 사실과 상응하는지 여부를 따지는 것이 인식이고, 그 인식의 근거는 결국 경험에 둘 수밖에 없다.

우리가 하나의 단어를 이해한다는 것은 그 단어를 어떠한 사물에 적용할 줄 안다는 것을 의미하고, 그러한 전제 위에서 우리는 논리를 전개해야만 언어적 허위를 벗어날 수 있게 된다. 그러므로 언어적 허위를 벗어나려면 어떠한 명제命題를 사용할 때 그 명제가 참이냐 거짓이냐를 먼저 규명할 필요가 있다.

그런데, 신학에서는 논리적으로 진리를 파악하면서 자기들이 주장하는 전제가 참이냐 아니냐는 전혀 문제 삼지 않기 때문에 선결문제요구先決問題要求의 오류誤謬를 범하고 있다. 이처럼 붓다는 당시 바라문들이 형식논리를 가지고 신의 존재를 증명하려고 할 때 인식논리를 통해서 그 맹점을 비판했다.

진리를 연역적 방법演繹的 方法으로 증명하고자 할 때는 추리의 전제들이 참이어야 한다. 전제가 인식의 측면에서 참일 수 없을 때, 아무리 논리적으로 타당하다고 해도 그 결론은 참일 수 없다. 형식논리학形式論理學의 맹점이 여기에 있다. 형식논리학은 논리의 타당성만을 따질 뿐 전제가 참이냐 거짓이냐를 묻지 않는다. 진위眞僞를 가리는 인식認識이 생략되면 아무리 논리적으로 합당하더라도 참을 보장할 수 없다. 그래서 선결문제요구의 오류를 따지게 된다. 하나의 명제가 사실과 일치하거나 사실에 대응할 때만 참이 된다.

전제가 경험적으로 참이 아닌데도 그것을 참이라고 믿는 사람에게는 그 결론이 참이라고 받아들여질지 모르겠으나 참과 사실을 추구하는 사람에게는 그 결론은 허위虛僞에 지나지 않는다. 그러나 전제가 허위인 것을 사실인 것처럼 믿는 것은 의지意志의 소산일 뿐 합리적 지성合理的 知性의 소산은 결코 될 수 없다. 증명되지 않은 가설을 객관적 사실처럼 믿어 버리는 태도를 흔히 신앙주의信仰主義 또는 몽매주의蒙昧主義라 한다.

결론적으로 말하자면 바라문들은 논리적으로 선결문제요구先決問題要求의 오류誤謬를 범하고 있었고, 당시의 민중들은 무지無知했던 것이다. 따라서 바라문교는 민중의 무지 위에 세워진 잘못된 신앙이었다. 신학 역시 마찬가지이다. 우리의 경험으로 증명되지 않은 가설을 참인 것처럼 믿는 것은 합리적 이성이 아니라 맹목이요 무지다. 불합리한 것을 당신이 믿게끔 할 수 있는 사람은 당신이 잔혹한 행위를 저지르게도 할 수 있다는 볼테르의 말은 의미심장하다.

기독교나 이슬람교는 아이들에게 의심을 품지 않는 믿음이 미덕이라고 가르치고 있지만 불교에서는 의심할 줄 모르는 것은 미망에 가두어버리는 굴레라고 보고 있다. 어린애들을 전쟁에 동원하여 살육을 자행하면서도 마치 세상에 둘도 없는 선행을 하는 것처럼 세뇌한 것이 십자군전쟁이요 오늘날 성전聖戰을 앞세운 테러가 아닌가?

사람들의 인식이 깨이지 않았을 때는 권위에 바탕을 둔 종교[religion]가 지배적일 수 있었지만 합리적 이성이 빛을 발휘하는 과학의 시대에는 객관적 사실에 바탕을 둔 믿음이 아니면 점차 설득력을 잃고 말 것이다. 그래서 경經에 '신심은 있으나 지혜가 없으면 무명無明을 키운다'고 했고,29 아인슈타인은 '과학 없는 종교는 눈이 먼 것과 다름없다'고 지적하였던 것이다.

02 불교와 릴리전religion

우리의 국어사전에서는 종교를 '신이나 절대자를 인정하여 일정한 양식 아래 그것을 믿고, 숭배하고, 받듦으로써 마음의 평안과 행복을 얻고자 하는 정신문화의 한 체계'라고 설명하고 있다.30 이런 설명은 영어 릴리전religion의 설명일 뿐이다. 다시 말해 우리의 국어사전에서 설명하는 종교는 인격신을 믿는 신학적 개념을 말하는 것뿐이니 인격신을 전제하지 않는 것들은 여기에 들어갈 수 없다.

그런데도 우리 사회에서는 불교, 기독교, 이슬람교, 힌두교, 시크교, 조로아스터교, 유대교, 유교, 도교 등을 모두 종교라는 이름으로 분류하는 것이 보통이다. 릴리전의 개념으로 종교를 설명하면 유대교, 기독교, 이슬람교, 힌두교, 시크교 등과 같이 인격신을 신앙하는 것들은 종교라고 부르는 것이 타당하겠지만 인격신을 전제하지 않는 불교, 유교, 도교 등을 종교라고 말하는 것은 원칙적으로 맞지 않다. 특히 고따마 붓다에 의해 체계화된 불교는 더 더욱 그렇다. 다시 말해 불교는 신을 믿는 릴리전과는 전혀 다르다.

불교는 인간의 아들로 태어나서 존재의 실상實相을 깨달아 생사의 불안과 공포로부터 자유를 얻은 고따마 붓다의 가르침을 믿는 것이지 어떤 신이나 절대자를 떠받들지 않는다. 고따마 붓다는 자신을 신격화하거나 절대화하는 것을 극구 반대했던 분이다. 고따마 붓다는 법을 보는 자는 나를 볼 것이요, 나를 보는 자는 법을 볼 것이라 하여 오직 고따마 붓다가 깨달은 법을 터득하는 것이 붓다를 만나는 유일한 길임을 분명하게 밝히고 있다.

불교는 각자 자신의 인생에 있어서 궁극적인 문제인 생사에 대한 해결과 그에 따른 지혜로운 삶의 방식에 대한 가르침이다. 생사문제에 대한 해결은 고따마 붓다가 깨달았듯이 우리의 실존적 상황을 사실 그대로 인식하고 자기화함으로써 증득證得할 수 있다. 증득한다는 말은 이론적으로 터득하는 것이 아니라 체험적으로 터득하는 것을 의미한다.

불교에서 말하는 믿음은 계시종교에서 말하는 믿음과는 다르다. 한마디로 신학에서 말하는 믿음과 불교의 믿음은 같지 않다는 뜻이다. 계시종교의 믿음은 신앙信仰이지만 불교의 믿음은 신해信解이다. 믿음을 빨리어로 삿다-saddhā라고 하는데, 신앙은 아물-리까 삿다-amūlika-saddhā라고 한다면 신해는 아-까-라와띠 삿다-ākāravati-saddhā라 할 것이다. 아물-리까 삿다란 근거가 없는 믿음, 또는 뿌리가 없는 믿음이란 뜻이고, 아-까-라와띠 삿다는 이성에 맞는 믿음이나 도리에 맞는 믿음이란 뜻이다. 신앙은 객관적 검증이 불가능한 것을 사실인 냥 무조건적으로 받아들이고 복종하는 믿음이지만 신해는 이해하고 납득하기 때문에 확신하고 받아들이는 믿음이다. 신앙은 박띠(bhakti ㉵ faith)라면 신해는 아디묵띠(adhimukti ㉵ conviction)이다. 불교에서는 맹목적인 믿음은 또 하나의 번뇌일 뿐이라 보고 있다.

과학 철학자 토마스 쿤(T. Kuhn, 1922~1996)이 패러다임Paradigm이란 말을 하였듯이, 불교를 이해하려면 불교적인 패러다임이 필요하다. 다시 말해 불교는 불교적 시각으로 접근할 때 바르게 이해할 수 있다는 뜻이다.

03 다양한 모습의 불교

오늘날 사람들의 입에서 회자膾炙되는 불교는 원시불교原始佛敎 · 근본불교根本佛敎 · 초기불교初期佛敎 · 부파불교部派佛敎 · 소승불교小乘佛敎 · 대승불교大乘佛敎 · 남방불교南方佛敎 · 북방불교北方佛敎 · 인도불교印度佛敎 · 중국불교中國佛敎 · 한국불교韓國佛敎 · 일본불교日本佛敎 · 티벳불교 · 중관불교中觀佛敎 · 유식불교唯識佛敎 · 정토불교淨土佛敎 · 선불교禪佛敎 등 꽤나 다양한 이름으로 불리고 있다.

불교라는 이름 앞에 이런저런 수식어가 붙었다는 것은 불교가 이런저런 형태로 바뀌었다는 것을 암시하고 있다. 따라서 불교를 공부할 때 정통의 불교를 아는 것이 무엇보다 중요하다. 고따마 붓다의 가르침이 왜 이렇게 다양한 이름으로 불러지게 되었을까?

고따마 붓다가 세상을 떠난 것은 서기전 486년, 깨달음은 얻고 45년이 지나서였다. 붓다가 살아생전에 직접 발길이 닿았던 땅을 마디야데사Madh-yadeśa라 했다. 마디야데사는 중국中國이라 한역漢譯하는데, 현재의 중국(中國, China)을 의미하는 것이 아니라 불교의 중심이 되는 땅이란 뜻이다. 고따마 붓다가 세상을 떠나고 나서 붓다의 가르침은 마디야데샤를 넘어 더 넓은 지역으로 확산되어 갔다. 오늘의 인도 땅을 넘어 중앙아시아를 거쳐 지금의 중국은 물론 인접지역으로까지 확산되었다.

이 과정에서 고따마 붓다의 가르침은 새로운 문화 환경을 만나게 되었고 불교는 그 땅의 문화나 역사에 어울리도록 변신을 거듭했다. 또한 불교는 어떤 특정한 입장을 중심으로 한 종파宗派가 성립되었고 각 종파는 자기 종파의 우월성을 천양闡揚하기 위해 교리를 개발開發하고 심화深化하는 작업에 심혈을 기울였다. 이렇게 하여 불교는 역사를 거치면서 서로 다른 다양한 모습으로 발전해 갔다. 다시 말해 애초의 불교와 다른 모습의 불교로 발전하기도 했다는 뜻이다.

고따마 붓다가 가르침을 시작할 당시의 상태를 보존하고 있다는 의미에서 원시불교·근본불교·초기불교이고, 붓다의 가르침을 파벌적 입장에서 해석하는 것이 부파불교이다. 붓다의 사상을 개인주의적으로 해석하느냐 사회적 차원에서 이해하느냐에 따라 소승불교와 대승불교로 갈라졌으며, 붓다의 가르침이 전개되는 지역에 따라 남방불교나 북방불교로 불렸고, 전개되는 지역이 구체적으로 어디냐에 따라 인도불교, 중국불교, 한국불교, 일본불교, 티벳불교로 불리게 되었다. 그리고 고따마 붓다의 가르침을 해석하고 이해하는 인식적 입장에 따라 중관불교나 유식불교로 설명되기도 했다. 또 고따마 붓다가 깨달았던 경지를 지금의 이생에서 증득證得하려고 하는가, 그렇지 않으면 지금보다 좋은 세상에 태어난 다음생生에 성취하겠다고 하느냐에 따라 선불교나 정토불교로 나뉘었다.

그러나 불교라는 말 앞에 어떠한 이름이 붙여지더라도 그것이 불교인 이상 고따마 붓다의 가르침에 뿌리를 두지 않으면 안 된다. 다시 말해 고따마 붓다의 가르침에 근거해야 불교가 될 수 있다는 뜻이다. 고따마 붓다의 가르침에 근거를 둔다는 점에서 모든 불교는 공통적 시각을 가질 수밖에 없다. 그리고 그 공통적 시각이라는 것도 고따마 붓다의 가르침의 특징을 이루는 것이어야지 그렇지 않으면 불교의 생명력을 잃고 만다.

Buddha Dharma

제 2 부
정통 불교

고따마 붓다의 가르침이 원형대로 잘 지켜지고 있었던 시대를 고따마 붓다의 말씀을 직접 들었던 제자들이 살았던 때까지로 볼 수 있다. 적어도 붓다의 말씀을 직접 들었던 성문제자들은 스승의 가르침을 지키려고 노력했을 것이 분명할 터이니 말이다. 그러니까 고따마 붓다의 성도로부터 입멸 후 30년까지의 불교를 정통의 불교라고 하겠는데, 경전으로는 빨리 삼장이나 한역 아함경에 근거한 불교가 여기에 해당된다고 하겠다.

이제 고따마 붓다의 가르침이 세상의 어느 다른 가르침과도 다른 특징을 나타내는 것은 무엇인지 밝힘으로써 정통의 불교가 무엇인지 구별할 수 있는 기준을 드러내야 한다.

그런데 대장경이라는 엄청난 분량의 불교전적佛敎典籍에서 어느 것이 고따마 붓다의 가르침을 원형 그대로 전하고 있다고 보아야 할 것인가. 이 점에 대해서는 아무래도 고따마 붓다에 의해 직접 설해졌다고 보는 초기경전에서 그 가르침의 원형을 찾아야 할 것이다. 따라서 초기불교 · 원시불교 · 근본불교와 같은 말 속에는 고따마 붓다의 가르침이 달라지거나 변화하지 않은 원형을 그대로 유지하고 있다는 의미를 내포하고 있으니, 초기불교 · 원시불교 · 근본불교는 이름은 다르지만 내용적으로 크게 다르지 않은 것이다.

사실 불교의 정통사상이 무엇이며, 정통사상을 어디에서 찾을 것인가라는 문제는 오늘에만 제기되는 것은 아니다. 서력기원전 486년에 붓다가 세상을 떠나자 스승의 장례를 치른 비구들이 제일 먼저 해야 했던 일도 스승인 붓다의 가르침을 훼손하지 않고 잘 보존하는 것이라 보고 경전의 결집(結集, saṃgīti)에 착수했다. 첫 번째 결집을 오백결집五百結集이라 하는데, 오백은 그 작업에 참석했던 고승들의 숫자이고, 결집이란 붓다의 말씀이 문자로 기록되지 않았던 시대였기 때문에 붓다의 말씀을 들은 사람마다 다를 수도 있다고 보아 오백 명의 고승들이 이견異見이 있는 부분을 결론을 지어 묶었다는 뜻이다. 다시 말해 상기-띠란 함께 노래했다는 뜻인데, 결정된 붓다의 말씀을 합송合誦했다는 말이다. 역사상 최초로 고따마 붓다의 말씀을 문자로 기록한 것은 서기전 35년에서 32년에 있었던 일이었다고 하니, 고따마 붓다의 가르침은 무려 450년이나 구전口傳된 셈이다.

서기 656년에 당唐 현장(玄奘, 600~664)이 번역한 『아비달마대비파사론』에는 어느 것을 불교의 정법正法으로 볼 것이냐는 문제가 심도 있게 논의되었다는 것을 엿볼 수 있는 기록이 있다. 학자들에 의하면 『아비달마대비파사론』은 용수龍樹 보살이 등장하기 이전에 성립된 것이라 한다. 용수 보살은 고따마 붓다가 세상을 떠나고 6, 7백 년 뒤의 인물이라고 하니 적어도 3세기 때부터 불교의 정통성에 관한 문제는 심도 있게 취급되었던 것임을 알 수 있다.

이 논論에 의하면, '붓다가 어찌하여 정법이 머무는 기간을 결정적으로 말씀하시지 않았느냐'는 문제가 제기되었고, 이에 대한 결론은 '만약 붓다가 살았을 때처럼 항상 정법을 행하거나 붓다가 열반에 드신 얼마 동안[未久時]처럼 정법을 실천하면 정법은 항상 세상에 머물러 멸하는 일이 없을 것'이라고 했다.[1]

그렇다면 붓다가 열반에 드시고 얼마 동안이라는 말을 어떻게 볼 것인가? 이에 대한 필자의 생각은 다음과 같다. 하나는 고따마 붓다의 가르침이 원형대로 잘 지켜지고 있었던 시대를 고따마 붓다의 말씀을 직접 들었던 제자들이 살았던 때까지로 볼 수 있다. 적어도 붓다의 말씀을 직접 들었던 성문제자(聲聞弟子, śrāvaka)들은 스승의 가르침을 지키려고 노력했을 것이 분명할 터이니 말이다. 그러니까 고따마 붓다의 성도成道로부터 입멸 후入滅後 30년까지의 불교를 정통의 불교라고 하겠는데, 경전으로는 빨리삼장(Pali 三藏)이나 한역 아함경阿含經에 근거한 불교가 여기에 해당된다고 하겠다.[2]

다른 하나는 고따마 붓다가 세상을 떠나신 것은 서기전 486년이고, 그로부터 약 100년이 지난 뒤인 서기전 386년에 와이살리(Vaiśālī, Ⓟ Vesāli)에서 최초로 붓다의 가르침에 대한 해석의 차이로 비구들 사이에 분열이 일어났으니, 이 분열이 일어나기 전까지의 불교를 근본불교라 말할 수도 있다. 다시 말해 고따마 붓다가 깨달음을 얻은 서력기원전 531년에서부터 386년까지의 불교를 근본불교라고 볼 수도 있다. 어쨌든 현재로서는 한역 아함경이나 빨리 삼장에 전해지는 것을 불교의 원형이라 보는 것이 옳을 것 같다.

한역 아함경이나 빨리 삼장에 전해지는 가르침을 불교의 원형이나 정통의 가르침이라 할 수 있겠지만 이 경전들 역시 4백년이 훨씬 넘도록 구전되었기 때문에 중간에 삽입된 내용이 있을 것이 분명하다. 한 예로 한역『잡아함경』에는 아쇼까왕이 불적을 순례한 이야기가 전해지는데, 아쇼까왕은 고따마 붓다가 세상을 떠나고 2백여 년이 지난 뒤에 등극한 인물이다. 따라서 정통의 불교를 공부한다는 것은 그리 간단하지만은 않다는 것을 알 수 있다.

그런데 다행히도 이런 고민을 해결할 수 있는 분명한 잣대가 일찍부터 제시되어 있었다는 사실이다. 다시 말해 정통의 불교가 될 수 있는 표준이 일찍부터 제시되고 있었다는 뜻이다. 이 표준에 두 가지가 있는데, 하나는 고따마 붓다 자신에 의해 언급된 것이고, 또 하나는 붓다의 제자들에 의해 체계화된 기준이다. 필자는 이 두 가지 기준에 의해 정통의 불교를 말하려고 한다.

04 붓다가 말하지 않은 것들

필자는 앞에서 정통의 불교가 될 수 있는 두 가지 기준으로 고따마 붓다 자신에 의해 언급된 것과 붓다의 제자들에 의해 체계화된 것이 있다고 했다. 먼저 고따마 붓다가 직접 언급한 것부터 알아보자.

대개의 사람들은 고따마 붓다는 깨달음을 얻으신 분이니, 우리가 궁금해 하는 것들이면 그것이 무엇이든지 분명한 대답을 주었을 것이라 믿고 있다. 그런데 사실은 그렇지 않았다. 붓다는 무엇이든지 똑 부러지게 대답했을 것이란 기대와는 달리 그런 것은 잘라 말할 수 없다고 침묵한 것들이 많았다. 붓다가 침묵을 지켰던 것들은 어떤 것들인가? 경전의 말씀을 보자.

> "내가 해명해야 할 것은 해명했고, 해명하지 않아도 될 것은 해명하지 않았다는 사실을 명심하라.
>
> 내가 해명하지 않은 것은 무엇인가?
>
> 세계는 '시간적으로' 무한인가?① 유한인가?②
>
> 세계는 '공간적으로' 무한인가?③ 유한인가?④
>
> 생명과 육신은 동일한가?⑤ 다른가?⑥
>
> 여래如來는 사후死後에 존재하는가?⑦ 존재하지 않는가?⑧ 존재하기도 하고 존재하지 않기도 하는가?⑨ 존재하는 것도 아니며 존재하지 않는 것도 아닌가?⑩
>
> 내가 왜 그것을 설명하지 않았는가? 그러한 문제들은 근본적으로 거룩한 삶과는 관계가 없으며, 수행의 목적과도 관계가 없으며, 욕심을 떠나는 것과도 관계가 없으며, 깨달음이나 열반으로 이끌지도 못하기 때문이니라.
>
> 나는 말할 수 없는 것은 말하지 않고, 말할 수 있는 것들만 말했으니, 이와 같이 지켜져야만 하고, 이와 같이 배워야만 한다." [3]

독화살의 비유라는 뜻의 『전유경』箭喩經에서 말-룽끼아에게 하신 말씀이다. 고따마 붓다가 말하지 않고 침묵으로 일관했던 문제를 무기無記라고 하는데, 무기는 아위야-끄리따avyākṛta로 분명하게 밝힐 수 없다는 뜻이다. 다시 말해 논박될 수도 없고 동시에 증명될 수도 없는 것을 말한다. 고따마 붓다는 분명하게 밝힐 수 없는 것을 열 가지로 분류하였기 때문에 십무기十無記라 한다.

열 가지 무기를 간단히 살펴보자.

존재의 한 방식으로 시간은 시작과 끝을 묻게 된다. 내가 태어나 살고 있는 이 세계는 언제 시작되었고, 언제 없어지고 말 것인가? 광겁曠劫 전의 사건이었더라도 최초의 시작은 어떤 형식으로든 있었겠지만 지금 우리들로서는 그것이 어떻게 시작되었는지를 분명하게 알 수 없다. 영겁永劫 후의 마지막은 있기야 하겠지만 어떻게 될지 지금으로서는 딱 부러지게 알 수도 없다. 불교에서는 이 시작과 끝을 무시무종無始無終이라 하는데, 시작도 없고 끝도 없다는 뜻이 아니라 딱 집어서 말할 수는 없다는 뜻이다. 인간은 지각할 수 있는 모든 과정들을 인과적으로 해석하려는 습관을 가지고 있으면서도 인과의 무한소급은 생각할 수 없다. 그래서 본제불가지本際不可知라 하였다. 백 년을 채우지 못하는 인간이 광겁 전의 시작과 영겁 후의 끝을 생각한다는 것 자체가 불가능한 일이다.

또한 세계는 공간적으로 유한인지, 무한인지도 마찬가지다. 공간이 유한한지 무한한지는 측량이 불가능하다.

우리가 살고 있다는 것은 생명生命-<의식意識・정신精神>-이 활동하고 있음을 의미하는데, 생명과 신체는 하나인지 다른 것인지 잘라 말할 수도 없다. 만약 생명과 신체가 하나라고 하면 일원론이 될 것이고, 생명과 신체가 각기 별개로 존재한다면 이원론이 될 수밖에 없다. 일원론을 주장하면 육신의 죽음과 함께 정신마저 사라질 것이니 단견斷見이 되어 윤회는 무의미하게 되고, 이원론의 입장에 서면 육신이 죽어도 정신만이 따로 있어야 할 것이니 상견常見이 되어 무아와 배치될 수밖에 없다. 그래서 붓다는 생명이 바로 신체라고 해도 무기無記요, 생명과 신체가 다르다고 해도 무기라고 했다.[4] 생명과 신체에 대해서는 일원론이나 이원론으로 설명될 수 있는 성질이 아니라 생명과 신체는 '쌓임'[蘊]이라는 유기적 관계 속에서 인간 존재의 의미를 찾을 수 있다고 보았다. 한마디로 육신을 통한 생명 활동은 불가사의不可思議하다. 내가 살아 있다는 것은 생명 활동을 경험하는 것인데도 정작 설명이 불가능하니 불가사의라 말할 수밖에 없다.

앞의 인용한 문장에서 여래如來란 중생들 가운데 최상의 각성 상태에 있는 이를 말하는 것이니, 이 문제는 사람은 죽은 다음에 존재하는가, 존재하지 않는가의 문제에 대한 것이다. 사후에 존재한다고 말하더라도 그것을 현실적으로 검증할 수 없고, 반대로 사후에 존재하지 않는다고 말하더라도 그것을 현실적으로 검증할 방법은 없다. 사후에 존재한다거나 사후에 존재하지 않는다거나 결국은 그렇게 말하는 사람의 신념에 따른 주장에 지나지 않는다. 이런 주장은 결국 상상에 지나지 않는다. 상상에 지나지 않는 자기의 주장에 매달려 서로 논쟁하는 것은 한낱 무의미한 말싸움에 지나지 않는다. 인식 기능이 사라진 사후의 문제는 누구도 주체적 경험이 될 수 없으니 산자로서 사후문제는 인식의 영역이 아니다. 인식불가의 영역이 사후세계이다.

붓다는 인간이 경험할 수 있는 범위를 넘어선 문제에 대해 어떤 결론을 내려보았자 그에 반대되는 결론을 얼마든지 제기할 수 있다고 본 것이다. 동등한 타당성을 가지고 주장되는 두 명제命題가 서로 대립對立되고 모순矛盾되는 것이 이율배반이다.

예를 들자면 닭이 먼저냐, 달걀이 먼저냐를 두고 논쟁할 때, 닭이 있어야 달걀을 낳을 수 있으니까 닭이 먼저라고 해도 인과논리상 틀렸다고 말할 수 없고, 반대로 달걀이 있어야 닭이 있을 수 있다고 해도 인과논리상 틀렸다고 말할 수 없으니, 인과의 논리로만 볼 때에 누가 틀렸다고 말할 수는 없는 이율배반이다. 이것이 바로 논리적인 것과 역사적인 것의 괴리乖離이다.

객관적으로 검증도 불가능하고 역사적 사실과도 맞지 않는 것을 참이라고 받아들이는 곳에 독단獨斷이 있게 된다. 독단은 우리의 이성이 이율배반적 모순에 빠질 수밖에 없는 문제에 대해 어떤 답을 내리는 것인데, 그것은 객관적 사실을 말하는 것이 아니라 그렇게 말하는 사람의 의지를 천명하는 것에 지나지 않는다. 우리의 이성이 경험의 영역을 넘어서는 곳에 독단이 있고 신화가 시작된다.

고따마 붓다는 이렇게 말해도 독단일 뿐이고, 저렇게 말해도 독단일 뿐인 것들에 대해서는 무기無記라 하여 질문을 받고도 침묵으로 일관했다. 그리고 침묵하는 까닭을 '그것은 단지 말로 설명이 있을 뿐이요 물어도 알 수 없고 의혹만 증폭시키는 것이니, 현실적으로 경험할 수 있는 영역이 아니기 때문'이라 했다.5 다시 말해 말로는 얼마든지 할 수 있는 일이지만 현실적으로 검증檢證이 불가능한 것들이기 때문이라는 것이다. 검증한다는 것은 논리적 전개의 합리성을 따지는 것이 아니라 사실에 대한 직접적인 관찰을 의미한다. 직접적인 관찰을 할 수 있으려면 눈에 보이는 것들이어야 하는데, 그렇지를 못하므로 검증할 수가 없다. 검증할 방법이 없으니 그것이 참인지 거짓인지 분명하게 밝힐 수 없어 침묵한다는 것이다. 한마디로 고따마 붓다는 말할 수 없는 것은 말하지 않고 오직 명백한 것만을 말했다.

불교는 고따마 붓다의 가르침을 말하는 것이니, 고따마 붓다가 말할 수 없다고 침묵했던 문제들을 말한다면 정통의 불교일 수가 없는 노릇이다. 고따마 붓다가 말할 수 없다고 침묵으로 유보했던 문제들에 대하여 어떤 확정적確定的인 단안斷案을 내린다면 그것이 바로 불교의 왜곡歪曲이고, 고따마 붓다가 침묵했던 문제들을 말씀하셨던 것처럼 믿는 것도 불교에 대한 오해誤解이다. 정통의 불교냐 아니냐를 가름할 수 있는 길이 바로 여기에 있다. 고따마 붓다의 가르침을 믿는다면서 고따마 붓다가 말할 수 없다고 침묵한 것을 이렇게 저렇게 말하는 것은 불교가 아니라 그 사람의 생각이니 그런 사람이야말로 붓다를 파는 사람이요 붓다를 속이는 사람이며 붓다를 앞세워 중생을 속이는 사람이라 할 것이다.

05 붓다가 말한 것들

이제 우리는 고따마 붓다가 분명하게 말했던 것들은 어떤 것이었는지 알아볼 차례가 되었다.

고따마 붓다가 깊은 관심을 가지고 분명하게 말할 수 있었던 것을 현법現法이라 한다. 현법이란 드리스따 다르마(dṛṣṭa dharma)로 드리스따(dṛṣṭa)는 '보다'라는 동사(√dṛś)의 과거수동분사이니 '보여진 것'이란 뜻이다. 드리스따 다르마를 산스끄리뜨사전에서는 '현재, 지금 세상, 가시적 세계'라 풀이하고 있다.6

초기경전에서는 '현재에서 안온을 얻고, 현재에서 즐겁게 산다'[現法得安穩現法喜樂住]고 했고, 지금 이 현재 속에서 자기 자신이 직접 깨달음을 얻어야 한다는 뜻에서 어현법중자신작증於現法中自身作證이나 어현법중자지자각於現法中自知自覺을 강조하였다.

현법중現法中이란 말은 산스끄리뜨어로 드리스따 에와 다르메dṛṣṭa eva dharme인데, 드리스따는 '보여진 것, 본 것'이란 뜻이고, 에와eva는 불변화사로 '바로 그것'이란 뜻이며, 다르메dharme는 법이라고 번역하는 다르마dharma의 처격處格이다. 드리스따dṛṣṭa의 처격은 드리스떼dṛṣṭe인데 뒤에 오는 에와eva와 연성이 되어 드리스따 에와 다르메dṛṣṭa eva dharme가 된다.7

드리스따 에와 다르메를 빨리어로 딧테 와 담메diṭṭhe va dhamme인데 '바로 이 현실'이나8 '현상계'現象界로 풀이하고 있다.9 딧테diṭṭhe는 '보다'라는 동사 dassati의 과거분사 딧타diṭṭha의 처격이고, 와va는 산스끄리뜨의 에와eva와 같은 뜻이며, 담메dhamme는 법을 의미하는 담마dhamma의 처격이다. 그러니까 현법중이란 '현재에서, 지금 세상에서, 가시적 세계에서'라는 뜻이다.

초기경전에 의하면, 고따마 붓다가 말하지 않은 까닭을 '단지 말로 설명이 있을 뿐이요 물어도 알 수 없고 의혹만 증폭시키는 것이니, 현실적으로 경험할 수 있는 영역이 아니기 때문'이라고 했는데, '현실적으로 경험할 수 있는 영역이 아닌 것'을 아위사야avişaya라 한다. 이 말은 시각이나 청각 등 오관의 인식이 미치지 않는 것, 오관의 인식대상이 될 수 없는 것이라 무엇이라고 확정적으로 결정할 수 없는 것이란 의미이다. 그러니까 우리의 오관으로 인식할 수 있는 범위 내의 것들이라야 객관성을 가질 수 있다고 보고, 그런 범위를 넘어서는 문제에 대해서는 진실인지, 거짓인지를 분명하게 밝힐 수 없다는 것이 고따마 붓다의 인식적 입장이었다. 깨달았다는 말이 '오관五官으로 지각했다'는 뜻이라는 것을 통해 보더라도 불교의 이런 입장을 쉽게 알 수 있다.10

반대로 고따마 붓다가 말한 것은 위사이 부따vişayī-bhūta라고 한다. 위사이vişayī는 시각·청각 등 오관의 인식이 미치는 것이란 의미의 위사야vişaya의 복합어형이고, 부따bhūta는 '~이다, ~되다, 존재하다'라는 제1류동사 어근(√bhū)의 과거수동분사형 중성명사로 실제로 일어난 것이나 외관과 내용이 일치하여 가짜나 가공의 것이 아닌 사실이란 뜻이다. 그러니까 오관의 인식이 미칠 수 있는 것만이 실재하는 것이라는 뜻이요, 고따마 붓다는 우리가 오관으로 파악할 수 있는 것들에 한해서 분명하게 말했다는 의미이다. 고따마 붓다의 이런 입장은 철학을 다르샤나darśana라고 부르는 인도적 전통에 기인한다고 볼 수 있다. 다르샤나는 '보다'라는 동사(√dṛś)에서 온 중성명사로 '보는 것'을 뜻한다.

우리는 이쯤에서 경험의 영역을 넘어서는 형이상학적인 문제에 관해 고따마 붓다가 침묵하게 된 역사적 사정에 대해 간략하게나마 알아볼 필요가 있다. 고따마 붓다가 살았던 인도사회는 문자 그대로 사상의 자유가 보장되었던 시대였다. 개인적으로 어떤 사상이라도 가질 수 있었을 뿐만 아니라 자기가 가지고 있는 사상을 공개적으로 대중들에게 말할 수 있는 발표의 자유도 보장되었던 인류 역사상 그 유례를 찾아보기 어려운 사상가들의 황금시대였다. 이 시대 인도에서는 누구라도 대중 앞에서 자기의 주장을 펼 수 있었고, 그가 어떤 사상을 주장하더라도 정치적으로 아무런 제재나 억압을 받지 않을 수 있었던 사상의 자유방임시대였다.

사상적으로 백가쟁명百家爭鳴의 시대가 되다 보니, 사상가들 사이에는 서로 반대되는 사상을 가지고 대립하고 다투는 일도 빈번했다. 자기나 자기 편의 사상이 정당하다고 주장하지만 다른 사람이나 다른 편에서는 거짓이라고 반박하고 나섰다. 어떤 사람이 자신의 주장이 옳다고 아무리 말해도 또 다른 사람은 그것을 반박하고 나섰기 때문에 옳다고 주장하는 편에서만 옳을 뿐 다른 사람들에게는 인정받지 못하고 있었다.11 어떤 주장을 펴는 개인을 스승으로 떠받드는 추종자들이 생기면서 사상적 논쟁은 집단 간의 반복과 질시로 발전했고, 사회적 혼란과 위기로까지 내몰리게 되었다. 사상에 의한 사회적 혼란을 진정시켜 줄 수 있는 인물이 요구되었다. 고따마 싯닷타가 태어났을 때, 아시따 선인이 이 사람은 장차 전륜성왕이 되거나 붓다가 될 것이라 예언했다는 것은 바로 당시 사회가 어떤 인물을 고대하고 있었는가를 말해 주는 것이라 이해할 수 있다.

고따마 붓다는 당시의 수행자들이 저마다 자기의 가설假說을 가지고 진리眞理라고 강변强辯하면서 대립하고 반목하는 현실을 주시하고, 이 소모적인 논쟁을 종식시킬 수 있는 길을 모색하게 되었다. 그 누구도 부정하고 거부할 수 없는 객관적 기준이 있다면 사상가들 간에 대립과 논쟁은 끝을 낼 수 있을 터였다. 마치 자연과학에서 가설이 실험實驗을 통해 사실로 입증되면 진리로 인정되듯이, 사상가들의 주장도 그것이 사실事實임을 검증檢證할 수 있는 어떤 기준이 필요하다고 보았던 것이다. 그 기준으로 고따마 붓다가 제시한 것이 바로 우리가 경험할 수 있는 영역 안의 것들이었다. 경험의 영역을 넘어서는 문제는 객관적 검증이 불가능하니 말하지 않아야 한다는 것이었다.

사실 우리가 오관五官을 통해서 현실적으로 경험할 수 있는 것들이 아니면 그렇게 주장하는 사람의 의견일 뿐 객관성을 담보할 수가 없다. 경험의 영역을 넘어서는 문제들은 순수 사변적思辨的인 형이상학形而上學인데, 감성적 경험으로 파악되지 않는 초감각적인 것을 실재하는 것이라 믿는 형이상학은 그것을 옳다고 믿고 받아들이느냐 거부하느냐가 있을 뿐이지 그것이 참인지 거짓인지를 현실적으로 검증할 방법이 없다. 그것을 옳다고 받아들이는 것도 믿음이요, 아니라고 거부하는 것도 또 하나의 믿음일 뿐이다. 그래서 형이상학은 신학과 직결되고 있다.

신을 믿고 있는 이들 가운데는 신이 존재하지 않는다는 것을 증명할 수 없으니, 신이 존재한다는 것을 믿어야 한다고 말하는데, 참으로 웃기는 일이 아닐 수 없다. 신의 존재를 증명하는 일은 그것을 믿고 받아들이는 이들이 증명해야 할 문제이지 받아들이지 않고 거부하는 이들이 증명해야 할 문제는 아니다. 서양철학이나 신학에서는 신의 존재를 증명하려는 시도가 꾸준히 있었지만 결국은 실패하고 말았다.12

사람들은 이율배반적인 문제에 대하여 어느 한쪽을 기대고 싶어 하는 경향을 가지고 있다는 것이 문제이다. 이것이 바로 인간사고人間思考의 단점이라 하겠다. '신이 있다'거나 '신이 없다'는 증명될 수 없는 것이 사변철학思辨哲學인데, 신이 있다고 신앙信仰함으로써 위안을 얻는다는 것이다. 현실적으로 증명하거나 확인할 수는 없지만 그렇게 믿고 받아들임으로써 마음의 위안을 얻을 수 있다는 것이다. 사실과는 관계가 없지만 마음의 위안을 얻을 수 있다는 것은 심리적 효과일 뿐이다. 그러나 믿음이 위로를 준다고 해서 그것의 진리 값이 커지는 것은 결코 아님을 알아야 할 것이다. 예를 들어 말기 암환자가 치유될 것이라는 의사의 거짓말에 위로를 얻을 수도 있지만 말기 암이 치유되지는 않는다. 환멸의 순간이 오기까지는 그릇된 믿음도 바른 믿음만큼 위로를 줄 수도 있다. 참과 거짓을 따지는 인식의 문제를 소홀하게 여기고 심리적 효과에 비중을 높이 두고 무엇인가에 맹목적으로 매달림으로써 위안을 얻는다면 그것이 바로 '자유로부터의 도피'가 아니겠는가.

고따마 붓다가 침묵한 것은 옳다고 말할 수도 없고, 그렇다고 그르다고 말할 수도 없으니 차라리 침묵하고 언급하지 않는 것이 오히려 지혜로운 태도임을 보인 것이다. 그러니까 지금으로서는 무엇이라 말할 수 없으니 그것이 분명히 밝혀질 때까지 판단을 유보해야 한다는 뜻이다. 그러나 지금으로서는 아직 알 수 없으니 판단을 유보하고 침묵한다는 것이지 영원히 알 수 없다고 못을 박은 것은 아니다. 우리가 지금 알 수 없는 것이라고 해서 그 기원은 결코 알 수 없다고 결론을 내리거나, 대답이 꼭 있는 것도 아니라고 결론을 내리거나 나아가 언제까지라도 밝혀지지 않을 것이라고 결론을 내리는 것 역시 독단이요 철학의 포기이며 사고의 폐단이라고 했다.13 아직 우리가 알지 못한다고 해서 영원히 알 수 없다고 결론을 내리는 것도 독단이요 편견이며, 우리가 알지 못한다고 해서 어떤 절대자나 신이 만들었다고 결론을 내리는 것도 독단이요 편견에 지나지 않는다.

불교는 불가지不可知의 문제에 대하여 침묵하고 있다는 점에서 맹목적으로 믿고 받아들이는 신앙信仰의 종교가 아니라 이해되는 것을 믿고 받아들이는 신해信解의 종교이다. 불교는 분명하지도 않은 것을 확실한 것처럼 믿고 의지하는 열정을 경계하고 오직 지금 이 현실을 사실대로 직시하는 지혜[prajñā]를 중시한다는 점에서 대단히 철학적이다. 불교에서는 믿음을 앞세운 맹목적인 열정 또한 자기를 구속하는 원인이 되고 있다는 것을 통찰하고 있었다.

'말할 수 없는 것은 말하지 않고, 말할 수 있는 것들만 말했으니, 이와 같이 지켜져야만 하고, 이와 같이 배워야만 한다'고 하였고, '너희가 말하는 것이 정말로 붓다가 설하는 것처럼 하여 여래를 비방하지 않아야 한다'고 했으니,14 붓다가 침묵했던 문제들에 대해 언급하는 것을 경계해야 할 것이다. 붓다가 말할 수 없는 것이라고 침묵을 했는데도 그 문제를 말한다는 것은 자신이 붓다의 깨달음보다 더 높은 경지에 올랐다는 뜻이 아니면 불교에 대해 정확하게 모르고 있다는 뜻일 수밖에 없다.

06 제자들에 의해 체계화된 기준

불교를 표방하고 있는 한 고따마 붓다가 말할 수 없다고 침묵했던 문제에 대해서 언급하는 것은 불법답지 못한 처사라는 것은 더 이상 강조할 필요조차 없다. 이제 다시 정통의 불교 기준으로 붓다의 제자들에 의해 체계화된 것을 알아보자.

고따마 붓다는 우리가 경험할 수 있는 영역을 넘어서는 것은 말할 수 없다고 침묵하고, 우리의 오관이 미치는 영역에 대해서만 분명하게 말했는데, 오관을 통해 인식할 수 있는 것은 물질적인 것과 심리적인 것으로 이중구조를 이루고 있다. 먹고 입고 거주하는 것은 물질적인 것이고, 의미를 찾고 가치를 따지는 것은 심리적인 것들이다. 불교에서는 물질적인 것들을 눈에 보이는 것이라 하여 색色이라 하고, 심리적인 것들은 이름을 붙여 말로 설명해야 한다는 뜻에서 명名이라 한다. 명색名色을 우리가 현실적으로 부딪치며 살아가는 세계 전부라는 뜻에서 일체一切라고 말한다.

경經에 명색은 인식을 따라 생긴다[名色從識起]거나 인식을 인연으로 명색이 있다[緣識有名色]거나 명색을 인연하여 인식이 있다[緣名色有識] 하였고,15

논論에 명색과 인식이 서로 밀접한 관계를 유지하는 것이 마치 볏단이 서로 기대어 놓아야만 서 있을 수 있는 것과 같다거나[16] 명색名色을 벗어나 인식할 수 있는 어떤 것이 있다면 옳지 못하다고 하여[17] 인식의 대상이 명색名色임을 분명히 밝히고 있다.

불교의 인식적 입장에서 명색에 대하여 어떤 인식적 판단을 내리고 있는지 살펴보는 것이 정통 불교의 두 번째 기준이다. 다시 말해 우리의 현실을 구성하고 있는 명색에 대하여 고따마 붓다는 어떤 판단을 내렸는지 알아보고, 붓다가 내린 판단에 기준하는 것이 정통의 불교가 된다는 뜻이다.

불교를 어떤 방식으로 설명하더라도 불교가 되기 위한 조건이 갖추어져야 한다는 뜻은 아무리 불교에 대한 설명이 그럴듯하고 그 설명을 통해 많은 사람들이 공감을 하더라도 일정한 조건을 갖추지 못하면 결국은 불교라고 말할 수 없다는 뜻이다. 어떤 설명이 불교라고 인정할 수 있는 내용이 있는데, 그것이 바로 법인法印이란 것이다.

법인이란 다르마 무드라-(dharma-mudrā)의 번역으로 무드라-는 보증하는 표적이나 인장印章을 뜻하므로 다르마 무드라-는 붓다가 말한 법이라는 것을 확인하고 보증하는 도장이란 뜻이다. 붓다가 말한 법에 맞는다는 것을 보증하는 기준으로 세 가지를 들고 있어 삼법인三法印이고, 이것이 바로 붓다의 제자들이 정통의 불교로 설정한 기준이다.

당나라 때 현장 법사의 제자였던 보광普光은 삼법인의 중요성에 대하여 이렇게 말했다.

> **서방의 불교학자들이 논論을 지어 불경을 해석했다. 경의 가르침이 많지만 요약하면 세 가지가 있으니, 이른바 삼법인이다.**
>
> **첫째는 제행무상諸行無常이요, 둘째는 제법무아諸法無我이며, 셋째는 열반적정**

涅槃寂靜**이다. 이것은 모든 법의 증표이기 때문에 법인이라 한다. 이 삼법인에 맞으면 붓다의 가르침이요, 만약 삼법인에 위배되면 그것은 붓다의 가르침일 수 없다.**[18]

여기서 말하는 서방은 오늘날 말하는 서구의 개념이 아니라 중국 밖의 불교세계이니, 인도를 비롯하여 중앙아시아 지역을 의미한다. 그러니까 중국에 불교를 전해준 중국 밖의 모든 지역을 의미한다.

고따마 붓다의 가르침을 삼법인으로 정리한 것은 붓다가 세상을 떠나고 그리 오래 되지 않아서부터 있었던 것 같다.[19] 불교의 중흥조中興祖인 용수龍樹 보살은 이 삼법인은 세상의 어떤 논사論師도 무너뜨릴 수 없다고 하여[20] 불교를 말하는 이라면 누구도 삼법인을 부정할 수 없다고 보았다.

따라서 삼법인이야말로 고따마 붓다의 가르침이냐 아니냐의 기준이 될 수 있을 정도로 중요한 의미를 가지고 있기 때문에 우리는 삼법인에 대하여 보다 더 구체적으로 알아볼 필요가 있다.

① 제행무상(諸行無常, sarva-saṃskārā anityāḥ)

먼저 술어에 대한 개념적 정리가 필요하다.

제행무상諸行無常이란 말을 일체행무상一切行無常이나 일체유위법무상一切有爲法無常과 같이 쓰는 것으로 볼 때, 제행諸行·일체행一切行·일체유위법一切有爲法은 같은 의미이고, 산스끄리뜨어로 사르와 상스까-라-(sarva-saṃskārā)이다. 다시 말해 제諸와 일체一切는 복수의 개념으로 모두(sarva Ⓟ sabba)의 뜻이고, 여기서 말하는 일체는 우리가 현실적으로 경험하게 되는 것들을 의미한다.

일체는 십이처十二處를 말하고,[21] 명名과 색色을 이른다고 했으니,[22] 말로 설명되는 비가시적非可視的인 것들인 명과 가시적인 것들인 색 모두를 지칭하는 말임을 알 수 있다. 이런 것들은 모두가 행行이고 유위有爲라는 것이다. 그러니까 행行과 유위有爲는 말만 다르지 뜻은 같다[同義異名]고 하겠다.

원래 행行이란 말은 상스까라saṃskāra의 번역이고, 유위有爲란 말은 상스끄리따saṃskṛta의 번역인데, 이 말의 어근은 '부분이나 요소가 모여 어떤 것을 일으키다'(saṃ-s-√kṛ)라는 뜻을 가졌다. 유위라 번역되는 상스끄리따는 이 동사(saṃ-s-√kṛ)의 과거수동분사형이고, 행이라 번역되는 상스까라는 이 동사(saṃ-s-√kṛ)의 사역형 남성명사이다. 상스끄리따는 인因과 연緣의 만남에 의해 만들어졌다는 뜻이고, 상스까라는 인과 연으로 만들어지게 된 것이란 의미이다. 그러니까 상스끄리따나 상스까라가 인연을 따라서 펼쳐지는 현상現象을 가리킨다는 점에서 큰 차이가 없다.

상스까라를 부따bhūta라고도 하는데,23 부따라는 말은 '~이다, ~되다, 존재하다'(√bhū)라는 뜻을 가진 동사의 과거수동분사로 실제로 일어난 것이나 외관과 내용이 일치하여 가짜나 가공의 것이 아닌 사실이란 뜻의 중성명사이다. 다시 말해 가상假象이 아니라 목전에 현존現存하는 것이란 뜻이다. 부따는 흔히 실實·실재實在·실유實有 등으로 한역되었다.

이상을 정리하면 제행무상이라고 할 때의 제행은 비가시적인 것들보다는 우리의 눈에 보이는 가시적인 것들을 중심에 두는 말이다.24 우리 눈에 보이는 것들은 바로 물질적 현상인데, 불교 술어로 말하면 색법色法, 즉 루빠rūpa를 말한다.

그리고 무상無常이란 아니띠야(anitya, Ⓟ anicca)로 '영원하지 못한', '변하기 쉬운', '불안정한', '단언할 수 없는'이란 뜻으로 시간적으로 자기 동일성自己同一性을 유지하지 못하는 상태, 즉 변화무쌍한 상태를 의미한다.

그러니까 제행무상이란 물질적인 것들은 무엇이나 영원하지 못하다. 물질적인 것들은 변하기 쉽다. 물질적인 것들은 불안정하다. 물질적인 것들은 딱 잘라 말할 수 없다. 다시 말해 우리가 감각적으로 파악할 수 있는 것들은 변화무쌍하여 무엇이라고 단정斷定하여 말할 수 없다는 의미이다.

그런데, 우리의 몸뚱이도 물질적인 것이기 때문에 '제행무상'은 인생무상人生無常을 떠올리게 한다. 사실 무상은 객관적 입장에서는 변화變化나 운동運動을 의미하지만 주관적 입장에서는 '덧없다'는 '허무의 감정'을 연상케 한다.

붓다가 제행무상을 말한 것은 일차적으로는 자기의 육신이 영원할 것처럼 매달리는 것을 경계한 것이긴 하지만 그보다는 우리의 삶을 구성하고 있는 물질적 기반에 대하여 있는 사실 그대로 통찰하게 하려는데 있었다. 그러므로 제행무상을 인생무상정도로 이해하는 것은 지나친 단편화요 감상적이며 주관적으로 치우쳤다고 하겠다. 사실 변화를 의미하는 운동은 물질의 현존방식이자 물질의 내재적 속성일 뿐이다.

존재한다는 것은 시간 속에서 공간을 점유하고 있다는 것이니, 존재의 공간적 의미와 시간적 의미를 함께 살펴야 존재의 실상을 알 수 있다. 예를 들어 여기에 책상이 있다고 하자.

만약 어떤 사람이 눈앞에 놓여 있는 책상을 보면서, 책상이 있을 수도 있고, 책상이 없을 수도 있다고 한다거나 책상일 수도 있고, 책상이 아닐 수도 있다고 말한다면 미친놈 헛소리한다는 핀잔을 듣고 말 것이다. 존재한다는 것은 공간을 점유하는 것이기 때문에 책상이 있으면 있는 것이고, 없으면 없는 것이지 책상이 있을 수도 있고, 책상이 없을 수도 있다는 논리는 성립할 수가 없다. 이것이 바로 존재하는 사물을 공간적으로 확인하고 보증하는 논리로서 모순율矛盾律이다.

그러나 사물을 공간적으로만 파악하지 않고 시간을 도입하면 모순율은 무너지고 만다. 지금은 책상이 있지만, 만약 어떤 사람이 책상을 치워 버리거나 부셔 버린다면 다음에는 책상이 없을 수도 있고, 책상이 아닐 수도 있다.

우리가 어떤 사물을 공간적 점유로만 볼 때는 있으면 있고, 없으면 없는 것일 수밖에 없지만, 시간적으로는 생성 · 변화 · 소멸이란 세 가지 단계를 거치는 흐름이기 때문에 있을 수도 있고, 없을 수도 있다는 논리가 성립된다. 다시 말해 공간적으로 모순이었던 것이 시간적으로는 역동적인 현실이 되는 것이다.

사실상 우리가 살아가는 현실세계는 공간적이면서 동시에 시간적이다. 우리가 살고 있는 현실세계에서는 지금 존재하던 것들이 없어지기도 하고, 지금은 없었던 것이지만 현실로 존재하게도 된다. 이때 유有를 무화無化시키고 무無를 유화有化시키는 기능은 공간이 하는 것이 아니라 시간이 하는 역할인 것이다. 모든 것은 시간 속에서 무無로 실려 간다고 했듯이[25] 존재하는 것들은 시간이란 터널을 지나면서 자기의 동일성을 유지하지 못하고 어떤 모습으로라도 변하기 마련이다. 한마디로 시간은 그 자체로 존재하지 않고 변화를 통해서만 인식될 수 있으니 사물의 변화가 바로 시간임을 말해준다.

공간은 존재의 현장現場이지만 시간은 존재의 현장 상황을 가능케 하는 역할役割인 것이다. 따라서 현실세계 속에 존재하는 사물은 언제나 생성 · 변화 · 소멸이라는 역동적 과정을 통해서 파악하고자 할 때만 사물의 참된 양상을 읽을 수 있게 된다. 어떤 사물을 인식할 때 생성 · 변화 · 소멸이라는 시간적 과정을 빼 버리면 우리는 사진을 보듯이 죽어 있는 것만을 인식하게 된다. 시간적으로 볼 때 존재는 흐름인데 공간적으로는 정지이다. 비유하면 존재는 시간적으로 활동사진과 같은 흐름이지만 공간적으로는 매 순간 정지되어 있는 필름속의 사진인 것이다.

제행무상이란 말은 우리가 살아가는 세계를 공간적으로만 파악하려 하지 않고 시간을 도입하여 사물을 인식하는 것이요, 우리가 눈으로 확인할 수 있는 것들은 어떤 초월적인 존재의 의도나 목적에 의해 작용하는 것이 아니라 여러 가지 조건에 의해 변화할 뿐이란 뜻이다. 공간적 측면과 시간적 측면이 하나로 결합되어 있는 역동적 현실세계를 있는 그대로 파악한 결과가 제행무상이다.

우리의 목전에 전개되는 물질세계를 공간적으로만 볼 때는 '있음'[有]과 '없음'[無]은 공존할 수 없으니, 유무有無는 대립적이고 모순이다. 그러나 시간을 도입하여 현실세계를 볼 때는 있을 수도 있고, 없을 수도 있으니 모순이었던 것이 오히려 생동하는 삶이 되고 만다. 따라서 우리가 살고 있는 역동적인 세계는 생성하고 소멸하는 흐름일 뿐 영구하게 고정되어 있지 않으므로 존재의 세계에서 모순은 대립과 투쟁이 아니라 사물의 운동이요 생명력이며 활기참이다.

무상無常을 변화變化나 운동運動, 나아가 생성·소멸의 과정으로 본다면 제행무상이란 바로 모든 존재는 모순을 그 자체 내에 내포하고 있다는 의미에 지나지 않는다. 논리적으로 말해서 역동적인 현실세계에는 모순을 배제하는 모순율은 적용될 수 없고 오히려 반대로 모순을 사고 과정에 도입해야만 역동하는 현실의 참모습을 파악할 수 있게 된다.

결국 우리가 살고 있는 세계는 무상하기 때문에 역동성을 가질 수 있고 발전해 나갈 수 있는 것이다. 그런데도 불구하고 사람들은 공간적 존재를 모순율로만 파악하려 하기 때문에 '있다'[有]·'없다'[無]라는 극단적 대립을 벗어나지 못하고 있는 것이다.

모든 존재는 시간을 통과하는 사이에 '없었던 것도 있게 되고, 있었던 것도 없어지므로' 전체적으로 볼 때는 '있다고 해서 영원히 있는 것도 아니고, 없다고 해서 영원히 없는 것도 아니니' 한마디로 '있는 것도 아니고 없는 것도 아니며', '없는 것도 아니면서 있는 것도 아닌' 끊임없는 변화요 흐름일 뿐이다. 목전에 펼쳐지는 현상을 흐름으로 파악하는 것이 바로 중도中道

이다. 붓다는 이렇게 말했다.

> 세계는 대개 한번 존재한 것은 영원히 존재한다는 상견常見과 존재하지 않은 것은 영원히 존재하지 않는다는 단견斷見에 기반을 두고 있다.
>
> 올바른 통찰력을 가지고 있는 사람은 세계의 발생을 있는 그대로 보기 때문에 단견을 고집하지 않는다. 올바른 통찰력을 가지고 있는 사람은 세계의 소멸을 있는 그대로 보기 때문에 상견을 고집하지 않는다.……
>
> 모든 것은 존재한다. 이는 하나의 독단이다. 모든 것은 존재하지 않는다. 이것 또한 독단이다. 어떤 극단에도 매달리지 않고 여래는 중도에 의해 법을 설한다.26

우리가 살고 있는 현실은 불변의 영원성으로 존재하는 것이 아니라 생성・변화・소멸이라는 과정을 통해서 존재한다. 다만 그러한 변화의 과정에는 서로 의지하고 서로 돕는 상의상자相依相資의 연기관계가 내재하고 있을 뿐이다. 연기라는 관계성만 있을 뿐 어떤 불변하는 실체 같은 것은 없기 때문에 공空이다. 고정 불변하는 실체는 없고 오직 관계성만 있기 때문에 관계맺음의 내용에 따라 현상세계는 존재일 수도 있고, 존재하지 않을 수도 있게 된다.27

우리의 몸뚱이 역시 물질적 존재이니 변하고 바뀔 수밖에 없는 덧없는 것임에도 이를 직시하지 못하는 사람들은 세상 모든 것이 바뀌고 변해도 자기의 몸뚱이만은 결코 바뀌지 않기를 간절히 원하고 거기에 집착하고 있으니, 그 집착이 강하면 강할수록 결국에는 좌절을 맛볼 수밖에 없는 노릇이다. 그래서 '있는 사실 그대로 보라'[如實見]고 했다.

있는 사실 그대로 보라는 말은 자기의 욕망이나 기대감을 가지고 해석하지 말고 거울에 사물이 반사되듯이 그냥 보고 받아들이라는 것이다. 사실을 사실대로 보지 못하고 자기의 의지를 앞세워 보려하다가 끝내 좌절하고 실망하는 것이 무상이 안겨주는 고(苦, duḥkha)이다. 그 고苦는 결국 주관적 욕망이 객관적 사실 앞에서 좌절하는 심리적 갈등에 지나지 않는다.

다시 무상에 대하여 생각해 보자.

무상에는 허물어지고 파괴되어 없어지는 괴멸무상壞滅無常이 있고, 순간순간에 변해가는 찰나무상刹那無常이 있다. 사람들은 괴멸무상은 느끼고 있으면서 찰나무상은 잘 느끼지 못하고 있다. 찰나무상은 아주 짧은 순간에 일어나는 작은 변화라서 그 변화를 잘 확인할 수가 없기 때문이다. 비유하면 흐르는 물이나 촛불의 타오름이나 바람은 앞 순간의 모습과 뒤 순간의 모습이 서로 비슷하기 때문에 변화를 느끼기 어려운 것이다. 정말로 변화난측變化難測하고, 변화무궁變化無窮하며, 변화무쌍變化無雙한 것이 목전에서 일어나는 현상이다. 우리 앞의 세계는 그 변화가 미분적 현상이기 때문에 감각적으로 인식하기 어렵다.

우리의 의식과 관계없이 목전에 그렇게 있는 것들은 변화무쌍한 흐름으로 그냥 존재할 뿐 어떻다고 스스로 말하지 않는다. 한시도 멈추지 않고 변화무쌍한 모습으로 그렇게 거기에 있는 것을 우리가 무엇이라고 말로 표현하게 되면 이미 본래 그렇게 거기에 있는 것과는 다른 것이 되어 버린다. 원래 존재는 비언어적이기 때문에 언어와는 별개이다. 그래서 우리의 목전에 그렇게 있는 것들은 본래 드러내는 것이 없기 때문에 언어를 통해 알려지는 것은 본래 그것이 아니라고 했다.28 그러나 말이 아니면 딱히 표현할 수 없기 때문에 우리는 어쩔 수 없이 언어를 가지고 존재를 설명하게 되지만 변화무쌍한 실상實相을 있는 사실 그대로 드러나게 할 수는 없다.29 그래서 말은 진실을 떠나 있고, 진실은 말과 글을 벗어나 있다고 했다.30

한순간도 멈추어 있지 않고 물이 흐르듯이 변천變遷하는 것들을 말로 표현하는 것은 본래의 참모습을 잃게 한다. 비유하면 흘러가는 물을 사진으로 찍는 것과 같다. 사진 밖의 물은 부단히 흘러가고 있는데 사진 속의 물은 어느 한 순간의 모습으로 고정되어 버렸다. 우리가 말을 가지고 표현할 때, 말하는 사람의 생각이 개입되었음을 부정할 수 없고, 언어 구사의 능력에 따라 다양하게 묘사될 수 있다는 것도 부인할 수 없다. 흘러가는 물이 사진 속에서는 멈추어 서 버렸듯이, 말로 표현하는 것은 어쩔 수 없는 부득이한 선택이지만 실제의 모습과는 달리 왜곡이 생기고 있다는 것을 알아야 한다.

그렇지만 말로 표현하지 않고서는 전달할 방법이 없기 때문에 부득이 언어로 표현할 수밖에 없는데, 이때 변화무쌍한 목전의 현실을 표현하는 말이 한문漢文으로 여如요, 우리말로는 그렇더라 정도가 될 것이며, 빨리어나 산스끄리뜨어로 따타-(tathā)이다.

산스끄리뜨의 따타-(tathā)는 '그것'을 의미하는 지시대명사 따드(tad)의 어간 따(ta)에 상태를 나타내는 접미사 타-(thā)가 붙여진 말로 '그와 같이, 그렇게, 그대로'와 같이 양태樣態를 나타낸다. 잠시도 머물지 않고 변화무쌍하게 생성하고 변화하는 목전의 모습을 표현하는 말이다.

변화무쌍하게 생멸하는 존재의 세계를 표현한 말이 여如이고, 그 여를 강조하고 추상화한 것이 진여眞如이다. 여의 원말이 따타-(tathā)이고, 진여는 따타-따-(tathātā)이니, 진여는 여를 추상화한 말이라는 것을 쉽게 알 수 있다.[31] 그러니까 예나 지금이나 변함없이 한시도 멈추지 않고 생겼다가 없어지고, 없어졌다가는 다시 생기는 변화무쌍한 모습을 추상화한 것이 진여이니, 정말 그렇더라는 뜻이다. 우리 앞에 펼쳐지는 세계는 한시도 멈추지 않고 물이 흐르듯이 변하고 달라지는데, 그러한 변화는 어제도 그랬고, 오늘도 그렇고, 내일 역시 그럴 것이니, 변화만이 존재의 진실한 모습이요 영원한 모습이다. 그러니 우리의 목전에 펼쳐지는 현상세계는 변화무쌍한 모습으로 영원히 존재한다.

물이 흐르듯이 변하고 바뀌기 때문에 고정된 어떤 모습이 없다고 해서 무상(無相, alakṣaṇa)이라 한다. 알락샤나alakṣaṇa는 부정의 접두사 아(a)가 '특징짓다, 특성을 나타내다'의 뜻을 가진 제1류동사 어근(√lakṣ)에서 온 중성명사로 '특징, 상징, 모습'을 뜻하는 락샤나lakṣaṇa에 붙여진 말로 '특징이 없다. 모습이 없다'는 의미이다.

한순간도 멈추어 있지 않고 매순간순간 바뀌고 달라지니 존재의 참모습은 정해진 모습이 없는 것이니, 정해진 모습이 없는 것이 목전 세계의 참모습이다. 그래서 실상實相은 무상無相이다. 목전에 존재하는 것들은 우리의 언어와 관계없이 거기에 그렇게 있어 '그것들'[tattva]이요, 그것들의 있는 참모습[tattvasya lakṣaṇa]은 변화무쌍하여 무상(無常, anitya)이고, 고정된 모습이 없으니 무상(無相, alakṣaṇa)이다. 우리 앞에 드러나는 그것들의 참모습은 매순간순간의 모습이 그대로 진실일 뿐 특별히 다른 모습이 없다. 다시 말해 우리의 목전에 펼쳐지는 것들은 변화무쌍하기 때문에 매순간순간의 모습이 그대로 참이요 진실이다. 고정된 모습이 없는 것이 목전 세계의 참모습이니,32 목전 세계의 참모습이란 바로 정해진 모습이 없는 그 하나의 모습이다. '참으로 그렇다'라고 말하는 것은 정해진 모양이 없음을 의미하며,33 정해진 모습이 없는 것이 사물의 속성이다.34 그러니까 우리가 살고 있는 목전의 세계는 변화무쌍하여 고정된 모습이 없어서 매순간순간 드러나는 그 찰나의 모습을 '정말로 그렇다'고 말할 수밖에 없는데, 정해진 모습이 없다는 이 하나의 사실이 목전 세계의 한 모습이다.35

우리가 목격하게 되는 현상세계는 이처럼 변화무쌍하여 어떤 하나의 모습으로 고정될 수 없으니, 우리는 이 변화무쌍한 목전의 모습들을 어떻게 보아야만 제대로 볼 수 있겠는가? 다시 말해 짧은 한순간마저 멈추어 있지 않고 변해 버리는 이 현실을 어떻게 보아야만 왜곡이 없겠는가? 집착이나 망념이 없는 텅 빈 마음으로 매순간순간의 모습을 그대로 직시해야만 한다.[36] 비유하자면 호수의 물이 맑고 깨끗하면서도 조금도 흔들리지 않고 멈추어 있어야 거기에 비추어지는 사물의 모습이 일그러지지 않듯이 우리의 마음도 텅 비워 무념무상無念無想일 때 사물의 있는 그대로의 모습을 볼 수 있는 것이다. 우리가 무엇을 볼 때, 마음에 어떤 모습을 본다는 의식을 가지게 되면 마음속에 그리는 모습 이외의 것은 보지 못하는 것이 있게 되기 때문이다.[37] 무엇엔가 관심을 둔다는 것은 다른 것에는 마음을 두지 않는다는 것을 의미하기 때문에 어떤 개별 존재에 마음을 두면 순간순간으로 변하고 달라지는 이 현실을 제대로 볼 수 없다는 뜻이다. 그래서 마음속에 본다는 의식을 떨쳐버리면 온 세상을 두루두루 밝혀볼 수 있다고 했고,[38] 지례知禮는 실상은 고정된 모습이 없으니 반드시 고정관념이 없는 열린 마음으로 고정된 모습이 없이 순간순간 변화하는 모습을 직관할 수 있어야 한다고 했고,[39] 자선子璿은 존재의 참모습은 정해진 모습이 없으니 그때 그 순간 보는 것일 뿐 보았다는 것도 없다고 했다.[40]

우리는 여기서 무상한 존재이면서도 상주하는 자연계에 대해 생각해 보자.

객관적 존재로서 물질일반을 외사대外四大라 하고, 우리의 몸뚱이로서 물질을 내사대內四大라고 하는데, 외사대와 내사대는 속성이 다르다고 보았으니, 외사대는 항주불변역恒住不變易이라 하여 영원한 것으로 보았으나 내사대는 무상변역지법無常變易之法이라 하여 무상한 것으로 보았다.[41] 물질세계는 변하거나 바뀌지 않고 항상 머무는데 비해 우리 몸뚱이는 변하고 바뀌어 덧없는 것이란 뜻이다. 어떻게 해서 객관적 물질세계, 즉 외사대는 '변하거나 바뀌지 않고 항상 머문다'고 말할 수 있는 것인지 그 까닭을 살펴보자.

불교에서는 물질이 가지고 있는 속성으로 변애變礙를 들고 있는데, 시간적으로 달라지는 것이 변變이고, 공간적으로 공간을 점유하는 것이 애礙이다. 물질은 공간을 점유하는 형체이기 때문에 '장소를 차지하고, 세분될 수 있는 것'[可礙可分]이라 했다. 다시 말해 물질은 일정한 장소를 차지하기 때문에 동일한 장소에 동시에 존재할 수 없다는 것이 가애可礙이고, 우리의 눈으로 볼 수 있는 물질은 무한히 쪼개어 육안으로 볼 수 없을 때까지 나눌 수 있다는 것이 가분可分이다.

논論에 '모든 물질은 분석할 수 있으며 마지막에 이른 것을 극미(極微, paramāṇu)라 하고, 극미는 물질로서 가장 작은 것이며 더 이상 분석할 수 없다'고 하여 더 이상 세분할 수 없는 물질의 최소 단위를 극미라고 하였다.42 극미란 오늘날 물리학에서 말하는 원자原子나 소립자素粒子와 같은 물질의 기본단위와 같은 것을 말한다.43 이 극미는 없는 것에 근접했다는 의미에서 인허隣虛라고도 하며, 없는 것에 가까운 극미는 상상에 의해 말로 설명되는 것이란 의미에서 가립인허명假立隣虛名이라 했다.

그런데, 초기불교학자들은 극미에 이른 물질은 나누기 전의 물질과 다른 성격을 나타낸다고 보았다. 물질을 무한히 세분하여 극미에 이르면 물질의 가시적 형상이었던 길다[長]·짧다[短]·모나다[方]·둥글다[圓] 등의 공간적 의미의 형상이 사라져 버린다는 것이다. 극미에 이른 물질은 육안으로는 더 이상 식별할 수 없고, 극미로 세분된 물질은 '무게'나 '형태'로 구분할 수 없게 된다는 것이다.

물질은 분석이라는 과정을 거치면서 은현성隱顯性을 가지게 되는데, 극미가 모여서 덩어리가 되었을 때는 시각적으로 대할 수 있어 우리의 눈에 보이지만[顯] 물질을 무한히 세분하여 극미에 이르면 시각적으로 대할 수 없어 우리의 눈으로 확인할 수 없으니[隱] 물질의 외형적 모습을 감추어 버린다는 것이다. 그래서 '모든 존재는 분석하지 않았을 때는 실재[有]지만 끝까지 분석하면 공空이 된다'고 하였다.44

그런데 '세분할 수 있고, 공간을 차지하는 것'을 일반적으로 물질이라고 규정하여 왔으니 이제 더 이상 세분할 수도 없고 일정한 공간을 차지하지도 않는 극미를 과연 물질이라 할 수 있겠는가라는 문제가 생긴다. 이 문제에 대하여 초기의 불교학자들은 물질의 특성이었던 공간의 점유가 사라진 극미는 무변애無變礙이기 때문에 '당연히 물질이라고 말할 수 없다'고 하였다.45

우리는 물질이라 부를 수 없는 이유로서 무변애를 들었는데, 무변애無變礙는 무엇을 말하는가? 극미가 무애無礙라는 것은 공간적으로 점유라는 현상이 사라진다는 것이요, 극미가 무변無變이라는 의미는 시간적으로 변화가 없다는 것을 의미한다. 따라서 물질의 일반적 속성은 시간적으로 변화하고 공간적으로 점유함이 있어야 하는데, 공간적 점유도 사라지고 시간적으로 변화도 사라졌으니 그것은 물질일 수 없다는 말이다.

그러나 물질의 특성인 변애變礙를 잃은 것이 극미지만 이 극미들이 수없이 많이 쌓여지면 본래 물질의 특성인 시간상의 변화와 공간상의 점유라는 변애變礙가 된다고 했다.46 아마도 점유占有의 은현성은 양적 변화量的 變化라고 말하고, 변화의 소멸은 질적 변화質的 變化라고 해도 무리가 없을 것이다. 그러니까 물질은 분석이란 과정을 통해서 양적 변화와 질적 변화를 가져올 수 있다. 물질은 분석이라는 과정을 통하여 공간적 성질인 보이느냐 보이지 않느냐의 문제만 달라지는 것이 아니라 시간적 속성마저도 새로운 모습을 띠게 된다.

초기불교학자들은 '변하지도 않고 공간도 점유하지 않는' 극미는 시각적으로 인식할 수 있는 상태에서 물질이 가졌던 속성인 무상성無常性, 즉 '변화하는 성질'을 버리고 이제까지와는 전혀 다른 상주常住가 된다고 하여 극미

결정상주極微決定常住를 말한다.[4]

우리가 인식할 수 있는 물질 가운데 마지막으로 세분하여 더 이상 쪼갤 수 없는 것을 극미極微라고 하며,[48] 극미들이 모였지만 분리分離할 수 없는 것은 미취(微聚, saṃghāta)라고 한다.[49] 극미는 실질적인 극미[實極微]와 이론상의 극미[假極微]가 있는데, 실질적인 극미는 물질이 가지고 있는 특성을 가지고 있어서 경험적으로 알 수 있는 것이지만 이론상의 극미는 관념적으로 분석할 수 있는 것이므로 추론적으로 알 수 있는 것이라 했다.[50] 이와 같은 극미의 세계는 현대 이론물리학의 영역과 같다고 할 수 있을 것 같다.

사실 붓다가 물질의 무상을 수 없이 강조하였지만 그것은 항상 오온과 연결하여 설명한 것이므로 객관적 세계의 물질을 강조했다기보다 육신으로서 물질의 무상을 강조한 것임을 알 수 있다. 다시 말해 내사대의 무상을 말하는 것이지 외사대의 무상을 말하는 것이 아니요, 유기물有機物의 무상을 말하려는 것이지 무기물無機物의 무상을 말한 것이 아니며, 유정(有情, sattva)의 무상이지 무정(無情, asattva)의 무상을 말한 것은 아니라는 뜻이다.

따라서 물질은 본래가 변하고 바뀌는 법이라 하였지만 그것은 육신의 무상, 즉 유기물의 무상을 말한 것이므로 무기물로서 물질의 영원성을 말하더라도 서로 모순되는 것이라고 볼 수 없다. 그것은 이미 붓다가 객관세계의 물질이 항주불변역恒住不變易이라고 말하며 육신으로서 물질의 속성과 객관존재로서 물질의 속성은 '서로 부합할 수 없다'[不共相應]고 했기 때문이다.

생명력을 가지고 있는 유기물로서 물질과 생명현상이나 활력을 가지고 있지 않은 무기물로서의 물질은 그 성격상 같은 것이 될 수 없는데, 물질이 생명 현상을 가졌다는 것은 바로 감각기관으로 외부세계를 자신 속에 받아들이는 인식의 기능이 있다는 것을 의미한다. 인식 기능이 있으면 유기물이고 인식 기능이 없으면 무기물이다.

그러니까 우리의 육신으로서 물질성은 그것이 인식작용을 발휘할 수 있을 때만이 육신이란 물질의 의미가 있는 것이지[51] 인식 기능을 잃었을 때는 이미 무기물에 지나지 않는다. 그래서 초기불교학자들은 객관적인 물질은 얼마든지 쪼개도 물질이지만 육신의 감각기관은 쪼개지는 것이라 말할 수 없으니, 만약 장작을 쪼개듯이 육신을 쪼갰을 때는 이미 사람의 육신일 수가 없기 때문이라 하였다.[52]

이제 객관적 세계가 어떻게 상주불변常住不變할 수 있는 것인지를 살피지 않을 수 없는데, 불교에서는 모든 물질은 변화하지만 변화의 순간이 길고 짧음에 따라 그 변화가 우리의 인식으로 파악되기도 하고 파악되지 않기도 한다고 보았다.

논論에 시각적으로 확인할 수 있는 물질의 변화는 '파괴된다'[壞]고 말하고, 극미와 같은 미세한 물질의 변화는 '변한다'[變]고 구분하여 말하였다. 따라서 이 극미의 변화는 찰나刹那라는 극히 짧은 시간에 순간적으로 변화하기 때문에 찰나무상刹那無常이라 하였다.[53] 그러니까 우리의 시각으로 보이지 않는 극미의 물질은 찰나생찰나멸刹那生刹那滅하기 때문에 우리가 그 변화를 인식하지 못하므로 상주불변하는 것으로 인식하게 된다는 것이다.

변화의 모습이 시각적으로 확인되는 변화는 시분상속時分相續이므로 물질의 형태가 파괴되는 것이 우리의 인식으로 포착되지만 극미의 물질이 변화하는 것은 찰나라는 극히 짧은 시간에 이루어지는 찰나상속刹那相續이므로 그 변화의 모습을 우리가 인식할 수 없게 된다.[54] 그래서 순간순간 생멸하는 것들은 서로 비슷하기 때문에 범부들은 그것을 보고서 영원하다고 억측한다는 것이다.[55]

물론 우리의 육신도 살아 있을 때의 변화는 찰나생멸하지만 생生과 사死라는 순간에 이르러서는 전혀 다른 물질로 바뀐다. 그 죽음은 인식의 기능을 상실을 의미하므로 유기물이었던 물질은 무기물로 환원되는 것이다.

그러나 극미의 물질들은 찰나찰나로 발생하고 소멸하면서 서로 연속[刹那刹那起滅相續]하기 때문에 그 변화의 모습을 우리가 인식할 수 없어 마치 정지한 것처럼 보일지라도 엉겨 머문다[凝住]는 것을 뜻하지 않는다고 하였다.56 그것은 마치 횃불을 빨리 돌리면 횃불은 하나의 원형을 그리는 것처럼 극미의 물질은 극히 짧은 순간에 생성·소멸하므로 변화하지 않고 연속되는 것처럼 보이고 만다는 것이다.

그렇지만 찰나생찰나멸이라는 순간적 생멸로 이어지기 때문에 앞의 존재와 뒤의 존재는 비록 서로 떨어지지 않는다고 해도 그 모양은 같은 것이 아니라고 하였다.57 두 개의 물질은 분명 다른 것이면서도 마치 하나인 것처럼 인식되기 때문에 물질적 현상은 상사상속相似相續한다고 했다.58 상사상속이란 물질이 발생하는 순간의 모습과 소멸하는 순간의 모습이 서로 비슷한 모습으로 이어진다는 말이다. 다시 말해서 찰나라는 믿을 수 없을 정도의 짧은 순간에 변화가 일어나기 때문에 그 변화를 우리가 인식할 수 없어 사실은 변화하지만 연속되는 것으로 보인다는 말이다.

무기물로써 물질은 찰나생刹那生·찰나멸刹那滅로 변화하기 때문에 그 자체로는 변화하지만 그 변화를 우리는 인식하지 못하고 상주불변常住不變하는 것으로 인식하게 된다는 것이다. 다시 말해서 우리를 둘러싸고 있는 물질적 세계는 고정 불변의 실체로서 상주하는 것이 아니라 찰나라는 아주 짧은 순간의 변화를 통해 존재하기 때문에 우리에게는 변화하지 않는 것처럼 보일 뿐이라는 뜻이다.

따라서 붓다가 물질의 상주성常住性을 부정한 것은 객관적 물질세계, 외사대의 상주성을 부정한 것이 아니라 인간 자신의 몸뚱이를 이루는 물질인 내사대의 상주성을 반대한 것임을 알아야 한다.

극미의 물질에 대한 이와 같은 설명은 마치 현대물리학이 미립자의 세계를 설명하는 것과 흡사하여 대단히 흥미롭다. 이와 같은 불교에서의 설명을 현대물리학의 설명방식으로 연관시켜 생각해 본다면 물질의 은현성隱顯性은 닐스 보아(Niels Bohr, 1922~)의 입자粒子와 파동波動이라는 상호보완적 관계相互補完的 關係와 같다고 할 것이요, 눈에 보이지 않는 극미에서 눈에 보이는 물질로의 연속은 막스 프랑크(Max planck, 1858~1947)의 소립자의 불연속운동不連續運動으로 설명된다고 말하면 어떨지 모르겠다.

육신의 무상함이 자연으로 환원되는 현상인 죽음에 대해 살펴보자.

우리가 보통 색이라고 말하면 객관적으로 존재하는 물질 일반物質一般을 의미하지만 특별한 경우에는 우리의 몸뚱이를 의미하기도 한다. 다시 말해 주관적 의미로서 물질은 우리의 몸뚱이를 지칭한다. 예를 들면, 색성향미촉법色聲香味觸法이라고 할 때의 색은 물체[draṣṭavya]를 의미하는 객관적인 색이지만 색수상행식色受想行識이라고 할 때의 색은 우리의 몸뚱이[kāya]를 의미하는 주관적인 색이다. 몸뚱이는 오관五官을 가지고 외부세계를 느낌으로 받아들인다는 뜻에서 보통 안이비설신의眼耳鼻舌身意로 말하기도 하는데, 이때의 신身은 몸뚱이라는 의미보다 피부(皮膚, tvaca ㉥ skin)를 의미한다.

색은 사대四大와 사대로 만들어진 색을 말한다고 했는데,59 사대라고 할 때의 대大는 마하-부-따mahābhūta인데. '중요한 요소, 중요한 실재, 막연한 것과 구별되는 존재, 큰 차원의 존재' 등의 의미로 이해할 수 있다. 마하-부-따로 지대(地大, pṛthivī-dhātu)·수대(水大, āpo-dhātu)·화대(火大, tejo-dhātu)·풍대(風大, vāyu-dhātu)를 말하는데,60 이때의 대大는 다-뚜라는 남성명사이다. 다-뚜는 '모아서 저장하다'라는 제3류동사 어근(√dhā)에서 온 남성명사로 '영역, 층層, 구성분, 원물질原物質' 등을 의미한다. 그러니까 큰 차원의 존재를 이루는 구성분이나 원물질이란 뜻이다.

또한 사대로 만들어진 것이란 바우띠까뜨와bhautikatva로 바우띠까bhautika의 추상명사이다. 바우띠까는 살아 있는 것과 관계되는 물질을 이루는 것이란 뜻이니, 생명체들의 몸뚱이에 관계되는 것들에 대한 추상적 개념이다. 논論에 사대로 만들어진 색을 눈·귀·코·혀·피부와 물체·소리·냄새·맛과 감촉되는 것의 일부라고 했으니,61 우리의 몸뚱이뿐만 아니라 눈에 보이는 것들과 소리나 냄새와 맛 등도 물질적인 것들이 만들어 낸다는 것을 의미한다.

또한 객관적 존재로서 물질 일반을 외사대外四大라 하고, 우리의 몸뚱이로서 물질을 내사대內四大라고 하는데, 외사대로서 지대는 모든 단단한 것이요, 수대는 외부의 모든 부드럽고 젖는 것이며, 화대는 모든 객관적 사물의 뜨거운 것이요, 풍대는 가볍게 날리고 움직이고 흔들려 빨리 달리는 사물이라 하였다. 그리고 내사대로서 지대地大는 터럭·손톱·발톱·이빨·힘줄 등 우리 몸의 고체적 요소를 말하고, 수대水大는 가래·침·눈물·오줌·피 등 우리 몸의 액체적 요소이며, 화대火大는 음식물을 섭취하였을 때 남김없이 소화시키는 것을 말하고, 풍대風大는 심장의 활동·들이쉬고 내쉬는 호흡과 같은 우리 몸의 활동성을 의미한다.62

그런데 외사대는 항주불변역恒住不變易이라 하여 영원한 것으로 보았으나 내사대는 무상변역지법無常變易之法이라 하여 무상한 것으로 보고,63 사대가 화합하여 사람이라 하지만 죽으면 내사대는 외사대로 환원된다고 했다. 내사대로서 지대는 외사대의 지대로 돌아가고, 내사대로서 수대는 외사대의 수대로 돌아가며, 내사대로서 화대는 외사대의 화대로 돌아가고, 내사대로서 풍대는 외사대의 풍대로 돌아간다고 했다.64 우리의 몸뚱이인 내사대는 죽음으로 해체되어 객관적 물질인 외사대로 흡수된다는 것인데, 사람이 죽어 화장을 하던 매장을 하던 그 육신은 물질적 요소로 해체되어 객관세계로 흡수되고 마는 것이다. 이는 사람이 죽으면 그 시신이 결국에 무기물로 환원되는 현상을 의미한다. 죽음이란 유정有情에서 무정無情으로 질적 변화를 하는 것이고, 유기물有機物에서 무기물無機物로 환원되어 흡수되는 것을 의미할 뿐이다.

붓다는 모든 중생들이 이 세상에 살지만 죽은 뒤에는 목숨이 끊어지고 육신이 허물어져 아무 것도 없다면서 만약 거기에 무엇이 있다고 말한다면 그것은 모두가 텅 빈 새빨간 거짓말이라고 했다. 어리석었거나 지혜로웠거나 죽은 뒤의 세상이란 모두 끊어지고 무너져 아무 것도 없다는 것이다.65

아놀드 토인비 박사는 '사후에 육신이 어떻게 되느냐에 대해서는 신비스러운 것은 없다. 죽은 다음에는 사자死者의 물질적 육체는 분해된다. 그것은 생물권 속의 무생물의 요소로 재흡수 된다. 환경 속의 무생물과 생물의 요소들 사이에는 끊임없이 물질의 교환이 이루어지고 있다'고 말하였는데,66 토인비의 이와 같은 견해는 붓다의 가르침과 다를 것이 없다.

모든 인간에게 있어서 육신으로서 물질은 죽음과 더불어 객관 존재인 물질세계로 환원되는 것일 뿐 특별한 것이 아니다. 유기물과 무기물은 본질적으로 다르듯이 육신을 구성하는 물질적 요소와 객관적 세계를 구성하고 있는 물질적 요소는 함께 공존할 수 없는 것이다.67 죽음이란 인식 기능을 가졌던 무상한 육신이 해체되어 인식기능이 없는 무기물로 환원되어 흡수되는 것일 뿐이라 보는 점에서 고따마 붓다의 자연과학적 사고방식을 엿볼 수 있다.

우리의 몸뚱이인 내사대는 변화 자체가 우리에게 고통으로 절감되지만 외사대의 변화는 변화라는 현상 그 자체일 뿐 선도 악도 아니며 깨끗한 것도 더러운 것도 아니라고 하였다.68 다시 말해 인간은 자신의 몸뚱이의 변화는 고통으로 느끼지만 객관적 물질의 변화에 대해서는 변화하는 현상으로만 본다는 것이다.

우리가 관심을 가지고 읽어야 할 것은 붓다는 물질을 객관적 물질과 주관적 물질로 구분했고, 객관적 물질인 자연은 항주불변역恒住不變易이라 하여 영원한 것으로 보았으나 주관적 물질인 몸뚱이는 무상변역지법無常變易之法이라 하여 덧없는 것으로 보았다는 점이다.

2 제법무아(諸法無我, sarve dharmā anātmānaḥ)

먼저 제법諸法의 의미를 파악하기 위해 제법무아와 같은 뜻으로 쓰고 있는 말들을 살펴보면 다음의 두 가지 유형을 볼 수 있다.

제1형: ㉠ 一切行無常(일체행무상), 一切行苦(일체행고), 一切行無我(일체행무아), 涅槃爲寂滅(열반위적멸)[69]

㉡ 一切諸行皆悉無常(일체제행개실무상), 一切諸行苦(일체제행고), 一切諸行無我(일체제행무아), 涅槃休息(열반휴식)[70]

제2형: 一切行無常(일체행무상), 一切法無我(일체법무아), 涅槃寂滅(열반적멸)[71]

위의 제1형에서는 제법諸法을 일체행一切行과 같은 뜻으로 썼다. 일체행이란 사르와 상스까-라-sarva saṃskārā의 번역이니, 이는 제행무상諸行無常이라 할 때의 제행과 같은 말이다. 그러니까 제1형에서는 제행諸行과 제법諸法을 같은 뜻으로 보고 있음을 알 수 있다.

제2형은 제1형과는 전혀 달리 제행과 제법을 구분하고 무상無常은 제행의 속성이고, 무아無我는 제법의 속성이라 구분하고 있다. 제행은 사르와 상스까-라-sarva saṃskārā, 즉 인연으로 만들어진 모든 것이고, 제법은 사르와 다르마-sarva dharmā로 전혀 다른 개념이다.

경전의 결집사結集史를 통해서 볼 때 제1형을 담고 있는 『증일아함경』보다는 제2형을 담고 있는 『잡아함경』이 먼저라고 보아 제2형이 고따마 붓다가 설법한 원형에 가깝다고 하겠다. 그런데 『잡아함경』에 의하면, 일체법이란 외부세계에 대한 감각적 자료를 가지고 의식이 만들어내는 심리적인 것으로 설명하고 있다.72 다시 말해 오온五蘊이라는 일련의 과정이 만들어 내는 것으로 보고 있다. 이것이 바로 심법(心法, citta-dharma)이자 의법(意法, mano-dharma)이다.

심법心法은 생각이 만들어 내는 관념이요, 언어를 통해 전달되거나 진술되는 의미이기 때문에 시공時空의 제한을 받지 않는다. 오온五蘊이라는 일련의 과정을 통해서 생기는 심리적 현상이라는 뜻은 우리의 경험과 동떨어져 있는 것이 아니라는 의미이다. 과거에 경험했거나 지금 경험하는 것들을 상상력을 통해서 이렇게 저렇게 짜 맞추고 그려내는 것들을 말로 표현하는 것들이라는 뜻이다.

제법무아諸法無我라고 할 때의 법은 『반야심경』에서 색성향미촉법色聲香味觸法이라고 할 때의 법이며, 만법유식萬法唯識이라거나 만법유심萬法唯心이라고 할 때의 만법萬法이다. 제법諸法은 마음 속 생각이 만들어낸다[諸法皆心想生]고 할 때의 제법諸法이며, 마음밖에 따로 법이 없다[心外無別法]고 할 때의 법이며, 일체 모든 법은 오로지 망념妄念에 의지하여 차별差別이 있게 된다[一切諸法唯依妄念而有差別]고 할 때의 법이다.

제법諸法을 분별하면 명색名色을 벗어나 다른 것이 없다거나73 법에는 두 가지가 있는데, 이른바 명名과 색色이라 할 때의74 명名에 속하는 것을 의미한다. 가시적인 존재들을 의미하는 것이 아니라 말로 설명되는 것들이요, 이름은 있으나 구체적 실체가 없는 것들이니 유명무실한 것이다.

무아無我라고 할 때의 아我는 아뜨만atman으로 시공時空을 초월하는 영원불멸의 실체를 의미하므로 무아(無我, anātman)는 '아뜨만이 없다'거나 '아뜨만이 아니다'라는 뜻이다.75 그러니까 제법무아諸法無我는 우리가 마음으로 만들어 말로 표현하는 것들은 영원불멸의 실체는 없다는 뜻이다. 예를 들자면, 선善이니 악惡이니 하는 도덕적 가치의 문제에서부터 아름답다[美]거나 추하다[醜]는 등의 미적 가치의 문제, 정의正義니 양심良心이니 하는 사회윤리적 문제, 신神이니 영혼靈魂이니 하는 종교적인 문제까지 우리의 의식이 만들어내는 것들 모두가 제법諸法이요, 이런 것들은 언어로 표현되는 것일 뿐이지 어디에도 영구불변의 실체는 없다는 것이다. 그래서 식심識心으로 분별하고 계탁計度하는 것은 오직 언설言說이 있을 뿐이고 전혀 실의實義가 없다거나[76] 말로 설명되어지는 것들은 모두가 실체가 없는 것에 임시로 붙인 이름일 뿐으로 다만 망상妄想에 근거한 것일 뿐 시각적으로 포착할 수 있는 것이 아니라거나[77] 일체법은 단지 말로 설명이 있을 뿐이요 전혀 실체가 없다는 것을 말하므로 거북의 털이나 토끼의 뿔을 이끌어 비유한다고 했고,[78] 실체가 없는 이름뿐인 법은 정해진 어떤 모습이 있는 것이 아니라 조건을 따라 이끌어 모은 것이라 말한다.[79]

그러니까 선善이니, 악惡이니, 정의正義니, 양심良心이니, 신神이니 영혼靈魂이니 하는 것들은 그런 것을 필요로 하거나 그것을 말해야 할 처지에 따라 말하는 것일 뿐 선악의 실체도 없고, 정의나 양심의 실체도 없으며, 신이나 영혼 같은 것은 구체적으로 파악될 수 있는 어떤 실체가 없다는 뜻이다. 실체가 없는데도 실체가 있는 것처럼 생각하는 것이 망상妄想이다.

마음이 만들어 내는 것이라 말했지만 사실 마음이라는 것도 오로지 이름이 있을 뿐이지 마음 역시 특별히 손에 잡히는 무엇이 있는 것은 아니다. 다만 표현일 뿐이므로 이름에 해당하는 어떤 무엇을 얻을 수 없다.[80] 남전보원(南泉 普願, 748~834)이 이렇게 말했다.

만약 마음으로 상상하고 생각하여 법들이 나오게 되는 것이라면, 결국 법

은 거짓이 합치고 모인 것이라 모두 진실하지 못하다. 마음도 실재하는 것이 아닌데 그런 마음이 어떻게 법을 내놓을 수 있겠는가.

만일 마음이 만들어낸 법에 집착한다면 그것은 마치 아무 것도 없는 허공을 분별하는 것과 같고, 소리를 가져다가 상자 안에 놓아두려는 것과 같으며, 그물을 불어서 공기로 채우려는 것과 같다.81

마음으로 만들어 내는 것은 말로 설명되어야 하는데 그런 것은 다만 말로 하는 설명일 뿐 고정 불변하는 어떤 실체는 없다는 것이 제법무아諸法無我이다. 경經에 제법은 법의 실체가 없고 오로지 마음이라 했으며,82 법은 본래 애초부터 주재主宰가 없고 다만 일시적으로 말로 설명하는 것만 있을 뿐이라 했다83

여기서 주재主宰는 중심이 되어 책임지고 맡아 처리하는 자로 어떤 실체 또는 본체를 의미한다. 바꾸어 말하면 시공時空을 초월하여 자유자재하는 무엇을 의미한다. 따라서 법은 본래 애초부터 주재가 없다는 말은 우리가 상상하여 말로 표현하는 개념들은 본래부터 실체가 없다는 뜻이다.

그런데 우리의 현실생활에서는 전혀 다른 방향으로 나타나고 있다. 예를 들어, 동구 밖에 서낭나무가 있다고 하자. 그런 나무가 그곳 말고도 많이 있는데도 유독 그 서낭나무만이 무엇인가 마음대로 할 수 없는 어떤 권위를 가지게 되는데, 그것은 사람들이 그렇게 상상하고 말하는 것일 뿐 우리가 구체적으로 경험할 수 있는 무엇이 있는 것은 아니다. 이처럼 상상하여 말로 표현하는 것들은 우리의 삶에서 중요한 의미를 갖고 일정한 역할을 하고 있는 것이 사실이지만 정작 그 실체를 파악할 수 없는 이름뿐인 것들이다. 어른들이 어린아이에게 도깨비이야기를 자주 해주었기 때문에 정작 도깨비와 마주친 경험은 없으면서도 도깨비에 대한 두려움을 갖는 것이나 다를 것이 없다. 도깨비니 귀신이니 하는 것도 사람들이 상상하여 말로 표현한 것일 뿐인데도 실제로는 도깨비나 귀신 때문에 두려움이나 공포감을 느끼고 있는 것이다.

이제까지는 상상하여 말로 표현되는 것들에는 어떤 실체가 없는 것이라고 했지만 앞에서 말한 제법諸法을 제1형으로 돌아가 보면, 제법諸法을 일체행一切行이라 보았으니 인연因緣에 의해 만들어지는 물질적 존재들마저 영구불변의 실체는 없다는 뜻이 된다. 그러니까 애초부터 아무런 실체가 없는 이름뿐인 것만 아니라 우리의 목전에 펼쳐지고 있는 삼라만상도 영구성이 없기 때문에 불변의 실체가 없기는 마찬가지라는 뜻이다. 명名만 실체가 없는 것이 아니라 색色도 이런저런 조건에 따라 변화하는 것일 뿐 영구불변의 실체가 없다는 점에서는 같다.

경經에 물질적인 것들은 그 속성이 공이라는 것일 뿐 물질이 썩고 부서져서 공은 아니라고 했지만84 용수 보살은 말하기를 아-뜨만이 없다는 소리를 들으면 쉽게 이해할 수 있지만 지금 눈으로 보는 물질적인 것들이 본래 공空이라거나 무無라고 말한다면 납득하기 어려울 것이라 했다.85 다시 말해 아예 눈에 보이지 않는 것들에 대해 실체가 없다고 말하면 이해하기 쉽지만 눈에 보이는 것들도 본래가 텅 비어 실체가 없다고 말한다면 납득하기가 쉽지 않다는 뜻이다.

우리가 현실의 삶 속에서도 제행은 무상無常하다고 여기고 제법은 무아無我라고 여기는지를 살펴보면 현실은 전혀 그렇지를 못하다는데 문제가 있다. 사람의 몸뚱이는 분명 무상할 수밖에 없는 존재인데도 무상하지 않기를 바라고, 마음으로 상상하고 생각하는 것들은 아무런 실체가 없는데도 사람들은 자기의 생각이나 주장을 고집하고 강변한다. 무상한 것을 무상하지 않기를 원하고 실체가 없는데도 마치 실체가 있는 것처럼 착각하고 고집하는 것이다. 무상하지 않기를 원하거나 실체인 것처럼 착각하고 고집하는 것은 객관적 사실에 어긋나는 욕망의 표현일 뿐이다. 이 욕망이 객관적 사실 앞에서 부정되고 거부될 때 좌절하고 실망할 수밖에 없는데, 욕망이 깨지고 좌절하는 것이 바로 심리적 갈등이요 우비고뇌憂悲苦惱라는 고苦이다. 그러니까 고苦는 나밖에 실재하는 어떤 것이 아니라 내가 사실과 다르게 보고 집착하는데서 비롯되는 심리적 갈등이요, 욕망의 좌절이다. 한마디로 그릇된 인식이 고를 불러왔다는 뜻인데, 이것이 사고팔고四苦八苦의 마지막인 '요점을 들어 말하면 오성음고[取要言之 五盛陰苦]'라는 것이다.

우리가 사실을 사실대로 알거나 보지 못하는 한 고苦에서 벗어날 수 없게 된다. 바꾸어 말하면 우리가 욕망을 통해서 사물을 보거나 자기가 생각하는 것에 집착하는 한 갈등과 번민을 벗어날 수가 없으니, 깨달음을 얻기 전의 삶이란 온통 고해苦海에서 방황하는 것일 수밖에 없다. 그래서 일체개고(一切皆苦, sarva-duḥkha)를 말하게 된다.

불교에서 일체개고一切皆苦를 말하는 것은 사람들이 사물의 존재 양상을 있는 그대로 직관하지 못하고 자기의 욕망과 의지로 보려는 데서 가져오는 심리적 갈등을 의미한다. 그것은 현실세계가 생성·변화·소멸이라는 변화의 과정일 뿐이라는 인식을 갖지 못하고 고정 불변하는 것으로 착각하고 있기 때문이요, 우리가 외부세계를 받아들인 일체의 심리적 세계, 즉 말과 문자 등으로 개념화한 것들이 실체가 없음을 자각하지 못하고 불변의 실체로 착각하는데서 비롯된 결과이다.

한마디로 고통은 자기 의식 밖에 있는 것이 아니라 각자의 빗나간 욕망과 의지, 다시 말하면 사물을 있는 그대로 보지 않고 '있었으면'하는 마음으로 보거나 '그렇게 되지 않았으면'하는 마음으로 보기 때문에 생기는 것이다. 사물에 대한 자기중심적 기대감의 산물이 고苦인 것이다. 우리가 객관세계나 심리적 세계를 무상無常과 무아無我로 보지 못하는 것은 무지와 욕망과 집착 때문이다. 그리고 무지와 욕망과 집착의 결과는 우리를 항상 갈등과 번민煩悶으로 몰아넣는다. 그것이 일체개고一切皆苦, 즉 온 세상이 고통이요 갈등이라는 것이다. 그러므로 일체개고는 사물을 사실대로 알지 못하는 무지無知와 욕망과 맹목적 집착에서 오는 것이다. 다시 말해 우리가 살아가는 현실세계인 물질적 현상[色]과 심리적 현상[名]에 대하여 있는 사실 그대로 직시하지 못하고 주관적 욕망이나 이기적 의지로 접근한 결과가 일체개고인 것이다.

③ 열반적정(涅槃寂靜, śāntaṃ nirvāṇaṃ)

무지와 맹목의 결과인 일체개고는 바람직하지 못한 상태이므로 해결해야 할 과제이고, 이 과제를 해결한 상태를 열반涅槃이라 한다. 열반은 산스끄리뜨어로 '니르와-나'nirvāṇa이고, 빨리어로 닙바-나nibbāna인데, 니르와-나는 '불어서 끄다, 희망이나 정열 따위를 소멸시키다'(nir-√vā)라는 뜻을 가진 동사의 과거분사로 '꺼져 버린, 침착한, 냉정한'이란 뜻이다. 니르와-나는 각자가 직접 느껴야 할 체험이기 때문에 말로 온전하게 표현되어질 수가 없어서 비유로 그 의미를 전할 수밖에 없다. 그 비유의 하나가 '불이 꺼진 상태'이다.

'탐욕을 완전히 없애고, 분노를 완전히 없애고, 우치를 완전히 없애 모든 번뇌가 완전히 없어진 것을 열반이라 한다'고 하였으니,86 탐욕과 분노와 우치를 마음을 태우는 불에 비유하고, 그 불이 꺼진 상태를 열반이라 한 것이다. 불은 물로 꺼야하듯이 탐욕과 분노와 우치를 없애는 지혜를 물에 비유하여 지수智水라 한다.87

한역경전에서는 일체의 번뇌를 없앤다는 뜻에서 열반을 멸滅이라 하고, 번뇌를 없애고 번뇌가 없는 곳으로 건너갔다는 의미에서 멸도滅度라고 하며, 번뇌가 없는 마음은 시끄러움이 없어졌다는 뜻에서 적寂이라 하며, 번뇌가 모두 없어졌기 때문에 계산하고 조작하는 인위적인 마음이 없다는 뜻에서 무위無爲라고 한다. 한마디로 니르와–나는 모든 분별의식을 벗어난 것이다.88 부질없는 상상으로 분별하는 것을 없앤 것이 열반이지89 눈이 망가져서 아무 것도 볼 수 없어서 갈등할 일이 없는 것을 열반이라 말하지 않는다고 했다.90 열반은 말로 온전하게 표현되어질 수 없는 경지이니 각자가 자신의 체험으로 느껴야만 할 것이다.

또한 열반의 동의어로 해탈(解脫, mokṣa)을 사용하는데, '무엇으로부터 자기를 자유롭게 하다'라는 뜻을 가진 동사(√mokṣ)에서 온 남성명사로 해방이란 뜻이다. 초기에는 열반이란 개념을 더 중시했으나 대승불교로 가면서 해탈이란 의미가 부각되고 있다고 하겠다. 열반이나 해탈은 불교에서 추구하는 궁극의 목표라는 의미에서 지선至善이나 최고선最高善이라는 뜻으로도 쓴다.

적정寂靜은 샨–띠śānti의 번역으로 '노여움, 슬픔, 싸움 등을 진정시키다'라는 뜻의 동사(√śam)에서 온 여성명사로 '침착하여 마음의 동요가 없는 평정平靜이나 마음의 평화'를 의미한다. 그러니까 열반은 마음의 평화란 뜻이다. 다시 말해 '탐욕과 분노와 어리석음'이 마음을 태우는 불인데, 이 불이 완전히 꺼져 더 이상 속을 태우지 않고 평온해지면 마음이 평화롭게 된다는 의미이다.

일체개고가 해결된 이상적 경지를 열반이라 하는데, 열반이라 음역音譯한 니르와–나의 한역漢譯이 적정寂靜이다. 그러니까 열반적정涅槃寂靜이란 말은 '열반은 적정이다'라는 의미이고, 우리가 깨달음을 통해 도달해야 할 이상이다. 다시 말해 열반적정이란 의미는 마음의 평화가 최상의 가치요, 최고의 행복이란 의미이기도 하다. 앞에서 무상無常을 무상이라 보지 못하고, 무아無我를 무아라 보지 못함으로 고苦에서 벗어나지 못한다고 하여 일체개고一切皆苦를 말했는데, 바로 열반이란 일체개고의 상태에서 벗어나 마음의 평화를 성취한 것을 의미한다.

고따마 붓다의 관심은 오로지 고통에 가득한 인생을 직시하고 그 고통에서 벗어나는 길을 말할 뿐이라고 하였듯이 붓다의 역사적 존재 의미는 선각자로서 아직 미망迷妄에서 벗어나지 못한 중생들을 깨달음으로 인도하여 일체의 고통에서 해방시키는 것이다.

따라서 삼법인을 정리하면, 제행무상은 물질현상에 대한 바른 인식이요 불교적 진단이고, 제법무아는 관념적 세계에 대한 바른 인식이며 불교적 진단이며, 열반적정은 현실세계에 대한 바른 인식을 통해 획득한 불교의 이상적 경지를 말한다. 다시 말해 우리의 경험세계인 명색名色에 대한 진실한 파악이 제행무상과 제법무아이고, 명색에 대하여 사실대로 눈뜨지 못하고 자기중심적으로 보려할 때 끝내 부딪칠 수밖에 없는 현실이 일체개고이므로 깨달음을 통해 새롭게 눈떠야 할 사실이 열반적정이다.

그러나 예로부터 미망속의 중생들이 당면한 현실인 일체개고를 강조하는 의미에서 제행무상, 제법무아, 일체개고, 열반적정을 사법인四法印이라고 말하기도 했다.91 그렇지만 일체개고로 느껴지는 중생의 현실은 바른 인식을 통하여 열반적정으로 나아가야만 하므로 제행무상, 제법무아, 열반적정 등 세 가지로 줄여서 삼법인이라 하였고, 이는 불교학의 전통적 입장이 되었다.

이와 같이 삼법인으로 말해지는 일체법은 형이상학이 아닌 역사적 실존자가 삶을 통해서 만나게 되는 것들이며, 우리가 일상적으로 부딪치게 되는 물질적 세계[色]와 심리적 현상[名]에 대한 파악이다. 붓다의 깨달음은 여실지견如實知見으로 얻어졌는데, 색의 문제인 제행은 견見의 문제이니 여실견如實見해야 하고,92 명의 문제인 제법은 지知의 문제이니 여실지如實知해야 한다.93

제 3 부
다르마 Dharma

불교는 이 세상 모든 것들을 연기의 현상으로 설명하는 가르침이다. 다시 말해 물리적 현상이든 사회적 현상이든 심리적 현상이든 이 모든 현상을 상관관계로 설명하는 것이 불교이다.

고따마 붓다의 가르침은 인식의 문제, 현상의 문제, 실천의 문제로 요약될 수 있다…… 앎이란 무엇이며, 우리의 앎은 어떻게 이루어지는가를 말하는 것이 인식의 문제이고, 나는 누구인가, 나는 왜 방황하고 있는가를 밝히는것이 현상의 문제이며, 우리는 어떻게 할 것인가, 어떻게 사는 것이 가장 지혜로운 것인가를 말하는것이 실천의 문제이다.

불교에서는 유형·무형의 모든 사상事象을 법이라 말하는데, 사상事象이란 관찰할 수 있는 형태로 나타나는 모든 현상[phenomenon]을 의미한다. 그러니까 우리가 관찰할 수 있는 유형·무형의 모든 현상을 불교에서는 법이라 불렀다는 뜻이니, 내용적으로 꽤나 다양하고 복잡하다.

법이란 말은 산쓰끄리뜨어로 다르마dharma, 빨리어로 담마dhamma를 번역한 것인데, 다르마는 원래 드리(√dhṛ)라는 제1류동사 원형에서 온 남성명사로서 어근語根인 드리에는 여러 가지 뜻이 있다. 필자는 다르마의 어근인 드리(√dhṛ)가 가지고 있는 뜻을 대략 다음의 세 가지로 구분하여 법을 설명하고자 한다. 그러니까 법이란 말은 복잡하고 다양한 의미를 가졌지만 크게 세 가지로 나누어 살펴보자는 것이다.

첫째, 드리(√dhṛ)에는 어떤 상태를 유지한다거나 운명으로 정해진다는 의미를 가지고 있으니, 이런 의미에서 온 남성명사로서 다르마는 언제 어디서나 누구에게도 그렇게 인식되어야 할 이치를 의미한다. 이런 뜻의 법을 **이법**理法이라 한다.

이치가 사실과 일치할 때 흔히 진리眞理라고 하며, 불교에서는 이치로서 법을 연기緣起로 설명한다. 그러니까 연기법緣起法이라는 말은 연기라는 이치가 진리라는 뜻이다.

이법이란 의미로 사용하는 법의 예를 들어보면, 일체 모든 법은 본래 인연으로 나고 주가 없다[一切諸法本 因緣生無主]거나[1] 일체 모든 법은 본래 인연이요 공이며 무주[一切諸法本 因緣空無主]라거나[2] 또는 일체 모든 법은 본래 연緣을 따를 뿐 모두 근본이 없다[一切諸法本 從緣悉本無]고 말하는 것들인데,3 주主라는 말은 아-뜨마까ātmaka로 자기의 모습이나 형태를 변화하지 않고 유지하고 고정시키는 본질과 같은 것을 말한다. 쉽게 말해서 아-뜨만ātman과 같은 개념이다. 따라서 '주가 없다'[無主]는 말은 아-뜨만ātman이 없다는 뜻이고, '근본이 없다'[本無]는 말 역시 같은 의미이다. 이치로서 법은 바로 인因과 연緣으로 발생하는 현상을 의미한다.

둘째, 드리(√dhṛ)에는 마음에 새긴다거나 마음으로 식별한다는 뜻이 있으니, 이런 뜻에서 온 남성명사 다르마는 생각의 내용, 마음으로 생각하는 모든 것을 의미한다. 이런 의미의 법을 **심법**心法이라 한다.

심법이라고 할 때 마음은 의(意, manas)를 뜻하므로 심법은 바로 의법意法이기도 하다. 『반야심경』에 무색성향미촉법無色聲香味觸法이란 말이 있는데, 이때의 법이 바로 심법이다. 예를 들면, 일체 모든 법은 모두 다 무아[一切諸法 皆悉無我]라고 할 때의4 법인데, 선악善惡·미추美醜·정사正邪와 같은 심리적이고 정신적인 것으로 의意가 만들어내는 의미나 가치 등을 말한다.

제법무아諸法無我라고 할 때의 제법이 바로 심법을 말하고, 만법유심萬法唯心이나 만법유식萬法唯識이라고 할 때의 만법이 심법이다. 심외무별법心外無別法, 즉 마음 밖에 다른 법이 없다고 할 때의 법이 심법이다. 이러한 법들은 말은 있지만 그 말에 해당하는 구체적인 실체가 없다는 뜻에서 유명무실有名無實이라 말한다.

연기하는 것 가운데 무형의 것들이며, 눈에 보이는 것들이 아니므로 말로 설명할 수밖에 없는 것들이다. 소위 마음이 만들어 내는 것들 모두가 여기에 속한다. 무형은 아루-삔arūpin으로 형체를 가지지 않은 것이고, 눈에 보이지 않는 것이며, 독립된 형체로 눈에 띄지 않는 것을 말한다.

셋째, 드리(√dhṛ)에는 물체를 보존한다거나 단단하게 지탱한다는 뜻이 있고, 이 동사의 수동태[*dhriyate*]는 '존재하다'라는 뜻이니, 이런 의미에서 온 남성명사로서 다르마는 구체적이고 개별적인 존재를 의미한다. 이런 의미의 법을 **색법**色法이라한다.

색법이란 물질적인 현상들로 연기하는 것 가운데 유형의 것들이요, 가시적인 존재를 말한다. 유형이란 루―삔rūpin으로 '모양을 이루다'라는 뜻의 동사 어근(√rūp)에서 온 형용사로 형체를 가진 것이란 뜻이다.

예를 들면, 일체 모든 법은 모두 다 무상하다[一切諸法 皆悉無常]고 할 때의5 법인데, 이때의 제법은 제행무상諸行無常이라고 할 때의 제행과 같은 의미로 이름도 있고 그 이름에 해당하는 구체적인 실체가 있는 것들이란 뜻에서 유명유실有名有實이라 한다.

그 밖에도 드리(√dhṛ)에는 목숨을 부지한다는 뜻을 가지고 있으니, 여기에서 온 남성명사로서 다르마는 목숨을 가진 것들, 즉 생명체라는 뜻이다. 대표적인 예로 일체 모든 법은 먹음으로써 존재한다[一切諸法 由食而存]는 말이 있는데,6 이때의 일체제법은 일체중생이란 의미이다.

그리고 드리(√dhṛ)에는 주장한다거나 언명言明한다는 뜻을 가지고 있으니, 이 말에서 온 남성명사 다르마는 가르침이니, 붓다 다르마Buddha-dharma 즉 불법佛法을 말한다.

예를 들어, 일체 모든 법은 다 부처님을 따라 배운다[一切諸法 皆從佛受]고 할 때의7 법은 불법을 의미한다. 불교에서는 붓다 다르마라는 말을 특히 강조하는데, 그것은 힌두에서 말하는 힌두 다르마Hindhu-dharma와 다르다는 것을 분명히 밝히려는 것이다. 그러니까 붓다 다르마란 말은 힌두 다르마에 상대되는 뜻으로 강조되고 있다. 힌두 다르마가 신의 계시로서 카스트 구성원들의 계급에 따른 의무를 말하는데 비해 붓다 다르마는 고따마 붓다가 깨달음을 통해서 설파한 이치로서 진리를 의미한다. 이치로서 진리는 연기법을 의미하는데 연기는 붓다가 만든 인위적인 규범이 아니라 자연 속에 내재한 보편적 이치를 의미한다.

이제까지 어원語源을 통해서 다르마라는 말의 뜻을 살펴보았는데, 다르마가 생명체를 의미하거나 불법을 의미하는 경우는 특별하게 쓰는 경우이니 예외로 하고, 이법理法・심법心法・색법色法과 같은 의미로 쓰는 경우에는 분명하게 구분할 수 있어야 한다. 그렇지 않으면 개념상 혼란을 초래하여 불교 자체를 바르게 이해할 수가 없다. 이법이나 심법은 무형의 것이고, 색법은 유형의 현상이다. 또한 이법은 심법이나 색법을 설명하는 이치이기도 하다.

07 연기법緣起法

이법이란 사물의 원리와 법칙이란 뜻인데 불교에서는 연기緣起를 의미한다. 연기야말로 거역할 수 없는 진리라는 뜻에서 연기법緣起法이라 말한다. 연기는 고따마 붓다가 보리수 아래에서 깨달은 내용이다.

깨달았다는 말은 이제까지 거기에 그렇게 있었지만 그것의 의미나 뜻을 알지 못하고 지나쳐왔던 것을 새롭게 눈뜨게 되었다는 뜻이니 발견發見과 같은 의미라고 하겠다. 고따마 붓다는 어떤 이치를 만들어낸 사람이 아니라 남들이 전혀 알지 못하고 있었던 이치를 발견한 사람일 뿐이다.

그렇다면 붓다가 깨달은 내용으로 연기는 어떤 것인가?

연기라는 말은 산스끄리뜨어로 쁘라띠-띠야 사무뜨빠-다pratītya-samutpāda라 하고, 빨리어로는 빠띳짜 사뭇빠-다paṭicca-samuppāda라고 한다. 쁘라띠-띠야는 '어떤 것에 의해서, 조건에 따라서, 무엇에 의지하여'라는 뜻이고, 사무뜨빠-다는 다시 삼sam과 우뜨빠-다utpāda로 나눌 수 있는데, 삼sam은 동사 앞에 쓰이는 접두사로서 '함께, 더불어'의 뜻을 가졌고, 우뜨빠-다는 '생기다'(ut-√pad)라는 동사에서 온 말로 '생기는 것'이란 뜻이다. 그러니까 사무뜨빠-다는 함께 생기는 것이나 더불어 발생하는 것이란 뜻이다.

결국 쁘라띠-띠야 사무뜨빠-다는 어떤 조건과 더불어 발생하는 것, 또는 어떤 것과 함께 생기는 것이란 뜻인데, 한역경전에서는 인연생因緣生, 인연법因緣法, 인연생기因緣生起, 연생緣生 등으로 번역하고 있는데 연기緣起라는 말이 가장 일반화되었다.

연기는 인因과 연緣으로 생긴다는 뜻인 인연생기因緣生起를 줄인 말인데, 인연생기를 줄여서 연기라고 말하는 까닭이 어디에 있는지 생각할 필요가 있다. 이해를 돕기 위해 예를 들어 설명하기로 하겠다.

봄에 콩을 심어서 가을에 수확한다고 할 때, 봄에 심은 콩은 원인[因, hetu]이요, 가을에 수확하는 콩은 결과[果, phala]이다. 콩을 심었으니 농부가 노력을 들이지 않아도 가을에 콩을 수확할 것이라는 것은 의심의 여지가 없다. 콩 심은 데 콩 나고 팥 심은 데 팥 난다는 말처럼 인과는 필연적이다.

그러나 농부는 씨앗을 뿌려 놓고 수확할 때까지 그냥 내버려 두지 않는다. 콩을 심었으니 콩을 거둘 것은 분명하지만 아무런 노력을 들이지 않으면 수확하는 콩은 양적量的으로나 질적質的으로 신통치 않을 것이다. 그래서 농부들은 씨를 뿌리고 땀을 흘리면서 김을 매고 거름을 주는 등 많은 공(功, guṇa)을 들인다. 이것이 농사짓는 농부의 현실이고, 얼마나 지혜롭게 공을 들였느냐에 따라 그해의 농사가 성공이냐 실패냐를 결정짓게 된다. 수행자는 농사짓는 농부를 본받아야 한다는 말은 바로 이런 뜻에서 한 말이다.

수확에 영향을 미치는 것은 농부가 피땀을 흘려 공을 들이는 것 이외에도 그 해의 날씨나 온도 등 자연적인 조건들이 있다. 농부의 인위적인 노력과 자연적인 여건 모두를 연(緣, pratyaya)이라 한다.

씨앗을 뿌려 그 씨의 결과를 수확하기 때문에 인과는 필연(必然, niyāma)이지만 현실적으로 농사를 짓는 데서는 수확할 때까지 많은 연緣들이 영향을 미치기 때문에 인연과因緣果로 가변적(可變的, pariṇamati)이다.8 씨를 뿌린 농부가 공을 들인 만큼 수확은 양적으로나 질적으로 달라질 수 있다. 달라질 수 있는 원인이 연緣이요 달라진 결과가 양적·질적 변화이다.

인因은 결과를 불러오는 내부적이며 직접적인 원인이고 필연적이고 본질적인 특징을 야기하지만 연緣은 인因을 도와 필연적인 결과를 양적·질적으로 결정짓는 외부적이며 간접적인 원인이기 때문에 친인소연親因疎緣이라 말한다. 연을 따라서 바뀌고 달라진다는 뜻에서 수연전변隨緣轉變이라 말하듯이 인과의 필연적인 이치가 연에 따라 결과가 달라지는데, 이와 같이 연은 비본질적이고 돌연변이突然變異가 생기는 것처럼 우연적 특수성을 낳기도 한다.

원인이 결과를 낳는다는 것만을 알고 결과를 불러오기까지 아무런 노력이나 공을 들이지 않고 내버려 두면 인과는 필연적인 법칙이 되지만 어떤 결과를 초래할 때까지 인위적인 노력을 기울임으로 결과를 달라지게 할 수 있으니 필연적인 법칙이 가능성의 원리로 전환하는 셈이다. 가능성을 현실로 이끌어내는 것은 인위적인 노력인 공功인데, 공을 들이는 과정이 지혜롭고 바람직하면 결과는 좋은 쪽이 되겠지만 반대로 공을 들이더라도 삿되고 어리석어 바람직하지 못하게 되면 그 결과는 나쁜 쪽이 될 것이 분명하다. 불교에서 지혜를 강조하는 이유가 여기에 있다. 즉 자신의 인생은 자신의 지혜로운 선택과 노력에 따라 좌우되기 때문이다.

인연생기因緣生起를 줄여 연기緣起라고 말하는 것은 필연적인 인(因, hetu)에 무게를 두기보다 가변적인 연(緣, pratyaya)에 무게를 더 두고 있다는 것을 의미하며, 가변적인 연에 무게를 더 둠으로써 결정론적이고 운명론적인 사고思考를 넘어서는 불교의 창조적 정신을 엿볼 수 있다.

농사를 짓는 비유로 말할 때 수확에 영향을 미치는 연緣가운데는 농부가 선택적으로 할 수 있는 인위적인 것이 있고, 농부로서 어떻게 해 볼 수 없는 자연적인 조건도 있다고 했는데, 인과로서 연기를 말할 때는 농부가 자발적으로 할 수 있는 인위적인 노력에 중심을 두고 말하는 것이다. 자연적인 여건도 수확에 영향을 미치는 것은 분명하지만 인과의 법칙으로 연기를 말할 때에는 연緣에 넣지 않는다. 그것은 인간이 자유롭게 선택할 수 있는 사항이 아니기 때문이다. 불교에서 일반적으로 인과를 말할 때는 주로 좋은 쪽으로 결과를 불러오는 지혜롭고 바람직한 조건들을 강조하고 있다.

불교에서 연기를 역설하는 것은 원인과 결과를 필연의 법칙으로 받아들이는 숙명론자가 되라는 것이 아니라 자신의 노력과 의지를 통해 얼마든지 좋은 쪽으로 결과를 불러올 수 있는 가능성을 눈뜨게 하여 적극적으로 인생을 살게 하려는 데 있다. 붓다의 그런 의도는 『도경』度經을 통해서 분명하게 엿볼 수 있다.

붓다는 당시에 널리 퍼져 있는 사상들을 검토하여 정리하였는데, 모든 것은 전생에 이미 결정되었다는 숙명론宿命論이나 모든 것은 신의 뜻에 달렸다는 창조론創造論, 그리고 모든 것은 우연일 뿐이라는 우연론偶然論을 외도外道라고 비판하고 연기법緣起法을 가르쳤다. 외도들의 견해를 따르면 인간은 자기의 행동에 대해 선택할 자유가 없었으니 자기의 행동에 대해 책임도 질 수 없다는 것이다. 자유의 조건은 책임인 것이다. 책임이 없는 자유는 방종일 뿐이다.

현실에서 인간의 삶은 다이나믹dynamic한 활동이고, 그 활동은 연속적인 선택이며, 선택은 자기의 안락과 목숨을 부지하기 위한 것이므로 자기중심적이다. 어떤 것을 선택하느냐는 오직 자기 자신의 문제요, 그 결과 역시 자기에게 귀속된다고 보고 자기의 행동에 책임을 지는 것이 정상적인 인간의 삶이라 보고 있다.

정상적인 사람이라야 선택을 자유롭게 하고, 자기가 선택한 것인 만큼 그 결과도 자기가 책임을 져야 한다는 것이 바로 불교에서 말하는 업(業, karman)과 과보(果報, vipāka)요, 인과응보因果應報의 도덕철학이다.9 의사를 결정할 수 있는 능력도 없고, 선택의 권한도 없었는데 어떤 선택에 대한 책임을 져야 한다는 것은 인과의 도리에 맞지 않는다고 보았던 것이다. 연령적으로나 정신적으로 미성숙한 사람에게는 그의 행동에 대해 책임을 물을 수 없고, 묻지도 않는 것이 현실이다. 따라서 붓다는 자신의 지혜로운 선택에 의해 자기를 만들어가는 길로 연기를 가르쳤다는 것을 알아야 한다.10

초기경전에서는 연기법을 다음과 같이 풀어서 설명하고 있다.11

이것이 있으므로 저것이 있다.……………………㉮

[此有故彼有]

이것이 일어나므로 저것이 일어난다.…………㉯

[此起故彼起]

이것이 없으므로 저것이 없다.……………………㉰

[此無故彼無]

이것이 사라지므로 저것이 사라진다.…………㉱

[此滅故彼滅]

이것이 있으므로 저것이 있다는 ㉮는 존재의 상호의존성을 말한다. 존재의 상호의존성은 볏단이 혼자서는 서 있지 못하지만 몇 개의 단을 하나로 묶으면 쓰러지지 않고 서 있을 수 있는 것으로 비유했다.

불교에서는 중생의 삶을 상와-사saṃvāsa라고 하는데, '더불어, 함께'라는 의미의 접두어 상saṃ이 '거주하다, 살다'라는 제1류동사 어근(√vas)에서 온 남성명사 와-사vāsa에 붙여진 말로 서로 협동하며 더불어 사는 것을 의미한다. 상와-사를 한역경전에서는 보통 동거同居라고 번역하고 있다.

인간이 삶을 살아간다는 것 자체가 상호의존적 관계 속에 유지할 수 있기 때문에 불교에서는 내 삶은 오직 나 혼자만으로 가능하지 않고 많은 이웃들의 노고와 보탬이 필요하다고 보고, 이웃에 대한 은혜를 알아야 한다고 가르쳤다. 이것이 있으므로 저것이 있다는 상호의존적 관계 속에서 살고 있다는 것을 자각한 불자는 내가 맡은 일에 최선을 다하는 것이 바로 이웃의 은혜에 보답하는 길이라는 것을 눈떠 자신의 삶에 보다 더 진지하고 성실해야 한다. 이것이 법답게 사는 지혜로운 불자의 삶의 방식이다.

이것이 일어나므로 저것이 일어난다는 ㉯는 사건발생의 인과관계를 말한다. 우리가 세상을 산다는 것은 시간을 통과하는 것인데, 모든 일이나 사건은 시간적으로 선행하는 원인이 불러오는 결과임을 눈떠서 그 책임의 많은 부분이 자기 자신에게 있다는 것을 일깨운다. 어떤 결과의 책임이 자기 자신에 있다고 생각할 때 불평이나 불만을 하기보다 자기반성을 하고 자신을 바꾸어 나가려는 노력을 기울일 수 있게 된다. 물론 우리가 당면하게 되는 모든 일들의 원인이 언제나 나 개인의 과거에 있었던 것만은 아니라는 것을 말해둔다. 역사의 과정에서 만나는 많은 사건들은 어떤 개인의 책임도 있지만 그 시대인 모두에게 있는 경우도 허다하다.

이것이 일어나므로 저것이 일어난다[此起故彼起]는 ㉯를 이것이 생기므로 저것이 생긴다[此生故彼生]고 한 곳도 있으나 의미상 큰 차이는 없다. 어떤 일이 일어나게 되면 언제인가는 없어지게 마련인데, 일어난다[起]는 의미를 생긴다[生]고 보아 기멸起滅을 생멸生滅로 설명하는 것뿐이다. '생긴다'는 말이나 '일어난다'는 말이나 산스끄리뜨어는 우뜨 빠드(ut-√pad)로 같다.

이것이 없으므로 저것이 없다는 ㉰는 이것이 있으므로 저것이 있다는 ㉮

의 상대적인 개념이고, 이것이 사라지므로 저것이 사라진다는 ㉱는 이것이 일어나므로 저것이 일어난다는 ㉯의 상대적인 개념이다.

우리가 살고 있는 현실세계는 변화무쌍한 변화의 세계이고, 그 변화무쌍한 변화를 상의상관적 관계相依相關的 關係로 설명하는 것이 바로 연기이다. 어떤 것은 동시적 관계일 수 있고, 어떤 것은 시간을 두고 선후관계일 수도 있다. 이것이 있으므로 저것이 있다는 ㉮와 이것이 없으므로 저것이 없다는 ㉰는 동시적 상의상관적 관계를 말한다. 이것이 일어나므로 저것이 있다는 ㉯와 이것이 사라지므로 저것이 사라진다는 ㉱는 시간의 선후 속에서 관계를 맺고 있다는 것을 말해준다. 비유하면 시험을 보기 전에 열심히 공부했더라면 시험에 실패하지 않았을 터인데, 평소에 열심히 공부하지 않았기 때문에 결국 시험에 실패하고 말았다고 말하는 경우가 바로 시간적 선후를 두고 관계를 맺고 있다는 것을 말한다.

연기법은 어떠한 현상이 있다면 그 현상이 어떻게 일어나는가를 말해 주고, 어떠한 현상이 없다면 그것이 어떻게 소멸하게 되는가를 설명하는 논리구조이다. 이것이 있으므로 저것이 있다는 ㉮와 이것이 일어나므로 저것이 일어난다는 ㉯는 있음[有]과 발생[起]이라는 개념으로 어떤 현상이 있고, 그 현상이 발생하는 과정이나 관계를 말한다. 이것이 없으므로 저것이 없다는 ㉰와 이것이 사라지므로 저것이 사라진다는 ㉱는 없음[無]과 소멸[滅]의 개념으로 어떤 현상이 소멸되면, 그것이 소멸되는 과정이나 관계를 말한다. '있음과 발생'의 논리구조를 늘어나는 이치라는 뜻에서 증법增法이라 하고, '없음과 소멸'의 논리구조를 감소하는 이치라는 의미에서 감법滅法이라고 한다.

늘어나는 이치는 현상계 안에 어떤 현상이 발생하는 까닭을 설명하는 연기이고, 감소하는 이치는 현상계 안에서 어떤 현상이 소멸하는 까닭을 설명하는 연기이다. 우리에게 번뇌가 일어나서 고통을 겪게 되는 것은 늘어나는 이치이고, 번뇌를 없애고 고통에서 벗어나는 것은 감소하는 이치가 된다. 갈등을 증폭시켜 생사의 고통으로 빠져드는 것도 연기의 현상이고, 반대로 갈등을 극복하고 해탈로 인도하는 것도 연기의 현상이다. 지혜롭고 바람직한 삶은 해탈을 불러오지만 삿되고 어리석은 바람직하지 못한 삶은 윤회의 굴레 속에 갇히게 한다. 늘어나는 이치로서 연기는 생사윤회의 길로 유전문流轉門이라 하고, 감소하는 이치로서 연기는 해탈열반의 길로 환멸문還滅門이라 한다. 따라서 연기를 심도 있게 이해하고 터득함으로써 생사윤회의 고통의 길을 해탈열반의 행복의 길로 바꿀 수도 있으니, 이것이 자기성숙이나 자기실현의 길로서 연기법이다.

그런데, 이것이 있으므로 저것이 있다는 것은 A라는 하나의 원인이 있어서 B라는 결과가 있게 되는 간단한 관계를 의미하지만은 않는다. 현실에서 우리가 목격하게 되는 이런저런 현상들은 여러 가지 원인들($A^1A^2A^3$……A^n)이 복잡하게 뒤얽히어 초래하는 복잡한 관계이다. 어떤 하나의 결과에는 직접적인 원인도 있지만 부차적인 조건들도 작용하고 있기 때문이요, 어떤 원인이 결과를 낳고, 그 결과가 다시 원인이 되어 어떤 결과를 낳는 등 우리가 목격하는 많은 현상들은 이런저런 원인과 조건들이 얽히고설켜 초래하는 것들이 많다. 그래서 중중무진연기重重無盡緣起라고 말한다. 불교의 중중무진연기를 한편의 시로 잘 표현한 것이 미당 서정주(1915~2000)님의 '국화 옆에서'이다.

한 송이의 국화꽃을 피우기 위해
봄부터 소쩍새는
그렇게 울었나보다.

한 송이의 국화꽃을 피우기 위해
천둥은 먹구름 속에서
또 그렇게 울었나 보다.

그립고 아쉬움에 가슴 조이던
머 언 먼 젊음의 뒤안길에서
인제는 돌아와 거울 앞에 선
내 누님같이 생긴 꽃이여.

노란 네 꽃잎이 피려고
간밤에 무서리가 저리 내리고
내게는 잠도 오지 않았나 보다.

가을에 피는 국화꽃 한 송이를 피우기 위해 봄부터 소쩍새가 울었나 보다고 표현했듯이, 콩 알 하나, 쌀 한 톨에도 그 해의 온갖 기상조건과 농부들의 노고가 함축되어 있으니, 한 티끌 속에 온 세계가 들어 있는 셈이다. 그야말로 일미진중함시방세계一微塵中含十方世界 그대로다.

내가 가 보지도 못했던 먼 중동지방에서 원유가격이 올라가니까 강원도 산골의 배추 값이 오르고, 뉴욕 월가에서 증시가 조금만 하락해도 서울의 증권가에서 야단이다. 여기의 지금 나와는 아무런 관계가 없을 것만 같은 일들이 지구촌 저편에서 일어나는데도 그 영향을 피부로 느끼며 살 수밖에 없는 것이 오늘 우리의 현실이다. 이것이 지금 우리가 경험하는 연기적 세계상이다.

물리적인 것이나 사회적인 것 또는 심리적인 것 등 그 어떤 현상일지라도 불교에서는 연기로 설명한다. 그러니까 연기는 자연自然과 사회社會 그리고 사고思考에 관한 가장 일반적인 법칙이라 말할 수 있다. 우리가 지각할 수 있는 현상은 그것이 어떤 것이었든 그렇게 될만한 원인과 조건에 의해서만 존재할 수도 있고, 소멸할 수도 있다는 것을 의미한다. 한마디로 연기는 모든 현상을 상관관계相關關係로 설명하는 논리이다. 물질적 세계를 연기로 설명하면 외연기外緣起이고, 심리적 세계를 연기로 설명하면 내연기內緣起라고 한다.12 다시 말해 색법의 세계는 외연기하는 현상이고, 심법의 세계는 내연기하는 현상이다. 유형의 현상들은 외연기의 모습이고, 무형의 현상들은 내연기의 모습이다.

어떤 현상을 상관관계로 설명하는 연기법을 수학적 언어로 말하면 함수관계函數關係라 할 수 있다. 과학은 외연기 현상을 수학적 언어로 대치하고 있는데, 수학적 언어는 더 정밀하기 때문이고 검증 역시 쉽고 정확할 수 있기 때문이다.

앞에서 말한 연기를 다시 다음과 같이 정리할 수 있다.

이것이 있으므로 저것이 있다. …………………㉮

이것이 없으므로 저것이 없다. …………………㉰

[此有故彼有 此無故彼無]

이것이 일어나므로 저것이 일어난다. …………㉯

이것이 사라지므로 저것이 사라진다. …………㉱

[此起故彼起 此滅故彼滅]

이것이 있으므로 저것이 있다. 이것이 없으므로 저것이 없다는 ㉮와 ㉰는 있음과 없음을 연기적으로 설명하는 유무연기법有無緣起法으로 인연관계를 말하고, 이것이 일어나므로 저것이 일어난다. 이것이 사라지므로 저것이 사라진다는 ㉯와 ㉱는 발생과 소멸을 연기적으로 설명하는 기멸연기법起滅緣起法으로 인과관계를 의미한다. 유무연기는 상호의존적 관계성을 말하고, 기멸연기 즉 생멸연기는 인과적 상관관계를 말한다. 상호의존적 관계는 동시적同時的이고, 인과적 관계는 이시적異時的이다. 동시적 관계는 아기를 낳자마자 어머니가 되는 것과 같고, 이시적 관계는 봄에 씨를 뿌려 가을에 수확하는 것과 같다.

붓다는 자신의 시대, 자기가 살고 있는 사회에서 삶의 상관관계를 꿰뚫어 통찰하고 어떤 문제가 있으면 그 문제가 발생하게 되는 원인을 종합적으로 분석하여, 그 원인을 제거할 수 있는 방법을 구체적으로 제시하였다. 인간 사회에서 일어나는 문제는 그것이 어떤 것이든 결코 신의 뜻도 아니고, 우연도 아니며, 운명이 빚어내는 것이 아니라 인간 자신의 무지와 욕망이 엮어내는 연기의 현상일 뿐이라 보고 가르침을 펼쳤다. 그러니까 인간이 겪어야 하는 모든 문제의 근원에는 인간의 욕망과 무지가 깔려 있을 뿐이라 보았다.

불교를 믿는다는 것은 우리가 살면서 부딪치는 온갖 문제들이 연기적 현상일 뿐이라는 것을 철저히 자각하고 비록 어렵고 복잡하기는 하겠지만 원인들을 분석하고 해결해 나아가는데 최선을 다해야 한다는 것을 알고 실천하는 것이다.

대개의 사람들이 기적이라는 말을 쉽게 하는데, 알고 보면 이런 말은 어떤 현상을 연기적으로 꿰뚫어 통찰하지 못하는데서 나온 헛소리에 불과하다. 조수현상으로 나타나는 바닷길을 모세의 기적 운운하는 것이 대표적인 예라 하겠다. 불교인들이 기적 운운하는 것이야말로 정말 불교적이지 못한 무지의 소치라는 것을 알아야 할 것이다.

불교의 연기적 사고로 말하면 세상에는 기적과 같은 현상이 있을 뿐이지 기적은 없다. 기적과 같은 현상이란 아직 원인들을 정밀하게 통찰하지 못하였기 때문에 무어라 딱 부러지게 말할 수 없는 현상을 두고 하는 말이다. 그러니까 기적이란 말보다 불가사의不可思議하다고 해야 할 것이다.

세계 전체에 대한 통일적이며 조직적이고 체계적인 이해와 파악을 세계관世界觀이라고 한다면 연기법은 바로 고따마 붓다가 제시한 불교적 세계관이다.

08 불교의 세계관

불교의 세계관으로서 연기법을 좀 더 자세히 알아보자.

고따마 붓다는 자신이 깨달은 연기에 대하여 다음과 같이 말했다.

내가 이제 인연법因緣法과 연생법緣生法을 말할 것이다. 어떤 것을 인연법이라 하는가. 이른바 이것이 있으므로 저것이 있다는 것이다.……

부처가 세상에 나오거나 세상에 나오지 않거나 이 법은 상주常住하니, 법주法住요, 법계法界로서 여래가 스스로 깨닫고 알아서 등정각等正覺을 이루어 사람들을 위해 분별하고 연설하고 드러내 보이는 것이다.……

이런 법들은 법주요, 법공法空이며, 법여法如요, 법이法爾이니, 법은 여如를 벗어나지 않고, 법은 여如와 다르지도 않으며, 분명하고 진실하여 뒤바뀌지 않아서 인연을 순리적으로 따라 발생한다. 이것을 연생법이라 한다.13

이상은 연기법의 성격을 말하는 것인데, 여기서 인연법[hetu-pratyaya]이나 연생법[pratītya-samutpāda]은 결국 연기법의 다른 표현에 지나지 않는다. 그런데 연생법을 보는 것이 법을 보는 것이고, 법을 보는 것이 여래를 보는 것이라거나14 연생緣生을 본다면 법을 볼 수 있고, 법을 볼 수 있다면 여래를 본다고 하였으니,15 붓다를 볼 수 있는 길인 연기법의 성격에 대해 보다 구체적으로 알아보자.

① 연기하는 이치는 상주한다.

상주常住란 니띠야nitya로 영원하다는 뜻이다. 연기는 붓다가 세상에 나와 그것을 깨닫거나 깨닫지 못했거나 변함없이 이 세계 속에 내재해 있는 이치요 도리인데, 붓다가 보편타당하게 깨달음[等正覺]을 이루어 중생들을 위해 분별하고 연설하고 드러내 보이는 것이라고 했다.

이치로서 연기는 인간이 자연에 부여하는 인위적인 법칙이 아니라 자연 속에 저절로 내재되어 있는 것인데, 다만 고따마 붓다가 인도철학사상 처음으로 그것을 깨달았고 또 그것을 가르쳤다는 것이다.

참된 이치 즉 진리는 인위적으로 만들어지는 것이 아니라 자연 속에 내재한 것을 발견하는 것이요 눈뜨는 것이므로 깨닫는다고 해서 이치 자체가 달라지는 것은 없다. 반대로 깨닫지 못한다고 해서 이치 자체가 어떻게 되는 것도 없다. 비유하면, 행성 간에 작용하는 인력引力은 뉴턴이 그것을 발견했거나 발견하지 못했거나 관계없이 예나 지금이나 여전히 작용하는 영원한 이치일 뿐 발견한다고 달라지고 발견하지 못했다고 달라지는 것은 없는 것과 같다. 지구의 중력重力은 우리가 그것을 알건 모르건 관계없이 예나 지금이나 변함없이 작용하고 있다. 그것은 인식하고 설명한다고 더 느는 것도 아니고 알려지지 않는다고 줄거나 없어지지 않는다.

그래서 도생道生이 말하기를, 참된 이치[眞理]는 저절로 그런 것이므로 깨닫는다는 것은 저절로 그런 것에 은밀히 부합하는 것이요, 참된 이치는 깨닫거나 깨닫지 못하거나 아무런 차이가 없어서 깨달아도 아무런 변화가 없다고 했다.16

불교에서 깨달음을 무작(無作, akṛta)이나 무소득(無所得, aprāptitva)이라 말하는 까닭이 여기에 있다. 무작을 의미하는 아끄리따는 부정의 접두사 아(a)가 '하다, 만들다'라는 뜻을 가진 제8류동사 어근(√kṛ)의 과거수동분사 끄리따(kṛta)에 붙은 것이며, 무소득을 의미하는 아쁘랍-띠뜨와는 '달성한 것이나 획득한 것이 없다'는 여성명사 아쁘랍-띠aprāpti의 추상명사이다. 아쁘랍-띠는 부정의 접두사 아(a)가 '얻다, 획득하다'라는 뜻을 가진 동사(pra-√ap)의 과거수동분사(prāpta)에서 온 여성명사 쁘랍-띠(prāpti, 얻어진)에 붙여진 말이다.

② 연기하는 이치를 법주法住라 한다.

법주란 다르마 스티띠따-(dharma-sthititā)의 번역이다. 스티띠따-(sthititā)란 스티띠sthiti의 추상명사이고, 스티띠는 '위치를 지키다, 어떤 상태를 유지하다'라는 뜻을 가진 제1류동사 어근(√sthā)에서 온 여성명사로 '머물게 하는 것'이란 뜻이다. 머물게 하는 것이란 말의 추상적 개념으로서 명사는 '머물게 하는 원리나 이치'를 의미한다. 이치로서 연기는 현상계를 머물게 하는 원리라는 뜻이 법주이다.

먼저 법주法住를 알고 뒤에 열반을 알아 그들은 혼자 조용한 곳에서 게으르지 않고 골똘하게 생각에 머물러서 '나'라는 소견을 넘어 번뇌를 일으키지 않고 마음을 잘 해탈한다고 경經에 말했으니,17 열반이나 해탈하기 위해서는 무엇보다 먼저 법주를 알아야 한다. 현상세계를 조화롭게 하는 원리를 꿰뚫어 아는 것을 법주지法住智라 했는데, 법주지[dharma-sthiti-jñāna]는 현상계를 머물게 하는 원리인 연기를 아는 것을 의미한다. 즈냐-나jñāna는 '구별할 줄 알다, 뜻을 파악하다, 경험하여 알다' 등의 뜻을 가진 제9류동사 어근(√jñā)에서 온 중성명사로 '아는 것, 지식, 인식'이란 뜻이다.

법주와 유사한 개념으로 법위法位가 있다. 법위는 다르마 니야-마따

-(dharma-niyāmatā)의 번역인데, 니야-마따-는 '억제하다, 억류하다'라는 뜻을 가진 동사(ni-√yam)에서 온 남성명사로 '정해진 법칙, 필연성'을 뜻하는 니야-마niyāma의 추상명사이다. 그러니까 연기는 필연성必然性으로서 이치란 뜻이니, 앞에서 말한 법주와 크게 다를 것이 없다.

③ 연기하는 이치를 법계法界라 한다.

법계는 다르마 다뚜-dharma-dhātu의 번역이다. 다-뚜는 '어떤 위치에 놓다'라는 동사 어근(√dhā)에서 온 남성명사로 흔히 층層이나 영역領域이란 뜻으로 쓰이지만, 운명으로 정해지다[to destine]라는 의미도 가지고 있으므로 다 -뚜는 '그렇게 이미 정해진 이치'를 의미한다. 그러니까 연기는 현상계가 머물게 하는 원리이자 그렇게 이미 정해진 이치로서 영원하다는 뜻이 연기법은 상주한다는 말이다.

이치로서 연기는 우리가 경험하는 세계를 머물게 하는 원리요, 그 원리는 누군가에 의해 만들어지거나 없어지는 것이 아니라 이미 그렇게 정해진 것이기 때문에 영원하다는 뜻이 '이 법은 상주하니, 법주요 법계'라는 말이다.

경經에 붓다의 깨달음과 관계없이 법계法界는 영원한데, 그 영원한 모습이란 어떤 하나의 고정된 모습이 아니지만 그렇다고 어떠한 모습도 아예 없다는 뜻도 아니라고 했다.18 다시 말해 우리가 목격하게 되는 현실세계는 연기의 이치에 따라 변화가 무쌍하기 때문에 이런 모습이라거나 저런 모습이라고 딱 잘라 말할 수가 없다는 뜻이다.

경經에 이 법은 상주常住하니, 법주法住요, 법계法界로서 여래가 스스로 깨닫고 알아서 등정각等正覺을 이루었다고 했는데, 이 법이란 연기법을 말하는 것이며, 등정각이란 산스끄리뜨어로 삼약삼보디samyaksambodhi인데, 흔히 삼먁삼보리라고 읽는 이 말은 붓다의 깨달음이 어떤 성격인지를 말해주고 있다.

삼약삼보리를 어원적으로 분석해 보면, 삼약samyak은 사미 안쯔samy-añc의 복합어형인데, 사미안쯔는 사미-안쯔samī-añc의 연성이다. 그리고 사미-(samī)는 '같다거나 평등하다'라는 의미를 가지고 있는 사마sama의 복합어형이다. 그리고 안쯔añc는 눈·주위·노력·방침 등을 '~쪽으로 기울이다'라는 뜻이다.

삼보디sambodhi는 '눈뜨다, 오관으로 인식하다, 완벽하게 이해하다'라는 동사 어근(sam-√budh)에서 온 여성명사로 완벽한 지혜, 완벽한 깨달음을 의미한다. 따라서 삼약삼보디라는 의미는 완벽한 깨달음으로 철저히 기울었다는 의미인데, 처음에는 적당한 말이 없어 삼막삼보리三藐三菩提라고 음역하다가 정등정각正等正覺·정등각正等覺·정변각正徧覺·등정각等正覺이라 번역했다. 이러한 깨달음을 얻은 붓다를 정변지正徧知나 정변지자正徧知者라 호칭하고 있으니, 등等이란 바로 변徧의 개념임을 알 수 있다. 그러니까 등等이나 변徧은 보편성普遍性을 말하고, 정正은 타당성妥當性을 의미한다.

고따마 붓다의 깨달음은 지혜를 가진 사람이라면 그렇게 지각할 수밖에 없는 보편성을 가졌고, 그 보편성은 언제 어디서라도 타당할 수밖에 없다는 것이며, 깨달음의 내용인 연기 또한 보편성과 타당성을 가진 이치라는 것이다.

깨달음이 보편타당성을 가지고 있다는 것을 말하는 것이 삼약삼보디요, 보편타당한 깨달음이야말로 더 이상 없는 최고라는 뜻에서 아눗따라-(anuttarā)라 한다. 아눗따라-는 아눗따라anuttara의 여성형인데, 아눗따라는 부정사 안an이 '보다 더 위'라는 웃따라uttara에 붙여진 말로 '그 이상 없다'는 의미이다.

온갖 인연을 따라 변화무쌍하게 펼쳐지고 있는 현실을 자신의 삶을 통해서 터득한 앎이 깨달음이요 각覺이며 보리이며 도道이다. 그 깨달음은 사실과 어긋나지 않아 '타당'하고, 지혜로운 사람이라면 누구라도 그렇게 인정할 수밖에 없어 '보편적'이다. 붓다가 깨달은 법은 인식의 입장에서 타당성妥當性을 담보하고 있기 때문에 완벽하다. 어떤 사람이 말하는 이치가 타당성만 있고 보편성을 가지지 못할 때는 그 이치는 소수의 납득할 수 있는 사람들만의 진리가 되어 버리고 만다. 그렇게 되면 그 진리를 아는 이들이 자연 우월의식을 가지거나 특권층이 되기 쉽다. 불교사에서 그 이전의 불교를 소승小乘이라 비판하면서 대승불교를 주창하는 새로운 불교운동이 일어난 것도 사실은 소수의 출가자들이 깨달음을 전유물로 삼아 특권의식을 가졌던 것에 대한 반발이었다고 볼 수 있다.

반대로 보편성만 있고 타당성을 가지지 못하면 우매함을 벗어나기 어렵다. 진리는 사실대로 인식하는데 있는 것이지 대중들이 알고 있다고 진리가 되는 것이 아니고, 대중이 알지 못한다고 해서 진리가 아닌 것도 아니다. 예컨대, 우리의 할아버지 할머니들이 대부분 정령精靈을 숭배하였지만 그것은 옳지 못한 믿음에 지나지 않았고, 지금도 대부분의 사람들이 영혼의 존재를 믿고 있지만 과학적으로 증명될 수 있는 것이 아니고 하나의 일반화된 믿음에 지나지 않는다.

붓다가 깨달은 법은 '누구라도 그렇게 이해할 수밖에 없는' 보편적인 것이요, '언제 어디서라도 당연히 그렇게 이해할 수밖에 없는' 타당한 것이다. 붓다의 깨달음은 부정될 수 없는 '타당성'과 누구라도 받아들일 수밖에 없는 '보편성'을 가졌기 때문에 더 이상 바랄 것이 없는 최고의 가치가 있다고 하겠다.

④ 연기하는 이치를 법공法空이라 한다.

법공은 다르마 순-야따-(dharma-śūnyatā)의 번역인데, 순-야따-는 순-야śūnya의 추상명사이고, 순-야는 아무 것도 없다는 무無가 아니라 무엇인가가 결여되어 있어 텅 비었다는 뜻이니, 이 말의 추상적 개념으로서 명사는 본래 그 자체이게 하는 본질과 같은 것이 결여되어 있어 텅 빈 개념이란 뜻으로 무자성無自性이나 무자체無自體와 같은 말이다. 무자성이나 무자체는 아스와바와-뜨와asvabhāvatva로 타고난 본질을 의미하는 스와바-와svabhāva에 부정의 접두사 아(a)가 붙어 '타고난 본질이 없다'는 뜻인 아스와바-와asvabhāva의 추상명사이다.

경經에 연기를 공상응연기수순법空相應緣起隨順法이라거나[19] 공상응수순연기법空相應隨順緣起法 또는 공상요법空相要法이요 수순연기隨順緣起라 했는데,[20] 상응相應이란 상쁘라유끄따samprayukta로 '묶다, 붙들어 매다'라는 뜻을 가진 제7류동사 어근(√yuj)의 과거분사형 형용사 유끄따yukta앞에 '더불어'나 '함께'를 의미하는 접두사 상saṃ과 충분하다거나 적합하다는 뜻을 가진 접두사 쁘라pra가 붙여진 말로 잘 결합되었다거나 함께 묶였다는 뜻이니, 공상응空相應이란 공과 잘 어울린다는 의미이다. 그러니까 공상응연기수순법이란 공과 잘 조화를 이루고 인연의 순리에 따르는 법이란 뜻이다.

또한 공상요법이라고 할 때의 공상空相은 슌-야따-랄끄샤나śūunyatā-lakṣaṇa인데, 랄끄샤나는 '특징짓다, 특성을 나타내다'의 뜻을 가진 제1류동사 어근(√lakṣ)에서 온 중성명사로 특징이나 상징을 의미한다. 그러니까 공상空相이란 실체가 없어서 텅 빈 것이 특징이란 뜻이다. 공상요법空相要法이라고 할 때 요要는 이룬다[成]는 뜻이니, 공상요법이란 실체가 없어 텅 빈 것이 특징을 이루는 법이란 의미이다.

공은 영원하고, 공은 변하지 않는 것이며, 공은 영원한 존재의 현상이며, 공은 바뀌지 않는 것이라 말했듯이[21] 현상계의 이치로서 연기인 공空은 생성하고 변화하는 현상계와 더불어 존재하는 영원하면서도 변하지 않는 이치인 것이다. 공은 존재론적으로 '없다'는 무無의 의미가 아니라 현상계는 불변의 실체가 없이 변화의 과정으로 파악된다는 연기緣起의 뜻이다.

용수龍樹는 텅 빈 공이기 때문에 변화무쌍한 삼라만상이 이루어질 수 있는 것이지 텅 비지 않고 어떤 실체가 있다면 변화무쌍한 삼라만상은 이루어질 수가 없다고 했고,22 황벽黃蘗은 텅 빈 공이라는 것은 본래 텅 비웠다고 할 것도 없는 그렇게 이미 정해진 유일한 이치일뿐이라고 말했다.23

법공法空이란 말은 공병空甁이란 말에 비유하면 좀 더 이해가 쉬울 것 같다. 공병이란 병이 비었다는 뜻이지 병 자체가 없다는 뜻이 아니듯이 법공은 법이 어떤 실체가 아니어서 텅 비었다는 것이지 법 자체가 없다는 말은 아니다.

⑤ 연기하는 이치는 법여法如, 법이法爾라고 한다.

법여나 법이는 산스끄리뜨의 다르마따-(dharmatā)를 번역한 말이니, 법여나 법이는 같은 말이다. 다르마따-는 다르마의 추상명사로 법여나 법이 이외에도 법성法性, 제법실상諸法實相, 진성眞性, 여법如法 등으로 번역하기도 한다. 인연을 따라 생기기도 하고 인연을 따라 없어지기도 하는 것이 우리가 목격하게 되는 삼라만상의 본래 있는 모습 그대로라는 뜻에서 다르마따-(dharmatā)이다. 다시 말해 이치로서 연기가 법성이란 뜻이다.

⑥ 연기하는 이치로서 법은 여如를 벗어나지 않고, 연기하는 이치로서 법은 여如와 다르지도 않다고 하여 법불리여法不離如·법불이여法不異如라 했다.

경經에 색은 여를 떠나지 않고, 여는 색을 떠나지 않아서 색이 바로 여요 여가 바로 색이라고 말했듯이,24 여는 물질적 현상을 서술하는 불교의 특별한 개념이다. 여如는 산스끄리뜨 따타-(tathā)를 말하는데, 따타는 '그것'을 의미하는 지시대명사 따드(tad)의 어간 따(ta)에 상태를 나타내는 접미사 타-(thā)가 붙여진 말로 '그와 같이, 그렇게, 그대로'와 같이 양태樣態를 나타내는 말이다. 잠시도 머물지 않고 변화무쌍하게 생성하고 변화하는 목전의 모습을 표현하는 불교 특유의 술어이다.

우리의 목전에 전개되는 현실세계는 어느 한 순간도 멈추어 서있지 않고 이런저런 조건에 따라 변화무쌍하게 변하는 과정일 뿐 어느 한 순간도 정지된 모습이 아니다. 마치 영화 속의 모습처럼 연속된 흐름이요, 흘러가는 물처럼 연속된 흐름으로 이어지는 것이 현실이기 때문에 이 변화무쌍한 모습을 어떻게 표현할 수 없어서 부득이 '그렇다'는 뜻에서 여如라 했고, 산스끄리뜨어로 따타-(tathā)이다. 진여眞如는 따타-따(tathātā)로 여如를 의미하는 따타-(tathā)의 추상명사이다.25

그러니까 연기하는 이치로서 법은 우리의 목전에 변화무쌍하게 펼쳐지는 모습 그대로이지 그 모습을 떠나서 별개로 있는 것이 아니라는 뜻에서 법불리여法不離如라 했고, 이치로서 연기는 자연의 있는 그대로의 모습과 다르지 않다는 뜻에서 법불이여法不異如라고 말했다.

『법화경』에 '이것은 법주요 법위로 세간상世間相으로 상주한다'고 하였는데,26 이것은 연기를 의미한다. 따라서 이치로서 연기는 현상계를 머물게 하는 원리[法住]요, 필연성을 가진 법칙[法位]인데, 변화무쌍한 이 세상의 모습으로 영원히 머문다는 뜻이다. 『법화경』의 이 말은 초기경전의 법불리여·법불이여를 달리 표현한 것이라 하겠다.

그 밖에도 초기경전에서 연기법을 속수법俗數法이라거나27 가호법假號法이라 말하기도 했다.28 속수법이나 가호법이란 세속적 입장에서 언어로 설명하는 법이란 뜻이다. 속수란 상께따saṃketa의 번역인데, 이 말은 가설假說, 가립假立, 수속隨俗 등으로 번역하고 있다. 어원적으로 보면 '이해의 원인이 되다, 마음에 관념이 생기다, 경청하는 원인이 되다'라는 의미를 가진 제1류동사 어근(√cit)에 '더불어'나 '함께'라는 의미의 접두사 상saṃ이 붙여진 동사에서 온 말이다. 또한 가호란 쁘라즈납띠prajñapti의 번역으로 '생각에 의거하여 설명되는 것'이라는 의미인데, 가명假名・가설假說・가립假立・가안립假安立・가명설假名說・가언설假言說・가시설假施設 등으로 번역되기도 한다. 쁘라즈납띠는 상께따와 유사한 뜻을 가진 말이라 하겠다.

논論에 붓다가 세상에 나오거나 나오지 않거나 이와 같은 연기는 법주요 법계이다…… 연기가 내포하고 있는 법성法性・법정法定・법리法理・법취法趣는 참[眞]이며 사실[實]이며 진리[諦]이고 여如이다. 이치에 어긋나지 않고 거짓이 아니며 전도가 아니고 괴이함도 아니다. 이것을 연기라고 한다고 했다.29

이상에서 살펴보았듯이, 이치로서 연기의 성격을 법주法住・법위法位・법계法界・법성法性 등으로 규정하였는데, 이러한 견해는 대승경전에서도 그대로 인용하여 붓다의 출현 여부에 관계없이 자연 속에 영원히 머무는 법칙으로 보고 있다.30 법성・법계・법주・법위와 같은 말들은 모두 진여眞如의 다른 이름에 지나지 않으며,31 물질적 현상을 연기라는 상관상계로 설명하는 불교의 기본개념들이다.

용수 보살이 연기緣起를 공空・가명假名・중도中道로 설명하였는데, 용수 보살의 이러한 견해 역시 초기불교에서 말한 연기의 성격을 부연敷衍하여 강조强調한 것에 지나지 않는다.

『화엄경』에 인연 때문에 법이 생기고 인연 때문에 법이 없어진다[因緣故法生 因緣故法滅]고 한 것도32 연기의 현상을 말한 것인데, 법장(法藏, 643~712)은 해설하기를, 인연 때문에 법이 생긴다고 할 때에도 인연에 따른 현상일 뿐 어떤 실체가 생기는 것이 없고, 인연 때문에 법이 없어진다고 해도 인연에 따른 현상일 뿐 어떤 실체가 없어지는 것이 없으니, 생긴다고 말하지만 생

기는 것이 아니고 없어진다고 말하지만 없어지는 것도 아니라고 하였다.33

인연이라는 이치를 따라 생멸하는 현상이 있을 뿐 영원히 생기는 것도 없고 영원히 없어지는 것도 없다는 뜻이다. 연기는 우리 앞에 생멸하는 현상을 있게 하는 이치인데, 진리로서 연기는 그런 현상을 설명하는 말일 뿐이므로 눈에 보이고 손에 잡히는 어떤 구체적인 것이 없는 텅 비어 있는 개념일 뿐이라는 것이 바로 법공法空이다.

불교를 안다는 것은 붓다가 깨달은 이치를 이해한다는 것인데, 그것은 바로 연기를 안다는 것을 의미한다. 그래서 연기를 보면 법을 볼 것이요, 법을 보면 연기를 볼 것이라 하여34 현상계를 질서 있게 머물게 하는 원리가 연기이고 그 원리가 진리로서 법임을 역설했고, 만약 인연因緣을 안다면 법을 알 것이고, 만약 법을 안다면 여래如來를 볼 것이며, 만약 여래를 본다면 여如를 볼 것이라 했는데,35 여기서 말하는 여래는 역사상 실존인물인 고따마 붓다, 즉 석가모니를 말한다.36 그러니까 고따마 붓다를 본다는 것은 인연을 보는 것이요, 그것은 우리의 목전에 변화무쌍하게 펼쳐지는 모습을 사실 그대로 보는 것이라 했다.

연기법은 붓다가 만드는 것이 아니다. 그렇다고 어떤 절대자가 만든 것도 아니다.37 붓다는 자연 속에 상주하는 연기의 이치를 깨달아서 가르치는 사람일 뿐이니, 붓다가 깨달음을 통해 얻었던 열반이나 해탈의 경지는 붓다가 가르친 법을 직접 실천하면 터득되는 것이다. 붓다 자신도 깨달음을 얻은 뒤에 '오직 내가 깨달은 법이나 의지하고 받들며 살겠다'[我所覺法我今應當親近供養恭敬誠心尊重]고 하였고, 임종에 들기 전에 애제자 아난다에게 당부하기를, '자신에 귀의하고 법에 귀의하고 다른 것에 귀의하지 말라'고 하여 법등명法燈明・법귀의法歸依라는 유명한 말을 남겼다.

불교도들에게는 고따마 붓다의 부활復活이나 재림再臨이 있어야 하는 것이 아니라 고따마 붓다가 깨달음을 통해 말씀하신 연기법을 통찰하고 살아가는 실천이 필요하다.

> **과거나 현재의 모든 부처님들**
> **미래세의 모든 부처님들**
> **정각을 이루고 번뇌를 없애신 분들은**
> **모두가 법에 의지하여 스승을 삼으시며**
> **법을 친근하며 의지해 머무시니**
> **이것이 바로 삼세 모든 부처님의 법이다.**
> **그러므로, 자기를 존중하려는 이들은**
> **법을 먼저 존중하고 받들어야만 할 것이며**
> **부처님의 가르침을 잊지 않고 기억하며**
> **위없는 법을 존중하고 공양해야 한다.**[38]

연기법은 참으로 깊고 깊어 알기 어렵다고 붓다가 말했음에도 아난다는 그렇지 않은 것 같다고 말했던 모양이다. 이때 붓다께서 아난다에게 말씀하시기를, '아난다야, 그런 생각을 하지 말라. 이 연기는 매우 깊고 깊어 알기도 매우 어렵다'고 하면서, '이 연기를 있는 그대로 알지 못하고 사실대로 깨닫지도 못하고 통달하지 못하기 때문에 중생들이 이 세상에서 저 세상으로 가고, 저 세상에서 이 세상으로 오는 윤회에 얽혀 분주하게 생사를 거듭하면서 벗어나지 못하는 것이 마치 베틀의 실이 서로 얽이는 것과 같고, 넝쿨식물이 이리저리 얽히는 것과 같다'고 했다.[39]

훗날 화엄종에서는 연기를 육상십현六相十玄으로 설명하고 있다.

육상이란 총상總相 · 별상別相 · 동상同相 · 이상異相 · 성상成相 · 괴상壞相을 말한다. 연기에 의해 드러나는 일반적인 모습이 총상이고, 연기에 의해 나타나는 개별적인 모습이 별상이다. 비유하면 인연으로 나타나는 현상은 모두가 무상無常한 것이 총상이라면 불에만 있는 뜨거움이나 물에만 있는 축축함은 별상이다.

동상이란 총상이나 별상이 하나의 연기현상을 말하는 것이란 뜻이고, 이상이란 총상과 별상을 다른 관점에서 설명하는 연기현상이란 뜻이다. 비유하면 많은 부품이 조립되어 자동차가 되는데, 모든 부품들이 금속이라는 점에서 동상이고, 자동차를 만든다는 점에서 동상이다. 그러나 엔진은 엔진의 기능이 있고, 전조등은 앞을 밝히는 기능이 있으며, 차대는 차대의 기능이 있어서 부품마다 기능이 다른 것을 이상이라 한다.

성상이란 온갖 인과 연이 상의상자相依相資하여 하나의 현상을 이루고 있다는 것이며, 인과 연이 하나의 현상을 이루지만 인이나 연은 각자의 속성을 잃지 않고 있다는 것이 괴상이다. 비유하면 각기 기능이 다른 부품들이 하나로 조립되어 자동차를 만들어 내는 것이 성상이며, 많은 부품들이 각자의 역할과 기능에 맞게 조립되었을 때는 자동차가 되지만 부품마다 전체의 모습과는 다른 자기의 역할이나 기능을 잃지 않는 것을 괴상이라 한다. 예를 들면 액셀러레이터accelerator나 브레이크brake가 다 같이 자동차 부품이지만 액셀러레이터는 속도를 올리는 기능을 하고, 브레이크는 속도를 줄이는 기능을 하는 것이 괴상이다.

이상 여섯 가지 모습 가운데 총상・동상・성상을 원융문圓融門이라 하고, 별상・이상・괴상을 항포문行布門이라 한다.

십현은 동시구족상응문同時具足相應門・광협자재무애문廣狹自在無礙門・일다상용부동문一多相容不同門・제법상즉자재문諸法相卽自在門・은밀현료구성문隱密顯了俱成門・미세상용안립문微細相容安立門・인다라망경계문因陀羅網境界門・

탁사현법생해문託事顯法生解門 · 십세격법이성문十世隔法異成門 · 주반원명구덕문主伴圓明具德門을 말한다.

십현을 자동차에 비유하여 설명하면 자동차가 되려면 많은 부품들이 하나도 빠짐없이 조립되어 부품들마다 제 역할과 기능을 동시에 발휘하는 것이 동시구족상응同時具足相應이고, 액셀러레이터와 브레이크는 서로 모순되는 것이지만 서로 조화를 이루는 것이 광협자재무애廣狹自在無礙이며, 자동차의 라이트light는 전방을 밝히기도 하고 뒤에 사람에게 정지나 출발을 알리기도 하며 어느 방향으로 진행할 것인지를 알려주기도 하는 것처럼 하나의 부품이 여러 역할을 하는 것이 일다상용부동一多相容不同이며, 수 없이 많은 부품들이 제 역할과 기능을 하는 것이 제법상즉자재諸法相卽自在이고, 자동차가 운행할 때 바퀴와 엔진만 움직이는 것 같지만 그때에도 모든 부품들이 겉으로 드러내지는 않지만 제 기능을 다하고 있는 것이 은밀현료구성隱密顯了俱成이고, 큰 역할을 하는 부품이나 작은 역할을 하는 부품이나 상대적 입장에서 모두 동일한 가치가 있는 것이 미세상용안립微細相容安立이며, 서로 모순되는 역할이나 다른 기능을 가지는 많은 부품들이 질서정연하게 조립되고 각 부품들이 제 역할과 기능을 발휘하는 것이 인다라망경계因陀羅網境界이며, 자동차가 정상적으로 운행될 때라야 모든 부품들은 제 기능을 발휘하고 있음을 알 수 있는 것이 탁사현법생해託事顯法生解이고, 자동차의 각 부품들은 전에 만들어졌거나 장차 만들어질 것이거나 운행이라는 한 순간을 위한 것이니 십세격법이성十世隔法異成이고, 엔진이 아무리 중요한 역할을 한다고 하더라도 다른 부품들의 도움이 없이는 자동차가 될 수 없으니 주반원명구덕主伴圓明俱德이다. 자동차의 조립은 '이것이 있으므로 저것이 있다'는 연기현상이고, 자동차의 운행은 '이것이 일어나므로 저것이 일어난다'는 연기현상으로 설명할 수 있다.

09 연기법과 인과법칙

인간의 행위와 그 결과를 연기관계로 설명할 때 인과응보라는 도덕법칙이 되는데, 인과응보는 권선징악勸善懲惡이라는 윤리적 목적으로 연기관계를 설명하는 것이지 엄밀 과학에서 말하는 법칙적 사실관계를 의미하지만은 않는다. 선행에는 반드시 선행의 과보가 따르고, 악행에는 반드시 악행의 과보가 따른다는 것을 강조함으로써 악행을 삼가고 선행으로 이끌려는 목적으로 인간의 행위와 그에 따른 책임이 인과관계에 있다는 것을 역설하고 있는 것이다.

원인과 결과의 관계가 법칙이 되기 위해서는 일정한 조건 아래에서는 언제나 같은 결과가 나타나야 하는데, 무기적 영역無機的 領域이 아닌 유기적 영역有機的 領域, 특히 인간의 행위에서는 그렇지를 못하다. 인간에게는 선택하고 결정할 수 있는 자유의지가 있기 때문이다. 만약 권선징악을 권고하는 인과응보의 도덕법칙마저 역학力學과 같은 물리법칙이 되어서 필연성必然性을 가지게 된다면 참회懺悔나 용서容恕란 말은 개입할 여지가 없어지고 만다.

선인선과善因善果・악인악과惡因惡果라고 말하여 원인과 결과의 관계가 인과성을 띠고 있다고 말하지만 인간의 행위에서 나타나는 인과관계는 절대적인 것이 아니라 원인과 결과 사이에 보편적 상호관계를 말하는 것이라 하겠다. 극악무도한 커다란 잘못을 저질렀어도 진심으로 뉘우치고 참회하면 용서하게 되는데, 이때에는 잘못에 대한 응보로서 응징膺懲은 있을 수 없기 때문이다. 만약 윤리의 세계에서조차 물리법칙과 같이 절대적 인과관계가 성립된다고 말하게 되면 결국은 숙명론으로 귀결될 수밖에 없다.

따라서 원인은 필연적으로 결과를 산출하지만 모든 필연적 연관이 반드시 인과적 연관은 아니므로 인과성은 필연성과 동일하지 않다. 예를 들어 겨울 다음에 봄이 온다고 해서 겨울이 봄의 원인은 아니고, 까마귀 날자

배 떨어진다고 말하지만 까마귀가 날아오른 것이 배가 떨어지게 되는 필연적 관계라고 말할 수도 없다. 벌레가 갉아먹은 자리가 글자가 되었다고 해서 그 벌레가 글자를 안다고 말할 수 없고, 야구경기나 축구경기의 결과를 미리 맞혔다고 해서 그가 예지능력이 뛰어났다고 말할 수도 없다. 까마귀 날 자 배가 떨어지거나 벌레가 갉아먹은 자리가 글자가 되었다거나 야구나 축구경기의 결과를 미리 맞힌 것은 우연적 사건일 뿐이다.

또한 모든 법칙은 인과관계와 결부되어 있지만 모든 법칙의 특수한 내용이 반드시 인과관계를 표현하는 것은 아니므로 인과성은 법칙성과 동일하지도 않다. 예를 들면 삼각함수에서 빗변[C]의 제곱은 나머지 두 변[A·B]의 제곱의 합과 같다[$C^2=A^2+B^2$]고 할 때와 같이 기하학의 법칙은 원인과 결과의 관계가 아니라 양적·공간적 관계인 것이다.

형식논리학적으로 인과관계는 '~이면 ~이다'라고 번역하게 되지만 '~이면 ~이다'는 가정적假定的 관계이며, 결과가 나오기 위한 조건을 단순히 일반적으로 제시하는 외연적 관계일 뿐이지 모든 조건이 반드시 원인인 것은 아니다. 따라서 원인이 결과를 야기하는 직접성은 구체적인 사정에 따라 다르다. 예를 들어 결혼하면 애기를 낳는다는 인과관계는 가정적이고 외연적인 일반적 관계이지 필연적이고 법칙적인 관계는 못된다. 결혼을 했지만 자녀를 낳지 못하는 이들도 있을 수 있기 때문이다.

그럼에도 불구하고 도덕의 세계에서도 원인과 결과가 필연적인 관계인 것처럼 인과응보라고 말하는 것은 악행을 경계하고 선행을 권고하려는 분명한 목적이 있기 때문이다. 도덕의 세계에서 인과를 말하는 것은 물리법칙과 같은 엄밀한 사실관계를 말하는 것이 아니라 권장되어야 할 당위성當爲性을 역설하는 것이다.

10 연기와 중도

붓다가 살았던 당시 인도사회는 베다Veda의 권위를 앞세우는 바라문婆羅門들과 그들을 비판하고 나서는 사문沙門들이 대립하면서 사상계는 백가쟁명百家爭鳴으로 치달았다. 바라문들의 관념론 신학과 육사외도들의 유물론 철학이 극심하게 대립하여 투쟁하였는데,[40] 붓다는 모든 사상事象을 연기로 설명하면서 중도中道를 선언하였다.

용수 보살은 연기법을 공空이라 말하고, 가명假名이라 하며, 중도中道의 뜻이라고 했다.[41] 연기가 바로 공空이고 가명假名이며 중도中道라는 뜻이다. 연기는 현상계 삼라만상이 생성하고 소멸하는 이치일 뿐 어떤 고정된 실체가 없다는 뜻이 공(空, śūnyatā)이고, 그러한 이치는 눈으로 볼 수 있는 물질적인 것이 아니라 사유思惟를 통해 말로 설명되는 것이란 뜻이 가명(假名, prajñapti)이며, 삼라만상의 생성을 설명하기도 하고, 반대로 삼라만상의 소멸을 설명하기도 하므로 유무有無 어디에도 구속받지 않기 때문에 중도(中道, madhyamā)라고 말한다.

제법은 인연소생이 아닌 것이 없으면서도 이 인연은 유라고 하여 결정적인 유가 아니고, 공이라고 하여 결정적인 공이 아니어서 공과 유가 둘이 아닌 이것을 중도라 한다고 했으니,[42] 붓다가 주장한 중도는 이것도 저것도 아닌 야합이나 애매모호를 의미하는 것이 아니다. 그렇다고 수학적으로 중간을 의미하는 것도 아니다. 붓다의 비유적인 표현을 빌리자면 중도는 강의 이쪽 언덕이나 저쪽 언덕에 부딪히지 않고 흘러 내려가는 통나무와 같다. 강물에 떠내려가는 통나무는 강의 한복판에 있어야만 떠내려가는 것은 아니다. 이 쪽의 언덕이건 저 쪽의 언덕이건 강변에 부딪히지만 않으면 그 어느 곳이 되었든 통나무는 떠내려갈 수 있는 것이다. 이러한 뜻을 원효元曉 스님은 양변을 멀리 떠나 중간에도 집착하지 않는 것[遠離二邊而不著中]이라 했는데, 중도의 성격을 가장 잘 표현하고 있다고 하겠다.

한마디로 중도는 극단적인 대립을 지양止揚하는 변증법적 교설이다. 붓다가 말한 이러한 중도에는 이론적인 것이 있고 실천적인 것이 있다. 따라서 이론적 중도와 실천적 중도로 나누어서 살펴보자.

11 이론적 중도

우리의 인식이 공간적으로 세계는 유한한가, 무한한가를 결정하고자 할 때 우리의 합리적 사고는 어느 가정假定에도 반대한다. 우리는 어떤 한계를 넘어서면 거기에는 그 이상의 무한한 것이 있다고 생각하기 쉽지만 무한 자체는 생각할 수 없는 노릇이다.

또한 세계는 시간적으로 처음이 있는가? 우리는 무한한 영원을 생각할 수 없다. 언제인가 무엇인가가 존재했다고 전제하지 않고서는 과거의 어느 한 시점時點을 생각할 수 없다. 따라서 무한한 연쇄를 생각할 수 없기 때문에 인과론에 제일원인第一原因을 말하는 것이다. 그러나 모든 것의 원인이 있어야 한다면 제일원인도 다시 원인이 있어야만 할 것이다.

'공간적으로 세계는 유한한가 · 무한한가. 시간적으로 세계의 처음과 끝이 있는가. 육신과 정신은 하나인가 둘인가. 사후의 세계는 존재하는가, 존재하지 않는가' 등의 문제는 우리의 경험을 넘어서는 문제요, 이성적 인식으로 해결할 수 없는 딜레마이다. '세계는 시간상 시초가 있고, 공간상 한계가 있다'는 명제에 대하여, '세계는 시간상 시초가 없고, 공간상 한계가 없다'는 반대명제도 성립될 수 있다. 우리의 경험은 한계가 있을 수밖에 없는데, 시간상 시초나 공간상의 한계는 경험을 넘어서기 때문에 필연적으로 이율배반에 빠질 수밖에 없는 노릇이다.

우리의 경험에 바탕을 두고 있는 합리적 사고가 이율배반적 딜레마에 빠질 수밖에 없는 문제가 있다는 것을 간파看破하고 있었던 고따마 붓다는 논리적으로는 타당할 수 있지만 경험적으로는 딜레마에 빠질 수밖에 없는 문제들을 무기無記라고 하며, 그런 문제에 대해서는 독단을 내리기보다는 침묵을 지켰다. 그리고 그러한 현상에 대하여 중도中道로 설명하였다. 그것이 바로 이론적 중도이다. 이론적 중도는 어떠한 현상의 근원적 원인에 대하여 단정해서 확답할 수 없지만 그런 현상이 전개되는 현실에 대하여 연기의 논리로 설명할 수는 있다는 입장이다.

붓다가 이론적 중도로 설명하였던 문제들을 살펴보면, 육신과 정신은 하나인가 둘인가의 문제, 영혼 또는 자아가 존재하는가의 문제, 고통의 원인이 자기내부에 있는지 외부에 있는지의 문제, 존재론에 있어서 유有와 무無의 문제에 대하여 중도로서 설명하였다.

만약 정신과 육신이 하나라고 하면 일원론이 될 것이고, 육신과 정신이 각기 별개로 존재한다면 이원론이 될 수밖에 없다. 그러나 일원론을 주장하면 육신의 죽음과 함께 정신마저 사라질 것이니 단견斷見이 되어 윤회의 문제가 무의미하게 되고, 이원론의 입장에 서면 육신이 죽어도 정신만은 따로 있어야 할 것이니 상견常見이 되고 무아와 배치될 수밖에 없다. 일원론이 되었던 이원론이 되었던 실천적인 측면에서 볼 때 자기모순에 빠지고 만다. 그래서 붓다는 육신과 정신은 서로 연기적 관계에 있음을 중도로 설명하고 있다.

자아가 있다는 믿음을 가지고 있는 왓차곳따Vacchagotta란 외도가 붓다에게 와서 '자아가 있다고 생각하느냐'고 물었을 때, 붓다는 침묵을 지키고 있었다. 그가 다시 '자아가 없느냐'고 물었지만 붓다는 이번에도 침묵을 지켰다. 왓차곳따는 답답하다는듯이 떠나버렸다. 붓다와 왓차곳따의 대화를 옆에서 지켜보고 있었던 아난다가, '그렇게 침묵만 지키면 외도들이 부처님을 비방하지 않겠느냐'고 말했다. 그때 붓다께서 아난다에게 다음과 같이 말씀하셨다.

내가 만일 자아가 있다고 대답한다면 그는 자기가 가지고 있는 삿된 소견에 더욱 집착할 것이요, 만일 내가 자아는 없다고 대답한다면 그는 의혹을 더하지 않겠느냐.

본래부터 자아가 있었는데 지금은 없어졌다고 말해야 하겠는가. 만일 본래부터 자아가 있었다고 한다면 그것은 상견常見**이요, 본래는 있었는데 지금은 없어졌다고 말한다면 그것은 단견**斷見**인 것이다. 그래서 나는 두 극단을 떠나서 중도를 설한다.**43

인간에 대하여 실재하는 것은 사대四大뿐이라고 보면 단견斷見이고, 실재하는 것을 자아라고 보면 상견常見이므로 단견과 상견의 문제는 존재하는 것을 무엇으로 보느냐에 달렸다. 존재하는 것은 오직 물질이라고 보면 단견이 되고 존재하는 것은 정신이라고 보면 상견이다. 물질은 그 어떤 것도 영원함을 보장받을 수 없다는 점에서 단견이다. 정신은 실체가 없는 말일 뿐인데도 시공을 초월하는 영원성을 가진다는 점에서 상견이다.

용수 보살이 이렇게 말했다.

붓다께서는 곳곳에서 자아가 있다고 말씀하시기도 하고, 또 곳곳에서 자아가 없다고 말씀하시기도 했다. 만약 붓다가 설하는 법의 의미가 말로 설명하는 것뿐이라는 것을 이해하는 사람에게는 자아가 있다고 말씀하시고, 만약 붓다가 설하는 법의 의미가 말로 설명하는 것뿐이라는 것을 이해하지 못하는 사람에게는 자아가 없다고 말씀하신다. 붓다께서는 단멸견斷滅見**에 빠져들려는 사람에게는 '자아가 있고, 후세에 죄와 복을 받는다' 고 말씀해 주시고, 상**

견常見에 빠져들려는 사람에게는 '자아가 없고 죄복을 짓는 이와 받는 이도 없으며 말로 설명하는 오온을 벗어나면 무엇 하나 저절로 있는 것은 없다' 고 말씀하신다.44

용수 보살의 설명을 통해서 붓다께서 자아가 있다고 설하거나 자아가 없다고 설한 까닭이 어디에 있었는지 알 수 있으리라 본다.

12 실천적 중도

실천적 중도는 고따마 붓다가 깨달음을 얻고 와라나시에서 처음으로 다섯 사람의 제자들을 향해 설법한 내용에서부터 나타나고 있다. 이때 붓다는 꼰단냐를 비롯한 다섯 사람에게 수행은 극단적인 고행도 아니요, 쾌락으로 나아가는 것도 아니라 팔정도를 실천하는 것이라고 설명하고 있다.

고행에 집착하는 것이나 쾌락에 탐닉하는 것이나 육체적으로나 정신적으로 피로하게 할 뿐이라고 보았던 고따마 붓다는 제자들을 향하여, '두 극단을 가까이 하지 말라. 두 극단은 쾌락에 빠지는 것과 극단적인 고행이다. 이러한 극단은 지혜롭고 성스러운 법이 아니다. 오히려 몸과 마음을 피로하게 할 뿐이다. 이 두 극단을 떠나 중도의 길이 있으니, 그것은 팔정도八正道와 사성제四聖諦를 말한다'고 했다.45

어떤 문제를 취급하느냐에 따라 이론적 중도와 실천적 중도로 나뉠 수 있는데, 이론적 중도는 항상 연기에 바탕을 둔 논리적 전개에 맞닿아 있고, 실천적 중도는 사성제나 팔정도와 연결되어 있다. 그래서 연기를 깊이 깨달으면 유무有無를 벗어날 수 있고, 중도를 실천하면 나와 내 것을 벗어난다고 했다.46

그러니까 이론적 중도설은 우리가 경험할 수 있는 범위에서 일어나는 모든 현상은 고정불변의 실체가 없다는 것이었고, 실천적 중도는 현실적으로 갈등을 벗어나기 위해서는 극단적인 행동으로 나아가지 않아야 한다는 것이다. 따라서 연기가 붓다가 깨달은 내용을 논리적으로 설명한 이론체계理論體系였다면 사성제나 팔정도는 이론에 기반을 둔 실천체계實踐體系였다.

붓다가 다음과 같이 말하는 것으로 보아 자신이 중도의 입장에 선 것을 대단히 자랑스럽게 여기고 있었던 것 같다.

> 이것만이 진실이고 그 밖은 허위라고 말한다면 붓다는 그런 말을 인정하지 않는다. 왜냐하면, 이들 모든 견해에는 저마다 결점을 가지고 있기 때문이다. 내가 이론적으로 따져보니, 사문이든 바라문이든 나와 동등한 입장도 없거늘 나를 능가하는 자가 있겠는가. 이들 모든 견해들은 오직 말장난에 지나지 않아 함께 토론할 가치조차 없다.47

붓다가 자기모순에 빠질 수밖에 없는 형이상학의 문제에 대하여 침묵을 지켰던 것은 현실의 고를 해결하는데 아무런 보탬이 되지 않는다고 보았기 때문이지만 그 이면에는 그들보다 한 차원 높은 인식적 입장에서 볼 때 토론할 가치조차 없는 말장난에 지나지 않는다고 본 때문이기도 하다.

13 불교의 교리체계

불교는 이 세상 모든 것들을 연기의 현상으로 설명하는 가르침이다. 다시 말해 물리적 현상이든 사회적 현상이든 심리적 현상이든 이 모든 현상을 상관관계相關關係로 설명하는 것이 불교이다.

고따마 붓다는 '나는 제자들을 위해 도를 설명하되, 고의 문제를 바르게 해결하고 궁극적으로는 고통의 문제에서 완전하게 벗어나게 한다'거나 '오로지 고통에 가득한 인생을 직시하고 그 고통에서 벗어나는 길을 말할 뿐'

이라고 말해 가르침의 핵심이 어디에 있었는지 명확하게 밝히고 있다.

고따마 붓다가 설한 가르침의 가장 두드러진 특징은 언제 끝날지도 모르는 사변적인 형이상학의 문제에 매달려 중생들이 당면하고 있는 고苦의 문제를 외면하는 것은 지혜롭지 못한 처사라고 보고, 중생들이 당면하고 있는 고통의 문제를 분석하고 해결하는 것에 중심을 두었다. 다시 말해 이율배반에 빠질 수밖에 없는 문제를 무기無記라고 일축하고, 중생의 현실적 문제에 깊은 관심을 가지고 그 원인을 분석하여 문제를 해결하는 구체적인 길을 현실적으로 제시하는 것이 고따마 붓다의 철학적 입장이었다.

불교는 이론을 위한 이론이 아니고, 오직 중생의 현실을 직시하고 그 현실에 내재한 중생고의 문제를 파헤치고 고에서 해방시키고자 하는 인간 실존의 철학이요 휴머니즘이요 해방철학이다. 불교는 중생의 현실을 있는 그대로 직시하고 극단에 치우치지 않는 중도의 철학이며, 그 어떤 현상이라도 고정된 것으로 보지 않고, 그 어떤 문제라도 극복할 수 있는 가능성으로 보는 희망의 가르침이다.

고따마 붓다의 가르침은 인식認識의 문제, 현상現象의 문제, 실천實踐의 문제로 요약될 수 있다. 안다는 것은 무엇이며, 어떠한 과정을 통해 앎이 성립되고, 앎의 주체는 어떤 것이냐를 살피는 것이 인식의 문제라면, 현실에 내재한 중생고衆生苦에 대한 설명은 현상의 문제이며, 현실에 내재한 고를 극복하는 것은 실천의 문제이다.

다시 말해 앎이란 무엇이며, 우리의 앎은 어떻게 이루어지는가를 말하는 것이 인식의 문제이고, 나는 누구인가, 나는 왜 방황하고 있는가를 밝히는 것이 현상의 문제이며, 우리는 어떻게 할 것인가, 어떻게 사는 것이 가장 지혜로운 것인가를 말하는 것이 실천의 문제이다. 이 세 가지의 문제가 고따마 붓다의 가르침의 핵심이요, 이 책의 주제이기도 하다.

우리가 가장 많이 독송하고 있는 『반야심경』의 구조를 보면, 먼저 오온五蘊·십이처十二處·십팔계十八界를 설하고 이어서 십이연기十二緣起와 사성제四聖諦를 설한 다음 열반涅槃으로 이어진다. 오온·십이처·십팔계를 흔히 삼과설三科說이라 하며, 오온이 핵심을 이룬다. 따라서 불교의 궁극적인 목표인 열반에 이르려면 오온·십이연기·사성제라는 순서를 밟아야 되는 것임을 알 수 있다. 이것이 불교의 핵심적인 교리인 것이다.

따라서 불교인식론에 관계되는 교설은 온·처·계蘊處界이고, 현상론에 관계되는 교설은 십이연기이며, 실천론에 해당되는 교설은 사성제이다. 이 모든 교설의 밑바탕에 깔려 있는 기본적 사상이 바로 연기이다. 그러니까 연기로 인식을 설명하고, 연기로 현상을 설명하며, 연기로 실천을 이끌어 내는 것이 바로 불교이다. 이 과정을 통해 모든 고통이 소멸된 열반으로 이끌어간다. 그래서 붓다는 자신의 가르침을 열반으로 잘 인도하는 것[Ⓟ opanayika]이라고 했다.

보설補說_ 1. 깨달음[覺]과 여如와 여래如來

여기서 붓다를 여래라고 부르는 까닭을 생각해 보기로 하자.

붓다buddha라는 말은 눈뜬 이, 깨달은 이, 각자覺者로 번역되지만 어원적으로 살펴보면, 부드(√budh)라는 제4류 위자태爲自態 동사의 과거수동분사인 부드따budhta가 연성連聲한 것이다.48

붓다의 어근인 부드(√budh)는 제4류동사로 '눈뜨다'라는 뜻과 함께 '오관五官으로 지각知覺하다'는 의미와 '뜻·원인·성질·내용 따위를 완벽하게 이해하다'라거나 '~을 간파하다'라는 뜻을 가지고 있다.

역사적으로 붓다라는 말은 고따마 붓다가 세상에 출현하기 이전시대부터 사용되어 왔던 보통명사이다. 보통명사였던 이 말이 고유명사로 쓰이게 된 것은 숫도다나의 아들로 태어난 고따마 싯닷타가 서른다섯 살에 깨달음을 얻고 나서 고따마 붓다Gotama Buddha라고 불리면서 붓다라는 말은 이제 샤까무니Sākyamuni를 지칭하는 고유명사가 되었다. 샤까무니는 흔히 석가모니釋迦牟尼라고 한역하고 있지만 샤까족 출신의 성자[muni]라는 뜻이다. 필자는 역사성을 강조하는 의미에서 '고따마 붓다'라고 쓰고 있다.

그런데 석가모니나 석가모니불釋迦牟尼佛이라고만 하지 않고 석가여래釋迦如來라거나 불여래佛如來라고 하여 석가釋迦·불佛·여래如來를 동격으로 쓰는 경우를 자주 보게 된다. 여래라는 말은 따타-가따Tathāgata의 번역으로 고따마 붓다가 깨달음을 얻고 나서 제자들 앞에서 자신을 지칭하는 말로 쓰기 시작한 불교 고유의 말로 오직 석가모니를 지칭한다.49

그러나 여래라는 말이 석가여래처럼 석가모니 부처님만을 지칭하는 말로 사용되지 않고, 아미타여래阿彌陀如來나 대일여래大日如來 또는 제불여래諸佛如來와 같이 쓰고 있어서 부처라는 호칭을 듣게 되면 모두가 여래라는 것을 알 수 있다. 다시 말해 깨달음과 여래는 밀접하게 연관되어 있음을 의미한다. 그 뿐만 아니라 여래라는 말은 여래장如來藏이나 여래장연기如來藏緣起와 같이 불교교리에 있어서 중요한 개념으로 사용되기도 한다. 이처럼 다양하게 쓰이고 있는 여래라는 말의 의미를 먼저 살펴보자.

여래는 원래 따타-가따Tathāgata를 번역한 말이다. 따타-가따는 따타-(tathā)와 가따gata의 합성어로 볼 수도 있고, 따타-(tathā)와 아가따agata의 합성어로 볼 수도 있다.

따타-는 보통 여如로 번역되는 말이고, 가따gata라는 말은 '가다'라는 제1류동사 어근(√gam)의 과거수동분사로 '갔다'라는 뜻이니, 따타-가따Tathāgata를 따타-(tathā)와 가따gata의 합성어라 보게 되면 여거如去가 되므로 '그렇게 갔다'는 의미이다. 그리고 아가따agata는 '갔다'라는 말의 부정형으로 반대의 뜻이니, 아가따는 '왔다'라는 말이 된다. 따라서 따타-가따Tathāgata를 따타-와 아가따agata의 합성어로 보게 되면 여래如來가 된다. 결국 따타-가따는 '그렇게 갔다'는 의미인 여거如去와 그와는 정반대로 '그렇게 왔다'라는 뜻인 여래如來가 되는데, 역경가들이 여래라는 말을 선택했다고 볼 수 있다.

그렇다면 여如라고 번역하는 따타-(tathā)라는 말의 의미는 무엇인가?

따타-는 '그것'을 의미하는 지시대명사 따드(tad)의 어간 따(ta)에 상태를 나타내는 접미사 타-(thā)가 붙여진 불변화사不變化詞로 '그와 같이, 그렇게, 그대로'와 같이 양태樣態를 나타내는 불교 특유의 술어이다. 붓다가 분명하게 말한 것은 드리스따 에와 다르메dṛṣṭa eva dharme인데, 현법중現法中이라 한역漢譯하는 이 말은 '보이는 것이 바로 법'이라는 뜻이다.

우리의 눈에 보이는 것은 실제로 전개되는 현실인데, 우리 목전에 전개되는 현실세계는 어느 한 순간도 멈추어 서있지 않고 이런저런 조건에 따라 변화무쌍하게 변하는 전 과정全過程이지, 어느 한순간의 정지된 모습이 아니다. 마치 영화 속의 모습처럼 연속된 흐름이요, 흘러가는 물처럼 연속된 흐름으로 이어지는 것이 현실이기 때문에 이 변화무쌍한 모습을 어떻게 표현할 수 없어서 부득이 '그렇다'는 뜻에서 여如라 했고, 산스끄리뜨어로 따타-(tathā)이다.

지금 우리 앞에 드러내는 어떤 모습은 그럴만한 조건이 나타내는 현상일 뿐이니 그 조건만 없어지면 언제라도 없어질 모습이기도 하다. 또한 지금 우리 앞에 드러나지 않은 모습일지라도 그럴만한 조건만 되면 언제라도 드러나게 될 것이다. 예를 들면 바람이 부니까 물이 출렁거리지만 바람만 자면 물의 출렁거림도 멈출 것이다. 지금은 물이 출렁거리지 않고 멈추어 있지만 언제라도 바람이 불면 물은 출렁거릴 수 있는 것과 같다. 그래서 우리 앞에 드러나는 것들은 모두가 그럴만한 조건들을 따라서 그렇게 된 것이기 때문에 불교에서는 조건이 생기므로 있는 것이요 조건이 없어지므로 없는 것이라 하여 연생고유緣生故有요, 연멸고무緣滅故無라고 말한다.

우리 앞에 전개되는 변화무쌍한 현실은 조건을 따라서 이렇게 저렇게 드러나는 것일 뿐 고정되어 불변하는 고유한 속성[性, bhāva]은 없기 때문에 무성(無性, abhāva) 또는 무자성(無自性, niḥsvabhāva)이라 한다.50

우리 앞에 전개되는 유형의 모습들은 고정 불변하는 자기 자신의 고유한 속성이 없기 때문에 어떤 조건을 따라 그렇게 드러나는 현상이 있게 되고, 조건을 따라 생길 뿐 어떤 실체도 없다고 하여 무성고유無性故有이고 연생고공緣生故空이라 한다.

현상계는 공空이요, 무자성無自性이며, 무실체無實體이지만 우리 앞에 한시도 멈추는 일이 없이 변화무쌍하게 흘러가고 있으니, 그 흘러가는 변화무쌍한 모습이야말로 모든 존재의 참모습이란 뜻에서 제법실상諸法實相이라

한다. 이 제법실상이 바로 여如이다.51 변화무쌍하게 흘러가는 것을 '그것'이라 말하고, '그것'이 변화무쌍한 현실세계의 특징이란 뜻에서 제법실상을 땃뜨와시야 랄끄샤남tattvasya lakṣaṇam이라 한다.

땃뜨와시야는 '그것'이란 지시대명사 따드(tad)의 단수 대격對格인 따뜨(tat)의 추상명사인 땃뜨와tattva의 단수 속격屬格이다. 랄끄샤남은 '특성을 나타내다'라는 뜻을 가진 제1류동사 어근(√lakṣ)에서 온 중성명사로 '특징, 상징'을 의미하는 랄끄샤나lakṣaṇa의 단수 대격이다. 따라서 제법실상이란 뜻의 땃뜨와시야 랄끄샤남은 '그것들의 특성을 나타내는 특징'이란 뜻이다. 그 특징이란 따타-(tathā), 즉 여如를 말한다.

'그것'이라 말할 수밖에 없는 그런 상태[tathā]가 바로 실제實際요, 법주法住며, 법계法界요, 법위法位이며, 법성法性이고, 법이法爾이며, 연기緣起이다. 실제實際는 부-따 꼬띠bhūta-koṭi의 번역으로 실제로 일어난 사실이란 뜻의 부-따와 어떤 것의 밑바탕이나 근저根底라는 뜻의 꼬띠가 합성된 말인데, 진제眞際나 진실제眞實際라고 번역하기도 한다. 법주・법계・법위・법성・법이 등은 세계관으로서 연기법을 말할 때 이미 설명했다.

용수 보살은 무위법無爲法이 진실법眞實法인데, 여・법성・실제를 말한다고 했고,52 제법실상・여・법성・법주・법위・실제는 같다고 말하기도 했다.53 무위법이란 아상스끄리따asaṃskṛta로 '인위적으로 만들어지지 않고 있는 그대로'라는 뜻이니 한마디로 자연自然을 의미한다. 자연이야말로 실제로 일어난 사실이란 의미에서 진실법이라 한다. 이상을 정리하면 여・연기・무자성・공・제법실상・실제・법이・법주・법계・법위・법성・무위법・진실법이란 말들은 표현은 다르지만 내용적으로는 자연계를 설명하는 것임을 알 수 있다.

용수 보살은 제법실상을 제외한 그 밖의 것들은 모두가 마魔가 된다고 하였는데,54 이는 여[tathā]를 사실 그대로 아는 것을 제외하고는 모두가 마魔

가 된다는 뜻이다. 따라서 여如야말로 불교의 키워드keyword가 되는 셈이다. 진실이란 목전에 펼쳐지는 변화무쌍한 그 모습 그대로이니, 저절로 그렇게 전개되는 자연의 순수한 모습을 떠나서는 남을 현혹시키는 악마가 된다는 뜻이다.

진실을 뜻하는 말로 땃뜨와tattva・부-따bhūta・야타-부-땀yathābhūtam 등이 있다. 야타-는 관계대명사 야드(yad)의 어간에 상태를 나타내는 타-(thā)가 붙여진 말이고, 부-땀bhūtam은 부-따의 대격對格이므로 야타-부-땀은 실제로 일어난 것과 같다는 뜻이다.

경經에 붓다는 여如를 따라 생기는 것이지 가는 것도 없고 오는 것도 없다고 하였고,55 『금강경』에는 여래란 모든 존재의 여如의 뜻[如來者卽諸法如義]이라 했는데, 이 말은 '여래란 존재의 있는 사실 그대로의 모습에 의해 붙여진 이름'이라는 의미이다.56 그런가 하면, 제법諸法의 여如가 바로 부처라 하였으며,57 여래를 본다는 것은 바로 여如를 보는 것이라 했다.58 한마디로 고따마 붓다는 변화무쌍하게 전개되고 있는 현상계를 있는 사실 그대로 보았다는 의미이다.

용수 보살은 붓다는 일체 모든 법의 여如를 터득하고 나서 중생들을 위해서 설한다고 하였고,59 달마대사는 해여응물解如應物하기 때문에 여래라고 한다[解如應物故名如來]고 했는데, 여를 깨닫고 중생을 교화한다는 뜻이다. 징관澄觀은 '여如로 부처를 삼는다'고 하면서, 인식의 대상이 되는 것치고 여如가 아닌 것이 없으니 우리 앞에 펼쳐지는 삼라만상치고 부처가 아닌 것이 어디 있겠느냐고 했다.60

특히 대승불교에 가면 진여무위眞如無爲, 진여실상眞如實相, 진여일실眞如一實, 진여평등眞如平等, 진여연기眞如緣起, 진여법眞如法, 진여수연眞如隨緣 등과 같이 진여라는 말이 중요한 개념으로 사용되고 있는데, 진여는 있는 그대로

의 모습을 의미하는 여(如, tathā)의 추상명사[tathātā]라는 것을 명심할 필요가 있다. 진여라는 말의 원뿌리가 무엇을 의미하는지 제대로 파악하지 못하면 결국 대승불교 전체를 이해하지 못하게 된다.

만약 여래를 보려한다면 목전에 현전하는 것들을 있는 사실 그대로 깨달아 무엇 하나도 분별할 수 있는 것이 없다고 보아야 한다고 했고,61 『대승기신론』에서는 진여의 존재는 하나라는 것을 사실 그대로 알지 못하는 것이 깨닫지 못한 것이라고 했다.62 무엇하나도 분별할 수 있는 것이 없다는 말은 존재하는 것은 그 자체로 그냥 거기에 그렇게 있는 것일 뿐이니 그것을 보는 입장에서 이것이라느니 저것이라느니 주관적으로 해석하려하지 말라는 뜻이다. 인연에 따라 우리의 목전에 펼쳐지는 '그것'들의 모습은 오직 그 자체일 뿐이지 인위적 가치판단에 따른 이것저것이 아니라는 의미이다. 이것이라거나 저것이라는 차별적 현상은 인간이 자기중심적으로 분별한 인위적 현상일 뿐이다.

그래서 말하기를, '인연이란 의미가 법이란 뜻이요, 법이란 의미는 바로 여如라는 뜻이다. 따라서 인연을 보는 것이 법을 보는 것이요, 법을 보는 것은 여래를 보는 것'이라 했고,63 청정한 지혜로 존재의 속성을 깨달아서 여래라는 이름을 얻는 것이지 분별하는 마음이나 자기중심적으로 세계를 파악하는 그릇된 습관으로 여래라는 이름을 얻는 것이 아니라고 했다.64

이쯤에서 깨달음에 대하여 다시 살펴보자.

나한 선법羅漢 宣法 대사가 다만 자기만을 밝히고 목전을 깨닫지 못한다면 이런 사람은 외눈박이일 뿐이라고 했다.65 그런가하면 규봉 종밀(圭峯 宗密, 780~841)은 깨달음에 세 가지 뜻이 있는데, 첫째는 자신에 대한 깨달음[自覺]이니, 자기의 마음이 본래 생멸이 없다는 것을 깨달아 아는 것이요, 둘째는 자기 밖을 깨닫는 것[覺他]이니, 세상 모든 것들이 여如가 아닌 것이 없음을 깨닫는 것이며, 셋째는 깨달음의 완벽함[覺滿]이니 자신에 대한 깨달음과 자기 밖을 깨닫는 것이 원만한 것을 완벽한 깨달음이라 한다.66

그러니까 깨닫는다는 것은 자기 자신에 대한 심리적인 문제와 우리 밖의 것들에 대하여 사실대로 눈뜨는 것인데, 다시 말해 깨달음이란 우리 앞에 현전하는 것들을 사실 그대로 직견直見하고, 우리가 생각하는 것들을 사실대로 아는 것이니, 현전하는 것은 우리가 대하는 물질세계인데, 그것은 우리 앞에 현전現前하는 것들은 우리가 표현하는 말을 벗어나 있고 우리가 무엇이라 이름 붙여도 상관하지 않으며 우리가 무엇이라고 인식해도 구애받지 않는 것들이요, 우리가 생각하는 것들은 오직 마음이 만드는 것이요 마음에서 일어나는 것이며 오직 망념에 의지하여 있는 것들이며 단지 말로 설명할 뿐 그 어떤 실체가 없는 것들이다. 우리 앞에 현전하는 물질세계[色法]는 내 마음이 만들어내는 것이 아닐뿐더러 아무리 이러쿵저러쿵해도 없어지지 않는 것으로 우리가 말로 표현하게 되지만 그것의 참모습을 온전하게 드러낼 수는 없으니 말은 말이 표현하려는 대상 자체가 아니기 때문에 사실과 말은 별개의 문제인 것이다. 우리가 생각하는 것 중에 심리적인 것들[心法]은 모두가 중생들이 마음으로 상상해서 생기는 것이지만 물질적인 것들[色法]은 모두가 여(如, tathā)로 귀결되는 것이니, 물리적 현상은 여를 벗어나지 않고 여는 바로 물질세계의 모습인 것이다.67 물질세계는 색色이니, 색에 대해서는 여실견如實見하는 것이니 제행무상諸行無常이 바로 그것이고, 마음이 만들어내는 세계는 심법心法이요 말로 표현하는 것들[名]이니 명에 대해서는 여실지如實知하는 것이니, 제법무아諸法無我가 바로 그것이다.

보설補說_ 2. 역사는 결정론이 아니다

연기로 변화무쌍한 현실세계를 설명할 때에는 사건과 사건, 현상과 현상 사이에 무엇이 어떻게 작용하고 있었는지를 규명하는 냉철한 분석이 필요하다. 그렇지 않으면 연기는 한낱 피상적인 설명에 지나지 않는다. 특히 중생의 역사를 연기로 해석하고자 할 때는 선행하는 조건들과 사회구조가 어떻게 전개되고 있었는가를 분석하는 것은 대단히 중요하다.

논論에 공업共業이 증장하면 세계가 발전하지만 공업이 소멸하면 세계는 퇴보한다고 했다.68 이 말은 한 사회의 역사는 그 사회 구성원들 개개인의 업의 총화總和가 낳은 발자취라는 의미이다. 역사는 그 시대, 그 사회에 살고 있는 인간들 자신의 의지의 표출이요, 선택에 따른 결과일 뿐이라는 말과 같다.

아놀드 토인비는 역사의 목적이 신의 왕국을 건설하는데 있으며, 역사는 신이 자기 모습을 드러내는 것이라고 하여 인간의 역사를 마치 신이 미리 계획한 대로 진행되는 것으로 보았지만 불교에서는 인간의 역사는 그 시대에 살았던 모든 이들의 의지인 업의 산물이라 보고 있다.

역사를 신의 섭리나 절대의지의 실현으로 본다면 역사 안에서 인간이 겪게 되는 온갖 고통들이 신이나 절대자의 뜻이 되어 아무리 고통이 심하더라도 참고 인내하는 굴종의 길 이외에 딴 도리가 있을 수 없게 된다. 지배계층의 탐욕과 이기심에서 비롯되는 고통마저 신의 뜻으로 돌려 민중의 폭발하려는 저항의식을 잠재우려는 기독교의 위선적인 태도를 마르크스는 '종교는 아편'이라고 비판했었다. 마르크스가 종교를 민중의 아편이라 힐난한 것은 종교 그 자체를 부정하려 한 것이 아니라 마르크스가 살았던 시대에 기독교가 보여주었던 반민중적 태도를 비판한 것이라 볼 때, 종교가 중생의 현실을 질곡으로 몰아넣는 권력에 아부하거나 침묵하고 중생의 고통에 더욱 짐을 가하고 있다면 마르크스가 아니더라도 종교에 대한 비판은 있었을 것이다. 마르크스의 종교비판은 종교를 적대시한 것이 아니라 종교가 어떠한 역할을 해야 할 것인가를 일깨우고 있는 것이다.

고따마 붓다의 사상은 바라문신학의 인간 소외현상을 직시하고 인간의 존엄성을 일깨우고 인간 위에 군림하는 신들의 권위와 굴레에서 인간을 해방으로 이끌려는 것이었다. 고따마 붓다는 중생의 현실을 관조觀照의 대상이 아니라 변혁變革의 대상이라 보았다. 인간은 욕구를 가지고 세계를 변혁시켜 나아가는 실천의 주체이며, 인간의 실천적 활동은 목적지향적인 활동이라 보고 그 실천체계를 정리한 것이 바로 사성제四聖諦이다.

인간이 직면하는 모든 고통은 결국 인간의 무지가 만들어내는 업보에 지나지 않으니, 인간에게 최대의 난제는 인간 자신일 뿐이다. 사실 역사의 전개과정에서 중생들이 겪는 고통의 대부분이 인간들이 만들어 내는 집단 이기심과 사회구조적 모순에서 비롯되는 것이지 신이 인간을 괴롭히기 위해 내리는 형벌이라 볼 수 없다. 불교는 중생의 업이 역사의 원동력이라 보기 때문에 운명론적 역사관運命論的 歷史觀이나 섭리적 역사관攝理的 歷史觀과는 거리가 멀다.

불교는 이 세상 모든 것은 고정되어 있지 않고 항상 변화의 과정에 놓여 있다고 보고, 그 변화의 방향을 인간의 지혜로운 선택에 의해 바람직한 쪽으로 이끌 수 있다고 보는 것이 바로 연기사상이다. 붓다의 교리체계 가운데 가장 중시하였던 사성제법문은 중생의 현실을 오해나 왜곡 없이 사실대로 진단하고, 거기에 내재된 모순을 낱낱이 규명하여 그것을 제거해 나아갈 수 있다는 것을 전제한다. 오로지 고통에 가득한 인생을 직시하고 그 고통에서 벗어나는 길을 말할 뿐이라고 하였듯이, 고따마 붓다의 가장 큰 관심은 중생들을 고통의 질곡으로부터 해방시키는 것이었고, 그 구체적 대안이 사성제이다.

불교인은 연기로 세계관을 정립함으로써 복잡한 사회현상들마저 인과적 분석을 통해 그 원인을 해소하고 제거하는 일에 나설 수 있어야 한다. 연기로 정신적 무장을 한 불교인이라면 역사적 사건은 절대의지가 표출되는 과정이 아니라 인간과 인간, 집단과 집단, 계층과 계층 사이에서 이해관계의 충돌로 빚어지는 사회적 현상이라는 것을 깨닫고, 인간의 의지와 지혜로운 노력이 역사를 바람직한 쪽으로 개선해 나아갈 수 있다는 확신을 가지고 역사에 임해야 할 것이다.

불교사의 진행방향은 불자들 자신의 지혜와 원력에 의해 결정되는 것이지 주어진 운명도 아니고 신의 뜻이 구현되는 것도 아니다. 이것이 역사에 대한 불교인의 인식적 입장이라 할 수 있다. '사회의 삶의 법칙과 자연의 법칙 사이에는 본질적인 차이들이 있다. 자연의 법칙들이 맹목적이고 자연발생적인 힘들의 작동을 반영하는 것이라 하면 사회 발전의 법칙들은 언제나 스스로 일정한 목적을 세우고 그것을 성취하기 위해 노력하는 지적 존재인 사람들의 행위를 통해서 실현된다'고 한 빅토르 아파나셰프의 견해는[69] 연기사상의 다른 설명이라 볼 수 있다.

역사는 단순히 시간의 경과만을 뜻하지 않는다. 흘러가는 물은 그 안에 퇴적물을 안고 가듯이 역사 역시 무엇인가 안고 시간을 통과한다. 논論에 시간은 어떤 실체가 있는 것이 아니라 다만 존재하는 것들의 생멸하는 변화를 통해 시간이 있다고 말한 것도[70] 같은 맥락이라 이해할 수 있다.

옛날 불교학자들이 공업共業이 세계를 이루기도 하고 파괴하기도 한다고 보았던 것처럼 역사는 한 개인의 의지보다는 그 시대 모든 중생들의 업력의 총화總和이므로 역사의 진행방향을 바꾸는 길은 그 시대, 그 사회에 살고 있는 중생들의 사고방식과 행동양식을 바꾸는 길뿐이다. 역사가 어떠한 쪽으로 진행될 것인가는 그 시대, 그 사회에 살고 있는 중생들의 공업이 무엇을 추구하고 있었는가에 달려 있다는 뜻이다. 중생의 공업이 무엇이냐에 따라 역사의 진행은 기대와 희망에 찬 발전일 수도 있고, 어둠과 고통을 향한 퇴보일 수도 있다.

어느 시대에 살고 있는 중생들의 보편적 행동양식이 무지와 미망에 빠져 악惡으로 치우치면 역사는 말세末世를 향해 나아갈 것이고 반대로 중생들의 보편적 행동양식이 지혜로워서 선善으로 나아가면 정법正法의 시대를 향해 진보할 것이다. 중생들의 공업이 선의지善意志로 충만하면 역사는 정의의 역사일 것이고, 중생의 공업이 악의지惡意志로 가득하면 그 역사는 불의의 역사일 수밖에 없다. 그러므로 정의의 역사냐 불의의 역사냐는 오직 그 시대 중생들의 의지에 달려 있는 것이지 절대자의 섭리나 운명적으로 결정된 것이 아니다. 따라서 역사를 결정론으로 보는 것은 불교적이지 못하다.

불교에서는 사물의 존재방식을 성・주・괴・공成住壞空이나 생・주・이・멸生住異滅이라는 변화의 과정으로 본다. 그러므로 불교의 역사관은 크게 보아 순환론循環論이라고 말할 수 있다. 그러나 기계적 순환은 아니다. 불교는 성취해야 될 당위로서 정토사회淨土社會라는 이념적 목표를 가지고 있으니 불교 역사가 나아가야 할 방향은 제시되었다. 다만 역사의 주체인 인간들의 의지에 따라 불교역사는 정토사회를 향한 진보일 수도 있고, 오탁악세五濁惡世를 향하는 퇴보일 수도 있으므로 불교의 역사진행은 나선형적 순환螺旋形的 循環이라 할 수 있다.

그 시대, 그 사회에 살고 있는 중생들 모두의 행동양식인 공업共業의 내용에 따라 역사는 진보하기도 하고, 타락하기도 하겠지만 불국토완성이라는 원력願力을 포기하지 않는 한 정토사회를 향해 나아간다. 이는 절대자의 섭리에 순응하고 심판 받는 기독교적인 직선적 역사관이나 자연의 모습에서 보여주는 기계적 순환의 역사와도 다르다는 것을 말한다.

불교의 역사가 불국토佛國土라는 목표를 향해 나아갈 수 있는 요인은 무엇인가. 그것은 그 시대의 중생들이 해탈을 얻고자 하는 원력願力의 여하에 달려 있다. 그 원력은 불교인의 지혜智慧와 대비大悲로 무장된 도덕적 행위로 채워진다. 현실의 삶은 누구의 삶일지라도 협동하는 구조 속에 이루어진다는 것을 깊이 자각하고 구성원 개개인의 자유와 평등과 평화를 성취하려는 것이 불자다운 원력이고 대비심의 발로이며 지혜로운 선택이다. 이러한 목표를 향해 불교인들이 선도적 역할을 해낼 때 불교 역사는 목표를 향해 나아가지만, 반대로 목표를 향한 의지는 사라지고 오직 탐욕·분노·어리석음에 얽매어 이기적으로만 살아갈 때는 중생의 역사는 퇴보일 수밖에 없다.

엄밀한 의미에서 역사 그 자체에 목적은 없다. 다만 역사 속에 존재하는 인간들이 목적을 가지고 살고 있을 뿐이다. 역사의 주체인 인간이 목적성을 가졌다는 점에서 역사는 합리적이고 합목적적일 수 있다. 그러나 그 목적을 달성하는 제반요인은 돌발적인 것들에 의해 좌우될 수도 있다. 실제로 예기치 못했던 돌발적이고 충동적인 사건이 역사의 방향을 바꾸었던 예도 적지 않다. 그러한 예로 1989년 11월 3일에 있었던 베를린 장벽의 붕괴 역시 누구도 예기치 못했던 갑작스럽게 일어난 돌발사건이었다. 인간이 욕구를 충족시켜 나아가는 길은 합리적이지만은 못하다는 점에서 역사의 합목적성은 항상 도전 받고 있다.

인간은 같은 상황 속에서 항상 같은 반응을 나타내는 물리적 법칙의 지배를 받지 않는다. 더구나 합리적 이성이 삶의 전반을 지배하는 것이 아니라 비합리적인 감정에 의해 그의 행동양식이 수시로 달라질 수 있다. 인간의 행동은 결단과 의지를 통해 자연의 인과율을 넘어서기 때문에 인간의 역사와 사회는 객관적인 보편적 법칙만으로 설명되어질 수 없다. 이것이 역사의 고찰에 있어서 필연적 과정이 아니라 불확실성不確實性으로서 정해진 모습이 없다는 무상(無相, animitta)이다.

만약 역사에 있어서 법칙이 있다고 한다면 그것은 역사는 정체가 아니라 무상(無常, anitya)이라는 변화가 있을 뿐이다. 역사는 살아 움직이는 생명처럼 항상 변화한다. 무상을 존재의 속성이라 보는 불교의 입장에서 본다면 역사에는 결정적으로 예정된 방향이란 있을 수 없으니 역사는 법칙이 아니라 자유라고 말할 수 있다. 다시 말해서 역사에는 패턴pattern이 있을 수 없다. 만약 역사의 패턴이 있다면 이미 그것은 결정론일 것이니 불교사상과는 근본적으로 배치되고 만다.71

역사에는 예정된 패턴이 있을 수 없지만 역사에 있어서 어떠한 패턴을 생각하게 되는 것은 인간의 사고가 무엇인가를 파악하고자 할 때 패턴이라는 방법을 쓰는 것이 편리하다고 믿기 때문이라고 역사가 아놀트 토인비는 말했다.72 인간사고의 편의상 역사를 패턴으로 고찰하지만 그것은 법칙이 아니라 하나의 가설일 뿐이다. 결국 역사의 고찰에 있어서 어떠한 패턴을 도입하더라도 그것이 절대적일 수는 없다.

그렇다면 불교사상에 나타난 역사의 패턴은 어떤 것들이 있었는가를 살펴볼 필요가 있다. 붓다 입멸 후 불교도들은 정법이 훼손되는 위기적 상황에 직면하게 되었다. 소위 오탁(五濁, pañca-kaṣāya)이라 불리는 현상들을 만나게 되었다. 탁濁은 까샤-야kaṣāya의 변역으로 이 말은 '마찰하다, 애먹이다. 말살抹殺하다, 파괴하다'등의 뜻을 가진 제1류동사 어근(√kaṣ)에서 온 말로 '파멸, 퇴보, 퇴화'라는 뜻이다.

전쟁이나 질병 그리고 기근饑饉이 만연하는 것을 겁탁劫濁이라 하고, 중생의 수명이 나날이 단축되는 현상을 명탁命濁이라 하며, 탐욕과 증오, 그리고 어리석음이 만연하는 현상을 번뇌탁煩惱濁이라 하고, 부정한 사상이 번져 사상적 혼란이 만연하게 되는 현상을 견탁見濁이라 하며, 이러한 현상으로 인간의 자질이 나날이 저하되는 현상을 중생탁衆生濁이라 한다.

이와 같은 오탁의 현상이 드러나면서 붓다의 정법이 점차 훼손된다고 생각한 불교도들은 종말론적 역사관終末論的 歷史觀을 가지게 되었다. 아마도 불교도들이 이와 같은 말법사상(末法思想, paścima-kāla)을 가질 수밖에 없었던 것은 인도에 이민족의 침략이 있고 나서 등장하지 않았나 생각된다.73

사회적 여건이 불교가 발전할 수 있도록 유리하게 조성되는 것이 아니라 불교가 위기적 상황으로 빠져들 수밖에 없는 악조건이 팽배해 진다고 보는 데에서 불교의 종말론적 역사관이 생기게 되었다고 볼 수 있다. 자신이 살고 있는 시대가 반불교적인 험악한 때라고 인식할 수밖에 없었던 불교도들은 말세末世 또는 말법末法이라는 위기의식으로 새로운 역사관을 형성하게 되었다고 하겠다.

불교경전에 나타나는 종말론적 역사관은 대략 두 가지 유형이 있는데, 하나는 『대방등대집경』에서 말하는 것으로, 타락되는 모습이 5백년 단위로 새로운 양상이 나타난다는 것이요,74 또 하나는 『대승동성경』에 보이는 것으로 타락해 가는 모습을 정법正法·상법像法·말법末法의 세 단계로 보려는 견해이다.75 각기의 시대를 몇 년으로 보느냐는 여러 가지의 설이 있으나 대체적으로 정법의 시대를 5백년, 상법의 시대를 1천년 그리고 말법의 시대를 1만년으로 보고 있다.

구마라집이 『금강경』에서 '여래멸후후오백세'如來滅後後五百歲라고 번역한 말을 우리말로 번역하면 '다가올 미래에 있어서, 지금의 뒷날 언제인가 먼 훗날에, 뒤로 오백년에 걸쳐서, 정법이 파멸하는 그 시점에 있어서'라는 뜻이었다.76

그러나 경의 해석가들은 '여래멸후-후오백세'라는 말을 『대방등대집경』의 견해를 가지고 해석하곤 했다. 후오백세後五百歲를 5·5백년이라 보고, 제1의 5백년은 지혜를 얻어 깨달음을 열고 해탈하는 이들이 많다고 해서 해탈견고시대解脫堅固時代 또는 학혜견고시대學慧堅固時代라고 말하며, 제2의 5백년은 선정을 보전하는 이들이 많다고 해서 선정견고시대禪定堅固時代라고 한다. 제3의 5백년은 불법을 청해서 듣기만 하는 사람들이 대부분이라고 해서 다문견고시대多聞堅固時代라 하고, 제4의 5백년은 절이나 짓고 탑이나 세우는 일로 불교의 주목적을 삼는 시대라고 해서 조사견고시대造寺堅固時代라 하며, 마지막인 제5의 5백년은 서로 자기의 주장만이 옳고 다른 이들의 주장은 틀렸다고 주장하면서 서로 다툰다 하여 투쟁견고시대鬪爭堅固時代라고 하면서, 투쟁만을 일삼는 다섯 번째의 5백 년간을 『금강경』에 '후5백세'後五百歲라고 보았다.

이와 같은 불교의 역사관으로 볼 때 지금 우리가 살고 있는 현실은 투쟁을 일삼게 된다는 후5백년시대요, 상법의 시대를 지나 말법의 시대에 들어왔다고 해야 할 것이다.

정·상·말 세 단계로 시대를 구분한 것은 『대승동성경』에서 처음으로 나타난 것은 아니다. 불법의 쇠퇴에 대한 종말론적 역사관은 『대승동성경』등 대승불교의 경전들을 편찬하였던 시기에 처음으로 발생한 것이 아니라 초기의 불전결집자들에 의해서도 심각하게 논의되었던 것 같다.

초기경전인 『잡아함경』에서 '가짜 보석이 세상에 나돌면 진짜 보석이 사라지는 것처럼 붓다의 정법正法이 사라지려 할 때에는 비슷한 모습의 법이 나오는데, 비슷한 모습의 법이 세상에 출현하면 정법은 사라진다'고 하였던 점으로 보아 꽤 일찍이 말법사상이 있었던 모양이다.77

물론 이러한 사상은 붓다가 직접 설했다고 보기보다는 뒷날에 삽입된 것이라 생각되지만 초기의 경전에 이러한 사상이 등장하였다는 것으로 보아 붓다가 입멸한 후 얼마 되지 않아 불교도들이 가지게 되었던 역사관임에 틀림없다. 그와 같은 사상은 빨리어 경전인 『상유따니까야』의 '가짜교설'과 '진짜교설'이라는 논의가 있는 것으로 보아 역사적으로 꽤 긴 전통을 가지고 있었다고 보아야 할 것 같다.78

그러나 위에서 말했듯이 이와 같은 종말론적 역사관이 절대적일 수 없다. 붓다의 가르침을 올바르게 실천하려는 의지가 있으면 그 시대는 항상 정법의 시대라 할 수 있는 것이지만 반대로 정법을 등지고 사법邪法에 치우치면 언제라도 말법의 시대가 되는 것이다.

『아비달마대비파사론』에 의하면 '붓다가 어찌하여 정법이 머무는 기간을 결정설決定說로 말하지 않았느냐'는 문제에 대하여 '만약 붓다가 살았을 때처럼 항상 정법을 행하거나 붓다가 열반에 드신 얼마 동안[未久時]처럼 정법을 실천하면 정법은 항상 세상에 머물러 멸하는 일이 없을 것'이라고 했다.79

한마디로 불교사佛敎史가 정법의 시대에 있느냐 말법의 시대에 있느냐는 불교를 받아들이는 불자들의 태도 여하에 달려 있는 것이다. 그러므로 오늘 우리시대도 정법으로 갈 수도 있고 말법으로 기울 수도 있는 개연성은 항상 안고 있는 것이고, 불법이 사라지는 것 역시 오늘의 시대에 불교를 받들고 있는 불자들 자신의 책임인 것이다. 붓다가 열반에 드신 지 많은 세월이 지난 오늘날에 있어서 불자들에게 가장 큰 책임은 바로 정법의 수호이다.

보설補說_ 3. 필연과 자유

제행무상은 주관적 감정과는 관계없는 자연의 이치이다. 무상無常이라는 자연의 이치를 주관적 감정으로 볼 때는 '덧없다'는 느낌이지만 객관적 입장으로는 세계 내에 존재하는 것은 예외 없이 모두 '변한다'는 존재의 보편적 속성을 의미한다. 따라서 모든 존재는 변한다는 자연의 이치는 그 자체로서는 인간에게 행복도 불행도 아니다.

사람들이 변화 앞에서 행복을 느끼기도 하고 불행을 절감하기도 하는 것은 변화 그 자체 때문이 아니라 변화가 몰고 온 결과 때문이다. 어떤 변화의 결과가 자기에게 이득이 되었을 때는 사람들은 그 변화를 행복이나 즐거움이라 인식하고, 그것이 자신에게 손해되는 것으로 나타날 때는 변화를 불행이나 괴로움으로 인식하는 것뿐이다.

변화가 몰고 온 결과 가운데 가장 심각한 변화는 죽음이라는 것이며, 그것도 남들의 죽음이 아니라 자기 자신의 죽음이다. 그래서 남들의 죽음에는 덤덤하던 사람도 자기 가족의 죽음에 대하여는 충격을 받고 나아가 자신의 죽음이란 사실 앞에서는 절망하고 절규한다.

중생들이 자신의 죽음을 고통이라 절감하는 것은 존재한다는 자체가 변화의 과정이라는 객관적 사실을 사실대로 통찰하지 못하고 무한히 오래 살고 싶다는 주관적 욕망이 좌절되는 절망감에 지나지 않는다. 붓다가 자신의 열반을 석 달 전에 예고하면서도 아무렇지도 않다는 듯이 초연할 수 있었던 것은 존재의 밑바탕에 깔려 있는 무상이란 객관적 법칙을 철저히 깨달았기 때문에 자신의 죽음 앞에서도 자유로울 수 있었던 것이다. 인간 역시 존재의 측면에서 자연의 일부이고, 자연은 생성과 소멸을 거듭하는 과정으로만 존재할 수 있다는 것을 철저히 자각하고 나 자신도 그런 이치 속에 존재한다는 엄연한 사실을 분별적 지식으로 이해하는 것이 아니라 자신의 삶 전체로 체득體得되어야 한다. 인간의 자유라는 것은 객관적 필연을 인식하여 그것을 자신의 목적에 복무시키는 것이라는 빅토르 아파나세프는 말도 같은 맥락이다.80

흔히 붓다의 출가동기를 사문유관四門遊觀에 두고 있는데, 그것은 출가 전의 붓다 역시 죽음이란 변화를 가장 심각한 고통으로 인식하고 있었다는 것을 의미한다. 그러나 붓다는 이제까지 맹목적으로 생生에만 집착할 뿐 생에는 필연적으로 죽음이 동반한다는 사실을 외면하고 있었음을 깨달았던 것이다. 붓다 역시 깨닫기 전까지는 생자필멸生者必滅이란 자연의 이치를 사실대로 보고 싶지 않았던 것이다.

당시의 모든 수행자들이 추구해 온 것은 죽음이라는 사실에서 탈출하려는 것이었다. 그러나 누구 하나 영생永生을 얻지는 못하였다. 이제까지의 모든 수행자들이 삶과 죽음을 이분법적二分法的으로 구분하고 삶에 대하여 맹목적으로 집착한 데서 오는 망상이 영생永生이었던 것이다. 그러나 붓다는 '살아 있는 것은 반드시 죽게 되어 있다'는 사실을 직시하게 되었고,81 우리와 같은 생명의 경우에는 죽음은 확실하지만 삶은 불확실하다. 모든 존재는 덧없는 것이요 파괴되게 되어 있다고 했다.82

생과 사는 이분법적으로 나누어 질 수 있는 것이 아니라 생生속에 이미 죽음[死]이라는 사건이 내재하고 있다는 깨달음을 통해 생의 맹목적 집착에서 벗어날 수 있었다. 그것은 모든 존재는 시간적으로 항상 변화의 과정에서 그 존재 의미를 찾을 수밖에 없다는 이법理法에 눈떴음을 의미한다. 그래서 고따마 붓다는 모든 존재는 변한다[諸行無常]라고 선언하기에 이르렀다.

불교적 의미에서 볼 때 죽음에서의 탈출은 생물학적 의미의 죽음을 없애는 것이 아니라 죽음에서 느끼는 불안과 공포를 넘어서는 것이다. 그것은 세계의 본질은 변한다는 사실을 철저히 자각하였기 때문에 죽음 그 자체가 생의 일부분임을 자연스럽게 받아들이는 것이다. 그러니까 생사해탈生死解脫이란 생물학적 의미의 죽음에서 벗어나는 것이 아니라 죽음이 안겨줄지도 모르는 공포나 불안이라는 심리적인 망상妄想에서 초월하는 것이다.

붓다에게 있어서 죽음은 거부되는 것이 아니고 초월되었다. 생사해탈은 죽음 그 자체의 부정이 아니라 죽음의 공포에서 초월을 의미한다. 다시 말해 붓다에게 있어서 생사해탈이란 생에 내재內在되어 있는 죽음이란 사실을 없앤 것이 아니라 죽음 때문에 느끼게 되는 불안과 공포심을 없앴다는 뜻이다.

몸뚱이를 가지고 있는 한 그 누구도 죽음이라는 생물학적 변화 자체를 없앨 수는 없지만 삶을 바라보는 시각에 따라 죽음이라는 심리적인 번민煩悶으로부터 자유로워질 수는 있는 것이다. 그것은 누구나 필연적으로 맞이할 수밖에 없는 육체적 삶의 한계를 사실로 인정하고 생명은 삶의 형태를 바꾸어 가면서 계속한다는 생의 반복과 흐름을 철저히 깨달을 때 가능하다.83 생生은 '반복하는 흐름'이라 깨달을 때 육체로서 금생今生의 끝인 죽음은 생의 단절斷絶이 아니라 새로운 삶의 시작始作임을 발견하게 된다.

생은 단절되지 않고 반복하여 흐른다는 것을 깨달은 이의 삶의 태도는 그것을 깨닫지 못한 자와 다를 수밖에 없다. 생은 흐름이라는 것을 자각한 사람은 죽음을 두렵게만 생각할 것이 아니고 다음에 오게 될 생을 보다 좋게 하기 위하여 살아 있는 동안 윤리 도덕적 행위를 보다 바람직하게 만들어 가려는 결단으로 나서게 된다. 지금의 육신이 죽게 되는 것을 염려할 것이 아니라 다음생을 철저하게 준비하면 되기 때문이다. 그것이 죽음의 맹목적 불안에서 벗어나는 해탈의 길이다. 불교적 생사관生死觀은 죽음의 단절에 있지 않고 설사 죽음이 와도 두려워해야 할 것이 없다는 자신감에서 초월된다. 설사 다음의 생이 있다 해도 걱정할 것이 없다고 보기 때문이다.

그런데 붓다가 생사해탈生死解脫하였다는 것을 생의 완전한 단절로 이해하는 이들이 있다. 붓다는 영원히 다시 태어나지 않는다고 보는 것이다. 그러나 이러한 견해는 믿음이라는 측면에서 볼 때 잘못된 것임에 틀림없다.

『법화경』의 「여래수량품」如來壽量品에 '내가 열반을 말하였지만 그것은 모두 방편이었다. 만약 중생들이 나에게 오면 나는 부처의 눈으로 그들의 믿음과 그릇됨을 살펴 근기根機를 따라 곳곳에서 법을 설하되, 이름도 같지 않고, 태어나는 연대도 같지 않느니라'고 하였다.84 『법화경』의 견해에 따르자면 붓다는 생의 실상實相을 철저히 깨달았기 때문에 단지 죽음을 두렵게 생각하지 않을 뿐이다. 즉 붓다에게는 생이 자유였듯이 죽음도 자유였다.

만약 붓다가 생사에서 해탈하였기 때문에 두 번 다시 중생 속으로 찾아오지 않게 되었다면 우리는 붓다를 찾아야 할 까닭이 없지 않는가? 아무리 불러도 오지 않을 것을 알면서 붓다를 찾는다는 것은 모순이다. 그러므로 생사해탈이라는 말은 생사라는 고통에서 자유로워졌다는 의미로 이해되어야만 할 것이다. 붓다는 나고 죽음이란 생사의 반복에서 벗어난 것이 아니라 생사의 고통에서 자유로워졌다는 의미이다. 그것이 불교적 교리에서 보는 붓다의 생사해탈이다. 따라서 붓다는 두 번 다시 중생의 삶 속으로 오지 않는 것이 아니라 오히려 중생속으로 수 없이 찾아온다고 이해하는 것이 교리적으로 옳다.

부처님은 중생들을 생사에서 벗어나 열반에 들어가도록 하려는 것이 아니라 생사와 열반이 전혀 다른 두 개의 상황이라는 분별과 망상을 제도하려는 것뿐임을 알라고 했지만85 오늘의 우리는 여전히 죽음의 문제 앞에서 방황하고 불안해하고 있는 것이 사실이다. 그것은 자신이 놓여 있는 존재의 속성을 통찰하지 못한 무지에서 비롯되고 있다. 그래서 붓다는 잘못된 사유 또는 사실대로 알지 못하는 견해를 무명無明이라 말했던 것이다. 붓다의 깨달음은 생에는 이미 사死가 공존하고 있었다는 사실을 올바르게 사유하고 사실대로 알고 봄으로써 열렸다.

Buddha Dharma

제 4 부
인 식 론

붓다의 인식적 입장은 초감각적인 것을 부정하고 경험을 중시하고 있다는 점에서 실증주의에 맞닿아 있다. 붓다는 경험을 통해 확인할 수 있는 것 이외에는 어떤 판단을 내릴 수 없다는 입장에 서 있다. 불교가 과학적이라는 의미는 붓다가 도출한 결론이 현대물리학이 말하는 진리와 일치하기 때문이라기보다 인식적 방법이 현대과학과 맥을 같이하고 있다는 점을 말하는 것이다.

인도에서는 철학을 다르샤나darśana라고 한다. 다르샤나는 '보다'라는 동사(√dṛś)에서 온 중성명사로 '보는 것'을 뜻한다. 인도인들은 확실한 지식의 바탕을 직접적인 경험에 두면서 인식적 판단의 중심을 보는 것에 두고, 보이는 것만이 진실眞實이며 사실事實이며 존재存在하는 것이라는 전통을 가지고 있었다.

사실事實이나 실물實物을 의미하는 인도말은 드라위아dravya인데, 드라위아는 '보다'라는 동사 어근(√dṛś)에서 온 미래수동분사인 드라스따위아draṣṭavya에서 온 말이 아닌가 생각한다. 산스끄리뜨어에서 미래수동분사는 의미상 의무분사이므로 드라스따위아는 '보여 져야만 하는 것'이 된다. 그러니까 인도인들에게는 눈으로 볼 수 있는 것만이 실재實在하는 것이란 철학적 전통이 있었기 때문에 인도철학은 자연스럽게 목전에 실재하는 것들을 보는 것이 중요한 과제였다. 눈에 보이지 않는 것, 즉 실재하지 않는 것들은 참된 앎의 대상이 될 수 없다고 보았던 것이다.

이러한 철학적 전통을 가지고 있는 문화에서 출발한 불교는 구체적으로 실재하지 않는 것, 즉 눈으로 볼 수 없는 것들은 올바른 앎의 대상이 될 수 없다고 보았다. 고따마 붓다가 질문을 받고서 침묵으로 일관했던 것들이 바로 여기에 속한다. 다시 말해 말로는 얼마든지 할 수 있는 것이지만 눈으로 확인할 수 없는 것들은 올바른 지식의 대상이 될 수 없다고 보는 것이 철학을 '다르샤나'라고 말하는 인도인들의 문화에서 잉태한 불교의 입장이기도 하다.

예를 들면 신神이니 영혼靈魂이니 하는 것들은 얼마든지 말할 수는 있지만 그것은 참이냐 거짓이냐를 판단할 수 있는 근거로서 보이는 것들이 아니기 때문에 앎의 대상이 될 수 없었던 것이다.

불교교리 가운데 인식론에 해당하는 것은 무엇일까?

고따마 붓다가 세상을 떠난 뒤에 붓다의 뒤를 따랐던 고승들은 붓다의 가르침을 해석하는 작업에 심혈을 기울였고, 붓다가 설하고자 했던 요점이 무엇이었는가를 파악하려고 했다. 그 과정에서 붓다의 가르침을 체계적으로 설명하는 작업이 대대적으로 이루어졌다. 당시 오백 명의 고승들이 자그마치 이백 권에 이르는 『아비달마대비파사론』이란 논서를 남겼는데, 그들은 '삼장三藏에 설해진 요점은 오직 십팔계十八界·십이처十二處·오온五蘊에 있다'고 결론을 내렸다.1 고따마 붓다가 남긴 일대교설을 철학적으로 정리했던 아비달마논사들은 십팔계·십이처·오온을 붓다 가르침의 핵심으로 보았다는 뜻이다. 『아비달마대비파사론』은 까니쉬까Kaniṣka왕 이후 용수龍樹 이전에 이루어졌다고 하니 3세기 이전에 성립된 논서라고 생각된다.

십팔계·십이처·오온을 법수法數의 순서를 따라 보통 오온·십이처·십팔계로 말하며, 대개는 숫자를 생략하고 온·처·계蘊處界나 온·계·처蘊界處로 줄여 말한다. 구역에서는 음·입·계陰入界나 음·계·입陰界入이라 하는데, 음은 오온을 말하고, 입은 십이처를 말하고, 계는 십팔계를 말한다. 이러한 교리체계를 삼과법문三科法門이라 하며, 우리가 감각을 통해 지각하는 세간世間을 설명하는 교리이다.2 세간은 로까loka의 번역인데, 이 말은 '다른 것과 구별하여 인지하다, 감각적으로 지각하다'라는 뜻을 가진 동사 어근(√lok)에서 온 남성명사로 '우리가 사는 세상'을 의미한다. 우리가 사는 세상이란 우리의 감각기관이 외부세계를 만나 감각적으로 받아들이는 것을 의미하므로3 우리에게 주어지는 물리적 공간이 아니라 각자가 의미 짓는 세계, 즉 인식된 세계란 뜻이다.

우리가 세상을 산다는 것은 눈으로 보고, 귀로 듣고, 코로 냄새를 맡고, 혀로 맛을 느끼고, 피부로 감촉感觸하면서 기쁨을 느끼기도 하고 슬픔을 느끼기도 하는 모든 과정을 의미한다. 기쁨을 느끼거나 슬픔을 느끼는 것을 정情이라 하는데, 생명체들은 정을 가지고 있는 존재라는 의미에서 유정有情이라 말한다. 우리가 외부세계에 대하여 느끼는 것이 자기 밖의 대상을 알게 되는 인식認識의 시작이라 할 수 있다.

인식을 의미하는 빠리자-나-띠parijānāti는 '~을 인지하다, ~을 알게 되다, ~을 알아채다'(pari-√jña)라는 동사에서 온 말로 대상을 인지하고 판단하는 지적활동을 의미한다. 빠리자-나-띠를 분석하면 충분하다거나 완전하다는 뜻을 가지고 있는 접두사 빠리(pari)가 '알다, 식별하다'라는 뜻의 제9류동사 어근(√jña)의 직설법 현재 삼인칭 단수 위타태爲他態인 자-나-띠(jānāti)에 붙여진 것이다.

산스끄리뜨의 제9류동사 어근인 즈냐(√jña)는 비교하고 구별하여 안다는 의미로 지知나 식識에 관계되는 말의 기본이 되는 동사어근이다.4 그런데 부족함이나 흠이 없는 상태를 의미하는 접두사 빠리(pari)가 붙여짐으로서 앎이 무엇을 지향해야 할 것인가를 암시하고 있다.

앎이란 주관적으로 출발하지만 주관을 넘어 객관성을 확보해야 한다는 의미를 내포하고 있는 것이다. 앎이 주관적 입장에서 출발한다는 뜻은 우리가 사물을 인지하는 단서인 느낌이 감각으로부터 시작한다는 의미이다.

감각을 통해 얻어진 경험이 인식의 원천인데, 경험을 외부세계를 아는 단서라고 보면 유물론唯物論이고, 경험은 단지 의식상의 사실일 뿐 외부세계와는 아무런 관계가 없다고 보면 관념론觀念論이 된다. 세계관의 체계적인 설명인 철학은 관념론과 유물론으로 대별되지만 철학은 관념론이냐 유물론이냐의 문제 이전에 인식의 문제이다. 인식은 주어진 세계를 파악하고 그 세계를 변혁하는 바탕이 되기 때문이다.

전체 불교의 요점이라고 말해지는 오온·십이처·십팔계는 불자들이 가장 많이 독송하고 있는 『반야심경』의 대부분을 차지하고 있다. 『반야심경』은 교리적으로 볼 때, 오온·십이처·십팔계·십이연기十二緣起·사성제四聖諦의 순서로 조직되어 있는데, 이들 교리는 열반으로 연결되어 있다. 그러니까 이와 같은 일련의 교리들은 불교가 추구하고 있는 열반으로 나아가는 데 있어서 필요한 전제들이다.

그런데 오온개공五蘊皆空을 설하였지만 그 뜻을 이해하지 못하자, 다시 십이처[眼耳鼻舌身意·色聲香味觸法]와 십팔계[眼界乃至意識界]를 부연하여 설명하므로 십이처나 십팔계는 오온을 설명하는 보조적 방법이라 볼 수 있다. 자기 마음에 미혹이 심한 자를 위해 오온을 설하고, 물질적인 문제에 미혹이 심한 자에게 십이처를 설하며, 물질적인 것과 심리적인 것 모두에 미혹한 자에게 십팔계를 설한 것이라고 보기도 했지만[5] 필자의 견해로는 자아의 실체관념에 빠진 자들을 일깨우기 위해 오온이 필요하고, 선험적 인식을 고집하는 이들을 일깨우기 위해 십이처가 요구되고, 인식의 무한성을 주장하는 이들을 일깨우기 위해 십팔계가 필요했다고 본다.

십이처는 인식의 대상, 십팔계는 인식의 한계, 오온은 의식이 쌓여가는 과정을 설명하는데, 의식이 쌓여가는 과정이 바로 우리가 집착하며 살아가는 세상을 말하고 있으니,[6] 온·처·계의 핵임은 바로 오온이라 하겠다.

불교의 인식론 교설로서 온·처·계는 인식은 내가 감각적으로 접할 수 있는 대상에 대한 파악임을 밝히는 것이 십팔계이요, 인식의 대상으로 나와 맞서 있는 것들이란 어떤 것인가를 밝히는 것이 십이처이며, 인식은 내가 대상을 의식 안으로 받아들여 비교하고 검토하며 정리하는 것인데, 그러한 일련의 과정을 분석적으로 밝히는 교설이 오온이다.

깨달음은 바른 인식의 문제이니, 인식체계를 말해 주는 온·처·계는 불교의 그 어떤 교리보다도 중요한 의미를 갖는다. 온·처·계를 바르게 파악한다는 것은 현실을 정확히 인식한다는 것이요, 불교를 정확하게 안다는 것이며, 그것은 바로 불교가 얻고자 하는 지혜를 터득하는 것이자 불교의 이상인 열반에 도달하는 길임을 뜻한다. 바꾸어 말하면 온·처·계를 정확하게 파악하지 못하는 것은 바로 불교 자체를 바르게 이해하지 못하는 것이나 다름이 없다.

대개 대승경전에서는 구체적인 설명을 생략한 채 온처계蘊處界라고만 언급하는데, 그것은 고따마 붓다가 중요시했던 인식체계를 충분히 이해하고 있다는 것을 전제한 것일 것이다. 따라서 온·처·계에 대한 충분한 이해가 없는 대승불교는 사상누각에 불과하다.

필자는 불교인식론 체계를 설명함에 있어서 독자의 이해를 돕기 위해 십이처·십팔계·오온의 순서에 따라 설명할 것이다.

14 십이처十二處

초기 경전에 두 개의 인연이 있어 인식이 발생한다거나[7] 비유하면 두 손이 서로 마주쳐야 소리를 낼 수 있는 것처럼 눈과 물체를 인연으로 안식眼識이 생긴다고 했고,[8] 대승경전인 『입능가경』에서 마음은 경계에 의해 구속되고 지각知覺은 경계를 따라 생긴다고 하였다.[9] 초기경전에서 말한 두 개의 인연이란 주관과 객관을 의미하는데 『입능가경』으로 말하면 주관은 마음이고, 객관은 경계境界를 말한다. 두 손이 서로 마주쳐야 소리가 날 수 있는 것처럼 인식은 주관과 객관이 상대할 때 발생한다는 것을 밝히고 있다.

인식이란 우리가 접하는 모든 것들에 대한 파악이므로 그 모든 것[一切]은 구체적으로 어떤 것인지 살펴보자.

일체는 열두 가지에 들어가는 것이니, 눈과 물체·귀와 소리·코와 냄새

·혀와 맛·피부와 감촉·뜻[意]과 생각[法]을 일체라고 말한다.

만약 어떤 사람이 '붓다가 말한 일체는 일체가 아니다. 나는 사문 고따마가 말하는 일체를 부정하고 따로 다른 일체를 세우겠다'고 말한다면, 그것은 다만 말로 설명하는 것만 있을 뿐이다. 따라서 그것을 물어 보아도 알지 못하므로 의혹만 늘어나게 할 뿐이다. 왜냐하면 그것은 경험의 대상이 아니기 때문이다.10

눈·귀·코·혀·피부·뜻이 대하는 물체·소리·냄새·맛·감촉·생각을 떠나서 우리가 접할 수 있는 것을 말한다는 것은 현실적이지 못하다고 했다. 다시 말해 시각·청각·후각·미각·촉각·의식을 벗어난 것은 말로 설명은 할 수 있을지 몰라도 우리가 경험할 수 있는 현실은 못 된다는 것이다.

눈·귀·코·혀·피부·뜻[眼耳鼻舌身意]을 육처六處·육근六根·육내입처六內入處라고 하는데, 인식이 발생하는 곳이란 뜻에서 처(處, āyatana)라 하고, 처는 인식의 뿌리라는 뜻에서 근(根, indriya)이라 했으며, 인식은 외부에서 내부로 들어온다는 의미에서 내입처內入處라 하였는데, 내입처라고 할 때의 내內는 아디야-뜨마adhyātma로 '내적인, 정신적인, 주관적인, 안에서 일어나는, 마음속에서, 자아에 속하는' 등의 의미를 가지고 있다.

물체·소리·냄새·맛·감촉·생각[色聲香味觸法]을 육경六境·육진六塵·육외입처六外入處라 하는데, 인식은 대상에 대한 인식이란 뜻에서 대상을 경[viṣaya]이라 했고, '대상은 밖으로부터 안으로 들어온다'고 하여 외입처外入處라 하였으며, 안으로 들어온 대상들이 마음을 오염시킨다는 의미에서 진塵이라 하였다. 육외입처라고 할 때의 외外는 바히르다-(bahirdhā)로 '외부의, 바깥으로부터, 자아로부터 바깥' 등의 의미를 가지고 있다. 그러니까 육처는 우리의 감각기관으로 주관이 되고, 육경이 인식의 대상으로 객관이 된다.

여기서 불교의 독특한 점을 볼 수 있는데, 일반적으로 생물학에서는 감각기관으로 눈·코·혀·피부[眼耳鼻舌身] 등 오관五官만을 말하는데 불교에서는 육근六根이라 하여 의意를 여섯 번째의 감각기관으로 본다는 점이다. 오관에서 일어나는 안식眼識·이식耳識·비식鼻識·설식舌識·신식身識을 전오식前五識이라 하고, 전오식을 통괄하는 것을 여섯 번째 의식이라 하여 제육의식第六意識이라고 한다.

눈은 오직 보는 것만을 인식하고, 귀는 듣는 것만을 대상으로 삼으며, 코는 냄새를 맡는 것만을 인식하기 때문에 본 것과 들은 것 등을 연결하는 것은 의意가 하는 것이며, 전오식은 오직 현전現前하는 것만을 인식하지만, 인식한 것을 기억하고 경험한 것을 가지고 유추하는 역할을 하는 것은 오직 의意가 하기 때문에 전오식의 통솔자로서 제육의식이 필요한 것이다.

의意는 마나스manas로 '생각하다, 자기라고 생각하다'라는 뜻을 가진 동사 어근(√man)에서 온 중성명사로 '~하고픈 마음, 심적 경향, ~한 생각, 의도, 의지' 등을 의미하는데, 심(心, citta)과 의(意, manas)와 식(識, vijñāna)은 이름만 다를 뿐 사실은 하나라고 하였듯이11 주관적 입장에서 정보를 판단하고 처리하며 정리하는 주관자인 의를 하나의 감각기관으로 보는 것이 불교의 한 특징이라고 하겠다.

인식은 결국 오관五官과 오경五境 사이에서 일어나는 의식현상이라 하겠는데, 그 의식현상이 전개되고 축적되는 과정을 설명하는 것이 오온五蘊이다. 그런데 눈이나 귀 등 오관은 물체나 소리와 같이 각기 고유의 인식대상이 따로 있지만 의는 오관이 느낀 시각·청각·후각·미각·촉각을 가지고 분별하는 것을 의미한다. 전오식前五識을 자료로 마음인 의가 주관적으로 판단하고 처리하여 정리한 개념이 제육의식인 셈인데, 제육의식의 내용을 법dharma이라 한다. 이 법을 심법(心法, citta-dharma)이나 의법(意法, mano-dharma)이라 한다.

심心·의意·식識은 이름만 다를 뿐 내용적으로는 같다고 하였으니 심법이 의법이고 그것은 의식의 내용이다. 전오식을 의가 정리하고 축적하는 일련의 과정이 바로 오온이요, 의식의 축적과정이며 의식의 내용이기도 하다.

다시 말해 오관[眼耳鼻舌身]이 오경[色聲香味觸]을 안으로 받아들일 때 구별하고 판단하며 정리하여 축적하는 등 체계를 세우고 종합하는 역할을 하는 것이 바로 의意이고, 의가 오경에 대한 정보를 처리한 결과가 법法이요, 색성향미촉법色聲香味觸法이라고 할 때의 법法이란 뜻이며, 이 법이 심법이고 의법이란 뜻이다.

육처와 육경을 하나로 묶어 십이처十二處나 십이입十二入, 또는 십이입처十二入處라 하며, 우리가 살아가면서 부딪칠 수 있는 모든 것들이란 뜻에서 일체一切라고 하는데, 이 일체에 속하는 열두 가지를 크게 분류하여 명名과 색色으로 나눈다.12 그러니까 우리가 인식할 수 있는 대상을 간단하게 정리하면 명名과 색色으로 구분할 수 있다는 뜻이다.

명색은 나-마루-빠nāma-rūpa의 번역인데, 나-마는 '이름'이란 중성명사 나-만nāman의 단수 호격呼格으로 '~라고 이름을 하다, ~라고 부르다'라는 뜻이다. 나-마를 주격主格으로 보면 말로 설명하는 의미意味를 뜻하며, 명名이라 한다. 루-빠rūpa는 '모양을 이루다'라는 뜻을 가진 제10류동사 어근(√rūp)에서 온 중성명사로 '외형적으로 눈에 보이는 형체'를 의미하며 한역경전에서 보통 색色이라 번역한다.

예를 들어 우리가 책을 본다고 할 때, 눈이 대하는 것은 물체로서 책이지만 우리가 의식으로 받아들이는 것은 글자가 아니라 글자가 전달하는 의미이다. 눈은 물체인 책의 글자를 대할 뿐이고 마음이 받아들이는 것은 글자가 전하는 의미이다. 책은 물체로서 색色이지만 책을 보고 받아들이는 내용은 의미로서 명名이다. 눈이 물체를 본다고 할 때에도 산이나 강과 같은

'자연'을 보는 것과 '미술작품'을 보는 것과 '책'을 보는 것은 내용적으로 같다고 할 수 없다.

또한 귀가 소리를 듣는다거나 강의를 듣는다고 할 때도 귀로 들어오는 것은 음파지만 의식으로 받아들이는 것은 음파가 담고 있는 의미이다. 이 때 음파는 색이지만 음파가 담고 있는 의미는 명名이다. 이와 같이 바람소리와 같은 자연의 소리를 듣는 것, 음악을 듣는 것, 강의실에서 강의를 듣는 것 모두가 귀가 소리를 듣는 것이지만 듣는 내용은 서로 다르다는 것을 알 수 있다.

글자와 의미 또는 말과 의미는 인과적 관계가 아니라 글자나 말의 의미 자체가 목적 지향성을 가지고 있다. 그 목적 지향성을 파악하는 것이 명名에 대한 인식이다.

명색은 인식을 따라 생기므로 인식은 명색의 조건[名色從識起 識是名色緣]이라거나 인식을 인연으로 명색이 있게 된다[緣識有名色]거나 인식이 없어지면 명색이 없어진다[識滅故名色滅]거나13 명색名色을 벗어나 인식할 수 있는 어떤 것이 있다면 그것은 옳지 못하다[識出名色更有法無是處]고 하여14 인식은 바로 명색에 대한 파악임을 분명히 하고 있다.

인식의 대상은 가시적인 물체[色]만 있는 것이 아니라 비가시적인 명名이 있다는 것을 명심할 필요가 있다. 명은 글자가 전달하는 의미, 말이 전달하는 의미를 말한다. 의미라는 것은 말로 설명되는 것들이라 유명무실有名無實이라 하며, 비록 실체는 없지만 시공時空을 초월하여 영원성을 가지게 된다는 점에서 주로 강한 집착을 낳는 것도 바로 이것들이라 볼 수 있다.

또한 인식은 객관세계에 대한 의意의 반영反映이지만 주관 속에 반영된 객관세계의 형상은 객관적 세계 그 자체와는 전혀 다르다. 붓다는 인식해야 할 대상 모두를 일체一切라 하고, 그 일체가 인간의 의식 안으로 들어와 파악되었을 때 일체법一切法이라고 하였다.

눈과 물체 · 눈의 의식 · 안촉眼觸 · 안촉을 인연하여 괴롭다거나 즐겁다거나 괴롭지도 않고 즐겁지도 않다는 감각이 생긴다. 귀 · 코 · 혀 · 피부 · 뜻[意]에서도 괴롭다거나 즐겁다거나 괴롭지도 않고 즐겁지도 않다는 감각이 생기는데 이 모두를 일체법이라고 한다.

만약 어떤 사람이 '붓다가 말한 일체법은 일체법이 아니다. 나는 사문 고따마가 말하는 일체법을 부정하고 따로 다른 일체법을 세우겠다' 고 말한다면, 그것은 다만 말로 설명하는 것이 있을 뿐이다. 따라서 그것을 물어 보아도 알지 못하므로 의혹만 늘어나게 할 뿐이다. 그것은 경험의 대상이 아니기 때문이다.[15]

인식은 의식 밖의 것들을 의식 안으로 끌어들여 헤아리는 것이니, 우리의 지각적 경험을 벗어나 인식을 말하는 것은 공허하다. 우리가 인식할 수 있는 범주로서 세계는 우리의 감각기관[六根]이 대하고 있는 대상들[六境]이기 때문에 우리가 감각적으로 대할 수 없는 것에 대하여 인식한다는 것은 말로는 가능할지 모르겠으나 현실적이지 못하다고 함으로써 불교의 인식론적 입장을 분명히 밝히고 있다. 고따마 붓다는 인식의 근거를 경험에 두고 있었으니 불교인식론은 경험론經驗論이다. 경험은 외부세계를 아는 단서로 보고 있으니 유물론적 경험론이라 하겠다.

아비달마논사들은 붓다가 말한 일체로서 십이처는 승의유勝義有이지만 그 이외, 즉 붓다가 말한 일체 이외의 것은 허위虛僞라고 하면서, 깨달음은 구체적 대상인 실질적 존재[實有]에 의해서 열리는 것이지 허위의 존재[假有]에 의해서는 깨달음을 얻을 수가 없다고 하였다.[16] 한마디로 깨달음은 실재하는 것에 대한 참된 인식을 의미하는데, 인식은 대상에 대한 파악이므로 대상이 실재하지 않으면 인식이 참된 것인지 거짓인지를 검증할 수 없으므로 말만 있고 대상이 없는 것은 깨달음의 대상이 될 수 없다는 뜻이다.

인식은 내가 대하는 외부세계를 파악하는 것이므로 인식이 참이냐 거짓이냐를 확정지을 수 있는 길은 대상과 인식이 일치하느냐 일치하지 않느냐로 판단할 수 있고, 그 판단은 대상이 실재하는 것일 때 가능하다. 그래서 '일체 모든 인식에는 반드시 대상이 있는 것이니 이른바 객관대상을 볼 때 인식이 비로소 발생한다'고 하여 그 의미를 분명히 했다.17

우리의 의식을 통해 파악되어진 대상은 의식하기 전의 대상 그대로가 아니라 의意가 해석하는 대상이다. 우리가 무엇을 눈으로 본다는 것은 거울이 사물을 반사反射하듯이 외부세계를 반영反映하는 것이 아니라 외부사물을 대하는 내 마음의 느낌이므로 인식은 언제나 주관적일 수밖에 없다. 그러나 참된 인식은 항상 대상을 있는 그대로의 반영해야만 되기 때문에 객관적이어야만 한다. 다시 말해 모든 인식은 주관적이라는 한계를 가질 수밖에 없지만 올바른 인식이 되기 위해서는 주관적 한계를 넘어 객관적이 되어야만 한다는 뜻이다. 주관의 객관화는 오온의 행行에서 언급할 것이다.

논論에 '마음을 여의면 육진경계도 없다[離心則無六塵境界]'고 하였는데,18 이 말은 의식 밖의 물리적 세계가 없다는 뜻이 아니라 마음으로 생각하는 외부세계의 모습[色想]이 없다는 뜻임을 알아야 한다. 인식에 따라 없어지는 것은 물체에 대한 주관적 반영인 색상[色想], 즉 물체에 대한 관념이지 물체 자체가 없어질 수는 없는 노릇이다. 물체에 대한 관념은 인식에 의한 것이지만 물체 자체는 의식으로부터 독립된 객관적 실재이므로 망상을 일으키던 일으키지 않던 없어질 수는 없는 노릇이다. 외부 세계는 우리의 인식에 관계없이 존재하는 것이니 인식에 따라 객관세계 자체가 있을 수도 있고 없어질 수도 있다는 식의 이해는 분명한 왜곡이요 오해인 것이다.

인식은 주관과 객관 사이에서 발생하는 것이라는 것을 역대의 조사들도 강조했는데, 현각(玄覺, 647~713)은 대상[境]은 지혜[智]가 아니면 알지 못하고, 지혜는 경계가 아니면 생기지 않는다고 하였는데,19 지혜는 주관을 의미하고 대상은 객관을 뜻하며, 목전경계의 직관直觀과 지혜는 동시동일구조임을 말했다.

또 규봉 종밀(圭峯 宗密, 780~841)은 '마음은 아무 것도 없이 일어나지 않고, 어떤 대상[境]에 의지하여 비로소 생긴다. 또한 대상 역시 저절로 생기는 것이 아니라 마음으로 말미암아 드러난다. 따라서 마음을 비우면 대상 역시 사라지고, 대상이 없어지면 마음도 없어진다'고 했고,20 연수(延壽, 904~975)는 '대상[境]은 마음으로 말미암아 드러나기 때문에 다른 것에서 생기지 않고, 마음은 대상을 전제하여 일어나기 때문에 저절로 생기지 않는다. 마음과 대상은 분명 각기 다르니 함께 생기지 않는다. 서로 원인이 되어 있게 되기 때문에 원인이 없이 생기지 않는다'고 했으며,21 『경덕전등록』에서는 '마음은 본래 생기는 일이 없고 대상으로 말미암아 있게 된다. 따라서 자기와 맞서 있는 대상이 없게 된다면 마음 또한 없다'고 했다.22 이들 모두는 대상을 대할 때 의식이 생기는 것이지 대상이 없이는 의식이 생길 수 있는 것이 아니라 것을 말하는 것이다.

지각은 대상을 따라 생긴다[知覺隨境生]고 했으니 견물생심見物生心이란 말 그대로다. 인식은 주관의 문제만도 아니고 객관의 문제만도 아니다. 주관과 객관이 만날 때 비로소 일어나는 정신작용이다. 이 정신작용을 옛날에는 마음이라 일컬었지만 현대과학은 '뇌의 기능'이라 보고 있다.

인식은 객관에 대한 주관적 반영이라 하였으니 객관세계가 신체밖에 존재하더라도 그것을 받아들여 인식하는 '나', 즉 외부세계를 받아들일 수 있는 감각기관이 있지 않으면 인식은 성립되지 않는다. 감각기관을 대표하는 것이 의意이다. 그래서 경經에 '만약 눈이 없으면 형상에 대한 관념도 없게 된다. 귀·코·혀·피부·의지도 마찬가지다. 의지가 없으면 법이라는 개념도 없어지고 만다'고 했던 것이다.23

예를 들어 장님으로 태어난 사람이 있다고 하자. 처음부터 장님이었던 사람에게는 사실로서 물체가 있다고 해도 장님 그 자신에게는 눈으로 보는 세계가 있을 수 없다. 마찬가지로 귀머거리로 태어난 사람에게는 실제로 소리가 있어도 귀머거리 자신에게는 소리의 세계가 없는 것이나 다름없다.

만약 인식이 대상과 관계없이 전적으로 주관에 속하는 것이라고 말한다면 인식의 내용은 객체에서 분리될 수밖에 없고, 반대로 인식은 주관과 관계없이 전적으로 객체에서 이루어진다고 보게 되면 인간과 관계없이 존재하는 특정한 이성적 존재를 인정하는 것이 될 수밖에 없다. 전자는 대상에 대한 객관적 파악이 불가능하므로 결국 불가지론으로 전락하게 되고, 후자는 인간 이외에 이성적 존재를 인정할 수밖에 없으니 신학이 되고 만다. 불가지론으로는 과학의 발달이 있을 수 없고, 신학으로는 주체가 소외되어 껍데기만 남게 된다.

깨달음은 바르고 정확한 인식을 의미하므로 바르고 정확한 인식이 불가할 때는 깨달음 역시 불가능해진다. 바르고 정확한 인식은 오관五官을 통한 종합적인 인식을 의미하기 때문에 고따마 붓다는 이 여섯 가지 인식 가운데 어떤 하나라도 결여되면 올바른 인식, 즉 깨달음에 이를 수 없다고 보았다. 그것이 불교에서 말하는 팔난설八難說 가운데 육정불완구六情不完具이다. 팔난설은 부처가 되기 어려운 여덟 가지 조건이나 환경을 말하는데, 육근이 불완전하면 깨달음이 곤란하다는 것이 육정불완구이다.

다시 말해 깨달음은 정상적인 시각, 정상적인 청각 등을 조건으로 정상적인 지각을 할 수 있는 조건이 전제되었을 때만이 가능하다는 것을 알 수 있다. 불교의 깨달음은 세계에 대한 바른 인식이요, 그 바른 인식은 모든 감각기관의 정상적인 기능을 발휘할 수 있어야 함을 의미하고 바른 인식은 이들의 종합을 뜻하고 있다. 우리가 어떤 대상을 파악할 때 그것을 손으로 만져보기도 하고, 그것을 눈으로 확인하기도 하며, 냄새를 맡기도 하며, 두드려서 강도나 소리를 들어보기도 한다. 이처럼 다양한 감각을 통해서 우리는 대상에 대한 정확한 인식을 할 수 있는 것이다. 그러나 장님으로 태어난 사람에게는 '보이는' 색의 세계가 없다 할 것이요, 귀머거리로 태어났다면 '들리는' 소리의 세계가 그에게는 없다 할 것이니 육정이 불완전해서는 바른 인식, 즉 깨달음이 불가능한 것이다. 이 팔난설은 불교인식론의 입장에서 볼 때 정상적인 인식이 불가능한 자는 결국 깨달음도 불가능하다는 것을 말하고 있다. 육근이 제대로 기능을 발휘하지 못하면 결국 깨달음도 불가능하기 때문에 우리는 사대강건四大强健과 육근청정六根淸淨을 발원하는 것이다.

15 십팔계十八界

십이처에서 인식은 주관과 객관이 상대할 때 발생한다고 하였는데, 주관과 객관이 상대한다는 것은 구체적으로 무엇을 말하는지 밝히는 것이 십팔계설이다.

다시 말해 오관五官과 오경五境 사이에서 일어나는 의식현상이 인식이고, 오관에서 일어나는 안식眼識·이식耳識·비식鼻識·설식舌識·신식身識 등 전오식前五識을 통괄하는 의식을 제육의식第六意識이라면 전오식이나 제육의식은 어떤 조건이 되어야 성립되는지를 밝히는 것이 십팔계설이란 뜻이다.

예를 들어 눈이 있다고 모든 것을 보는 것이 아니고, 물체가 있다고 다 보이는 것이 아니기 때문에 본다는 인식인 시각은 어떤 경우에 일어나는지를 밝혀야 한다는 말이다.

십팔계는 아스따-다샤 다-따와하aṣṭādaśa dhātavaḥ로 계界에 해당하는 '다

-따와하'dhātavaḥ는 다-뚜dhātu의 복수 주격이다. 다-뚜는 '어떤 위치에 놓다, 배치하다'라는 뜻을 가진 동사 어근(√dhā)에서 온 남성명사로 영역이나 구성요소를 의미하는데, 같은 것끼리 서로 어울린다거나 종족種族의 뜻으로 해석하기도 한다.

시각視覺인 안식眼識이 생기자면 안계眼界·색계色界·안식계眼識界가 이루어져야 하고, 청각聽覺인 이식耳識이 생기자면 이계耳界·성계聲界·이식계耳識界가 이루어져야 하며, 후각嗅覺인 비식鼻識이 생기자면 비계鼻界·향계香界·비식계鼻識界가 성립되어야 하고, 미각味覺인 설식舌識이 일어나려면 설계舌界·미계味界·설식계舌識界가 성립되어야 하고, 촉각觸覺인 신식身識이 발생하려면 신계身界·촉계觸界·신식계身識界가 되어야 하고, 이상의 것들을 주관적으로 종합하고 정리하는 의식意識이 일어나려면 의계意界·법계法界·의식계意識界가 이루어져야 하는데, 이 모두를 통틀어 십팔계라고 말한다.

여기서 안계·이계·비계·설계·신계·의계를 육근계六根界 또는 내육근계內六根界라 하고, 색계·성계·향계·미계·촉계·법계를 육경계六境界 또는 외육진계外六塵界라 하며, 안식계·이식계·비식계·설식계·신식계·의식계를 육식계六識界라 하는데, 육근계·육경계·육식계를 합한 것이 십팔계이다. 이 십팔계를 『반야심경』에서는 '안계내지의식계'眼界乃至意識界라고 줄여서 표현하고 있다.

우리는 흔히 '말 들어보다·냄새 맡아보다·맛보다·느껴보다·생각해보다'라는 표현을 많이 하는데, 이와 같이 우리말 표현은 귀나 코, 혀나 피부 나아가 마음이 하는 일까지도 눈이 하는 역할처럼 여겨왔다. 백 번 들어봐야 한 번 보는 것만 못하다[百聞不如一見]는 말처럼 우리의 인식은 보는 것이 대표적인 역할을 하고 있다. 뇌가 처리하는 정보의 80% 정도를 보는 것이 차지한다는 현대과학이 주는 정보가 아니더라도 우리말 표현만 보아도 인식에서 시각視覺이 차지하는 비중이 얼마나 큰지 쉽게 알 수 있다. 따라서 인식을 설명할 때 시각을 예로 설명하는 것이 이해하기 쉽다.

이를테면 서울에 있는 사람은 한라산을 볼 수 없다. 눈도 있고 한라산도 있는 것이 분명하지만 한라산이 서울에서 너무 먼 곳에 있기 때문이다. 눈은 서울에 있고, 보아야 할 대상인 한라산은 너무 멀어 보이지 않는다.

이와 반대로 안구에서 가까이 있는 속눈썹을 볼 수 있는가. 속눈썹은 너무 가까이 있어서 볼 수가 없다. 원자原子나 분자分子를 볼 수 있는가? 너무 작아서 우리의 육안肉眼으로 볼 수 없다. 깜깜한 어둠속에서 볼 수 있는가? 빛이 없을 때는 아무것도 볼 수 없다.

무엇을 본다는 것은 안구를 통과해서 들어오는 빛 에너지를 망막이 전기신호로 바꾸고, 그것을 다시 신경세포를 통해 뇌에 전달하여 뇌가 해석하는 것이기 때문에 빛의 반사가 없으면 눈의 보는 기능은 성립할 수 없다. 본다는 것은 어떤 물체가 빛을 반사하는 것을 인식하는 것에 지나지 않기 때문이다. 그래서 불교에서 눈에 보이는 것을 색色이라 하였다.

그런가 하면 어떤 사람은 하루 종일 거리를 다녔으면서도 아무것도 본 것이 없다고 말한다. 그의 눈앞에 수 없이 많은 물체들이 스쳐지나갔을 것이 분명한데도 아무것도 본 것이 없다고 말하는 뜻은 관심을 끈 것이 없다거나 그가 관심을 쏟은 대상이 없다는 뜻이다. 사실 눈은 물체가 반사하는 빛을 자기 안으로 받아들이는 기관일 뿐 물체를 구별하고 판단하는 기능은 의意라고 부르는 마음이 하는 일이다.

이렇게 볼 때, 우리가 눈으로 무엇을 본다는 것은 무한정한 것이 아니라 많은 제약을 받고 있다는 것을 알 수 있다. 우리가 눈을 통해 무엇인가를 보기 위해서는 거리·크기·빛·관심 등의 여러 조건이 함께 어우러져야 한다. 다시 말해 우리가 무엇을 보는 데에도 조건이 있다는 뜻이고, 그것은 일정한 한계가 있다는 뜻이기도 하다. 이와 같이 인식은 무한정한 것이 아니라 일정한 한계 안에서 이루어진다는 것을 말해주는 것이 십팔계설이다.

계界가 가지고 있는 의미를 구체적으로 살펴보면, 우리에게 인식이 성립되려면 외부대상을 받아들일 수 있는 감각기관과 인식되어야 할 대상과 대상을 구별하려는 의식의 만남이 이루어져야 한다. 경經에 눈과 물체를 조건으로 안식眼識이 생기고, 이 세 가지가 화합하여 촉觸이 되고, 촉과 더불어 수(受, vedanā) · 상(想, saṃjñā) · 사(思, cetanā)가 생긴다고 하였다.24

세 가지가 화합하여 촉이 생긴다[三事和合生觸]고 할 때의 삼사화합은 세 가지 조건이 만족하다거나 조화를 이룬다는 의미이며, 이것을 통해 생기는 촉은 스빠르샤(sparśa)의 번역인데, 스빠르샤는 '~에 이르다, ~에 인접하다'라는 동사(√spṛiś)에서 온 말로 '어떤 대상이 접촉에 의해 인식될 수 있는 어떤 성질'이란 뜻으로 감각기관과 인식대상과 의식이 함께 만나 인식할 수 있는 기능을 띠게 되었다는 뜻이다.

눈과 색을 인연으로 안식이 생기고, 이 셋이 화합하여 촉이 생기고, 촉을 인연으로 수受가 생긴다거나25 촉이 없으면 수受도 없고, 촉이 사라지면 수受도 없어진다고 했다.26 인식의 일차적 자료인 감각[受]을 일으킬 수 있는 조건인 감각기관과 감각대상과 의식이 화합하는 촉은 계界와 같은 뜻이다.27

삼사화합생촉三事和合生觸이라 할 때의 촉觸과 색성향미촉법色聲香味觸法이라고 할 때의 촉은 다르다. 삼사화합생촉은 스빠르샤sparśa이고, 색성향미촉법의 촉은 스쁘라스따위야spraṣṭavya로 피부에 닿는 것들을 의미한다.

우리의 눈은 오직 보는 것만을 인식하고, 귀는 듣는 것만을 대상으로 삼으며, 코는 냄새를 맡는 것만을 인식하는 것이지 눈이 귀나 코의 역할을 할 수 없고, 귀가 눈이나 코의 역할을 할 수 없음을 말해 준다. 그래서 보는 것에 있어서는 오직 보는 것으로 헤아림을 삼고, 듣는 것에 있어서는 오직 들음으로 헤아리며, 느낌은 오직 느낌으로 헤아림을 삼고, 분별은 분별로서 헤아림을 삼는다고 했듯이,28 인식에는 구별이 있다.

본다는 인식이 이루어지려면 눈과 물체가 인식을 이룰 수 있는 거리나 크기가 있어야 하고, 빛의 반사가 있어야 한다. 듣는다는 인식이 되려면 귀와 음파가 들을 수 있는 영역 안에 있어야 하고, 냄새 맡는다는 인식이 생기려면 코가 냄새를 맡을 수 있도록 조건을 이루어야 한다. 혀가 맛을 본다든가, 피부가 감촉을 느낀다는 것도 마찬가지다. 그러니까 눈·귀 등의 감각기관이 있고, 인식의 대상인 물체나 소리가 있다 해도 인식이 성립될 수 있는 일정한 범위 안에 들어오지 않으면 결코 인식은 성립될 수 없는 것이다.

감각기관인 눈·귀·코 등 여섯 가지가 감각대상인 물체·소리·냄새 등 여섯 가지를 만나 안식眼識·이식耳識·비식鼻識 등 육식六識이 생기는데, 이 때 인식이 성립될 수 있는 장場이 형성되어야 한다는 것이 십팔계라는 교설이다. 우리의 인식은 눈·귀·코 등을 통해 외부 세계를 받아들여 종합하고 분석하여 논리적으로 체계화한 것인데, 외부세계에 대한 자료를 모으고 분석하고 체계화하는 것은 의(意, manas)가 하는 일이다. 그러니까 눈이 있고, 물체가 있어도 보려는 의지가 없으면 인식은 성립되지 않는다. 그래서 의계意界·법계法界·의식계意識界가 되어야 한다.

인간이 가지고 있는 감각기관인 오관五官으로는 직접 사물을 인식할 수 있는 범위가 제한되어 있다. 우리의 눈은 먼 거리를 볼 수 없고, 원자나 분자처럼 작은 것을 볼 수도 없다. 그러므로 인간이 기구를 사용하지 않는 한 사실상 인식의 범위는 대단히 제한적일 수밖에 없다. 미시微視의 세계나 거시巨視의 세계가 모두 객관적 존재지만 우리의 육안으로 직접 파악되어지지는 않는다. 눈이 볼 수 있는 거리나 크기의 한계가 있기 때문이다. 망원경이 아니면 천체의 세계를 볼 수가 없고, 현미경이 아니면 미시의 세계를 볼 수가 없다. 오실로스코프oscilloscope가 아니면 전기電氣의 파형波形을 관측할 수 없다.

인간은 많은 도구를 발명하면서 경험세계를 넓히게 되었고, 그에 따라 인식의 영역 또한 확장하게 되었다. 인간은 기구를 사용할 수 있게 되면서 다른 동물에 비하여 인식의 세계가 넓어지고 깊어졌으며 또한 정확해졌다. 인간이 도구를 이용하는 것은 촉(觸, sparśa)의 범위를 확대하는 것이요, 촉의 범위를 넓힌다는 것은 인간 자신의 인식의 범위인 경(境, viṣaya)을 확대하는 것이요, 그것은 십팔계를 확장하는 것을 의미한다. 그러니까 현미경을 이용함으로써 미시의 세계에 대한 인식을 심화하였고, 망원경을 통해서 거시의 세계에 대한 인식을 확대하였다. 현미경이나 망원경은 눈이 인식할 수 있는 세계를 확장하고 심화시켰음을 의미한다. 이처럼 인간의 인식은 우리의 직접적인 인식기관으로만 이루어지는 것이 아니라 과학의 발달에 따른 기구들을 이용하면서 옛날보다 폭 넓고 정확한 인식이 이루어질 수 있게 되었다. 다시 말해 과학의 발달은 인간이 인식할 수 있는 세계를 확장시켜 왔고, 대상에 대한 파악을 세분화細分化・세밀화細密化하였기 때문에 부정확한 인식에서 정확한 인식으로 발전시켜 왔음을 의미한다. 우리가 태어나면서 갖추고 있는 오관을 통해서 오경五境을 인식하는 것보다 과학적 장비나 도구를 사용하면 인식의 대상을 확대擴大・심화深化할 수 있으므로 과학문명은 결국 우리의 인식을 보다 더 정확하게 발전시켰다. 과학문명이 지배하는 현대사회에서 과학적 장비를 거부하는 사람은 눈이나 귀 등의 감각기관의 결함이 있는 사람이나 다를 바 없다. 그래서 불교는 과학의 발전과 함께 끊임없이 그 인식의 폭을 확대・심화시켜 나아갈 수 있는 것이다. 의학의 발전 역시 우리의 인식적 기능을 보완해주는 역할을 해왔으니, 안과眼科는 시각의 세계를 유지하고 확충하였으며, 이비인후과耳鼻咽喉科는 후각과 청각 나아가 미각의 세계를 보완하고 확대하였으며, 피부과皮膚科는 촉각의 세계를 유지시켜 왔다. 과학문명의 발달은 우리가 인식할 수 있는 영역을 확대하고 심화시켜 준다는 뜻에서 불교의 깨달음의 문제를 도와준다고 말할 수 있다.

16 오온五蘊

오온五蘊은 빤짜스깐다pañca-skandha의 번역으로 다섯 가지가 쌓였다는 뜻인데, 그 다섯 가지는 색・수・상・행・식色受想行識을 의미한다. 빤짜스깐다를 구마라집은 오음五陰으로 번역했고, 현장은 오온으로 번역했다. 구마라집의 번역을 구역舊譯이라 하고, 현장의 번역을 신역新譯이라 한다. 오중五衆이나 오정五情 또는 오종五種이라 번역한 예도 있는데, 서진西晋 이전의 번역에서 오중이라 한 것 같다.

스깐다skandha는 '쌓이다'라는 동사(√skandh)에서 온 남성명사로 '응축凝縮, 축적蓄積, 군집群集, 집합체, 존재를 구성하는 요소' 등을 뜻하는 말이다. 쌓이는 동기가 '자기라고 생각하는 행위'라는 뜻에서 취온(取蘊, upādāna-skandha)이라 하며, 그 과정이 다섯이란 뜻에서 오취온五取蘊, 오수음五受陰 또는 오성음五盛陰이라 한다. 그러니까 오온・오음・오중・오정・오취온・오수온・오성음은 의미상 같은 것이다.

의意는 법을 분별한다[意分別法]거나29 의가 접촉하여 법을 안다[意觸知法]거나30 나는 뜻으로 법을 안다[我意識法]고 하였으니31 의意는 법을 분별하는 것임을 알 수 있다. 그런데 '의가 촉과 함께 낳는 것이 수(受, vedanā)・상(想, saṃjñā)・사(思, cetanā)・애(愛, tṛṣṇā)'라 하여32 의가 분별하는 법의 내용이 수受・상想・사思・애愛이고, 그것은 바로 오온의 과정에서 축적된 식의 내용이 수・상・사・애라는 의미이다. 바로 의가 수・상・사・애라는 식의 내용을 축적하는 과정을 구체적으로 설명한 것이 오온五蘊이다. 한마디로 우리의 의식에 법이라는 개념이 자리 잡게 되는 전 과정을 설명하는 것이 오온이다.

불교인식론의 핵심이라 할 만한 오온의 하나하나에 대하여 구체적으로 살펴볼 필요가 있다. 그런데 오온을 설명할 때에는 색·수·상·행·식色受想行識이라는 다섯 개의 과정은 순서가 바뀌거나 무엇 하나 생략하는 경우가 없으니, 색수상행식이란 다섯 개의 과정도 중요하고 순서 역시 중요하다는 것을 알아야 한다.

1 색(色, rūpa)

오온을 말할 때는 언제나 제일 먼저 색色이 온다. 색은 루-빠rūpa의 번역인데, 색수상행식色受想行識이라고 할 때의 색과 색성향미촉법色聲香味觸法이라고 할 때의 색은 다르다. 색수상행식에서 색은 몸뚱이[kāya]를 의미하고, 색성향미촉법이라고 할 때의 색은 물체[draṣṭavya]를 의미한다.

까야kāya는 '구성하다, 쌓아올리다'라는 제5류동사 어근(√ci)에서 온 남성명사로 '몸뚱이'를 의미하지만 드라스따위야draṣṭavya는 '보다'는 동사 어근(√dṛś)에서 온 미래수동분사인데, 미래수동분사는 의미상 의무분사이므로 '보여져야만 하는 것'이란 뜻이지만 우리말에는 수동적 표현이 익숙하지 않으므로 '보이는 것'이란 말이 적절할 듯하다.

몸뚱이kāya로서 색은 내사대內四大이고, 보이는 것[draṣṭavya]으로서 색은 외사대外四大이다. 내사대와 외사대에 대해서는 이미 제행무상을 설명할 때 말했다. 내사대로서 몸뚱이는 의식을 가지고 있는 몸으로33 안이비설신의眼耳鼻舌身意라고 할 때의 신身과는 다르다. 색수상행식에서 색은 눈·귀·코·혀·피부를 통틀어 말하는 몸뚱이[kāya]지만 안이비설신의에서 신身은 피부(皮膚, tvaca)를 의미한다.

오온에서 말하는 몸뚱이는 살아 있는 자의 육신에 한정한 것이므로 시체屍體는 여기에 해당하지 않는다. 살아 있을 때만 보고 듣고 맛보는 인식 기능을 가지고 있을 뿐 보고 듣는 인식 기능이 없는 시체는 한낱 목석과 같은 물건에 지나지 않는다. 몸은 바로 감각의 쌓임이라고 했듯이34 감각 기능을 가지고 있을 때 비로소 몸뚱이로서 의미를 가질 수 있다. 오온의 첫 번째로서 색은 눈·귀·코·혀·피부 등 오관을 가지고 있는 육신이다.

오온에 색을 첫 번째로 두는 것은 지각의 자료가 되는 느낌, 즉 감각들이 몸뚱이를 기반으로 생긴다는 것을 뜻한다. 그래서 색은 인식의 본거지라고 말하게 된다.35 인식성립의 첫 번째 조건은 몸뚱이다. 우리 몸뚱이를 제외하고 인식을 말하는 것은 공허空虛하다. 쉽게 말해 우리가 무엇을 안다는 것은 경험을 바탕에 두고 있다는 뜻이다. 경험에 바탕을 두고 있는 앎이라야 정확하다. 직접적인 경험을 통해 아는 것을 현량現量이라 하여 불교에서는 진지眞知로 보고 있다.

2 수(受, vedanā)

오온의 두 번째 단계는 수受이다. 수는 웨다나-(vedanā)의 번역인데, 통痛이나 각覺으로 번역하기도 한다. 수受는 받아들인다[領納]는 뜻이고, 통痛은 아프다거나 괴롭다는 의미이고, 각覺은 느낀다거나 알아차린다는 뜻이다. 이 때의 각은 견문각지見聞覺知라고 할 때의 각과 같은 뜻이다.36

웨다나-(vedanā)는 '오관으로 지각하다, 신체적으로 느끼다, 경험하다'라는 의미를 가지고 있는 동사 어근(√vid)에서 온 중성명사로 촉감觸感이나 감각感覺을 의미하는 웨다나vedana의 복수형이다. 이 말이 복수형으로 쓰이는 것은 감각은 우리의 눈·귀·코·혀·피부를 통해서 다양하게 일어나기 때문이다.

인간은 외부 세계와 직접 부딪치는 감각기관으로서 눈·귀·코·혀·피부 등 오관을 가지고 있으며 이 오관을 통하여 자기 주위의 세계와 만나서 자기 속에 받아들이는 느낌이 웨다나인데, 우리의 느낌은 거울[鏡]이 대상을 반사하듯 단순히 반영反映하는 것이 아니라 외부세계를 감성적(感性的, sensuous)으로 받아들인다.

예를 들어, 우리가 꽃을 본다고 할 때, 거울에 꽃이 비쳐지듯이 하나의 물체로서 받아들이는 것이 아니라 「아름다운」 꽃, 「보기 싫은」 꽃, 「좋은」 꽃, 「나쁜」 꽃과 같이 감정적으로 받아들인다. 거울에는 '꽃'이란 물체가 반사될 뿐인데 우리가 꽃을 본다는 것은 물체만 보는 것이 아니고, 「아름다움」이라거나 「보기 싫음」이라는 주관적 느낌을 통해서 보는 것이다. 「아름다운」·「좋은」·「보기 싫은」·「나쁜」 등의 감정은 사람의 의식에 반영되는 것일 뿐 거울에는 나타나지 않는다. 거울에 나타나지 않는다는 것은 눈으로 볼 수 있는 형체가 아니라 사람의 의식이 만들어내는 의미일 뿐이라는 뜻이다.

객관대상에 대하여 의식이 만들어내는 감정적 반영이 수受이니, 우리가 물체를 본다는 것은 눈에 보이는 것만을 받아들이지 않고 눈에 보이지 않는 의미까지 받아들이는 것이다. 그래서 단순히 존재하는 자연적인 것을 보는 것과 미술작품과 같은 예술품을 보는 것, 그리고 사상을 전달하는 책을 보는 것은 내용적으로 전혀 다르다고 말할 수 있다.

귀로 소리를 들을 때도 단순히 음파가 아니라 그 소리가 전달하고자 하는 의미로 받아들이기 때문에 자연에서 사물이 부딪치는 소리를 듣는 것과 멜로디를 연주하는 음악을 듣는 것과 강의를 듣는 것은 전혀 다른 의미인 것이다. 코로 냄새를 맡거나 혀로 맛을 보거나 피부로 촉감을 느끼는 것도 마찬가지이다.

눈이 물체를 보고, 귀가 소리를 듣고, 코가 냄새를 맡고, 혀로 맛을 보며, 피부로 부딪쳐 느끼면서 외부세계인 색·성·향·미·촉色聲香味觸을 받아들이는 데, 이 때 받아들이는 방식이 기분 나쁜 상태[苦, duḥka]거나 기분 좋은 상태[樂, sukha]거나 그렇지 않으면 기분 나쁜 것도 아니고 좋은 것도 아닌 상태[不苦不樂] 등 셋으로 나눈다고 해서 삼수三受라고 한다.37

우리는 오관이 접하는 모든 자극을 다 받아들여 기억하는 것이 아니라 괴롭거나 즐겁다는 느낌, 즉 자극적인 것만을 선택적으로 받아들여 기억하게 되고 자극적이지 않은 것은 곧 잊어버린다. 그래서 불고불락을 '버린다'는 의미에서 사(捨, upekṣā)라고 하는데, 우뻬끄샤-는 '무시하다, 방치하다, 단념하다'라는 뜻을 가진 동사(√upekṣ)에서 온 남성명사로 무관심無關心을 의미한다.

꽃을 볼 때, '아름답다'거나 '싫다'는 감각적 반응은 객관대상에 본래적으로 있는 것이 아니라 주관적 의식의 반영이므로 사람에 따라 다를 수 있고, 민족에 따라 다를 수 있으며, 역사 환경에 따라 다를 수도 있다. 다시 말해 장미를 아름답다고 보는 것도 개인적인 기호이자 문화요 역사라는 뜻이다. 한국인이 김치나 된장찌개를 좋아하는 것은 한국인의 문화이자 역사이고, 서양인들이 버터를 선호하는 것 역시 그들의 문화이자 역사일 뿐이다. 무엇을 선호하고 좋아하느냐는 기호嗜好인데, 기호는 역사와 문화에 따라 다를 수 있으므로 역사와 문화가 다른 이들의 기호를 옳다거나 그르다고 평가할 수 없는 노릇이다.

또한 인간은 동일한 대상이라도 항상 같은 느낌으로 받아들이지 않는다. 때와 장소에 따라 느낌은 얼마든지 다를 수 있다. 육신의 건강상태에 따라 동일한 대상이라도 받아들이는 느낌은 다르다. 건강한 사람이 무엇을 보고 듣고 느끼는 것과 질병에 시달리는 사람이 무엇을 보고 듣고 느끼는 것은 같을 수 없다. 또한 같은 음식을 먹더라도 배부를 때의 경험과 배고플 때의 경험이 같지 않다.

인간은 같은 환경에 있더라도 육신이 건강한 사람과 건강하지 못한 사람은 전혀 다른 대상을 접하는 것이나 다를 바 없고, 경제적으로 어떠한 환경에 있느냐에 따라 세상을 보는 눈이 달라질 수밖에 없다. 이처럼 외부세계에 대한 반응은 생리적인 건강뿐 아니라 그가 놓여 있는 경제적 환경 나아가 교육적 환경 등 삶을 구성하는 여러 가지 조건에 대한 반응임을 알 수 있다. 이러한 여러 가지 환경조건이 한 개인의 외부세계에 대한 느낌을 좌우하고 있다. 이 느낌이 의식의 자료가 된다는 점에서 사물에 대한 인식은 대단히 주관적인데, 그 주관은 그 사람의 건강상태나 경제적 환경 나아가 교육을 받은 정도의 차이 등을 종합적으로 반영한다.

그렇지만 건강상태, 경제적 환경, 교육받은 정도와 같은 것들보다 더 근원적인 것이 있다. 외부대상에 대하여 좋다거나 나쁘다고 느끼는 것은 거의 무의식적인 반응이라 하겠는데, 무의식적인 반응이란 오랫동안 몸에 익혀서 익숙해진 성품이 되었다는 뜻이다.38 우리가 외부세계를 받아들일 때, 있는 사실 그대로 받아들이지 않고 어떤 목적에 맞는 것만을 선택적으로 받아들이게 되는데, 그 어떤 목적이란 유쾌한 것을 좋아하고 고통스러운 것을 싫어하는 것[求樂厭苦]과 살기를 열망하고 죽음을 싫어하는 것[求生厭死]이라고 하겠다.39 개체의 생존이나 성공적인 번식이 모든 생명체가 가지고 있는 원초적인 본능이요, 진화의 유일한 방향이라고 본다면 어떤 목적에 맞는 것이란 생명체 진화의 방향과 궤적을 같이 한다고 볼 수 있다. 고통을 싫어하고 죽는 것을 싫어하는 것은 생명체로서 가장 강력한 욕망이란 점에서 맹목적이다. 인류 역사의 발전 방향 역시 이러한 목적을 달성하기 위한 노력이었다는 점에서 고통을 싫어하고 죽음을 싫어하는 것은 보편적인 욕망이다.

쾌락의 추구와 불사의 열망을 물질적으로 충족시키려는 인위적 노력이 물질문명을 불러왔고, 이러한 목적을 심리적으로 충족시키려는 인간의 노력이 정신문화를 낳았다고 볼 수 있다. 물질문명이 되었든 정신문화가 되었든 결국은 인간의 욕망을 해결하려는 노력이고, 그것은 의식의 심층을 이루고 있는 의(意, manas)라는 목적 지향적인 마음을 채워가는 과정이라 하겠다. 그런데 목적 지향적이고 맹목적인 이 마음은 결코 완벽하게 충족되어질 수 없다는 사실에서 인간은 늘 자기모순에 빠질 수밖에 없다. 의意는 맹목성을 띠고 있다는 점에서 이기적 충동성을 내포한 무명(無明, avidyā)과 상통하고, 이 충동[cittavaga]은 진화의 방향과 다를 것이 없다.

인간은 생명을 가지고 있는 한 어떤 문화와 역사 속에서도 생명을 유지 존속시키려는 강렬한 욕망을 가지고 있고, 그 욕망에 상응하는 것은 좋은 것으로 받아들이고 욕망에 역행하는 것은 나쁜 것으로 받아들이게 된다는 점에서 우리의 인식은 애초부터 자기중심적 욕망에 기초하고 있고 따라서 인식은 상대적일 수밖에 없다. 한마디로 어떤 한 사람의 견해나 사상은 그가 익혀온 습관의 반영이자 그가 접하고 있는 환경의 산물이며, 자신의 안락과 불사不死의 욕망에 기초하고 있다.

다시 말해 외부사물에 대하여 육신이 받아들이는 느낌은 외부세계에 대하여 있는 그대로 받아들이는 것이 아니라 자기가 선호하는 쪽으로 치우치게 되므로 자연스럽게 집착을 불러오게 된다. 그 집착은 결국 자기를 얽어매는 심리적 요소인 번뇌로 작용한다.

우리가 살아가고 있는 객관세계로서 자연은 우리의 의식과 관계없이 별개로 존재한다. 다만 이와 같은 자연이 우리의 인식으로 파악되는 과정을 거치면서 객관세계는 자연 그대로가 아니라 의식 내의 자연이 되는 것이다. 다시 말해서 자연은 존재하는 것이지만 의식내의 자연은 파악把握되는 것이다. 우리의 인식과 관계없는 객관세계지만 그것이 우리의 인식으로 파악되는 과정을 거치면서 객관세계는 우리 자신과의 밀접한 관계를 맺게 된다. 그 관계맺음 속에서 갈등이 잉태되는 것이다.

우리가 느끼는 갈등은 객관사물을 대하였을 때 그것을 있는 그대로 인식하지 않고 자기 주관적으로 느끼고 집착하는 과정에서 생기는 마음의 불안정한 상태에 지나지 않으므로 갈등은 타고난 것이 아니라 살아가면서 생기는 것이다. 불교에서 번뇌를 객진번뇌(客塵煩惱, āgantuka-kleśa)라고 한 까닭이 여기에 있다. 번뇌는 외부세계를 느끼는 그 자체에 있다기보다 자기의 느낌을 고집하고 집착하는데서 비롯되기 때문에 집착하느냐 그렇지 않느냐에 따라 번뇌의 유무가 갈라진다.

경經에 지혜로운 사람은 두 번째의 화살을 맞지 않는다고 한 것도 집착하지 않으면 갈등은 없다는 뜻이다. 외부세계에 대해 느끼는 것은 범부에서부터 성자에 이르기까지 똑같지만 집착하느냐 그렇지 않느냐에 따라 어리석은 사람도 되고 지혜로운 사람도 된다는 말이다. 눈으로 물체를 보더라도 물체란 생각을 일으키지 않고 집착하지도 않으면 눈이 깨끗해지고 본 것에 대하여 근심 걱정이 생기지 않기 때문에 눈을 보호하게 된다고 했다.40

쾌감과 불쾌감은 객관적 사물에 실재하는 것이 아니라 인식자의 내면적인 문제인 것이다. 감각의 대상인 객관세계는 그 자체로써 존재하는 것일 뿐 좋거나 나쁜 것으로 있는 것이 아니다. 우리의 삶의 외부환경이 되는 객관세계는 사실상 감정적으로나 가치적으로 중립적인 존재이다. 객관세계를 대할 때 우리의 인식이 느끼는 감정이나 감각은 우리 인간이 외부세계를 대하는 인식 과정에서 인간 자신이 갖는 고유한 것이지 객관세계에 있는 것은 아니라는 말이다.

인간이 객관세계를 어떻게 받아들이든 간에 객관세계는 그 자체로서 별개로 존재한다는 뜻이고 보면, 우리의 인식과 관계없이 존재하는 객관세계를 우리의 마음이 만들 수 있는 것은 아니다. 그래서 일체유심조一切唯心造라 할 때 일체一切를 객관세계까지 확대하여 해석하거나 허망한 생각을 일으키지 않으면 외부세계도 없어진다고 말하는 것은 잘못된 견해이다.

우리가 살아가는 세상에는 두 종류의 사람이 있다고 했는데, 그 두 종류의 사람이란 객관세계를 낙관적으로 보려는 사람과 비관적으로 보려는 사람을 말한다고 했다.41 세상을 긍정적으로 보는 사람이나 세상을 부정적으로 보는 사람이나 그들이 사는 세상 자체는 똑 같은데 세상을 보는 시각이 다를 뿐이다.

육신을 보존하려는 불사의 열망은 자연의 법칙에 어긋나는 욕구이니 필연적으로 벽에 부딪칠 수밖에 없고, 끝내 좌절할 수밖에 없는 욕망이다. 이 욕망은 개인적 자제나 사회의 어떤 제도로도 해결될 성질이 아니라 제행무상諸行無常이요 생자필멸生者必滅이며, 생겨난 것은 언제인가 반드시 소멸하게 되어 있다는 자연의 이치를 철저히 깨달음으로써 넘어설 수 있는 것이다. 바로 이 깨달음이 불교의 궁극적 목표요 자신의 삶을 지혜롭게 사는 길이다.

해탈이란 대자연이 품고 있는 필연적인 법칙을 깨닫고 자신의 삶을 적응시킬 줄 아는 지혜에서 나오는 것이지 대자연의 법칙을 거부하고 외면하는 데서 얻어지지 않는다. 자연의 일부인 인간이 대자연의 이치에 어긋나는 것을 열망하면 할수록 결국에는 크게 좌절할 수밖에 없는 것이다.

3 상(想, saṃjñā ⓟ saññā)

오온의 세 번째는 상想인데, 이 말은 여성명사 상즈냐-(saṃjñā)를 번역한 것이다. 상즈냐-를 어원적으로 분석하면 '가지고' 또는 '한데 모아'라는 의미를 가진 접두사 상saṃ과 '알다, 식별하다'라는 뜻의 제9류동사 어근(√jñā)에서 온 말로 '아는 것'이나 '이해력, 사고력'을 의미하는 즈냐(jña)의 복수인 즈냐-(jñā)가 합성된 말이다. 그러니까 앞에 말한 감각적 자료[受, vedanā]를 가지고 개념화概念化한다는 뜻이다.

감각적 자료를 가지고 개념화한다는 의미를 보다 자세히 살펴보자.

감각[vedanā]은 사물에 대한 느낌을 받아들이는 것이므로 논리적이거나 추상적이지 못하고 단편적이다. 색깔이 어떻다든지, 그 모양이 길고 짧다든지, 남자라든지 여자라든지, 좋다 나쁘다 등의 모습을 취한다.[42] 이러한 느낌은 외부사물에 대하여 수동적인데 비하여 지각작용으로서 개념화는 단편적인 반응 가운데 강한 자극만 선택되기 때문에 외부에 대해 능동적이다. 외부세계에 대하여 받아들인 감각 모두를 개념화하는 것이 아니라 별로 자극적이지 못한 것은 버려지고 강력한 인상을 남긴 것만 반영된다. 단편적인 여러 느낌 가운데 자극적이지 않은 것은 더 이상 기억되지 않고 망각忘却되고, 두드러지고 중요하다고 느낀 것만을 선택적으로 개념화한다. 한마디로 강한 인상만 기억되고 그 밖의 것들은 망각한다.

예를 들자면 어른이 되어서도 남아 있는 어릴 때의 기억은 아주 기뻤던 것이거나 아주 슬펐던 것만 남아 있고 그 밖의 것들은 기억에 없는 것과 같다.

인간 자신의 어떠한 목적에 맞는 것만을 선택적으로 받아들인 느낌이 지각知覺의 출발점이 되고 있는 것이다. 어떠한 목적이란 유쾌한 것을 좋아하고 고통스러운 것을 싫어하며, 살기를 열망하고 죽음을 싫어하는 것을 말한다. 따라서 우리의 육신이 외부에 대하여 어떻게 반응하느냐가 지각의 중요한 조건이 되고 있다.

이렇게 볼 때 감각[受]은 객관적 사물에서 직접 얻는 것이지만 지각[想]은 감각적 자료를 가지고 다시 이미지를 구성하게 되는 것이다. 지각은 사물의 속성이나 본질까지를 포괄하는 것이 아니라 색깔이나 외형적 모습과 같은 사물의 표면적 현상에 지나지 않는다. 다시 말해서 감각이 인간에게 주는 것은 구체적 사물의 개별적 특성이지 사물의 일반상一般像으로서 개념은 아닌 것이다. 눈·귀·코 등 다섯 가지 감각기관이 물체·소리·냄새 등 다섯 가지 대상을 대하는 것은 구체적 대상에 대해 단편적으로 인식하는 것이지 개념화되고 언어화된 보편普遍을 인식하지 않는다는 것을 뜻한다.

사물에 대한 이미지로서 상想은 지각적 영역에 속하는데, 이 단계는 객관사물을 주관적 감정, 즉 감각으로 받아들였던 것을 다시 의식 내에서 객관화시키고 있다. 감각에 대한 개념으로서 지각은 이미 과거에 느꼈던 사물의 영상映像이 의식 내에 보관되는 과정이며, 그것은 최초의 경험이 중요한 역할을 담당한다. 오관이 대상을 대하는 감각은 그때그때의 반영으로 끝나지만 그것이 의식 내에서 종합적으로 개괄槪括되어 개념으로 보관된다. 그러나 개념은 최초의 반영이 상당한 영향력을 미치므로 첫인상이 좋아야 한다는 말이 있게 된다.

표상이 있어야만 사람은 사물로부터 직접적으로 받은 인상을 두뇌에 개념으로 보존하게 되고, 다시 반복되는 사물의 인상과 비교 분석할 수 있다. 그러므로 사람의 기억에 남아 있는 객관적 사물에 대한 표상이 다양하고 풍부할수록 사물을 본질적으로나 전면적으로 인식하는데 유리하게 된다. 다시 말해 경험이 많을수록 세상을 종합적으로 이해하게 된다는 뜻이다.

이제 우리는 다음과 같은 사실을 알 수 있게 된다.

우리의 인식은 객관사물에 대한 반영이기 때문에 인식의 출발은 객관사물에 대한 개별적 특성으로부터 시작하는 것이지 사물의 일반상一般像으로서 개념은 아니다. 예를 들어 사과를 대할 때 오관이 인식하는 사과는 붉은 사과 · 푸른 사과 · 큰 사과 · 작은 사과 · 신 사과 · 단 사과 등 구체적 물체[別相, bhinna lakṣaṇa]로 만나는 것이지 보편적 개념[總相, sāmānya lakṣaṇa]으로 '사과 일반'을 보는 것은 아니다.

보편적 개념으로서 '사과'는 구체적 물체가 아니라 구체적 물체에 대하여 많은 경험을 쌓음으로 얻어지는 추상화된 사과이다. 사유는 추상적이지만 감각은 구체적이기 때문에 인식의 입장에서 볼 때 보편적 개념에 앞서 구체적 개물이 있는 것이다. 결국 보편적 개념은 감각이 제공한 자료를 '가지고'[saṃ-] 종합하고 분석하며, 반복하여 경험하는 일련의 과정을 거쳐 추상화한 개념이기 때문에 보편적 개념은 그것이 아무리 추상적이라 할지라도 원래는 모두가 객관적 사물에 대한 반영인 것이다.

그렇지만 관념론자들은 수학數學과 논리학論理學은 추상적일 뿐 객관세계 또는 경험과는 무관하다고 흔히 말하기도 한다. 그러나 수학과 논리학의 명제가 참이기 위해서는 관련된 단어들의 의미가 참이어야 하는데, 그것이 참이라는 것은 어디서 증명할 것인가?

사실상 수數와 도형圖形의 개념도 결국은 현실세계에서 유래한 것이고, 논리학의 명제가 참이라는 것도 경험에 의존할 수밖에 없기 때문에 지식은 대상의 형상形相을 가지고 생기生起하는 것이지 대상과 전혀 관계없는 독립된 인식작용은 존재하지 않는다고 본다. 따라서 불교의 인식론적 입장은 지식이 대상의 형상을 갖고 생긴다고 보기 때문에 유형상지식론有形象知識論이라 할 것이다.43

이처럼 우리의 심식작용은 인식될 대상인 색법色法이 없이는 일어나지 않는다고 보기 때문에 인식의 기초를 색법에 대한 인상이라고 보는 초기불교의 인식론은 색본심말色本心末이었다. 인식은 자기 밖의 사물에 대한 파악인데, 사물에 대한 파악은 사물에 대한 감각으로부터 지식과 관념이 생긴다고 보기 때문이다.

그러나 훗날의 대승불교 특히 유식파唯識派에서는 우리들의 '경험세계는 지知의 표상에 지나지 않는다'고 설명하고 있다.44 외계의 대상이라고 생각되는 객관도 심식心識의 현현顯現, 즉 마음의 그림자에 불과하다고 보았다.45 그러면서 지식이 항상 주관과 객관의 두 양상으로 나타나는 이유를 무시시이래無始時以來 우리들의 심식의 흐름에 이식되어져 있는 잠재인상[vāsanā]이라고 보았다.46 이러한 유식파의 견해는 외계의 실재를 인정하는 초기불교의 주장과는 상반된 것이다. 아마도 유식파의 이러한 견해는 업과 윤회의 문제에서 윤회의 주체를 아라야식阿賴耶識으로 설명하는 과정에서 등장할 수밖에 없었던 것이 아닌가 생각한다.

유식불교와 같은 대승불교는 초기불교의 색본심말色本心末과는 정반대의 심본색말心本色末의 입장으로 돌아서 버렸기 때문에 대승불교는 인식의 입장에서 볼 때, 초기의 경험론經驗論에서 선험적 관념론先驗的 觀念論으로 전환하고 말았다.

경험론은 보편적 개념에 앞서 구체적 사물이 존재한다는 것임에 비하여 선험적 관념론은 구체적 사물에 앞서 보편적 개념이 존재한다는 주장이기 때문에 후기에 발달한 대승불교는 인식론적 입장에서 볼 때 고따마 붓다가 그토록 심혈을 기울여 비판하였던 바라문의 사상으로 되돌아갔음을 의미하는 것이고, 그 과정이 바로 인도에서 불교가 힌두교로 흡수되는 과정이었다고 말할 수 있다.

④ 행(行, saṃskārā ⓟ saṅkhārā)

오온의 네 번째는 행行인데, 이 말은 산스끄리뜨어로 상스까-라saṃskāra, 빨리어로는 상카-라saṅkhāra의 복수 개념이다. 산스끄리뜨어로 상스까라는 부분이나 요소가 모여 어떤 것을 일으킨다는 뜻을 가진 동사(saṃ-s-√kṛ)에서 온 남성명사로 '만듦, 행함'이란 뜻이다. 그런데 행이란 말의 의미는 산스끄리뜨보다 빨리어가 이해하기 쉽다. 행을 의미하는 빨리어 상카-라는 '가지고 행한다'는 뜻의 동사(saṃ-√kṛ)에서 왔다고 한다.47 앞의 단계인 상(想, saṃjñā)을 가지고 행동한다거나 상과 더불어 행한다는 뜻이다.

인간이 객관 사물에서 직접적으로 얻는 인상으로써 감각은 그때그때의 환경과 여건에 따라 다양하다. 한마디로 단편적이다. 배가 고플 때 밥맛과 배가 부를 때의 밥맛은 다른 것과 같이 외부로부터 직접적으로 받게 되는 감각은 사람에 따라 상대적일 수 있고, 한 개인에게 있어서도 때와 장소에 따라 상반될 수도 있다. 그러나 우리는 동일하거나 비슷한 경험을 반복함으로 해서 통일된 보편적 인식을 이끌어 낼 수 있을 뿐 아니라 반복적 경험을 통하여 최초에 잘못 인식하였던 것을 바르게 인식해 나아갈 수도 있다. 그와 같은 과정을 거치면서 인간은 사회의 발전과 변천에 따라 새로운 의식의 전환을 가져올 수도 있는 것이다. 그 반복적 경험을 말해 주는 것이 오온의 네 번째인 행行이다.

심식 안에서의 행은 마음의 태세나 경향이란 의미이니, 좋다고 지각된 것은 계속하여 좋다는 쪽으로 의지력을 발동하여 반복 경험하고자 할 것이요, 나쁘다고 지각되어진 것은 나쁘다는 쪽으로 의지력을 일으키게 되어 기피하고자 할 것이다.48 그래서 『아비달마구사론』에 행은 조작의 뜻이 강하다고 하였다. 그러나 조작의 뜻이 강하지만 아직 행동으로 나타나지 않고 심식 안에서의 의지적 경향을 나타내고 있기 때문에 '생각'[思]이라고 한다.49 이런 의미의 생각은 쩨따나-(cetanā)의 번역인데, 목적의식을 가지고 있는 적극적인 생각·의향意向·의도意圖·의지意志 등의 의미를 가지고 있다.

『밀환유경』에 이렇게 말했다.

> **눈과 물체를 조건으로 안식이 생긴다. 이 세 가지가 함께 만나 접촉을 이룬다. 그 접촉으로 느끼는 것[覺]이 있게 되는데, 느끼는 것이 바로 표상하는 것[想]이요, 표상 하는 것이 바로 생각하는 것[思]이며, 생각하는 것은 바로 기억하는 것[念]이며, 기억하는 것은 바로 분별하는 것[分別]이다.**50

인식의 기능으로서 느끼는 감각[受]·표상 하는 지각[想]·생각하는 의욕[思]은 따로 따로 구분해서 말할 수 있는 것이 아니기 때문에 감각적인 느낌

[覺, feeling]이 바로 지각[想, perception]하는 것이요 구별[思, discrimination)하는 것이라고 하였다.51

이것을 설명하기 위해 우리의 경험을 예로 들어보자. 우리가 처음으로 사과를 먹을 때는 대단히 배가 고팠었다고 하자. 그때의 사과 맛은 대단히 좋았다. 그러나 훗날 배가 부를 때 다시 사과를 먹어 보니 처음의 맛이 아니었다. 따라서 사과에 대한 애초의 감각이나 표상 또는 지각은 달라질 수밖에 없을 것이다. 이처럼 처음의 경험과 훗날의 반복적인 경험을 실천이라 하겠는데, 감각과 지각은 반복적 경험을 통하여 수정하고 보완하여 보다 세밀하게 되고, 보다 사실에 접근되어 가고 있음을 말하는 것이다.

의식 안에서 좋아했던 대상을 현실에서 다시 만나게 되면 마음속으로 좋아했던 그 대상을 가까이 하게 되거나 자기 것으로 소유하고자 할 것이요, 마음속으로 싫어하였던 대상을 만나게 되면 의식적이건 무의식적이건 그것으로부터 멀어지고자 할 것이다. 이처럼 마음속에 품고 있었던 의지력이 구체적 현실로 나타나는 것이 바로 업業으로서 인간의 행동[行]인 것이다.

이것을 업으로 설명하자면 겉으로 드러나지 않고 심식 안에서 어떤 의지력으로만 작용하는 것을 드러나지 않는 업, 즉 무표업(無表業, avijñapti)이라 할 것이요, 말과 행동으로 자기의 의지를 드러냈을 때는 드러난 업, 즉 표업(表業, vijñapti)인 것이다.52 그러니까 업은 두 가지가 있는데,53 의식 내에서의 활동은 사업(思業, cetanā karma)이고 그것은 바로 무표업을 말하며, 그것이 행동으로 나타난 것은 사이업(思已業, cetayitvā karma)으로서 표업이다. 오온에서 네 번째인 행行은 이와 같은 두 가지의 의미를 가지고 있기 때문에 의지적 경향傾向 또는 의욕意欲이라 말해도 좋을 것이다.

반복적 경험으로서 행行, 즉 드러난 업[表業]으로서 행동은 사회적 실천과 과학적 실험을 의미하기도 한다. 사회과학이 실현하고자 하는 가치는 사회적 실천을 통해서 그것이 참이라는 것을 인식할 수 있고, 자연과학이 세운 가설假說은 반복된 실험을 통해서 비로소 그것이 가설의 단계를 넘어 진리임을 증명할 수 있게 된다. 따라서 인식은 인간의 실천적 활동과 함께 발전하며, 때로는 오랜 과정을 거쳐야만 하나의 개념을 이룰 수 있다.

감각적 인식인 느낌을 바탕으로 추리해 낸 것을 반복적 경험을 통해 검증 받아야 역사적으로 진리임을 확인할 수 있다는 점에서 그만큼 행(行, 實踐)의 중요성이 있게 된다. 때로는 천재적인 과학자들이 직감에서 얻은 것을 실험을 통해 객관화된 진리로 증명되는 것을 볼 수 있는데, 직감에서 객관화된 진리로 나아가는 과정이 바로 행行이란 실험이다.

우리의 인식은 반복적인 경험을 거침으로서 직접적인 것에서 간접적인 것으로, 단편적인 것에서 종합적인 것으로, 구체적인 것으로부터 추상적인 것으로 발전해 나아갈 수 있게 된다. 인간은 사회적 실천과정을 통해서 이제까지 쌓아 온 많은 감각적 자료를 분석하고 종합하여 사물의 공통된 특성을 추상한 다음 그것을 일반적이고 본질적인 것으로 개괄하여 개념화를 이루게 된다.

사실 인간에게 있어서 지식의 성장과 발전은 그 전에 참이라고 믿었던 것들이 사회적 경험을 통해 대폭적으로 수정되기도 하고, 때로는 전에 참이라고 믿었던 것을 포기하는 과정을 통해 상대적 차원을 넘어 점차 객관성을 띠고 통일되어 간다. 한마디로 인간은 자신의 시대와 더불어 세상을 파악하는 것이므로 인식은 문화와 역사의 산물인 셈이다.

또한 인간은 동물과 달라 단순히 자연환경에 적응하는 것이 아니라 실천을 통하여 의식적으로 자연환경을 변혁하여 자신의 수요에 맞게도 한다. 사회적 실천과정에서는 이제까지 수동적으로 받아들였던 세계를 향해 능동적으로 객관세계를 규정하게 된다. 이제까지 수동적이었던 내용들이 능동적으로 전환될 수 있고, 사회적 실천과 실험을 거치는 동안 객관화되는 것이 바로 오온에서 네 번째인 행行의 역할이다. 따라서 행은 우리가 욕구를 가지고 세계를 변혁시켜 나아가는 실천을 말하며, 그 실천은 목적지향적인 대상적 활동對象的 活動을 뜻한다.

우리가 실천을 통해 인식의 정당성을 확인하고 그것이 부당하다고 인식할 때는 포기하기도 하고 교정한다고 말했다. 그렇다면 무엇이 그 정당성을 담보할 수 있느냐라는 문제가 발생하게 된다.

그 점에 대하여 두 가지가 작용하고 있다고 본다. 하나는 개인적으로 육신이 요구하는 것이요, 또 하나는 사회적 차원에서 요구되는 것이다.

개인적 차원에서 요구되는 것은 육신이 외부에 대하여 반응하는 조건들이었던 유쾌한 것을 좋아하고 고통스러운 것을 싫어하는 것이고, 살기를 열망하고 죽음을 싫어하는 것이라 할 수 있다. 이런 욕구들은 이기적 욕구일 수밖에 없는데, 특히 유쾌한 것을 좋아하고 고통스러운 것을 싫어하는 것은 육신의 안락을 추구하는 욕망인데, 이러한 욕망에만 충실히 따르는 것을 쾌락주의라고 말할 것이다. 그러나 쾌락은 무한히 충족시킬 수 없다는 점에서 필연적으로 고통에 직면할 수밖에 없다. 그리고 살기를 열망하고 죽음을 싫어하는 것은 육신을 영구히 보존하려는 것인데, 그 욕망도 끝내 채워질 수 없으니 결국 좌절할 수밖에 없다.

사회적 차원의 욕구는 예로부터 전해 오는 관습적인 것이 있고, 교육에 의한 것이 있다. 우리는 이따금 어떠한 행동을 하고서 그것이 관습에 어긋날 때 망설이게 되는데, 그것은 자기의 행동을 관습에 비추어 보았을 때 어긋나고 있다고 판단하기 때문이다. 그러나 관습적인 것만을 정당성의 근거로 삼으면 보수적 성향을 나타내게 될 것이다.

교육은 참과 거짓이라는 객관적 사실과 그 사회가 지향하고 있는 목표에 따라 인간의 행동양식을 설정하게 되는데, 자기가 교육받은 것과 일치할 때는 정당하다고 인식하게 되고, 그 반대의 경우에는 부당하다고 인식하게 된다. 이 때 이기심에서 행동하는 것과 사회적 차원에서 요구하는 것이 일치하지 않을 때 그 사람은 필연적으로 갈등할 수밖에 없다. 예를 들면 지하철에서 노약자석이 비었을 때 이왕 자리가 비었으니 앉아도 좋겠다는 마음과 저 자리는 노약자를 위한 전용석이니 앉아서는 안 된다는 생각으로 마음의 갈등을 겪는 것이 그 예라 하겠다.

우리는 여기서 인간 이외의 동물의 감각은 어떠할까를 생각해 보자. 다른 동물들도 다섯 가지 감각기관인 눈・귀・코・혀・피부를 가지고 있고, 동물들도 감정을 가진 존재인 유정有情이니 동물들도 외부세계에 대하여 감각적으로 반응하게 된다. 다만 감정체계가 인간처럼 세밀하고 조직적이라고 말할 수 없을 뿐이다. 인간 이외의 동물에게도 느낌[受]과 표상[想] 그리고 의지적 경향[行]이 있겠지만 인간처럼 조직적이고 체계적인 교육이 없기 때문에 감각적 차원에 얽매어 있는 것이다. 사람은 각자마다 사물을 받아들이는 감각이 다르지만 교육과 실천이란 사회화 과정을 통해 그것이 보편화되고 표준화되어 가고 있는 것이다.

교육은 이기적 심성을 넘어서려고 한다는 점에서 인간을 보다 더 인간답게 성숙시킬 수 있는 길은 오직 교육뿐이다. 교육을 불교에서는 가르쳐서 변화시킨다는 뜻에서 교화敎化라고 한다. 교화란 빠리빠-까paripāka의 번역인데, 이 말은 '몸과 마음이 원숙한 상태를 초래하다'라는 뜻을 가진 동사(pari-√pac)에서 온 남성명사로 성숙成熟이라 번역하기도 한다. 산스끄리뜨어로 교화敎化와 성숙成熟은 같은 뜻이다.

5 식(識, vijñāna ⓟ viññāṇa)

오온의 다섯 번째는 식識이다. 식識이란 위즈냐-나(vijñāna)의 번역인데, 이 말은 '구별하다, 분별하다, 보고 곧 알다, 알아보다' 등의 뜻을 가진 동사(vi-√jñā)에서 온 중성명사로 '구별하는 행위, 분별하는 행위'를 의미한다.

위즈냐-나(vijñāna)를 어원적으로 살펴보면 위(vi)와 즈냐-나(jñāna)의 합성으로 볼 수 있는데, 위(vi)는 '두 부분, 따로따로, 서로 다른 쪽으로, 다르게' 등의 의미를 가진 접두사이고, 즈냐-나(jñāna)는 '구별할 줄 알다, 오관으로 지각하다, 뜻을 파악하다, 경험하여 알다' 등의 뜻을 가진 제9류동사 어근(√jñā)에서 온 중성명사로 '아는 것, 지식, 인식'이란 뜻이다. 따라서 위즈냐-나가 가지고 있는 의미는 대상 그대로 직관하여 아는 것이 아니라 다른 것과 구별하고 비교하여 아는 것을 의미한다.

예컨대 '장미는 붉다'고 하는 것은 색채라는 관점에서 본 장미의 진실이요, '장미과에 속한다'는 명제는 분류학상으로 본 장미의 진실을 나타낸다. 어느 것이나 장미가 가지고 있는 일면적인 진실을 나타낼 뿐 장미 그 자체는 아니다. 다시 말해서 주·객이 분리된 상태에서 '알려진' 것은 부분적 진실일 뿐이다. 우리는 이렇게 안 것을 언어로써 표현하게 되는데, 어떤 대상에 대하여 알고 그것을 말로 표현한다 해도 결국 그것은 개념에 불과할 뿐 살아 있는 구체적 사실로서 '그것'과는 다르다.

이처럼 주·객이 분리된 상태에서 아는 것, 다시 말해 비교 분석하여 아는 지식을 불교에서는 분별지分別智라고 한다. 사실 깨닫는다는 것은 '대상 자체를 있는 그대로 통찰하여 터득하는 것'을 의미하는데 그렇게 하여 아는 지식을 직관지直觀知 또는 무분별지無分別智라고 한다. 무분별지를 지혜나 반야(般若, prajñā,ⓟ paññā)라고 한다. 대상 자체와 분리되어 주관적으로 의식한다는 의미인 위즈냐-나는 지식知識이라는 의미보다는 의식意識이란 의미가 강하다고 하겠다.

모든 쌓임은 느낌으로부터 생긴다고 했듯이54 몸뚱이가 외부세계를 감각적으로 받아들여 내면에서 이미지를 형성하고 그 과정을 반복하여 경험하면서 종합하고 분석하여 체계화하고 개념화한 정보가 바로 정신활동의 주체로서 식(識, vijñāna)이다. 분별력으로서 식은 감각적 재료로부터 추상을 통하여 얻어지기 때문에 감각에 없었던 것은 의식에도 없다고 말할 수 있다.

경전에 심의식(心意識, citta-mano-vijñāna)으로 표현하고 있기 때문에 아비달마논사들 가운데 혹자는 마음이 바로 의지요, 의지가 바로 분별이므로 이름만 다를 뿐 의미상에는 차별이 없다고 하였는가 하면, 혹자는 과거를 의지, 미래를 마음, 그리고 현재를 분별이라 하여 시간적으로 차별이 있는 것으로 보기도 하였다.

그러나 협존자脇尊者는 말하기를, '더욱 자라게 하고 분할하는 것이 마음의 활동이요, 생각하고 헤아리면서 사유하는 것이 의지의 활동이며, 분별하여 밝게 아는 것을 지식의 활동'이라 하여 심·의·식을 역할로서 구분하고 있다. 따라서 협존자는 마음과 의지와 지식은 그 역할은 달리하지만 결국은 하나로 보려 한 것 같다.55

『성실론』에는 '마음[心]과 의지[意]와 분별[識]은 바탕은 하나인데 이름이 다르다. 만약 법에 인연이 될 수 있으면 그것을 마음이라 한다. 수受·상想·행行 등의 심수법心數法도 모두 마음의 다른 이름이다. 마음은 하나인데 다만 때에 따라 차별된 이름을 붙인 것뿐'이라 했다.56 심수법이란 짜이따시까 다르마caitasika-dharma의 번역인데, 짜이따시까는 '마음에 관한 것'이란 뜻이다.

『증일아함경』에 삼세가 함께 만난다고 했듯이 심·의·식은 물이 흐르듯이 과거에서 현재로 이어지고 다시 미래로 연결되고 있는 것이다. 오관은 각기 자기가 대하는 목전의 사물만 분별하지만 의식은 오관이 받아들인 모두를 대상으로 할 뿐 아니라 현재 목전의 사물을 분별하기도 하고, 지나간 경험을 떠올려 회상하기도 하며, 경험을 바탕으로 미래의 일들까지 추리하기도 한다.57

흔히 목전의 사물만을 분별하는 것을 자성분별自性分別이라 하고, 지나간 경험을 떠올려 분별하는 것을 수념분별隨念分別이라 하며, 경험을 바탕으로 미래의 일까지 추리하는 것을 계탁분별計度分別이라 한다.

먼저 분별이란 말은 위깔빠vikalpa로 '부합하다, 꼭 맞다'라는 의미를 가진 제1류동사 어근(√klṛip)에서 온 형용사 깔빠kalpa에 '두 부분, 따로따로, 서로 다른 쪽으로, 다르게' 등의 의미를 가진 접두사 위(vi)가 붙여진 말로 지각의 틈이나 일치하지 않음을 의미한다.

자성이란 스와바–와(svabhāva)인데, 이 말은 자기 자신을 뜻하는 스와(sva)에다 '~이다, ~가 되다'의 뜻을 가진 제1류동사 어근(√bhū)에서 온 남성명사로 '존재, 실재, 모양'이란 뜻의 바–와(bhāva)가 합성된 말로 '존재 자체'란 의미이고, 수념이란 아누스마라나anusmaraṇa인데, 이 말은 '생각해내다, 회상하다'라는 동사(anu–√smṛi)에서 온 중성명사로 '회상, 반복하여 떠올림'이란 뜻이며, 계탁이란 아비니루–빠나–(abhinirūpaṇā)인데, 이 말은 '동사가 뜻하는 쪽으로 향한다'는 뜻의 접두사 아비abhi와 '일을 해내다, 몸짓 등으로 암시하다'는 뜻의 동사(ni–√rūp)에서 온 여성명사로 '조사, 연구, 음미'란 뜻의 니루–빠나–(nirūpaṇā)가 합성된 말이다.

그러니까 자성분별은 존재하는 것 자체와 내가 인식하는 것의 틈이나 간격이요, 존재 자체에 대한 그릇된 지각을 말한다. 수념분별이란 기억을 떠올릴 때 그때의 사실과 내가 기억하는 것과의 틈이니 어긋난 기억을 의미하고, 계탁분별은 장차 다가올 일과 내가 생각하는 것과의 간격이니 미래에 대한 그릇된 예측을 의미한다. 이렇게 대상과 나의 인식 사이에 틈이나 간격이 생기는 것은 항상 의意라는 이기적인 목적의식이 끼어들기 때문이라 할 수 있다. 눈·귀·코 등 오관은 지금 목전에 대하고 있는 것들하고만 틈이 있게 되지만 의意는 목전의 것들은 물론이요 지나간 일이나 다가올 일들에 대해서까지 틈이 벌어지게 한다는 뜻이다.

오온의 마지막 단계인 식(識, vijñāna)은 본래 '다르게 안다' 또는 '분석하여 안다'는 의미를 가지고 있는데, 그것은 다음과 같은 의미로 이해할 수 있다. 우리가 무엇인가를 인식한다는 것은 객관대상을 '있는 그대로'를 직관하는 것이 아니라 무엇인가 다른 것과 구별하여 인식한다는 뜻이요, 거울이 사물을 반사하듯 있는 그대로를 반영하는 것이 아니라 자기의 주관적 심리가 개입되어 있다는 의미이다. 그것은 바로 육신[色]으로부터 감각[受]·지각[想]·의욕[行]의 과정을 거쳐 정리되고 체계화하는 것을 의意가 주도적으로 한다는 것을 말해 준다. 그래서 분별하는 것은 모두 의意라고 했다.58

흔히 오관五官이라 말하는 눈·귀·코·혀·피부는 바로 우리들 자신의 육신인 색色이다. 그리고 그 오관이 보고·들으며·냄새맡고·맛보며·감촉하는 것을 어떤 목적의식을 통해서 하나로 통일하여 가는 과정을 불교의 전문적인 술어로 수受·상想·행行·식識이라 하고, 이 다섯 개의 과정이 따로 따로 떨어져 있지 않고 접착제로 붙여 틈도 간격도 없이 하나로 한 덩어리가 된 듯이 엉겨 붙어 있는 상태가 온蘊이요 스깐디skandha이다. 그래서 오온을 말할 때는 색·수·상·행·식이란 과정이 바뀌거나 어느 하나라도 생략되어서는 안 된다.

또한 식을 다섯 번째라고 말한 의미는 첫 번째인 색에서부터 네 번째인 행을 거쳐 연속적으로 이어져 다섯 번째에 이르렀다는 뜻이니, 이제까지 말한 색·수·상·행이 별개로 독립되어 있는 것이 아니라 연속적 흐름으로 이어지고 있다는 의미이다. 연속적 흐름으로 이어지고 있기 때문에 온(蘊, skandha)이라 말하고, 그 온의 의미는 응축凝縮이나 축적蓄積을 뜻한다. 연속적으로 흐른다고 했지만 물처럼 연속되어 흐르는 것이 아니라 영화필름처럼 스냅사진의 연속이다. 다시 말해 정지된 장면이 연속적으로 흐르기 때문에 하나처럼 보인다는 뜻이다.

이제까지 구체적으로 살펴본 오온을 이렇게 비유하고 있다.

> **육신은 그릇과 같고, 감각은 음식과 같으며, 지각은 조미료와 같고, 의지는 요리사와 같고, 의식은 음식을 먹는 사람에 비유된다.**59

17 오온의 종합적 이해

오온 하나하나에 대하여 설명하였으니, 이제는 인식과정이란 측면에서 오온을 종합적으로 정리해 보자.

오온에서 법계를 드러내니 법계는 바로 오온이라 했는데,60 이 때 말하는 법계는 현상계가 머물게 하는 원리이자 그렇게 이미 정해진 이치로서 연기를 의미하는 다르마 다뚜dharma-dhātu가 아니라 다르마 삼즈냐까 dharma-samjñaka를 말하는 것이다. 쉽게 말해 의식계意識界와 같은 의미라 하겠다. 의식계로서 오온은 개개인에게 의식이 쌓여 가는 과정을 말하는 것이므로 불교인식체계의 핵심은 바로 오온인 셈이다.

오온은 감각적 단순관념을 조합해서 복합 관념인 의식을 만들어 내는 과정인데, 느낌으로 표현되는 감각적 단순관념은 주관적 감정이라는 점에서 대상에 대해 그릇된 인식을 가질 수 있는 여지가 있게 된다. 우리가 대상을 안다는 것은 있는 대상 그대로 지각하지 않고 대상에 대한 주관적 느낌을 지각의 재료로 삼고 있다는 점에서 우리의 앎은 객관적이지 못하다. 다시 말해 우리의 의식이 성립되는 과정을 통해서 볼 때, 우리가 안다는 것이 얼마나 주관적이며 이기적인가를 엿볼 수 있게 된다. 지식의 오류와 불확실의 근거는 대상에 대한 취사선택이라는 마음의 작용에서 비롯되고 있음을 알 수 있다.

또한 색수상행식色受想行識이라는 일련의 과정에 있어서 의식의 내용이 무엇이냐 하는 문제는 그의 신체적 조건과 주관적 의욕이 무엇을 지향하느냐에 깊이 연관되어 있고, 또 의식에 어떤 일이 일어나는가 하는 것은 신체에 어떤 일이 일어나는가에 달려 있다. 그래서 몸뚱이는 감각의 축적이라거나 오온은 감각으로부터 생기므로 모두가 감각의 축적이라 하였다.61

붓다의 인식적 입장은 초감각적인 것을 부정하고 경험을 중시하고 있다는 점에서 실증주의實證主義에 맞닿아 있다. 붓다는 경험을 통해 확인할 수 있는 것 이외에는 어떤 판단을 내릴 수 없다는 입장에 서 있다. 불교가 과학적科學的이라는 의미는 붓다가 도출한 결론이 현대물리학이 말하는 진리와 일치하기 때문이라기보다 인식적 방법이 현대과학과 맥을 같이하고 있다는 점을 말하는 것이다. 따라서 불생불멸不生不滅이라는 말을 아인슈타인의 등가의 법칙이나 질량불변의 법칙으로 설명하려는 것은 지나친 논리적 비약論理的 飛躍이라고 할 것이다. 이런 논리적 비약이 발생하는 것은 초기불교에 대한 깊은 고찰이 부족한 탓이라 생각된다.

붓다가 온·처·계로 설명하는 인식은 다분히 주관적이고 개인적이지만 반복된 경험과 확인을 통해서 주관적 오류를 넘어 객관성을 확보할 수 있다고 보았으며 인식의 타당성은 객관적 사실과 일치에서 찾았다. 그러나 훗날 유식학唯識學에서는 인식의 타당성이나 진리를 대상 속에서가 아니라 주관 속에 있다고 보았다. 그것은 유식학에서 삼계三界를 말로 설명하는 심리적 세계[名]로 해석하지 않고 물질적 세계[色]까지 내포한 것으로 오해한 결과였다고 본다.

유식唯識의 기초를 닦았던 세친世親은 말하기를, 삼계三界는 오직 마음이 있을 뿐이니, 심·의·식을 통틀어 말한다. 유심唯心이니 유식唯識이니 할 때 '오직'[唯]이라고 말하는 것은 마음 밖의 존재인 색진色塵을 제외하기 위한 것이라고 했다.62 그러니까 삼계유심三界唯心이나 만법유식萬法唯識이라고 할 때, 삼계나 만법은 외부세계인 색진色塵이 제외된 심리적 세계를 의미한다는 뜻이다. 이 때의 만법은 심법心法이요 제법무아諸法無我라고 할 때의 제법과 같은 의미이다.

『대승기신론』에 '삼계는 거짓이요 오직 마음이 만든다. 마음을 떠나면 육진경계도 없다'고 하였는데,63 여기서 말하는 삼계三界는 마음이 만들어 내는 심리적 세계를 말하는 것이지 마음 밖의 물질세계까지 말하는 것이 아니다. 또한 '육진 경계가 없다'는 것은 우리가 마음을 통해 의식 안에 구성하는 심상心想의 세계가 없다는 것이지 의식 밖의 물질세계 자체가 없다는 뜻은 아니다.

『입능가경』에 '삼계는 오직 가명이다'[三界惟假名]'라고 할 때의 가假는 산스끄리뜨어로 쁘라즈냡띠prajñapti로 '실재하는 것이 아니라 생각하여 있게 되는 것, 상상으로 만들어내는 것'이란 뜻이다. 의식 밖의 물질세계와 의식이 구성하는 의식내의 심리세계는 다르다는 것을 알아야 한다.

다시 오온과 자아의 관계를 살펴보자.

'사문이나 바라문이 자아自我가 있다고 본다면 그것은 모두 오온五蘊에서 자아를 보는 것'이라고 했는데,64 자아란 무엇을 말하는가를 먼저 생각해 보자.

동서양을 막론하고 옛날부터 대부분의 사람들은 '눈에 보이지는 않지만 삶을 지탱해 주는 것으로 비록 육신이 죽더라도 결코 변하지 않는 어떤 무엇'이 내 속에 있을 것이란 강력한 믿음을 가지고 있었다.

아득한 옛날부터 바라문이라 불린 인도의 지성들은 '육신이 죽더라도 결코 변하지 않는 어떤 무엇'을 아-뜨만ātman이라 부르면서 심장 안에 있다고 했다.65 이 아-뜨만이 바로 자아自我이다. 붓다는 바라문들의 이러한 견해에 대해 '자아라고 생각하고, 자아라고 믿고 싶은 마음이 있을 뿐 자아라고 할 만한 그 어떤 구체적 실체도 찾아낼 수 없다'고 반박하고 나섰다. 붓다의 이 충격적인 반박을 빨리어로 아낫따-(anattā), 산스끄리뜨어로 아나-뜨만anātman이라 하며, 흔히 무아無我나 비아非我로 한역된다.

고따마 붓다가 선언한 무아無我야말로 인간 존재의 밑바탕을 파헤치는 것이요 이제까지 굳건하고 강력하게 믿어왔던 전통적인 믿음이 한낱 망상에 지나지 않았음을 밝히는 고발이었다. 2천 5백여 년 전, 고따마 붓다에 의해 제기된 무아를 오늘날까지도 많은 사람들이 터무니 없어하거나 당황해한 나머지 받아들이기를 망설이고 있지만 현대 심리학이나 뇌 과학 등에서는 붓다의 견해가 옳았다는 것을 증명해주고 있다.

아마 오늘날 같았으면 엑스레이X-ray나, 씨티C.T나 엠알아이M.R.I를 촬영해서 자아가 정말로 우리의 몸속 어디에 있는지 확인해 보자고 했겠지만 무려 2천 5백여 년 전, 붓다 시대에는 그럴 수 있는 처지가 못 되었다. 고따마 붓다의 사상도 붓다가 살았던 시대를 넘어설 수 없었던 것이다. 당시 붓다가 할 수 있었던 최선의 방법은 오온을 자아라고 믿고 있으니 그 하나하나를 해부학적으로 해체해서라도 자아를 찾아보자는 것이었고, 그렇게 했을 때 그 어디에도 자아와 같은 것은 확인할 수 없었다는 것이 오온개공五蘊皆空이다.

18 무아의 바른 뜻

붓다가 말한 무아(無我, anātman)는 아-뜨만ātman이 없다고 단언하였다기보다는 아-뜨만과 같은 것은 경험적으로 인식되지 않고 파악할 수 없는 것이라는 입장이었다. 붓다사상의 한 특징은 형이상학적인 문제에 대해서는 단언할 수 없는 무기無記라 하여 침묵으로 일관한 것이었으니, 형이상학적 개념에 지나지 않는 아-뜨만을 없다고 단언하지 않았을 것이 분명하기 때문이다.

만약 붓다가 아-뜨만은 없다고 잘라 말했다고 한다면 붓다 역시 형이상학에 대하여 결론을 내린 것이 되어 고따마 붓다의 사상적 특징이자 철학적 입장인 중도中道에서 벗어날 수밖에 없다. '말할 수 없는 것은 말하지 않는다'는 것이 붓다의 철학적 입장이었는데, 아-뜨만을 없다고 잘라 말했다면 말할 수 없는 것을 말한 것이 되어 버린다는 뜻이다. 따라서 불교에서 무아無我라고 할 때의 무無는 유有의 반대 개념으로 없다는 뜻이라기보다 그런 것은 있는지 없는지 분명하게 인식할 수 없다는 의미의 불가득不可得의 뜻으로 보는 것이 타당할 것이다. 불가득은 노빨라비아떼nopalabhyate로 '인식되지 않는다, 파악되지 않는다, 손에 잡히지 않는다'는 뜻이다. 다시 말해 무아는 자아ātman는 없다는 의미이기보다 '자아는 인식되지 않는다'거나 '자아는 손에 잡히지 않는다'는 뜻으로 이해하는 것이 정확하다고 하겠다.

『잡아함경』의 말씀을 들어보자.

> **만약 자아가 있다고만 고집하면 상견에 떨어진다. 그렇다고 자아가 없다고만 고집하면 단견에 떨어지고 만다. 그래서 나는 이 두 가지 극단을 떠나 중도로 회통하여 법을 설한다.**66

불교의 무아설은 불교 특유의 교설이자 불교의 실천적 입장을 강력히 내포하고 있다. 붓다는 자아에 맹목적으로 집착하는 것이 상견常見이듯이 무아에 맹목적으로 집착하는 것은 단견斷見이라고 하였다. 불변의 자아를 인정하고 그것에 집착하면 영혼불멸론자靈魂不滅論者로 전락하고, 그 반대로 무아에 극단적으로 집착하면 허무주의자虛無主義者로 전락한다고 보았다. 바로 여기서 붓다의 독자적인 입장인 중도中道가 천명되었다. 따라서 붓다가 세운 중도는 사변적 형이상학에 빠져 독단하는 것을 넘어 현실적으로 갈등을 극복하게 하는 실천철학이었던 것이다.

『대반열반경』에 '만약 부처님의 가르침은 무아요 허무주의라고만 생각한다면 그 사람은 한량없는 세월에 생사를 헤매면서 고통을 받고 말 것'이라거나67 '불법은 반드시 무아無我이기 때문에 여래가 제자들에게 무아無我만을 닦으라고 명령하였다고 말한다면 그릇된 생각이요 착각'이라고 말하는 것으로 보아68 붓다가 가르친 무아에 대하여 잘못 이해하는 일은 붓다가 세상을 떠난 뒤에 더 심각한 문제로 등장했던 모양이다.

용수 보살은 이렇게 말한다.

붓다가 아我를 말하기도 하고 무아無我를 말하기도 했는데, 만약 붓다의 가르침을 이해하고 가명假名임을 아는 사람에게는 아가 있다고 말했고, 가르침의 뜻을 이해하지 못하고 가명假名이라는 것을 알지 못하는 사람에게는 무아를 말했다.

또 단멸견斷滅見에 떨어지려는 사람을 위해서는 아도 있고 후세에 죄와 복을 받는다고 말씀하셨고, 상견常見에 떨어지려는 사람에게는 무아를 말하고 업을 짓는 자도 업을 받는 자도 없으며 오온에 가명으로 붙인 이름마저 버리면 무엇 하나도 저절로 있는 것은 없다고 말씀하셨다.……

만약 선근이 성숙하지 못하고 지혜가 영리하지 않으면 붓다는 무아라는 심오한 가르침을 설하지 않으니, 만약 그런 사람에게 설하면 단멸견斷滅見에 떨어지기 때문이다.69

세친世親도 이렇게 말했다.

만약 사문이나 바라문이 자아가 있다고 집착하는 견해가 있다면 그것은 모

두 오온에 의지하여 집착하는 견해를 일으키는 것이다. 그러므로 일상적인 자기에서 자아라는 집착을 일으키지 않아야 한다.……

자아가 없는데도 자아가 있다고 집착하는 것을 상도想倒 **· 심도**心倒 **· 견도**見倒**라고 한다.**70

불교가 그 어떤 사상과도 분명한 선을 긋고 있는 것은 무아無我인데, 무아는 그 만큼 오해와 왜곡도 많았음을 알 수 있다. 논論에 '붓다는 다만 외도들이 오온을 떠나서 따로 영원하고 파괴되지 않는 모습의 아가 있다고 헤아리므로 이 삿된 견해를 끊기 위하여 무아를 말한다. 지금 내가 말하는 무아는 오온이 화합한 것을 나라고 부른 것이다. 그러므로 오온이 화합한 것을 아라고 이름을 빌린 것이지 실체가 있는 것이 아님을 알아야 한다'고 했으니,71 고따마 붓다의 가르침을 바르게 이해하기 위해서는 왜 그런 주장이 나오게 되었는가를 역사적 배경을 통해 이해할 수 있어야 한다.

사실 사람들이 자아가 없다는 것을 받아들이지 못하는 것은 이해력이 부족해서가 아니라 자아가 없다고 했을 때 벌어지는 결과가 두렵기 때문인 것 같다. 대부분의 사람들은 지금도 누구인가가 인격이니 양심이니 하는 말들은 한낱 빈껍데기에 지나지 않는다고 말을 한다면 아마 강한 거부감을 나타내기 쉬울 것이다. 자신이 이제까지 믿어왔던 생각과는 너무 상반되는 충격적인 내용이기 때문이요, 이제까지 믿어왔던 내가 허무虛無의 심연深淵 위에 표류하는 낙엽에 지나지 않는다는 사실을 인정하기란 그리 쉽지 않기 때문일 것이다.

'나'의 실체라고 믿었던 것이 사실은 아무 것도 없는 공空이라는 것을 받아들이지 못하는 심리적 공황상태를 황벽黃檗 선사禪師는 다음과 같이 꼬집어 말했다.

인간의 마음은 본래 아무 것도 없는 텅 빈 공空인데도, 사람들은 마음을 비우면 움켜잡을 것이라곤 아무 것도 없는 캄캄한 허무의 심연으로 떨어지고 마는 것은 아닐까하는 공포감 때문에 감히 마음을 비우지 못하고 있다. 그것은 텅 비었다는 것이 본래 텅 비었다고 할 것도 없는 이 세상의 유일한 참모습이라는 것을 알지 못하기 때문이다.72

어쩌면 대부분의 사람들은 자신의 참모습을 있는 사실 그대로 안다는 것 자체를 겁내고 두려워하는지도 모른다. 이제까지 굳건하게 믿고 있었던 것이 송두리째 무너지는 것을 용납하기란 쉽지가 않기 때문이다. 많은 사람들이 애매모호한 것을 분명한 것으로 믿고 있는 것을 보면 사람들은 분명한 사실을 좋아하기보다 자신이 바라고 있는 것을 분명하다고 믿기를 좋아하는 것 같다. 다시 말해 대부분의 사람들은 현실보다는 허구 속에서 상상하기를 좋아하고, 진실을 말하는 것보다 비록 거짓일지라도 마음에 쏙 드는 소리를 듣는 편이 마음이 편하다고 여긴다.

사람들이 강력하게 믿고 있는 자아라는 의식은 태어나기 전부터 미리 조립되어진 본질적인 것이 아니라 이 세상에 살아가면서 자신이 느끼고 경험했던 편린들이 기억이라는 접착제로 단단히 이어 붙여진 망상에 불과하다. 우리는 자아라는 어떤 실체를 가지고 태어나는 것이 아니라 세상을 살아가면서 느끼는 인상들이 쌓이고 쌓여 하나의 덩어리처럼 된 것을 자아라고 잘못 생각하고 있을 뿐이다.

사람들은 옛날이나 지금이나 변함없는 '나'를 있게 하는 것이 자아라고 생각하는 데, 옛날의 '나'라는 것은 지나간 경험들 가운데 지금의 나와 가장 잘 어울리고, 지금의 나를 합리화하고 정당화시킬 수 있는 것만을 떠올리는 것에 지나지 않는다. 우리의 의식 속에 남겨진 과거라는 것은 그때 그

순간에 있었던 가장 인상적인 모습들이 쌓여 있는 것인데, 이것들을 회상할 때는 지금의 나와 연결된 모습으로 떠올리는 것이다. 지난날의 어떤 인상적인 기억 가운데 지금의 자신에게 가장 잘 어울릴 수 있는 것만을 끄집어내어 연결시킨 것을 자아라고 생각하는 것이니, 자아는 회상이 만들어내는 하나의 망상에 지나지 않는다.

인간은 육체와 영혼으로 구성되어 있고, 정신적 삶은 영혼에서 이루어진다고 보는 것이 일반적인 상식이요 전통적 견해지만 고따마 붓다는 영혼이란 육체와 별개의 어떤 실체적 존재가 아니라 인식적 기능으로서 마음이나 의식이라 보았다.

붓다는 무아無我를 가르침으로써 불교의 독특한 입장을 천명하게 되었으며, 동시에 붓다철학의 위대성을 드러내게 되었다. 왜냐하면 현대의 심리학은 인간에게 불변의 자아나 인격 같은 것은 존재하지 않는다는 결론에 도달하고 있으니, 현대 심리학이 도달하게 된 결론은 이미 2천 수백 년 전의 붓다에 의하여 예비 되었던 것이다. 사실 우리들이 생각하는 자아라는 관념은 부단히 생성되고 해체되며 재결합하는 심리적 작용이 있을 뿐 불변의 실체로서 영혼 같은 것이 아니라고 보는 것이 붓다의 기본적 입장이다. 흔히 우리가 일상적으로 '나'我라고 표현되는 것은 '실체'로서 그 무엇이 있는 것이 아니라 실체라고 집착하는 가공架空의 망상이 있을 따름이라는 것이다. 그와 같은 붓다의 입장을 밝히는 것이 무아無我이며 아공我空이다.

자아는 구체적 실체가 아니라 내 몸뚱이를 통해서 경험했던 인상들을 '나'라고 상상하는 것에 지나지 않는다. 마치 어려서부터 촬영해 놓았던 사진들을 들척이면서 좋았던 추억에 잠기는 것과 같다고 하겠다. 우리의 몸뚱이가 보고 듣는 등의 감각이 존속하는 한 보고 듣는 감각의 주체자를 자아라고 생각하고 집착하는 것이다. 몸뚱이에서 감각작용이 단절되는 것이 죽음인데, 사후에도 살아 있을 때와 마찬가지의 자아가 있을 것이라 믿는 것이 영혼靈魂이다. 여기에는 육신의 죽음으로 나의 모든 것이 끝장이라는 허무에 대한 거부감이 짙게 깔려 있다. 허무에 대한 불안과 거부감이 영혼을 불멸할 것이라는 강력한 믿음을 낳는다.

19 긍정된 나와 부정된 자아

한역경전에는 전혀 다른 뜻을 가지고 있는 말이 똑 같이 아我라고 쓰이고 있어서 무아에 대해 더욱 혼동을 주고 있는 것 같다. 아–뜨만을 '아'我로 번역하고, 이의 부정을 무아無我라고 했는데, 아–뜨만과 아무런 상관도 없는 말이 '아'我로 번역되고 있다.

예를 들면 한역경전의 첫머리에 여시아문如是我聞이라는 말이 상용구로 쓰이고 있는데, 이 말은 '에왕 마야–슈루땀'Evaṃ mayā śrutam을 번역한 것으로 아문我聞이라고 할 때의 '아'는 마야–(mayā)이다. 마야–는 일인칭 대명사 마드mad의 단수 구격具格으로 '나에 의해'라는 뜻이며, 이 말의 단수 주격主格은 아함aham이다.

'아'가 이와 같은 용법으로 쓰인 말로 '법을 보는 자가 나를 본다; 나를 보는 자가 법을 본다'(Ⓟ Yo kho dhammaṃ passati so maṃ passati; yo maṃ passati so dhammaṃ passati)는 유명한 경구가 있다. 빨리어로 표기된 이 문장에서 '나'를 의미하는 말은 망maṃ인데, 이는 일인칭 대명사 암하amha의 단수 대격으로 '나를'이란 뜻이고, 이 말의 단수 주격은 아함aham으로 산스끄리뜨와 같다.

아–뜨만ātman과 아함aham이 한역경전에서는 똑 같이 '아'라는 말로 쓰고 있지만 원래 아–뜨만은 '숨쉬다'라는 뜻을 가진 동사 어근(√an)에서 온 남성명사로 '호흡, 입김'이란 뜻으로 쓰이다가 '본질, 개인의 혼, 자아, 영혼' 등의 뜻으로 쓰이게 된 형이상학적 개념인데 비해 아함aham은 일인칭 대명사 단수 주격이다.

아—뜨만과 아함은 개념상 전혀 다른 말이므로 이것을 구분하여 쓴다면 아함aham은 우리말로 '나', 영어로 '아이'(I)라 할 수 있고, 아—뜨만atman은 우리말로 '자아'自我, 영어로 '셀프'self가 될 것이다. 이 둘을 자아라고 한다면 아함은 일인칭적 자아一人稱的 自我라 하고, 아—뜨만은 형이상학적 자아形而上學的 自我로 구분하면 좋을 것이다.

일인칭적 자아인 아함은 언제인가는 죽고 말 무상한 존재지만 형이상학적 자아인 아—뜨만은 시공時空을 초월하는 영원한 실재實在를 의미한다. 일인칭적 자아는 인식의 주체로서 몸뚱이를 가지고 먹고 마시고 생각하며 살아가는 삶의 주체지만 몸뚱이의 죽음과 함께 사라져 없어진다. 일인칭적 자아는 온갖 환경적 여건에 시달리기도 하고 어떻게 해보려고 애쓰는 내 인생의 주체로서 지금의 '나'를 말한다.

우리가 분명하게 알아두어야 할 것은 붓다는 육신과 독립하여 불변하는 자아, 생사를 초월하는 형이상학적 자아를 부정하였을 뿐이지 일상적 존재로서 인간존재를 부정한 것은 결코 아니다. 다시 말해 삶의 주체로서 일인칭적 자아一人稱的 自我를 부정하지 않았다는 것을 명심해야 한다.

오온에서 자아를 본다는 말은 우리가 의식을 쌓아가는 과정을 통해서 형이상학적 자아가 있는 것처럼 생각한다는 말인데, 고따마 붓다는 일인칭으로 불리는 '나' 속에는 시공을 초월하는 형이상학적 자아 같은 것은 없다고 선언한 것이 무아無我이다. 시공時空을 초월하여 동일하게 존재하는 형이상학적 자아가 우리 안에 있을 것이란 강렬한 믿음은 자기 몸뚱이를 존속시켜야 한다는 맹목적인 이기심의 변종에 지나지 않는다. 즉 자기 몸뚱이를 영원히 존속시키고 싶다는 맹목적 이기심이 자아라는 망상을 낳았던 것이다. 그러니까 시공을 초월하는 자아가 있는 것이 아니라 자아라고 생각하는 '나'가 있을 뿐이다.

다시 말해 존재하는 것은 경험의 주체로서 일인칭적 자아인 '나' 뿐인데, 그 '나' 역시 상황의 변화에 따라 바뀌고 달라지면서 이어지는 의식에 지나지 않는다. 그러나 내가 아무 것도 아니라는 이 말은 자아라는 것에 대한 강력한 믿음을 가졌던 이들에게 설명하기도 어렵고, 받아들이기는 더욱 더 어렵다. 자아라는 것은 실재하는 무엇이 아니기 때문에 현대의 첨단장비로도 확인할 수 없다. 첨단과학 장비로 우리의 몸뚱이를 샅샅이 스캔scan해도 자아는 발견할 수 없다는 뜻이다.

20 인식의 주체문제

인식이란 외부세계를 파악하고 그 의미를 이해하는 것인데, 이 때 문제가 되는 것은 누가 외부세계를 파악하느냐는 것이다. 다시 말해 주체主體의 문제가 생긴다. 경經에 '나의 의지가 법을 인식한다'[我意識法]고 하였으니73 '나'[我]가 인식하는 것이 분명해졌다. 여기서 '나'는 일인칭적 자아인 아함aham을 의미한다. 우리가 춥고 배고픔을 느끼고, 허기질 때 무엇인가를 먹어야 하겠다고 결정하는 것이 '자아'라고 여긴다면 그 자아는 일인칭적 자아일 수밖에 없다.

그런데 경전에 아의식법我意識法·의분별법意分別法74·의촉지법意觸知法이라 했으니75 의(意, manas)가 하는 역할이 식識이요 분별分別이며 지知라는 것을 알 수 있다. 그런데 심心과 의意와 식識은 바탕은 같은데 이름만 다를 뿐이라고 보았으니,76 눈이 본다거나 귀가 듣는다고 말하지만 눈은 밖을 보는 통로일 뿐이고, 귀는 소리가 들어오는 통로일 뿐이다. 사실상 눈을 통해 들어오는 정보를 처리하고, 귀를 통해 들어오는 정보를 처리하는 것은 의意라는 마음이 하는 일이다.

제법諸法은 의意를 따라 형태를 이룬다고 했으니77 의意가 처리한 정보가 다르마dharma, 즉 법法이다. 의가 처리한 정보로서의 법은 주관을 반영하고 있으므로 심법心法이요, 의지를 반영하고 있으므로 의법(意法, mano-dharma)이며, 인위적이고 조작적인 의미를 가지고 있어서 유위법(有爲法, saṃskṛta-dharma)이다. 이러한 법들은 의지로 표상表象하는 세계로 제법무아諸法無我라고 할 때의 법이며, 일체유심조一切唯心造라고 할 때의 일체一切를 말하는 것이다. 만법유심萬法唯心이라거나 만법유식萬法唯識이라고 할 때의 만법萬法이다.

의意는 역할이나 기능에 따라 여러 가지 이름으로 불릴 수 있는데, 중성적 의미일 때 심心이나 심성心性이고, 인식적 기능일 때 식識·심식心識·의식意識·지식知識이며, 신념적 성향일 때 의지意志이며, 소유를 향한 목적지향적일 때는 의욕意欲 또는 의도意圖인데, 그 목적지향성이 도를 넘을 때는 의욕意慾이다. 의意가 맹목적이고 충동적일 때 무명無明이며, 감정적 성격일 때 정情·정의情意이며, 방향성을 띨 때는 의향意向·의취意趣·심행心行이고, 어떤 내용을 함의含意할 때 의의意義이고, 겉으로 드러내지는 않았지만 행위적 성격을 가질 때는 의업意業이고, 인식이 주관적 입장이 분명할 때는 의견意見이고, 지나간 과거에 대하여 회상하는 것이 억념憶念이고, 미래에 대하여 이리저리 헤아리는 것이 계탁計度이며, 의도하는 바가 바람직할 때는 선의善意요, 바람직하지 못할 때는 악의惡意이다.

그러니까 생명활동의 중심이 바로 의(意, manas)인 셈인데, 의는 우리가 살아남는데 유리하도록 조작할 뿐만 아니라 자신을 합리화하고 정당화시키는 속성을 가지고 있다. 생명활동은 인식이요, 그 인식의 뿌리는 마나스manas라 불리는 욕망이요 그 욕망은 바로 자신의 몸뚱이를 안락하게 하고 영구히 존속시키고 싶다는 이기성에 기초하고 있는 것이다.

경經에 전에 본 것을 기억하고 회상하며 잊어버리지 않고 물이 흘러가듯이 마음속에서 이어지는 것이 의라고 했다.78 이런 의意를 의식의 흐름이란 뜻에서 찟따 다-라-(citta-dhārā)라고 했다.79 훗날 유식학에서는 제칠식第七識, 제팔식第八識이란 개념을 세우고, 제칠식을 말나식(末那識, mana-vijñāna), 제팔식을 아라야식[ālaya-vijñāna]이라 이름을 붙였지만 그것은 의식이 가지고 있는 속성에 따라 분류한 것이라 볼 수 있다. 즉 의식 속에 잠복되어 있는 이기적 심성을 말하는 것이 제칠식第七識이고, 그 이기적 심성이 간직되어 있는 상태를 제팔식第八識이라 부른 것이다. 의意에 깊숙이 잠복되어 있는 성질에 따라 이름을 붙인 것인데, 한마디로 우리가 의식적으로 분별할 수 없는 무의식無意識의 세계를 설명하는 방법이라 하겠다. 그러나 이와 같이 전오식前五識·제육의식第六意識·제칠말나식第七末那識·제팔아라야식第八阿賴耶識 등 이런 저런 식을 말하지만 그것은 단지 이름이 있는 것일 뿐이고 어떤 구체적인 모습이 있는 것은 아니라는 것을 알아두어야 한다.80 이런 식들이 구체적 실체인 것처럼 집착한다면 그것이 바로 법집(法執, dharma-grāha)이다.81

우리가 보통 마음이라고 말할 때의 마음은 이 의意의 활동으로 보고 옛날에는 심장과 관계하는 것으로 여겨왔지만 현대과학은 의식에서 어떤 느낌이 일어나는 곳은 마음이 아니라 뇌惱라고 한다. 예를 들어 안구를 통해 들어오는 빛 에너지를 망막에서 전기신호로 바꾸고, 이 신호는 뉴런neuron이란 신경세포를 따라 뇌로 전달되고 해석은 거기에서 이루어진다는 것이다. 그런데 시각의 경우, 세상에는 사람들이 최대한 구별할 수 있는 약 250가지의 색깔이 있는 게 아니라 400~800나노미터 사이의 수 없이 많은 가시광선의 파장만 있다고 한다.82 그 중에서 약 700나노미터의 파장을 뇌가 받아들여 붉은색 또는 그와 비슷한 색조로 느끼는데, 우리의 뇌가 700나노미터의 파장을 어떻게 붉은 색으로 만들어내는지는 수수께끼라고 한다. 그러니까 인식의 첫 출발인 감각이 어떻게 이루어지는지에 대해서 아직은 미지의 영역에 둘러싸여 있다고 하겠다.

뇌가 없으면 마음의 기능도 없다는 점에서 마음이란 뇌의 기능이라 보는 것이 현대과학의 일치된 견해이다. 뇌는 뉴런neuron이란 신경세포와 이 신경세포의 말단에 있는 시냅스synapse로 구성되어 있는데, '우리의 뇌에는 뉴런이라고 불리는 신경세포가 대략 1000억 개나 들어 있고, 신경세포 간에 자극을 전달해주는 수 마이크론 크기의 매우 작은 구조인 시냅스가 무려 1000조 개나 들어 있다'고 한다.83

대략 1000억 개나 되는 뉴런과 뉴런을 잇는 두 시냅스는 100만 분의 2cm 떨어져 있는데, 1000조 개나 되는 시냅스 사이에서 전기·화학신호가 일어나는 것을 뇌의 활동이라 말한다. 결국 마음이란 1000조 개나 되는 시냅스간의 상호작용을 의미한다. 1000조 개나 되는 시냅스에 투입되는 전기·화학신호가 사람마다 다르기 때문에 사람의 마음도 다를 수밖에 없다. 일란성 쌍둥이마저도 성격이 다른 까닭이 여기에 있다고 하겠다.

인간의 뇌는 1kg보다 약간 무거운 두개골 아래에 있는 부드러운 뉴런 덩어리인데, 이 속에 인간을 인간으로 만드는 모든 것들이 들어 있는 셈이다. 그런데 뇌는 해부할 수는 있지만 해부한다고 해서 뇌의 내부를 속속들이 알 수 없다는 점에서 마음은 아직도 미지의 영역에 남아 있는 셈이다. 그것은 바로 인간은 아직 불가사의한 존재라는 의미이다.

의식은 마음의 기능이 아니라 뇌의 기능이라는 것을 환지통(幻肢痛, phantom limb pain)환자의 경우를 통해서 잘 이해할 수 있을 것 같다. 환지幻肢란 사고로 팔이나 다리가 잘려나가 그 부위가 없는데도 마치 잘려나가기 전처럼 느껴지는 것을 말한다. 이미 팔이나 다리가 잘려나가 없는데도 그것들이 있을 때처럼 아프기도 하고, 가렵기도 하는 통증을 느끼는 것을 환지통이라 한다. 이런 경우를 통해 보더라도 피부가 느낌을 일으키는 것이 아니라 뇌에서 일으키는 착각이라는 것을 알 수 있다. 이와 마찬가지로 우리의 뇌 속에서는 자아自我라는 것을 상상한다고 한다. 자아는 뇌가 상상해 내는 착각일 뿐 우리의 어디에도 자아의 실체는 없다고 말한다. 뇌 속에서 상상하는 자아는 실재하는 어떤 것이 아니라 뉴런의 복합적인 활성화 패턴과 이들의 일시적이고 역동적인 연합으로 만들어지는 상상일 뿐이다.

결국 인식의 주체로서 자아는 가상이고 이 몸뚱이를 중심으로 일어나는 의식 활동이 있을 뿐인데, 그것은 내 몸뚱이가 외부세계와 만날 때 일어나는 느낌, 즉 감각이 연속적으로 쌓이는 것에 지나지 않는다. 그 느낌이 뇌의 활동인 것만은 확실한데 왜 그때 그런 느낌이 일어나는지는 아직도 풀어야할 미지의 문제이다. 사람이 보고 느끼는 것이 정신인데 의식이나 마음은 보고 느끼는 그 정신에 의지한다고 했는데,[84] 그 정신이 바로 뇌의 활동인 셈이다.

보설補說_ 4. 사실과 가치

붓다는 지식의 근거를 경험에 두고 있지만 모든 지식이 경험에 바탕을 두고 있다고 말할 수는 없다. 예를 들어 윤리학에 있어서 선악善惡이나 정의正義 등과 같은 가치는 객관적으로 증명될 수 없다. 가치는 물리적 실험의 대상도 아니요, 우리의 오관으로 파악되는 것도 아니다. 그것을 체험하는 사람이 가치를 파악할 뿐이다.

그러나 가치가 오직 체험하는 자의 개인적인 문제라고만 한다면 가치는 세상 사람들의 숫자만큼이나 다양할 뿐 아니라 개인끼리 서로 상충될 수밖에 없으니 혼란스럽다. 그리고 가치가 우리의 경험으로 증명될 수 없다고 해서 가치 자체가 무의미하다거나 가치 자체가 없다고 말할 수도 없다. 가치는 비록 실체로서 증명될 수 없는 것이지만 우리 인간 생활에 있어서 대단히 중요한 의미를 가진다. 인간이 동물 가운데 인간일 수 있는 것도 가치를 문제 삼고 있기 때문이라고 말할 수도 있다.

예를 들어 물리학자가 핵물리학을 연구하고 생화학자가 유전형질을 연구하였다고 하자. 물리학자가 원자력을 개발하고 생화학자가 유전형질을 조작할 수 있게 되었다고 해도 그것은 객관적 실재에 대한 사실의 탐구에 지나지 않는다. 그러므로 물리학자나 생화학자는 객관적 사실에 대한 연구를 하는 것이기 때문에 그들에게는 참이냐 거짓이냐의 문제가 중요한 관건이 된다. 과학상의 문제들은 실재에 대한 사실만이 있을 따름이지 윤리적 가치 판단의 대상은 아니다.

그러나 물리학자가 핵폭탄을 만들어 내어 인류문명을 파괴하게 되었고, 생화학자가 유전형질을 조작하여 복제인간複製人間을 만들었다면 그것은 윤리적인 문제가 되지 않을 수 없다. 그러니까 과학자가 연구한 결과가 인류에게 어떠한 결과를 가져오느냐에 따라서 객관적 사실에 대한 연구도 윤리적인 문제와 밀접한 관계를 맺게 되는 것이다.

원자력이 대량살상의 무기를 만들려는 목적에서 연구되고, 유전형질의 조작이 복제인간을 만들려는 목적이었다면 아무리 객관적 사실의 탐구였다고 하더라도 비윤리적이라는 비난을 받을 수밖에 없다. 그러나 원자력이 인간의 질병을 퇴치하고 세계평화를 이끌 수 있는 방법으로 이용되고, 유전형질의 변경이나 조작이 식량생산을 돕고 인간의 질병을 치료하고 예방하는 것으로 이용된다면 과학자들의 연구행위는 분명 권장되어야 할 선善이라 할 것이다.

과학자들도 자신이 행한 결과를 가지고 윤리적 책임을 생각하지 않을 수 없게 되지만 사실상 그와 같은 문제는 객관적 사실에 대한 연구결과를 사용하는 이들의 문제인 것이다. 객관적 사실을 연구하는 그 자체를 문제시한다면 인류문명은 결코 발전하지 못하고 말 것이다. 객관적 사실을 연구하는 문제를 윤리적 가치판단의 문제로 제한하려는 사회에서는 과학의 발전은 기대할 수 없다.

오늘날 인류 역사의 발전은 자연과학적 방법에 의해서 이끌어지고 있으며, 자연과학의 업적이 낳은 결과들을 편리하게 이용하면서 오늘의 삶을 누리고 있으니 인간이 문명사회이전으로 돌아가기를 바라지 않는 한 자연과학 그 자체를 거부할 수는 없는 노릇이다. 다만 우리 모두에게 중요한 것은 과학 자체를 거부하려 할 것이 아니라 과학자들이 연구한 업적을 어떻게 사용할 것이냐의 문제에 대하여 심각하게 고려해야 한다는 것이다.

따라서 객관적 사실을 규명하는 지식이 윤리적 판단의 대상이 될 때 그 판단의 기준은 다분히 공리주의적 입장功利主義的 立場을 취하지 않을 수 없을 것 같다. 객관적 사실을 규명한 지식이 도덕적으로 선이냐 악이냐의 문제는 지식 자체의 참과 거짓의 문제가 아니라 유용성有用性의 문제와 관계를 맺으면서 판단의 대상이 되는 것이다. 바로 이점에서 과학적 진리와 윤리적 가치의 타당성의 근거가 다름을 알 수 있다.

과학적 진리는 오직 사실에 대한 참과 거짓이란 판단에만 관계되지만 윤리적 가치는 인류라는 차원에서 적당한가, 적당하지 못한가의 판단에 따라 선악의 갈림길이 벌어진다. 과학적 진리는 인식의 문제에만 관계되지만 윤리적 가치는 목적과 유용성 그리고 공리주의적 입장을 고려하지 않을 수 없게 된다.

그러나 윤리적 가치가 참과 거짓이라는 인식의 문제와 전혀 별개의 문제라고 말할 수는 없는 노릇이다. 유용하다는 것과 참과 거짓은 별개의 문제이긴 하지만 유용한 것이면서도 그것이 허위임이 분명할 때는 점차로 거부되어질 수밖에 없기 때문이다.

우리는 여기서 다시 유용성과 참과 거짓의 문제를 생각하지 않을 수 없는데, 하나의 예를 들어보자. 사람들이 어떤 나무에 서낭신[城隍神]이 붙어있다고 '믿을 때', 그 나무는 특별한 나무, 소위 신성을 부여받은 '서낭나무'가 된다. 서낭나무는 이미 다른 어떤 나무와 같은 나무일 수가 없다. 그 나무에는 권위가 있고, 그 권위는 사람들에게 심리적으로 큰 영향력을 미치게 되었다. 그래서 사람들은 불안한 일이 생겼거나 무엇인가 얻고자 할 때 그 앞에서 빌곤 한다. 그리고는 그러한 행위를 통해 마음의 위안을 얻기도 한다. 서낭나무의 신성이라는 권위가 사람들의 심리적 불안을 해소할 수 있었던 것이다.

그러나 옛날사람들이 서낭나무 앞에 기도함으로써 불안을 극복했었던 일이 있었다고 하여 오늘의 우리도 계속하여 서낭나무의 존재를 인정할 것인가를 묻지 않을 수 없다. 사실상 오늘 우리는 그와 같은 문제에 대하여 미신迷信이라는 입장에서 거부하기도 하고, 또 한편으로는 민속民俗이나 전통傳統이라는 입장에서 존재 의미를 부여하는 것도 볼 수 있다.

그러나 민속이나 전통이라는 차원에서 서낭나무의 존재를 받아들이고 있는 사람들에게까지도 서낭나무의 권위는 옛날처럼 유지되지 못하고 있는 것도 사실이다. 오늘의 인식에서 볼 때 서낭나무 앞에서 기도하는 행위는 참된 인식에 바탕하고 있는 합리적인 행동이 아니라 잘못된 지식을 '믿음'으로 받아들였기 때문에 합리적 이성에 눈을 뜨게 되면서 옛날 사람들과 같은 기도행위는 배척되어 가고 있다.

그런데 불자들 가운데는 심리적으로 위안을 줄 수 있다는 이유만을 앞세워 잘못된 믿음에 기반을 둔 미신적 행위를 자행하는 모습들을 곳곳에서 찾아 볼 수 있다. 입춘立春이 되면 몇 년생은 삼재가 들어오고, 몇 년생은 삼재가 나간다고 하며 삼재풀이 운운하는 것이 하나의 예라 하겠다. 전근대적인 미신적 행위를 하면서도 방편이라는 말로 정당화하려고 하기 때문에 불교는 미신화 되었고 낡은 믿음처럼 비쳐지고 있는 것이다.

이러한 미신적 행위는 참과 거짓을 인식의 근거로 삼지 않고 심리적 위안을 준다는 유용성만으로 판단의 근거를 삼고 있기 때문이다. 그러므로 참과 거짓을 판단의 근거로 삼는 사람들에게는 미신적 행위는 한낱 허위의식에 가득찬 어리석은 행동으로 보일 수밖에 없다. 따라서 종교가 신념과 가치를 중요하게 생각한다고 해서 참과 거짓의 문제를 무시하고, 심리적으로 유용하다는 이유만으로 미신적 행위에 매달려 있을 때는 그런 종교는 날이 갈수록 합리적으로 생각하는 사람들로부터 소외당하게 될 것이다. 그렇기 때문에 오늘의 종교는 신앙행위에 대하여 유용성만을 말할 것이 아니라 인식의 입장에서 참과 거짓이냐의 문제를 동시에 심각하게 고려해야 할 것이다.

물론 종교가 자연과학이 아닌 한 객관적 사실만을 지식의 근거로 삼을 수는 없을지 모른다. 그러나 종교가 삶의 가치와 의미를 중시한다고 해서 참과 거짓을 등한시하고 유용성만을 앞세우게 되면 맹목적으로 치달을 염려가 있게 된다.

윤리의 문제로 등장하는 선악善惡이나 정의正義, 불의不義와 같은 도덕적 가치는 오관五官으로 파악할 수 있는 것도 아니요, 물리적 실험을 거칠 수 있는 것도 아니기 때문에 역사적 경험과 사회적 인식에 따라 결정되어 지고 있는 것이다. 도덕적 가치는 고정 불변하는 실체가 아니라 역사의 발전과 인식의 발달에 따라 새롭게 규정되어야 한다.

어떤 도덕적 가치가 어느 시대에 사회적 목적을 달성할 수 있어서 유용성을 인정받았었다 하더라도 그것이 변화된 사회에서는 여전히 전과 같은 유용성을 유지할 수 없는 경우도 있다. 이혼이나 간통과 같은 문제가 한 예라고 하겠다. 따라서 도덕적 가치는 목적에 있어서나 유용성에 있어서나 항상 유동적인 것이다.

객관적 사실만을 말하는 과학적 진리는 객관대상에 대한 실험을 통해 그 진리성을 검증받을 수 있지만 도덕적 가치는 실체가 아닌 언어적 개념에 지나지 않기 때문에 언어적 개념으로서의 가치는 오직 실천을 통해서 그 정당성을 검증 받을 수 있게 된다. 다시 말해서 언어로 표현되는 가치의 타당성은 실천을 통해서만 그 정당성을 확인받을 수 있는 것이다. 이와 같이 도덕적 가치는 실천을 통해서만 그 타당성을 부여받을 수 있다는 점에서 모든 종교는 결국 윤리학으로 귀결되지 않을 수 없다.

붓다는 내생이 존재하느냐 않느냐의 문제에 대하여 침묵하였는데, 붓다가 그런 문제에 대해 침묵한 것은 내생의 존재여부는 경험적 인식으로는 참인지 거짓인지 잘라 말할 수 없다는 뜻에서 판단을 유보하고 침묵한 것이다. 붓다는 인식론적으로는 내생의 존재여부는 대답할 수 없는 무기無記

로 보았지만 윤리적 실천의 문제로서는 사후의 세계를 말하기도 하였다. 그것이 바로 불교에서 말하는 지옥이나 천당이다. 불교가 말하는 사후의 세계로서 천당이나 지옥은 인식론적으로는 방편이지만 윤리적으로는 유용성으로서 타당하였던 것이다. 그렇지만 한 때 유용하였던 지식이나 수단도 사람들의 인식의 발달에 따라 유용성이 폐기될 수 있는 경우가 있다는 점에서 교화의 수단으로 이용되었던 방편들은 그것이 적절한 것인지를 항상 새롭게 검토하지 않으면 안 될 것이다.

또한 객관적 사실만을 추구하는 과학자들도 그 행위가 윤리적일 수밖에 없듯이 천당이나 지옥과 같은 내세의 문제가 인식론적으로 불가지不可知라고 해서 윤리적으로도 전혀 가치가 없다고 말할 수는 없는 노릇이다.

그러나 규범적인 것과 사실적인 것은 그 인식과 판단이 다른 차원의 것임에도 불구하고 이를 구별하지 못하고, 가치와 사실을 혼동 속으로 빠뜨려버리는 무지 때문에 깨달음을 지향하는 불자에게는 무엇보다 지적 성실성이 요구되고 있다.

보설補說_ 5. 신념과 지식

인간이 창조주에 의해 만들어 졌다는 말은 신을 믿는 사람들에게는 종교적 신념이다. 그러나 이성의 면에서 볼 때 그것은 객관적으로 검증된 것이 아니기 때문에 진리라고 보지 않는다. 그런데도 많은 사람들이 그것을 진리처럼 받아들이고 있는데, 그것은 객관적 사실客觀的 事實을 믿는 것이 아니라 주관적 의지主觀的 意志를 믿는 것에 지나지 않는다. 진리는 앎과 사실의 일치에서 찾을 수 있는데, 앎과 사실이 일치된다는 것을 검증하지 않고서 진리라고 말하는 것은 자기의 신념을 말하는 것이지 사실을 말하는 것이 아니다.

어떠한 신념을 가지느냐는 개인적인 문제일 뿐이지 객관적으로 옳고 그름의 판단일 수 없다. 따라서 객관적 검증을 할 수 없는 어떤 전제된 결론을 믿는 것은 개인의 신념에 근거를 두고 있으므로 객관성을 결여한다.

그러나 지식은 개인의 의지와는 관계없이 그것이 사실이냐 아니냐의 문제에 관계되기 때문에 사실이냐 아니냐를 따지기 위해 검증이 필요하고 그 검증은 항상 객관성이 요구된다. 어떠한 지식이 객관적 검증을 거쳐 사실이라고 판단되었을 때는 진실眞實이요 바른 지식일 수 있지만 객관적으로 사실과 일치하지 않으면 그 지식은 그릇된 것이다. 지식은 객관적이어야 하므로 항상 사실에 근거를 두고 있어야 한다.

객관적 사실과 일치하는 참된 지식을 받아들이는 것은 올바른 믿음이지만 객관적 사실과 일치하지 않는 지식을 믿는 것은 미신迷信이다. 모든 사람들이 다 그르다고 배척하는데도 오직 그것이 옳다고 매달리는 것은 맹목적 믿음, 즉 맹신盲信에 지나지 않는다. 미신을 믿건 맹신에 빠지건 그의 개인적 차원의 신념이라는 측면에서는 문제될 것이 없다. 그러나 자기가 믿고 있는 것을 남에게 강요할 때는 문제가 발생하게 된다.

객관적 사실과 일치하는 바른 지식을 받아들이지 않으면 무지無知한 사람으로 취급하면 그만이다. 예컨대 7×7=49를 모른다고 해서 누가 시비할 사람은 없다. 그저 무식하고 어리석은 사람으로 볼뿐이다. 객관적 사실과 일치하는 것은 그것을 믿고 받아들이든 그렇지 않든 객관적 사실이 어떻게 되는 것은 아니다. 그래서 진리는 알고 모르는 것에 속하지 않는다고 말한다.

그러나 객관적 사실에 기초하지 않은 신념은 그것을 믿어야 한다는 강요를 받게 된다. 그것을 받아들이지 않는다는 것은 바로 배척하는 것으로 여겨지기 때문이다. 그래서 객관적 사실에 부합되지 않는 종교적 신념을 받아들이지 않으려 할 때 '심판을 받는다'거나 '지옥에 떨어진다'는 등의 엄포가 따르게 마련이다. '예수 천당, 불신 지옥'이라는 위협적인 문구를 내걸고 마치 종말이라도 오는 듯이 스피커 볼륨을 높여 엄포성 선전을 해대고 있는 이들이 아직도 서울 큰길을 헤집고 다니고 있는데, 그런 행동을 아무렇지도 않다고 여기거나 종교적으로 큰일을 하는 것처럼 착각하는 것이 우리의 현실이다. 그것이 바로 믿음을 앞세운 혹세무민惑世誣民이 아닐까?

붓다는 형이상학의 문제를 무기無記라 하여 판단을 유보하고 침묵했는데, 형이상학의 문제는 언어적 개념으로는 얼마든지 있을 수 있지만 구체적으로 경험할 수 없는 것들이라 보기 때문이다. 형이상학적인 문제를 불전佛典에서는 비기경계(非其境界, aviṣaya)라고 하였는데, 비기경계란 '경험의 영역을 넘어선 것'이란 의미이다.

경험의 영역을 넘어선 것은 객관적 검증을 할 수 없기 때문에 '이렇다'고 말해도 그의 신념을 말하는 것뿐이요, '저렇다'고 말해도 그의 신념을 말한 것에 지나지 않는다.

붓다는 객관적으로 입증할 수도 없고 사실로 확인할 수도 없는 개인의 종교적 신념에 지식의 근거를 두고 무엇을 결론짓고 판단하는 것은 현자다운 태도가 아니라고 보아 침묵하였던 것이다.

붓다가 어떤 문제들에 대하여 침묵을 지키고 판단 유보적인 태도를 보였다고 해서 붓다를 불가지론자不可知論者였다고 말할 수는 없다. 붓다 시대 육사외도六師外道 가운데 산자야 벨라티뿟따가 있었는데, 산자야 벨라티뿟따는 불가지론자였다고 전해진다. 그런데 그의 사랑 받는 제자였던 사리뿟따나 목갈라나가 자신의 스승인 산자야 벨라티뿟따를 버리고 붓다의 제자가 되었으니, 그런 사실만 보아도 결코 붓다가 불가지론을 주장하지 않았다는 것을 알 수 있다.

붓다는 인식론적으로 믿음과 지식을 구분하였다. 무엇을 믿는다는 것과 무엇에 대하여 안다는 것은 전혀 다른 것이기 때문이다. 붓다시대에 있어서 바라문교도들은 신의 존재를 믿고 있었지만 붓다와 붓다의 제자들은 신을 믿는 것이 아니라 연기緣起를 깨달으라고 말하였다.

믿음은 자신의 마음속으로 '그렇게 생각한다'거나 '그것을 긍정한다'는 것을 뜻하기 때문에 참과 거짓의 문제와 별개이다. 인식론적으로 볼 때 믿음은 어떠한 명제命題에 대하여 그것이 참이라고 받아들이는 심리상태를 의미한다.

그러나 어느 한 개인이 어떤 명제를 참이라고 받아들인다고 해서 그것이 반드시 바른 지식일 수는 없다. 그 자신은 참이라고 받아들이지만 그것이 잘못된 명제인데도 그 자신은 옳다고 받아들일 수도 있기 때문이다. 다른 사람들은 참이라고 인정하지 않는데도 불구하고 오직 자기만은 참이라고 고집하는 것은 독단과 편견에 지나지 않으며, 이러한 믿음은 올바른 믿음이 아니라 독선이거나 맹신일 수밖에 없다.

개인적으로만 독선과 맹신의 현상을 보이는 것은 아니다. 어느 특별한 명제를 옳다고 받아들여 믿는 집단이나 사회도 있을 수 있다. 그것을 받아들이는 집단이나 사회에서는 어느 특별한 명제가 옳은 것이 되어 믿음이 될 수 있지만 그것을 받아들이지 않는 사람들에게는 믿음이 될 수 없다.

역사적으로 볼 때 철학의 발전은 독단과 이성의 투쟁사였으며, 그것은 신학과 과학의 싸움이기도 하였다. 그 대표적인 예가 천문학적 논쟁이었는데, 성서의 권위를 중시하는 성직자들과 객관적 사실을 중시하는 과학자 사이에 벌어졌던 한판 승부였다.

진리는 성서 속에서 구해야 한다고 믿었던 기독교 성직자들은 천동설을 확신하였고, 참된 진리를 사실과의 일치에서 찾으려는 과학자들은 지구가 돌고 있다면서 지동설로 천동설을 반박하였다. 그러나 천동설을 절대적으로 옳다고 받아들였던 기독교도들은 그것이 객관적 사실과 부합되지 않는다는 사실을 규명하는 사람들을 용서할 수 없는 마귀쯤으로 생각하였다. 그래서 종교재판이 열렸고 천문학을 이단으로 문제 삼았다. 그리고는 '태양이 중심이며 지구 주위를 돌지 않는다는 첫째 명제는 신학적으로 볼 때 어리석고 불합리한 것이며 거짓된 것이다. 그리고 성서와는 분명히 반대되므로 이단이다……

지구는 중심이 아니고 오히려 태양 주위를 돈다는 둘째 명제는 철학적으로 볼 때 불합리하고 거짓된 것이며 또 최소한 신학적 견지에서 볼 때 참된 신앙에 반대되는 것이다'라고 결론지었다.85

그런데 객관적 사실을 추구하는 천문학자들에 대하여 처음에는 카톨릭보다 프로테스탄트들이 더 통렬하게 반대하고 나섰다. 루터(Luther, 1483~1546)는 지동설을 주장하는 사람들을 '건방진 점성가'라고 하면서, '성스러운 복음서는 여호수아[Joshua]가 태양에게 정지停止를 명령했지 지구에게 한 것이 아님을 우리에게 말해 주고 있다'고 하였고, 칼빈(Calvin, 1509~1564)은 구약舊約 시편詩篇 93장의 '세계도 견고히 서서 요동치 아니 하도다'라는 구절을 인용하면서 '코페르니쿠스(Copernicus, 1473~1543)의 권위를 성신聖神의 권위 위에 놓을 자가 감히 누구란 말인가?'라고 결론지었다.

그러니까 복음주의福音主義를 들고 나선 성직자들이야말로 진리는 성서의 권위에서 찾아야 할 것이라고 강변하고 객관적 사실의 관찰을 통해 진리를 확인하고자 했던 사람들을 이단이라 못 박기를 주저하지 않았다. 이처럼 잘못된 지식을 신앙의 근거로 삼고 있었던 성직자들은 지동설을 주장한 사람들을 신의 이름으로 처단하기를 주저하지 않았고, 지구가 움직인다고 가르치고 있는 책들은 교황의 요구에 의해 모두 금서목록禁書目錄에 넣게 되었다.

그러나 오늘날에 이르러서는 아직도 천동설을 옳다고 믿는 기독교도들은 아마도 거의 없을 것이다. 결국 그들의 믿음이 잘못되었다는 것을 인정하지 않을 수 없었던 것이다.86 사실상 지동설의 입장에서 보면 천동설을 믿은 것은 미신이었으며, 그것을 절대적 진리처럼 받아들인 믿음은 지적으로 어리석음에 지나지 않았다. 우상은 보이는 물체에 권위를 부여하고 매달리는 것만이 아니라 잘못된 지식을 믿음의 근거로 삼아 매달리는것 역시 우상인 것이다. 그런데 우상이 주는 피해로 볼 때 잘못된 지식을 절대적인 것으로 믿는 우상의 피해가 훨씬 더 컸다.

그렇다면 기독교도들이 지동설을 주장한 사람들을 심판하고 징벌할 수 있었던 근거는 어디에 있었는가? 그것은 천동설을 절대적으로 옳다고 믿었던 사람들의 의지意志에 기인한다. 객관적으로 증명되지 않은 어떠한 관점을 절대적인 명제로 믿으려는 기독교도들의 의지가 권위를 만들었고, 그 권위를 절대화시켰기 때문에 지동설을 주장하는 사람들을 절대적 권위를 훼손하는 이단이라 규정하였던 것이다. 진리는 하나이고, 그 하나가 나의 편에 있다는 신념이 그 어떤 견해도 용납하지 않았던 것이다. 그러나 그들이 가졌던 믿음은 명제가 객관적 사실과 부합되지 않았기 때문에 그 믿음은 거짓일 수밖에 없으니 그것이 바로 미신인 것이다.

사정이 이쯤에 이르자 데카르트(Descartes, 1596~1650)는 논리적으로 신의 존재를 증명하고자 하였었다. 데카르트는 신의 존재를 인과론因果論과 존재론存在論으로 증명하고 있었다. 인과론적 증명은 신을 제일원인第一原因이라 한 것이고, 존재론적 증명은 대전제大前提로서 '신은 영원하고 전지전능하다'고 한 것이었다.

그런데 존재론적 증명에서 신은 영원하고 전지전능하다는 것을 구체적 사실논증도 없이 대전제로서 받아들였다. 사실상 신이 영원하고 전지전능하다는 것은 개념적으로 신의 속성을 규정한 것이지 객관적 사실은 못되는 것이다. 따라서 개념적으로 속성을 말한다고 해서 그것이 실제로 있다는 결론은 도출될 수 없는 것이다.

전능하니까 존재하지 않을 수 없다는 주장은 가정적 필연성假定的 必然性일 뿐이었지 절대적 필연성絶對的 必然性은 못된다. 결국 데카르트는 선결 문제 요구의 오류를 범하고 말았던 것이다.

데카르트에 의한 신의 존재증명은 이 세상의 객관적 존재에 대한 관찰을 통해서가 아니라 논리적이고 개념적인 작업을 통해서 이루어졌던 것이다. 기독교도들이 천동설을 주장하는 것이나 데카르트가 신의 존재를 증명하려 한 것들은 명제가 객관적 사실과 부합되지 않는데도 그것을 참으로 여겼기 때문에 그 믿음은 거짓된 믿음에 지나지 않았고 그의 논리는 허구일 수밖에 없었다.

그런가 하면 반대로 정당화된 믿음이지만 올바른 믿음이나 지식이라 할 수 없는 경우도 있다. 예를 들어 어떤 사람이 야구경기나 축구경기를 관람하면서 어느 팀이 몇 대 몇으로 이길 것이라고 말하였는데 그것이 사실로 맞았다고 하자. 이런 경우 그의 믿음은 정당화될 수 있지만 그것은 우연의 일치일 따름이지 그것을 지식이라거나 올바른 믿음이라고 말할 수는 없다.

그러므로 참된 믿음이 되기 위해서는 주장하는 명제가 사실적으로 참이라는 것이 증명되지 않으면 안 된다. 다시 말해 경험적으로 검증 가능한 것이 되지 않으면 안 된다. 그런데 이 경우 그 명제가 참이냐 아니냐의 기준이 무엇이냐의 문제가 남게 되는데, 명제가 참이라는 유일한 기준은 인간의 경험을 기준할 수밖에 없다고 본다.

사실 객관적 사실에 대한 경험적 관찰 없이 성서의 권위를 주장하는 맹목적인 믿음은 독단을 낳았고, 데카르트의 신의 존재증명처럼 객관적 사실에 근거하지 않은 논리는 허구로 전락하고 말았듯이 경험적으로 검증이 불가능한 절대적 명제를 신앙하는 것은 독단과 우상을 낳을 수밖에 없다. 그러므로 믿음이 일종의 어떠한 대상에 대한 것이라면 그것이 사실로 존재해야 할 것이며, 믿음이 어떠한 명제에 대한 믿음이라면 그 명제는 참이어야만 할 것이다.

믿음은 종교적 신앙의 문제만이 아니라 지식도 믿는다는 것을 전제한다. 그러나 지식에 있어서의 믿음은 종교적인 믿음과는 달리 자기가 믿는 것이 '객관적 사실과 부합한다는 그 사실'을 반드시 검증 받아야 한다. 그렇다고 종교적 믿음이 허위를 참으로 잘못 인식해도 좋다는 말은 결코 아니다. 무엇을 안다는 것이나 무엇을 믿는다는 것은 주장하는 명제가 객관적 사실과 일치 할 때 받아들이는 일종의 신뢰인 것이다. 그래서 무엇을 믿는다는 것과 무엇에 대하여 안다는 것은 결국 하나인 것이다.

믿음과 지식이 합치될 수 있는 경우는 주장하는 명제가 객관적 사실과 부합할 때뿐이고, 그런 경우라야 바른 믿음이 되는 동시에 지식일 수가 있는 것이다. 따라서 종교가 인식의 문제를 따지지 않게 되면 그 믿음은 그릇된 것이 되기 쉽다.

이성과 과학의 시대에 있어서 올바른 믿음은 바른 믿음이어야 한다. 그래야만 대중에게 설득력을 가질 수 있다. 만약 잘못된 전제임이 분명한데도 권위를 앞세워 그것을 믿기를 강요한다면 맹목적 신앙이 될 수밖에 없다. 그러한 신앙은 이성의 시대에 심각한 도전을 받지 않을 수 없다. 그런데도 불구하고 아직도 우리사회는 인식론적으로 올바른 믿음이 아닌 독선과 맹신이 활개치고 있다는 점에서 사고가 합리적이지 못함을 알 수 있다.

불교의 인식론에서 볼 때 형이상학에 동원되고 있는 언어는 구체적 사실이 아니라 추리에 의한 개념적 언어들이다. 그런데도 범부凡夫들은 추리에 의한 개념을 객관적 사실처럼 믿고 있는 것이다. 그것은 언어의 사회적 습관과 형식논리학이 범하는 허위를 간과하기 때문이다. 데카르트가 신의 존재론적 증명에서 대전제로 받아들였던 전지전능한 창조신과 같은 개념을 받아들이는 것을 고따마 붓다는 용납할 수 없었다. 붓다의 그와 같은 입장은 위에서 이미 말하였다. 따라서 불교를 공부하는 이들은 붓다가 가졌던 인식론적 입장을 충실하게 공부하지 않으면 자칫 정신正信이 아닌 미신迷信에 그치고 말 위험이 있는 것이다.

고따마 붓다의 인식적 입장을 가장 극명하게 드러내는 것은 꼬살라국의 께사뿟따지방의 깔-라마족 사람들에게 하신 다음과 같은 말씀이다.

깔-라마들이여, 잘 들으시오.

풍문風聞이나 전설傳說이나 소문所聞에 잘못 이끌리지 마시오.

어떤 종교의 성전聖典에 있는 말이라고 해서 무조건 이끌리지 마시오.

논리論理나 추리推理에 불과한 말에 이끌리지 마시오.

검증되지 않은 논리의 전제前提에 이끌리지 마시오.

어떤 이론이 사람들의 지지를 받는다고 무조건 따르지 마시오.

어떤 가르침이 남들의 비난을 받는다고 무조건 배척하지도 마시오.

어떤 사람이 그럴듯해 보인다고 해서 그 사람에게 이끌리지 마시오.

사람들로부터 존경받고 있는 이가 주장했다고 해서 그 말에 현혹되지 마시오.

깔-라마들이여,

이것은 아무런 쓸모도 없는 것은 아닌가, 나무랄만한 것은 아닌가, 지혜로운 사람들에게 책망받을 만한 것들은 아닌가, 또 이것을 받아들이면 좌절이나 고통으로 빠져드는 것은 아닌가를 당신들 자신이 잘 식별하고 판단하여 거절해야 할 것은 마땅히 거절해야 할 것이요.

또한 내 말에 대해서도 마찬가지요. 나에 대한 존경때문이 아니라 내 말에 대해서도 면밀히 검토해 보고 나서 옳다고 생각되거든 받아들여야 할 것이요.87

붓다는 객관적 검증도 없이 소문이나 전통, 종교서적에 전해지는 말을 맹목적으로 추종하거나 막연한 추론이나 형식적 논리에 매달리는 것은 올바른 지식이 되지 못한다는 것을 깔-라마 사람들에게 말했던 것이다.

보설補說_ 6. 지혜와 지식

불교에서는 우리가 깨달음을 얻는데 방해가 되는 장애 요소를 두 가지로 보고 있다. 하나는 번뇌이고 다른 하나는 지식이다. 번뇌가 깨달음을 가로막는 것을 번뇌장煩惱障이라 하고, 지식이 깨달음을 방해하는 것을 소지장所知障이라 한다. 사실 번뇌가 깨달음을 가로막고 있다는 말은 이해하기 쉬우나 지식이 깨달음을 방해한다는 말은 생소한 면이 없지 않다.

소지장이란 즈네야-와라나(jñeyāvaraṇa)인데, 이 말은 즈네야-(jñeyā)와 아-와라나(āvaraṇa)의 합성어이다. 즈네야-는 '구별할 줄 알다, 오관으로 지각하다'라는 의미의 제9류동사 어근(√jñā)에서 온 과거수동분사 즈네야(jñeya)의 복수형으로 '알려진, 알고 있는'이란 뜻이고, 아-와라나는 '덮어 가리다, 방해하다, 막아서 ~못하게 하다'라는 동사(ā-√vṛi)에서 온 중성명사로 '숨김, 가로막는 행위'를 의미한다. 그러니까 소지장이란 이미 알고 있는 것들이 가로막는 것을 의미한다.

불교에서는 지식이란 대상을 있는 사실 그대로 파악하는 것이 아니라 어떤 정해진 기준과 비교하여 파악하거나 어떤 목적의식을 통해서 인식하는 분별적 개념으로 본다. 우리가 일상적으로 '안다'고 말하는 지식을 위즈냐-나(vijñāna)라고 하는데, 대상 자체를 직관하여 아는 것이 아니라 다른 것과 구별하고 비교하여 아는 것을 의미한다. 다시 말해 주관적 감정을 바탕으로 해서 마음에 들고, 안 들고를 느꼈고, 그것을 소재로 지각했다는 것을 의미한다. 그러니까 대상 자체와 분리되어 주관적으로 의식한다는 의미이다.

다시 말해 아는 주체와 알려지는 객체가 분리되어 있다는 뜻인데, 예를 들어 장미에 대하여 안다고 할 때, '장미는 붉다'고 하는 것은 색채라는 관점에서 본 장미에 대한 진실이요, '장미과에 속한다'는 명제는 분류학상으로 본 장미에 대한 진실이다. 어느 것이나 장미가 가지고 있는 일면적인 진실을 나타낼 뿐 장미 그 자체는 아니다. 다시 말해서 주·객이 분리된 상태에서 '알려진' 것은 부분적 진실일 뿐이다. 우리는 이렇게 안 것을 언어로써 표현하게 되는데, 어떤 대상에 대하여 알고 그것을 말로 표현한다 해도 결국 그것은 개념에 불과할 뿐 살아 있는 구체적 사실로서 '그것'과는 다르다. 이처럼 주·객이 분리된 상태에서 아는 것을 불교에서는 분별지分別智라고 한다. 깨닫는다는 것은 '대상 자체를 있는 그대로 통찰하여 터득하는 것'을 의미하기 때문에 직관지直觀知 또는 무분별지無分別智라고 한다. 깨달음은 무분별지를 통해 얻어지는 것이기 때문에 분별지는 오히려 깨달음을 가로막는 장애가 된다고 본 것이다.

비유하면 정상적인 어른이라면 산 자는 반드시 죽는다는 것을 알고 있다. 그러나 이렇게 안다고 하는 것이 깨달았다는 것을 의미하지 않는다. 산 자가 죽는다는 것은 남들의 문제에 대하여 객관적으로 파악하는 것일 뿐 자기 자신의 문제는 아니다. 죽는다는 것은 남의 문제가 아니라 바로 자기 자신의 문제이기 때문에 남들의 문제를 가지고 아무리 알고 있어도 그것은 대상화된 지식일 뿐 나 자신의 죽음의 문제를 해결하지는 못한다. 죽음은 살아 있는 자의 삶 자체의 문제일 뿐 삶과 죽음이 나누어질 수 있는 것이 아니다. 죽음은 이미 생生 속에 내포되어 있어 삶과 떨어질 수 없다. 죽음은 목숨을 가지고 있는 자가 있는 그대로 통째로 받아들여야 할 것이지 삶에서 따로 분리하여 떼어낼 수가 없는 것이니 죽음에 대하여 아무리 알아도 나 자신의 죽음과는 별개의 문제인 것이다. 깨닫는다는 것은 일상적 용어로서 안다는 의미인 지식知識과는 구분되어야 한다.

대상 자체를 있는 그대로 통찰하는 직관지를 분별지인 지식과 구별하기 위해서 불교에서는 반야般若 또는 지혜智慧라고 한다. 지혜는 쁘라즈냐-(prajñā)

인데, 전前이나 앞을 의미하는 접두가 쁘라(pra)가 '구별할 줄 알다, 오관으로 지각하다'라는 뜻을 가진 제9류동사 어근(√jñā)에 붙여진 동사(pra-√jñā)에서 온 여성명사로 분별하기 이전의 직관을 의미한다. 이와 같은 의미의 빨리어는 빤냐-(paññā)이고, 한역경전에서 보통 반야般若로 음역하고 있다.

지식과 비슷한 말로 분별이 있는데, 분별은 위깔빠vikalpa로 대상과 일치하지 않는 앎을 뜻한다. 다시 말해 앎과 대상 사이에 틈이 있다는 뜻이다. 경經에 의분별법意分別法·의촉지법意觸知法·아의식법我意識法이라 하였으니, 불교에서는 분별分別·지知·식識은 내용적으로 같은 것으로 보고 있음을 알 수 있다.

지식과 지혜는 이와 같은 차이가 있다고 보기 때문에 깨달음을 위해서는 지식을 넘어서야 할 것으로 보고 있다. 그러니까 분별에 지나지 않는 지식에 얽매여 있는 것은 소지장(所知障, jñeyāvaraṇa)이라 한다. 분별이라는 말이 아는 것과 대상의 불일치나 둘 사이의 틈을 의미하듯이 지식은 존재의 실상을 여실하게 파악하는 것이 아님을 분명히 보여주고 있다.

여如를 통달한 지혜를 반야般若라 한다고 했는데,88 여如는 바로 제법실상諸法實相이니,89 제법실상을 통달한 지혜가 반야인 셈이다. 경經에 목전의 대상들을 사실 그대로 볼 수 있는 것을 지혜라 했고,90 사실대로 알기 때문에 지혜라고 했으니,91 지혜가 바로 반야이다. 우리 앞에 현실적으로 펼쳐지는 현상들을 사실 그대로 보는 것이 깨달음이니, 깨달음을 여는 지혜가 바로 반야이다. 열반이란 깨달은 경지의 심리상태인데, 열반이란 있는 사실대로 본 경지로 분별하는 마음과 마음으로 생각하는 것들을 떨쳐버리고 여래가 내면적으로 바른 지혜를 증득하여 얻는다고 했다.92

보설補說_ 7. 불교와 윤리학

모든 철학과 종교가 그렇듯이 불교 역시 윤리학으로 귀결된다. 윤리학으로서의 불교가 중생의 현실 속에서 실천되기 위해서는 선과 악에 대한 판단을 내려야 하는데, 선악을 판단할 수 있는 기준은 어디에 있는가? 대부분의 사람들이 선악을 쉽게 말하지만 정작 선이 무엇이고 악이 무엇이냐고 물으면 얼른 대답하지 못하고 있다. 우리는 선악이 무엇인가를 생각하기 위해 다음과 같은 점을 살펴보기로 하자.

우리가 흔히 '너는 나쁘다'고 말한다. 그러다가도 그 사람에게 대하여 '좋다'고 느끼기도 한다. 그렇다면 '너는 나쁘다'고 말 할 때 나쁘다는 기준은 어디에 있고, '좋다'고 느낄 때의 기준은 어디에 있는 것일까?

우리는 일상생활에서 이러한 말을 쉽게 하지만 그 판단은 기준을 명확하게 설정하지 않고 때와 기분에 따라 그렇게 말하고 있는 것이 아닐까. 그러다 보니 상대방에 대한 선악의 판단이 다분히 주관적이고 왔다갔다 하기 일쑤다. 사실 이런 경우에 있어서는 자기의 마음에 들면 좋은 사람이고 자기의 마음에 들지 않으면 나쁜 사람이 되고 만다.

그렇다면 자기의 마음에 든다는 것은 무엇이고, 마음에 들지 않는다는 것은 어떤 것인가? 아마도 자기 자신에게 이로우면 마음에 든다고 생각하고, 자기에게 이롭지 않으면 나쁘다고 생각하는 것 같다. 이와 같이 나에게 이익이 되는 것은 선한 것이고, 내 이익에 상반되는 것은 악이 되는 것이니 결국 선과 악은 이해관계 속에서 내리는 판단이 되고 만다.

그러나 이 세상을 나와 그 사람 둘이서만 산다고 하면 선과 악은 서로 간의 이해관계로만 말할 수 있을지 모른다. 그러나 제삼자가 개입되면 문제는 전혀 달라지고 만다.

예를 들어 홍길동이라는 사람의 어떤 행동이 철수에게는 해를 끼쳤지만 그것이 영희에게는 이익을 주었다고 하자. 그런 경우 홍길동은 철수에게는 나쁜 사람이지만 영희에게는 좋은 사람이 된다. 그렇다면 철수나 영희가 아닌 다른 사람이 보았을 때 홍길동을 나쁘다고 말해야 할 것인가 좋다고 해야 할 것인가. 그래서 선과 악은 단순히 개인적 차원의 이해관계에서 논해질 성질의 것은 아님이 분명해 진다.

이쯤 되면 우리가 선과 악 등의 가치를 말하는 것이 결코 쉬운 것인 아니라는 것을 알 수 있다. 그렇다고 현실적으로 선악과 같은 가치가 없다고 말할 수도 없는 노릇이니, 선악善惡・정사正邪・미추美醜・이해利害에 대한 판단을 어떻게 해야 할 것인가? 그와 같은 가치판단에 객관적 기준은 없는 것인가? 만약 객관적 기준이 있다면 그것은 무엇인가?

창조신을 말하는 종교에서는 도덕적 가치가 신으로부터 주어진다고 말한다. 그러나 도덕적 가치가 신으로부터 주어진다면 인간의 도덕적 행위에 대한 판단 역시 인간이 할 수 있는 것이 아니라 오직 신만이 할 수 있게 된다. 또한 신으로부터 주어지는 도덕적 가치는 상대적일 수도 없고 시대적 상황에 따라 바뀔 수 있는 것도 아닐 것이다.

신으로부터 주어지는 도덕적 가치가 상대적이고 상황에 따라 바뀔 수도 있다면 신은 변덕쟁이에 지나지 않을 터이니 말이다. 따라서 신으로부터 도덕적 가치가 주어진다고 말한다면 결국 영구적이고 결정적인 가치가 있다는 말이 되는데, 그러한 주장은 도덕적 독단론道德的 獨斷論이다.

사실상 역사의 경험에서 볼 때 도덕적 가치는 영구적이지 않았다는 점을 생각하면 그와 같은 주장은 신의 존재를 믿고 받아들이는 사람들에게는 설득력을 가질 수 있을지 모르나 신의 존재를 부정하는 사람들에게는 전혀 설득력이 없는 것이다. 신이란 우리가 경험적으로 인식할 수 있는 대상이 아니기 때문에 절대자인 신이 도덕적 가치의 기준이라고 보는 것을 관념론觀念論이라 말하게 된다. 따라서 도덕은 영구불변의 실체라는 도덕적 독단론이야말로 관념론자들이 강변해 왔던 허구에 지나지 않는다. 도덕적 가치가 절대자로부터 주어졌다는 그와 같은 주장은 이미 붓다에 의해 거부되었고 과학자들에 의해 부정되고 있는 실정이다.

붓다시대의 바라문들은 사람들을 향해 인간사회의 계급제도는 신의 의지로 형성된 것이요, 계급에 따른 의무 역시 신이 부여한 것이라 가르쳤다. 바라문들이 말하는 '다르마'Dharma, 즉 법法이란 신분과 계급에 따른 각기 다른 의무를 준수하라는 것이었는데, 그것은 바라문들의 계급적 이익을 도모하고자 하는 의지의 표현이었던 것이다.

바라문들의 그러한 주장에 대하여 고따마 붓다는 절대자로서 신과 같은 것은 존재하지 않으며 계급 역시 본질적인 것이 아니라고 정면으로 반박하였다. 붓다는 바라문들이 말한 신은 그들의 이익을 대변하는 한낱 허구요, 가상적假想的 존재에 지나지 않는다고 배척하였다. 그래서 붓다는 비록 현실적으로 계급이 있더라도 그것은 사회적 조건에 따라 달라질 수 있다고 비판했다.93 붓다는 선과 악은 영구불변의 실체가 아니라 중생이 놓여 있는 사회적 조건에 따라 선과 악의 가치기준이 달라진다고 보았던 것이다.

사실상 선과 악의 관념은 민족에 따라 다르고, 시대에 따라서도 다르다. 그렇기 때문에 선과 악은 서로 모순되는 경우도 많이 있다. 그러므로 역사와 민족의 차이를 넘어 선악의 영구적인 원리가 있다는 주장은 봉건시대의 유물이요 신학적 독단에 지나지 않는다. 따라서 도덕적 독단론은 마땅히 배격되어야 할 것이다. 그러므로 어떠한 행동에 대한 도덕적 가치판단은 행위 그 자체로서만 내려질 것이 아니라 그가 놓인 환경 속에서 내려져야 할 것이다.

예를 들어 관용과 용서는 미덕으로서 선善이라는 것이 일반적 견해이다. 그러나 관용과 용서가 선이라는 것은 일반적 견해일 뿐 그것이 어떠한 경우라도 반드시 미덕으로서 선일 수는 없다. 어떤 경우에는 사회정의를 실현하기 위해서는 독재 권력을 악이라 규정하고 그와 맞서 싸워야 한다. 독재 권력을 보고서도 관용적인 태도를 취하거나 무관심한 것은 분명 옳지 못하다. 악이라는 것을 분명하게 알고 있으면서도 관용을 앞세워 그것을 외면하는 것은 결국 악에 동조하는 것이 이외에 아무것도 아니다.

용서에 있어서도 마찬가지다. 개인적으로는 어떠한 악이라도 용서할 수 있을지 모른다. 그렇지만 그것이 역사와 사회 전체와 연관되어진 것이라면 개인적으로 용서하는 것만이 미덕일 수 없는 노릇이다.

예컨대, 일본제국주의시대에 일본의 식민통치에 저항하는 독립운동의 예를 생각해 보자. 제국주의자인 일본으로서는 식민통치에 반기를 드는 민족독립운동이 악으로 규정되겠지만 압박을 받았던 우리민족의 입장에서 보면 그것은 악이 아니라 민족의 이름으로 권장되어야 할 선행이었다. 사실상 어느 민족에 있어서나 자기민족의 독립을 위해 투쟁하는 것을 악이라 볼 수는 없는 노릇이다.

악에 대하여 개인적 차원에서 접근하는 것과 사회적 차원의 접근은 별개의 문제이다. 우리는 이따금 사회적 차원에서 규정되어야만할 선과 악의 문제를 개인적 차원에서 접근하려 하기 때문에 선악의 구분이 명확하지 못했고 악을 보고서도 수수방관하는 일도 많았다. 그래서 역사의 문제를 개인적 차원에서 용서라는 그럴듯한 이름으로 얼버무려 왔던 것이다. 그와 같은 태도는 정치적 동기는 되었을지 몰라도 윤리학으로서의 문제와는 전혀 다른 차원이었다.

사실상 역사의 심판을 내려야 할 윤리의 문제를 정치적으로 해결해 온 데서 우리 역사에서 정의는 사라지고 말았고, 이런 점에서 우리의 현대사는 윤리적이지 못했다. 나라의 역사는 임금과 신하의 선악을 기록하여 만대에 보여주는 것이라고 하였는데[94] 우리 현대사는 선과 악에 대한 심판이 없었으니 진정한 나라의 역사로서 의미를 잃고 말았다.

이처럼 하나의 행위에 대해서도 입장에 따라 윤리적 판단은 상반될 수밖에 없다. 이민족異民族 간에만 그런 것이 아니다. 독재 권력에 대항하여 싸우는 경우에 있어서도 권력을 쥐고 있는 독재자나 그 주변의 기득권자들은 독재에 저항하는 것이 불법이요 악이라 말하겠지만 시민의 입장에서는 양심적이라고 말하게 된다.

이렇게 볼 때 선악善惡이나 정사正邪 등의 개념은 그 자체로서는 말하기 어렵다. 어떠한 행위도 그 행위가 일어난 구체적 상황 속에서 그것이 정당한가, 정당하지 못한가를 따질 수밖에 없다. 따라서 모든 경우에 있어서의 관용은 진정한 관용일 수 없고, 모든 악에 대하여 용서하는 것은 진정한 용서일 수 없다. 그래서 인간 행위에 대한 선악의 평가는 그 행위가 사회적으로 어떠한 결과를 가져올 것인가를 역사·사회적으로 평가되어지지 않을 수 없는 노릇이다.

이와 같이 선과 악, 정의와 불의, 옳고 그름은 이론적 개념으로 규정될 것이 아니라 선행이나 악행, 정의로운 행동이나 정의롭지 못한 행동 등은 사회적 평가를 통해 규정되어야 한다.

윌리엄 듀란트(William James Durant, 1885~1981)는 말하기를, '도덕은 절대적인 것이 아니라 집단생활의 유지를 위해 다소간 우연히 발달된 집단의 특성과 환경에 따라 달라지는 행동규칙'이요,[95] '한 사회가 그 성원들과 단체에게 그 사회의 질서와 안녕 그리고 발전에 부합되도록 행동할 것을 권고하는 준칙들'이었다는 것이다.[96]

그런데 바라문교의 도덕관에서 볼 수 있듯이 사회의 질서나 안녕을 위해서 권고되는 준칙이 주로 그 사회를 이끌어 가는 사람들, 즉 기득권을 누리고 있는 자들의 의지를 반영하는 것이기 때문에 도덕은 지배계급의 지배와 이익을 옹호하였다고 말하는 것이다.

그렇다면 모든 가치가 항상 지배계급의 이익만을 보장했는가? 과거 봉건시대나 권위주의 독재권력 아래에서는 그런 현상이 두드러지게 나타났다고 말하지 않을 수 없지만 권력이 국민으로부터 나온다는 민권사상이 보편화된 민주사회에서는 그런 현상은 도전 받지 않을 수 없다. 사실 프랑스 혁명을 비롯한 모든 민주혁명은 가치를 지배 권력에서 부여하는 현상을 거부한 것이 아니겠는가. 따라서 도덕적 가치는 항상 유동적으로 파악되지 않을 수 없다. 가치는 실체가 없는 공空이기 때문이다.

모든 법은 텅 빈 것[諸法皆空]이라는 불교적 입장에서 말하자면 선이나 악, 정의와 불의, 옳고 그름 등의 가치는 불변의 실재實在가 아니라 하나의 이름이요 개념에 지나지 않는다. 이와 같이 윤리적 판단을 내리게 되는 가치는 객관적 실체가 아니기 때문에 그 자체로서는 증명되지 않는다. 따라서 이것은 구체적 행동양식으로만 확인할 수 있을 뿐이다. 다시 말해서 선善이 무엇이냐는 말하기 어렵지만 어떤 것이 선한 행동이냐는 말할 수 있는 것이다.

결국 선이라는 가치는 선행이라는 구체적 행위, 즉 실천을 통해서만 선일 수 있는 것이다. 가치는 구체적 행위를 전제할 수밖에 없으므로 가치에는 행위자의 의지와 그가 놓인 구체적이고 종합적인 상황이 문제되고 있다. 한 인간의 똑같은 행동이라도 상황에 따라 그 의미는 전혀 상반되는 것으로 나타나기 때문이다.

그래서 인간은 '무엇인가'라는 인간본성이나 본질 같은 것에 의해서 인간이 되는 것이 아니라, 자기에게 주어진 상황 속에서 '무엇이 되는가'라는 상황적 가능성에 의해 추측되어야 한다고 말하게 된다. 다시 말해 역사적 상황 속에서 인간이 무엇이 되는가는 그 역사 환경 속에서 윤리적 가치를 실현하려는 의지와 행동을 통해서만 인간적 삶은 비로소 그 의미를 찾게 된다는 뜻이다.

사실상 누구라도 일반적으로 선을 말할 수 있다. 남을 억압하는 사람도 선을 말할 수 있고, 악행을 하는 사람도 선을 말한다. 독재를 하는 사람도 얼마든지 민주주의를 말할 수 있다. 사치와 낭비를 일삼는 사람도 얼마든지 절제와 검소를 말할 수 있다. 그와 같은 모습들은 우리가 익히 보아 왔던 일들이다. 그러므로 진정한 선은 선행 그것이어야 하고 구체적으로 실천하는 행동이어야만 한다.

그렇다면 역사의 현장에서의 선과 악, 불의와 정의 등의 가치는 어떠한 기준으로 결정될 수 있는가. 지배계급의 지배와 이익을 옹호하는 방패막이로 전락하는 도덕을 선이나 정의라고는 말할 수 없다. 그러므로 그와 같은 기준이 아닌 다른 차원에서 논의되어야만 할 것이다. 이제 우리는 그 기준을 붓다의 사상에서 찾아보자.

이 세상에 가장 분명한 것은 우리가 지금 존재한다는 것이요, 존재한다는 것은 생명의 보존에 대한 깊은 애착심 바로 그것이다. 사실상 살아 있는 자에게 살고자 하는 욕구보다 앞서는 것이 없다는 점에서 살아 있는 자들에게 있어서 생명의 존엄 이상으로 높이 평가될 것은 없다.

생명의 존엄은 무엇인가? 모든 생명은 살기를 원한다는 것이요, 살되 자유롭고 평등하며 평화롭기를 원한다는 점이다. 이러한 원칙을 객관적으로 인정하고 그것을 보편적 가치나 일반적 가치로 받아들일 수밖에 없을 것이다. 이러한 원칙이 보편적으로 받들어지는 사회는 선과 정의가 존재하는 곳이라 할 수 있으나 그것이 부정되는 곳은 정의가 도전 받는 곳이라 할 것이다. 어느 개인이나 특정한 집단에 속해 있는 사람들에게만 그것이 인정되는 사회는 이미 악이 지배하는 사회임에 틀림없다.

어떠한 생명이든지 살아 있으되 억압과 구속받는 삶이 되어서는 안 될 것이며, 살아 있으되 불평등의 구조가 되어서도 안 될 것이며, 살되 투쟁과 살육의 삶이어서도 안 된다는 것이 윤리적 가치의 기준이라 할 수 있다.

이러한 생명의 존엄이 실천되는데 있어서는 일차적으로 인간 자신의 삶의 문제로부터 해결되어야 한다. 윤리나 가치를 문제 삼는 것은 우리 인간의 문제가 우선하기 때문이다. 그리고 그 다음 한 단계 시야를 넓혀 인간의 삶은 인간 자신만의 삶으로서 끝나는 것이 아니라 바로 생명계 전체의 평화와 행복을 준비하는 것이어야 한다. 왜냐하면 인간의 삶은 결국 다른 생명들과 더불어 공존할 수밖에 없기 때문이다.

오늘 우리가 직면한 현대의 문제 가운데 하나는 생태계의 파괴에 따른 것인데, 그것은 사실상 인간의 삶이 다른 생명의 삶과 밀접한 인연관계 속에 있다는 것을 깨닫지 못하고 인간이 다른 생명들을 마구 파괴해 온 데서 비롯되었다고 볼 수 있다. '남의 생명을 해치는 것은 자신을 죽이는 것이요, 남을 살리는 것은 자신을 살리는 것'이란 고따마 붓다의 가르침은[97] 생태계의 문제를 심각하게 고민하지 않을 수 없는 오늘의 우리가 명심해야 할 말씀이다.

생명의 존엄이 인간에서 생명계 전체로 확산되어야 한다고 했듯이 모든 가치는 보다 '높은 가치'와 '낮은 가치'로 구분되므로 낮은 가치는 높은 가치 앞에서 양보가 전제되지 않을 수 없다. 그렇다면 높은 가치란 무엇인가?

개인보다 사회가 높은 가치라 할 수 있고, 민족보다 인류가 높은 가치일 것이며, 인류보다는 생명계 전체가 보다 높은 가치를 가진다고 말하지 않을 수 없다. 이러한 가치의식이 바로 인류라는 종種이 생명계 안에서 눈떠야 할 윤리의식이 아닐까?

결국 생명의 차원에서 윤리적 가치는 인류 나아가 생명계 전체의 공존共存을 문제 삼기 때문에 나에게 있어서 수긍되듯이 타인들에게 있어서도 수긍되는 것과 우리의 입장에서 타당하듯이 타인들에 있어서도 타당한 것들, 나아가 인간에게 타당하듯이 다른 생명에게도 타당한 것들이어야만 할 것이다.

인간은 보다 높은 가치를 향해 나설 때 비로소 인간다워지고 윤리적으로 성숙된 사람이 될 수 있다. 인간의 이러한 성숙은 생명계 전체에 있어서 인간에게 주어진 사명이기도 하다. 그래서 붓다는 깨달음을 향해 나아가는 불자들에게 제일의 윤리실천덕목으로 불살생不殺生을 가르쳤다.

붓다가 불살생을 최우선적인 윤리덕목으로 가르친 것은 고따마 붓다의 깨달음에 기반을 두고 있으며, 나아가 생명계 전체의 자유와 평등 그리고 평화로운 삶을 실현하기 위해서는 반드시 필요한 가치적 행위라고 보았기 때문이다.

Buddha Dharma

제5부
현상론

붓다는 자신의 가르침을 현실에서 사실로 경험되는 것이요, 누구라도 와서 보라고 말할 수 있는 것이라고 하였듯이 붓다에게 초미의 관심은 현실이었다. 현실이란 지금이라는 시간과 여기라는 공간에서 살아 있다는 현재의 사실을 의미한다……

체험으로서 자신의 삶은 그 어떤 사람도 '지금, 여기, 살아 있다'는 현재의 사실을 떠나서 말할 수 없다. 고따마 붓다의 가르침은 고따마 붓다의 삶의 체험담이요, 그것이 오늘 우리들 자신의 삶과 궤적을 같이 하기 때문에 불교에 깊은 관심을 가질 수밖에 없는 것이다.

먼저 용어를 정의하자. 현상現象이란 관찰될 수 있는 모든 사실을 의미하는데, 여기서는 삶의 주체로서 나 자신이 어떤 상황에 놓여 있는가를 관찰하는 것을 뜻한다.

세상에 늙음・병듦・죽음이란 고통이 없었다면 붓다는 세상에 출현하지 않았을 것이요, 세상 역시 붓다를 알지 못했을 것이라고 했듯이,1 붓다의 출가나 깨달음 그리고 가르침의 핵심에는 인간의 생로병사가 자리 잡고 있다. 한마디로 붓다의 관심은 오직 인간 자신의 삶이었다.

젊은 시절의 붓다에게 죽음이란 문제가 인생 최대의 화두가 된 까닭도 어머니 마야부인의 죽음 때문이 아니었나 생각된다. 붓다의 출가 동기가 되었던 사문유관四門遊觀 역시 생로병사에 대해 깊은 고민했음을 말해주고 있다. 예쁘고 건강한 아내를 둔 스물아홉 살의 건장한 청년이 언제 다가올지도 모르는 죽음의 문제를 가지고 그토록 고민했다는 것은 예삿일이 아니다. 인생을 전체적으로 꿰뚫어 보는 뛰어난 감성적 예지叡智를 가지고 태어났기 때문이라 말하면 그만이겠지만 장차 부족을 이끌어가야 할 사명을 짊어진 태자로서는 참으로 특별한 경우에 해당된다고 말하지 않을 수 없다.

붓다는 죽음 앞에 서 있는 인간의 절체절명絶體絶命의 위기를 쥐가 갉아먹고 있는 나무뿌리에 매달려 있는 사람으로 비유했는데,2 이 비유는 안수정등岸樹井藤으로 사찰벽화의 한 장면으로 많이 그려지고 있다.

2천 5백여 년 전, 붓다가 그토록 고민하고 괴로워했던 죽음의 문제는 붓다의 깨달음으로 모두 끝난 것이 아니라 오늘 우리들 개개인마다의 몫으로 여전히 남겨져 있다. 죽음이라는 고통의 문제는 지구상에 인간이 존재하는 한 결코 끝날 수 없는 실존의 최대 문제라 할 것이다. 생사문제는 과거의 문제요, 현재의 문제이며, 미래의 문제이기도 하다.

붓다는 바로 이 실존의 문제를 해결하기 위해서 나섰고, 끝내는 그것을 해결하고 중생 앞에 되돌아와 '오로지 고통에 가득한 인생을 직시하고 그 고통에서 벗어나는 길을 말할 뿐'이라거나 '나는 제자들을 위해 도를 설명하되, 고苦의 문제를 바르게 해결하고 궁극적으로는 고통의 문제에서 완전하게 벗어나게 한다'고 하였다. 붓다의 제일 큰 관심사는 늙고 병들어 죽는 이 현실 문제를 해결하는 것이었으니, 인간 실존의 문제를 떠나 불교를 말한다는 것은 공허하다.

인간이 고苦의 굴레에 갇혀있게 되는 까닭이 무엇 때문인지 붓다의 분석을 통해서 살펴보자. 붓다는 우리가 살면서 부딪치게 되는 문제들을 모두 상의상관적 관계相依相關的 關係로 설명한다. 다시 말해 인과적 연기관계因果的緣起關係로 설명한다.

21 십이연기十二緣起

붓다의 말씀을 들어보자.

늙고 죽는 이 고통은 어디서 오고, 무슨 인연으로 있게 되는가? 지혜로 그 까닭을 골똘히 관찰해 보았다.

생生이 있기 때문에 노사老死가 있으니, 생이 바로 노사의 인연이다.

생生은 유有를 따라 일어나니, 유는 생의 인연이다.

유有는 취取를 따라 일어나니, 취는 유의 인연이다.

취取는 애愛를 따라 일어나니, 애는 취의 인연이다.

애愛는 수受를 따라 일어나니, 수는 애의 인연이다.

수受는 촉觸을 따라 일어나니, 촉은 수의 인연이다.

촉觸은 육입六入을 따라 일어나니, 육입은 촉의 인연이다.

육입六入은 명색名色을 따라 일어나니, 명색은 육입의 인연이다.

명색名色은 식識을 따라 일어나니, 식은 명색의 인연이다.

식識은 행行을 따라 일어나니, 행은 식의 인연이다.

행行은 치癡를 따라 일어나니, 치는 행의 인연이다.

이것이 치癡를 인연으로 행行이 있다는 것이요, 행을 인연하여 식이 있다는 것이며, 식을 인연하여 명색이 있다는 것이며, 명색을 인연하여 육입이 있다는 것이며, 육입을 인연하여 촉이 있다는 것이며, 촉을 인연하여 수가 있다는 것이며, 수를 인연하여 애가 있다는 것이며, 애를 인연하여 취가 있다는 것이며, 취를 인연하여 유가 있다는 것이며, 유를 인연하여 생이 있다는 것이며, 생을 인연하여 노병사우비고뇌老病死憂悲苦惱가 있다는 것이니, 이것이 고의 집착이 쌓이는 것은 생을 인연하여 있다는 것이요, 고가 발생하여 쌓임이라 한다.

고의 원인을 깊이 생각할 때, 지智가 생기고, 안眼이 생기고, 각覺이 생기고, 명明이 생기고, 통通이 생기고, 혜慧가 생기고, 증證이 생겼다.

무엇이 없으면 노사가 없고, 무엇을 없애면 노사도 없애는가를 지혜로 그 까닭을 관찰했다.

생이 없으면 노사가 없고, 생을 없애기 때문에 노사가 없어진다.

유가 없으면 생이 없고, 유를 없애면 생도 없어진다.

취가 없으면 유가 없고, 취를 없애면 유도 없어진다.

애가 없으면 취가 없고, 애를 없애면 취도 없어진다.

수가 없으면 애가 없고, 수를 없애면 애도 없어진다.

촉이 없으면 수가 없고, 촉을 없애면 수도 없어진다.

육입이 없으면 촉이 없고, 육입을 없애면 촉도 없어진다.

명색이 없으면 육입이 없고, 명색을 없애면 육입도 없어진다.

식이 없으면 명색이 없고, 식을 없애면 명색도 없어진다.

행이 없으면 식이 없고, 행을 없애면 식도 없어진다.

치가 없으면 행이 없고, 치를 없애면 행도 없어진다.

이것이 치를 없애면 행이 없어진다는 것이요,

행을 없애면 식이 없어진다는 것이며,

식을 없애면 명색이 없어진다는 것이요,

명색을 없애면 육입이 없어진다는 것이며,

육입을 없애면 촉이 없어진다는 것이요,

촉을 없애면 수가 없어진다는 것이요,

수를 없애면 애가 없어진다는 것이요,

애를 없애면 취가 없어진다는 것이요,

취를 없애면 유가 없어진다는 것이요,

유를 없애면 생이 없어진다는 것이요,

생을 없애면 노사우비고뇌가 없어진다는 것이다.

고의 덩어리가 없어짐을 깊이 생각할 때, 지智가 생기고, 안眼이 생기고, 각覺이 생기고, 명明이 생기고, 통通이 생기고, 혜慧가 생기고, 증證이 생겼다. 이때 역逆과 순順으로 십이인연을 관찰하여 여실지如實知하고, 여실견如實見하고서 그 자리에서 아눗따라삼약삼보리를 이루었다.3

여기서 말하는, 노사老死・생生・유有・취取・애愛・수受・촉觸・육입六入・명색名色・식識・행行・치癡를 고苦의 굴레에 갇혀 살고 있는 중생의 모습을 연기로 설명하는 열두 개의 고리[支, aṅga]라 하여 십이지연기十二支緣起 또는 십이연기十二緣起라고 한다.

십이연기에서 무명으로부터 노사를 향해 관찰해 나아가는 것을 순관順觀 또는 유전문流轉門이라 한다. 이와 반대로 노사에서 무명을 향해 고찰하는 것을 역관逆觀 또는 환멸문還滅門이라 한다. 유전문이란 고통이 축적되어 생사윤회로 흘러간다는 의미이고, 환멸문이란 고통의 원인을 소멸하여 해탈의 길로 나아간다는 의미이다.4

십이연기의 각지에 대하여 간략하게 설명하면 다음과 같다.

① 노사(老死, jarā-maraṇa)는 늙어 죽는 것을 의미한다. 인생에 있어서 늙어 죽는다는 것만큼 괴로운 일이 없다고 보아 노사는 인생의 고苦를 대표하는 고통이다. 노병사우비고뇌老病死憂悲苦惱라고 표현하고 있듯이 노사는 인간이 직면하게 되는 모든 고통의 대명사이다. 윤회를 걱정하는 것은 결국 노사를 걱정하는 것과 같다. 따라서 윤회에서 해탈했다는 것은 늙어 죽는 문제에서 걱정하지 않게 되었다는 뜻이기도 하다.

② 생(生, jāti)은 이 세상에 태어나는 것, 존재하게 되는 것을 말한다. 2천 5백여 년 전 불교에서는 생명체들이 태생胎生・난생卵生・습생濕生・화생化生 등 네 가지 방식으로 태어난다고 보았었다.

③ 유(有, bhava)는 마음을 가진 생물로서 생존을 의미한다. 원래 바와(bhava)는 '~이다, ~되다, 존재하다'라는 제1류동사 어근(√bhū)에서 온 남성명사로 '생존, 존재양식, 생활방식' 등을 의미한다. 보통 삼유三有라 하여 욕심세계의 생존[欲有, kāma-bhava], 물질세계의 생존[色有, rūpa-bhava] 그리고 순수 정신세계의 생존[無色有, ārūpya-bhava]을 든다.5 욕유는 생존의 주된 욕구가 욕심인 세계이고, 색유는 욕심은 초월하였지만 물질적 상태가 남아 있는 세계이며, 무색유는 물질적 상태마저 초월한 순수한 정신세계를 뜻한다.

④ 취(取, upādāna)는 욕망에서 일어나는 집착을 의미한다. 우빠-다-나(upā-dāna)는 '마음에 받아들이다'라는 동사 어근(upā-√dā)에서 온 중성명사로 '자기 것으로 집착하는 행위, 생존에 집착하는 것'을 의미한다. 취에는 네 가지가 있으니, 색성향미촉色聲香味觸 등 다섯 가지 대상에 집착하는 욕취欲取, 오온의 과정으로 자기가 경험하고 느끼고 생각하는 것들을 실체화하여 극단적으로 집착하는 견취見取, 잘못된 계를 수행하며 집착하는 계금취戒禁取, 자기가 말하거나 주장하는 것을 절대화하고 매달리는 아어취我語取를 말한다.6

⑤ 애(愛, tṛṣṇā)는 감각적으로 좋다고 느낀 것에 대하여 맹목적으로 애착하는 갈애渴愛 또는 욕망慾望을 의미한다. 뜨리슈나는 '목이 타다'라는 뜻을 가진 제4류동사 어근(√tṛṣ)에서 온 여성명사이다. 뜨리슈나를 빨리어로는 땅하-(taṇhā)라고 한다. 번뇌를 끊고, 열반을 얻어 아라한이 되기까지 윤회의 굴레에 묶어두는 것은 애라는 마음 상태이다.7

⑥ 수(受, vedanā)는 우리가 외부세계를 만났을 때 의식 속으로 쾌[樂]·불쾌[苦]·무관심[不苦不樂]으로 받아들이는 느낌을 말한다. 쾌도 아니고 불쾌함도 아닌 것은 무관심인데, 이런 것은 기억에서 잊혀 진다고 해서 사捨라고 한다.

⑦ 촉(觸, sparśa)은 신체적 접촉[spraṣṭavya]을 말하는 것이 아니라 감각기관과 대상과 의식작용의 접촉을 말한다. 눈과 물체가 인연이 되어 안식眼識이 생기고, 이 세 가지가 화합한 것이 촉이요, 촉과 함께 수受·상想·사思가 생긴다고 했다.8

⑧ 육입(六入, ṣad-āyatana)은 눈·귀·코·혀·피부 등 오관五官이 물체·소리·냄새· 맛·감촉[觸, spraṣṭavya] 등 오경五境을 받아들여 의지[意]로서 분별하여 생각하는 것[法]을 의미한다. 다시 말해 눈·귀·코·혀·피부·

의지가 외부세계인 물체・소리・냄새・맛・감촉・법法을 안으로 받아들인다 하여 육내입처六內入處라고 한다.

⑨ 명색(名色, nāma-rūpa)은 명名과 색色의 합성어인데, 명은 보통 정신적인 것, 관념적인 것, 언어로 설명되는 것을 의미하고, 색은 물질적인 것, 비언어적인 것, 가시적인 것을 뜻하지만 특별히 십이연기에서 명은 오온의 감각・지각・의지・의식[受想行識] 등 네 가지를 의미하고, 색은 오온의 색色을 의미한다. 오온에서 색은 육체를 뜻하며, 눈・귀・코・혀・피부 등 다섯 가지 감각기관을 뜻한다. 그리고 수상행식은 한마디로 마음이다. 마음의 기능을 분석적으로 말한 것이 수상행식이다.

⑩ 식(識, vijñāna)은 어떤 대상을 대했을 때 분별하는 것을 의미하며, 그러한 분별은 오관인 눈・귀・코・혀・피부와 그것을 종합하여 분별하는 의意에서 일어난다. 바꾸어 말하면 오온五蘊의 과정으로 체계화된 의식意識을 말한다.

⑪ 행(行, saṃskāra)은 무명無明에 바탕을 둔 의식意識 속의 정신작용으로 의지적意志的이고 잠재적潛在的인 생각을 뜻한다. 다시 말해 마음의 태세態勢, 각오覺悟, 의향意向, 의도意圖 등을 의미한다. 의식 속에 잠재되었던 것이 겉으로 표출하는 것이 신체적 동작[身業], 언어생활[口業], 어떤 목적의식을 가지고 생각하는 마음[意業]이다. 의식 속에서만 생각이 움직일 때, 다시 말해서 마음속에서 일어나는 분별사유는 사업(思業, cetanā-karma)이지만 그것이 행동으로 나타날 때는 사이업(思已業, cetayitvā-karma)이다.

⑫ 치(癡, moha)는 미혹迷惑을 뜻하지만 일반적으로 무명(無明, avidyā Ⓟ avijjā)을 말한다. 모하moha는 지각을 잃게 되다, 혼동하다, 길을 잘못 들다'라는 제4류동사 어근(√muh)에서 온 남성명사로 '의식을 잃음, 혼란, 미혹, 망상' 등의 뜻이다. 아위디야-(avidyā)는 위디야-(vidyā)에 부정사 아(a)가 붙

여진 말인데, 위디야-는'구별할 줄 알다, 뜻 · 원인 · 성질 · 내용 따위를 이해하다, 오관五官으로 지각하다'라는 뜻을 가진 제2류동사(√vid)에서 온 여성명사로 '학식, 견문, 이해, 경험' 등을 의미한다. 따라서 무명이란 바로 '학식, 견문, 이해, 경험 등이 없다'는 뜻이다.

무명은 인간의 마음속 깊숙이 깔려 있는 근본적인 무지를 의미하며, 범부중생이 살아가면서 겪게 되는 모든 고통과 고뇌는 바로 무명이 원인이 된다고 말한다. 다시 말해 중생고衆生苦의 원초적原初的인 뿌리가 무명인 셈이다.

무명을 치癡나 무지無知라고 말하기도 하는데, 치癡는 이해관계에 얽매여 옳고 그름을 의심해 보지 않고 자기의 이익을 추구하려는 이기심이란 뜻을 내포하고 있다. 교리적으로는 연기에 대한 무지, 사성제에 대한 무지를 말한다.

십이연기는 인생사 최대의 문제인 늙고 · 죽음이라는 고苦를 인과적으로 파악한 것인데, 인간이 삶을 지향하는 맹목적 의지인 무명을 벗어나지 않는 한 인간은 고苦의 굴레에 갇혀 살 수밖에 없다고 진단하는 불교교리이다. 인간고人間苦의 원초적인 동기가 무명에 있다고 보고 인생고의 연쇄 고리를 열두 가지 항목의 연기로 설명한다고 해서 십이연기를 무명연기無明緣起라고도 말한다.

그러나 대개의 사람들은 자신이 당면하고 있는 고苦가 자기의 맹목적 의지인 무명에서 비롯되고 있다고 살피려하지 않고 남에게 책임을 전가轉嫁하는 것이 보통이다. 자기에게 책임이 있다고 생각하는 것보다 남에게 책임이 있다고 생각하는 것이 심리적으로 편하기 때문이다. 그래서일까?

붓다가 십이인연법을 설하시고 '너희들도 나무 밑이나 한가롭고 조용한 곳에서 이 깊은 이치를 힘써 살펴야 한다'고 하시자, 애제자 아난이 말하기를, '여래께서 비구들에게 인연법이 매우 깊고 오묘하다고 말씀하시지만 제가 살펴보기에는 깊고 깊은 뜻이 있어 보이지 않습니다'라고 의구심을 나타냈더니, 붓다께서 '아난아 그런 소리 하지 마라. 십이인연은 참으로 깊고 깊어 보통 사람들로서는 깨달을 수 있는 것이 아니다. 나도 옛날 이 인연법을 깨닫지 못했을 때 생사를 떠돌면서 벗어날 기약이 없었느니라' 고 했다.[9] 그러니까 십이인연은 보통의 상식으로 이해하기 어려운 것이지만 이런 이치를 깨닫지 않고서는 나고 죽는 고통에서 벗어날 수는 없다는 것이다. 그래서 십이인연을 보는 것이 법을 보는 것이고, 부처를 보는 것이라 말하기도 했다.[10]

늙음·죽음으로 대표되는 인간고人間苦의 원초적 동기가 무엇인가를 인과적으로 살피는 것이 십이연기이고, 십이연기에서는 인간고의 원초적 동기를 무명無明이라 보고 있다. 그렇다면 무명은 어디서 오는지 인과적으로 살펴야 할 것이다.

인간 사고의 한 습관은 지각할 수 있는 모든 과정들을 인과적으로 해석하려는 것이지만 인과의 무한소급은 생각할 수 없기 때문에 원인을 따지는 것을 중도에서 포기하거나 형이상학적인 개념으로 대치시키게 된다. 다시 말해 인과의 무한소급은 불가지론이나 신학으로 자연스럽게 귀결되고 만다. 처음에는 인과적으로 사유했으면서도 무한소급에 종지부를 찍으려하는 것은 바로 인간사유의 한계성과 편리함을 잘 드러내는 것이라 하겠다.

인과관계를 무한히 소급해서 생각하려는 것은 모든 것에는 반드시 시간적으로 앞서는 원인이 있어야만 한다는 사고의 습관을 따르는 것일 뿐이다. 그런데 현대의 양자물리학에서는 소립자 영역에서는 이전이나 이후라는 개념조차 제대로 정의될 수 없다고 한다. 아주 미세한 시·공간 영역에서는 어떤 반응이 시간적으로 인과적인 순서에 일치하기보다 거꾸로 진행되는 것처럼 보일 가능성도 있다는 것이다.

고따마 붓다는 무명에 대한 인과적 파악을 지양止揚하고 '지금 이 현실에서'[dṛṣṭa eva dharme] 문제점을 파악하려고 했는데, 논리적인 것에서 역사적인 것으로 전환하는 것이 고따마 붓다의 또 하나의 철학적 입장이다.

십이연기의 무한소급은 경험의 영역을 넘어서는 것이므로 무명無明이란 자세히 알지는 못하지만 행위를 이끌어내는 그 무엇이라는 뜻으로 이해할 수 있다. 그 무엇이란 삶을 유지하려는 맹목적 의지의 꿈틀거림이라 할 수 있는데, 경經에서는 유쾌한 것을 좋아하고 고통스러운 것을 싫어하며, 살기를 열망하고 죽음을 싫어함[求樂厭苦 · 求生厭死]이라고 했다.

일찍이 용수 보살 역시 '만약 무명의 인연이 되는 근본을 계속하여 추구하다보면 끝이 없어서 결국 극단적인 견해에 빠져 열반의 길을 잃고 만다. 그래서 무명의 근본을 계속하여 추구하지 않아야 한다. 만약 계속 추구하다 보면 희론戱論에 빠질 것이니 불법답지 못하게 된다. 무명을 끊겠다고 무명 자체의 모습을 추구하게 되는데, 그러한 방식은 결국 공으로 귀결된다'고 하며11 한 없이 인과관계를 추구하는 것을 쓸모없는 이론에 빠지는 것이라 보고 경계하였다.

쓸모없는 이론인 희론(戱論, prapañca)을 뜻하는 쁘라빤짜는 '분명하게 하다, 퍼지다'라는 제1류동사 어근(√pañc)에서 온 빤짜 앞에 '전'이나 '앞'을 의미하는 접두사 쁘라pra가 붙여진 말이다. 그러니까 희론이란 '분명하게 하기 전'이나 '퍼져버리기 전'이란 뜻이니, 인과의 논리를 한 없이 거듭하는 것은 인과관계가 분명해 지지도 않고 오히려 관점이 흩어져서 모호해지고 만다는 의미를 함축하고 있다.

만약 인간고의 원초적인 동기가 무명에 있다고 보지 않고 인간고의 연쇄 고리를 설명한다면 십이지연기十二支緣起가 아닌 다른 연기가 되어야 한다. 인간고를 연기로 설명하되 최초의 동기가 무엇이냐에 따라 연기의 지수支數는 얼마든지 달라질 수 있는 것이다. 그러니까 십이연기는 인간이 겪게 되는 모든 고통의 뿌리가 삶을 지향하는 맹목적 의지의 꿈틀거림인 무명에 있다고 보고, 이로부터 고苦로 충만한 인간의 실존을 설명하는 불교의 교리체계가 십이연기이다. 초기의 한 경전에 이렇게 말하고 있다.

> 눈은 업의 원인이고 조건이며 얽매임이다……
>
> 업은 애愛의 원인이고 조건이며 얽매임이다……
>
> 애는 무명의 원인이고 조건이며 얽매임이다……
>
> 무명은 부정사유不正思惟의 원인이고 조건이며 얽매임이다.
>
> 눈이 사물을 인연하여 부정사유가 생기고 어리석음[癡]이 생긴다……
>
> 그 어리석음이 무명이고, 어리석음이 구하는 것이 애이고, 애가 지은 것을 업이라 한다……
>
> 무명의 원인은 애이고, 애의 원인은 업이고, 업의 원인은 눈이다.12

고따마 붓다는 소유욕을 불러오는 애착에서 인간고의 원초적 뿌리를 찾고자 했음을 다시 확인할 수 있게 된다.

22 제식연기齊識緣起

초기경전에 십이연기를 설명하는 독특한 견해가 있으니, 그 의미를 깊이 고찰할 필요가 있다.

> 내가 정각을 이루기 전이었다. 나는 조용한 곳에서 어떠한 법이 있어서 늙어 죽는 것이 있게 되었는가를 깊이 살펴보니, 태어남이 있기 때문에 늙어 죽음이 있고, 태어남을 인연하여 늙어 죽는 것이 있었다.
>
> 이렇게 계속하여 유有・취取・애愛・수受・촉觸・육입처六入處・명색名色에 이

르렀다.

어떤 법이 있어서 명색이 있고, 어떤 법을 인연하여 명색이 있는가를 생각하였더니, 식識이 있기 때문에 명색이 있으며, 식을 인연하기 때문에 명색이 있게 되었다는 것을 알았다. 내가 이렇게 생각하였을 때 식識을 한계로 해서 그것을 더 이상 지나갈 수 없었다.

그러므로 식을 말미암아 명색이 있게 되고, 명색을 인연하여 육입처六入處가 있으며, 육입처를 인연하여 촉觸이 있고, 촉을 인연하여 수受가 있고, 수를 인연하여 애愛가 있고, 애를 인연하여 취取가 있고, 취를 인연하여 유有가 있고, 유를 인연하여 생生이 있고, 생을 인연하여 늙고 병들어 죽는 근심·걱정·고통과 괴로움의 쌓임이 있음을 알게 되었다.13

늙고 병들어 죽는 이 고통이 어떤 인연으로 있게 되었는가를 인과적으로 살펴보았더니, 노사老死→생生→유有→취取→애愛→수受→촉觸→육입六入→명색名色→식識에 이르렀고, 식識을 한계로 더 이상 지나갈 수 없었다[齊識而還不能過彼]고 했다. 그러니까 노사老死라는 고통이 어디에서 비롯되는가를 역逆으로 관찰하다 보니 식識에서 더 이상을 나아가지 못하고 다시 명색名色으로 되돌아가더라는 것이다. 이러한 입장은 한역된 경전에만 전하지 않고 빨리경전인 『마하-빠다-나 숫딴따』와14 『상윳따 니까-야』에도15 전하는 것으로 보아 초기불교, 즉 붓다의 입장이었음을 알 수 있다. 이와 같은 연기를 제식연기齊識緣起라고 한다. 제식연기齊識緣起라고 할 때의 제齊는 '제한한다'거나 '국한한다'라는 뜻이니, 인생사 최대의 고통인 늙어죽음의 뿌리를 인과적으로 살펴가다가 식識을 한계로 더 소급해 나갈 수가 없었다는 것이니, 제식연기란 의식을 한계로 하는 연기라는 뜻이다. 이러한 견해는 분명하게 말할 수 있고, 검증 가능한 것만을 말한다는 붓다의 철학적 입장과 일치한다고 하겠다. 의식을 넘어서는 것은 경험적 관찰이 아니라 논리적 전개이고, 심리학적으로는 무의식의 세계라고 해야 할 것이다.

그런데 『숫따니빠-따』에 전해지는 십이연기에 의한 설법방식을 보면 그 역시 독특한 모습을 발견할 수 있다.

어떤 괴로움도 무명(無明, avidyā)**으로 인해서 생긴다. 무명을 남김없이 없애 버린다면 괴로움은 생기지 않는다.** <Sn, 728>

어떤 괴로움이든 행(行, saṃskāra)**으로 인해 생긴다. 행이 없어진다면 괴로움은 생기지 않는다.** <Sn, 732>

어떤 괴로움도 식(識, vij□ana)**으로 인해서 생긴다. 식이 소멸된다면 괴로움도 생길 수 없다.** <Sn, 734>

어떤 괴로움도 촉(觸, saṃsparśa)**으로 인해서 일어난다. 촉을 없애 버린다면 괴로움은 생기지 않는다.** <Sn, 735>

어떤 괴로움도 수(受, vedanā)**로 인해 생긴다. 수를 없애버린다면 괴로움은 생기지 않는다.** <Sn, 737>

어떤 괴로움도 애(愛, tṛṣṇā)**로 인해 일어난다. 애를 남김없이 없애버린다면 괴로움은 생기지 않는다.** <Sn, 739>

어떤 괴로움도 취(取, upādāna)**로 인해 생긴다. 취를 남김없이 없애버린다면 괴로움은 생기지 않는다.** <Sn,741>

『숫따니빠-따』는 초기불교 경전 가운데 가장 오래된 것이라 볼 때, 최초의 연기설법은 열두 항목이 하나로 연결되기 보다는 'A가 있으므로 B가 있게 되었다. 그러므로 A가 없다면 B가 일어나지 않는다'는 식으로 두 가지 항목을 들어 설법했다는 것을 알 수 있다. 그러다가 점차 발달하여 『대본

경』에서 볼 수 있는 것처럼 완성을 보았을 것이라 본다.

또한 제식연기齊識緣起에서 볼 수 있었던 것처럼 붓다는 현실적으로 경험할 수 없는 문제에 대하여 어떤 판단을 내리지 않았다. 붓다가 가장 중요하게 생각했던 것은 지금 여기에 놓여있는 현실이었기 때문이다. 붓다의 설법은 자신의 체험에 바탕을 두고 있었기 때문에 십이연기에 의한 설법도 그런 입장을 벗어나지 않았을 것이 분명하다. 그렇다면 인간고의 연쇄고리인 십이연기를 우리의 현실에서 어떻게 이해할 것인가?

이에 대하여 필자는 다음과 같이 구성해 보고자 한다.

붓다는 자신의 가르침을 현실에서 사실로 경험되는 것이요, 누구라도 와서 보라고 말할 수 있는 것이라고 하였듯이16 붓다에게 초미의 관심은 현실現實이었다. 현실이란 지금[adhunā]이라는 시간과 여기[iha]라는 공간에서 살아 있다[jīvati]는 현재의 사실을 의미한다. 인간의 삶은 그 누구였을지라도 시간과 공간을 떠나서 생각할 수 없다. 시간과 공간을 넘어서 삶을 말하는 것은 만화 같은 이야기이니 공허하기 짝이 없다.

체험으로서 자신의 삶은 그 어떤 사람도 '지금, 여기, 살아 있다'는 현재의 사실을 떠나서 말할 수 없다. 고따마 붓다의 가르침은 고따마 붓다의 삶의 체험담이요, 그것이 오늘 우리들 자신의 삶과 궤적을 같이 하기 때문에 불교에 깊은 관심을 가질 수밖에 없는 것이다. 고따마 붓다의 이야기가 되었든 우리들 자신의 이야기가 되었든 시간과 공간을 벗어난 것은 허구虛構요 망상妄想일 뿐이다.

때로는 전생을 말하고, 내생을 말하기도 하지만 그것은 논리적으로 유추할 수 있고 말로 가능할 뿐 지각할 수 있는 현실이 될 수는 없다. 그러니까 자신의 삶을 이야기할 때, 그 누구도 부정할 수 없는 사실은 이 세상에 태어나[生, jāti]① 살고 있다[有, bhava]②는 것이다. 태어나서 지금 살고 있다는 것은 자명自明한 사실로 더 이상 증명을 필요로 하지 않는다. 지금 이 글을 쓰는 것도 태어나 살고 있다는 증거요, 이 책을 읽고 있는 것도 이 세상에 태어나 살고 있다는 증거이다. 무엇을 의심하는 것도 살아 있다는 증거요 무엇을 믿는 것도 살아 있다는 증거이다.

불교는 이 세상에 '태어나' 지금, 여기 '살고 있다'는 엄연한 사실을 그대로 인정하고, 살아가는 과정에서 부딪치는 문제들에 대하여 분석하고 해결하고자 한다. '어디서 왔는가'라든가 '왜 태어났는가'와 같은 물음은 현실의 삶과 거리가 먼 사변적인 문제일 뿐이다. 그런 문제는 얼마든지 생각해 볼 수도 있고, 말할 수도 있지만 결코 우리의 경험이 될 수도 없고, 오늘을 살아가고 있는 우리들 자신에게 급한 문제도 아니다. 태어나기 전의 문제나 죽은 뒤의 문제와 같은 것은 우리의 경험을 초월하는 문제이니, 무어라 꼭 집어 말할 수 없는 문제일 뿐 아니라 지금 살아가는 문제에 직결되는 중차대한 문제도 아니다. 붓다는 그런 것들을 무기라 했고, 그런 문제에 대해서는 침묵으로 일관했다.

붓다가 분명하게 말했던 것은 드리스따 에와 다르메dṛṣṭa eva dharme, 즉 눈에 보이는 이 현실의 문제였다. 이 현실을 벗어난 문제는 사변적思辨的이고 형이상학적인 것이라 하여 자신의 가르침에 어울리지 않고, 수행의 근본도 아닐 뿐더러 지혜로 향하지도 않고, 깨달음의 길도 아니며, 열반으로 인도하지도 않기 때문에 말하지 않는다고 했고, 오로지 고통에 가득한 인생을 직시하고 그 고통에서 벗어나는 길을 말할 뿐이라고 하였다. 불교가 어떤 가르침인지 분명하게 밝히고 있는 대목이라 하겠다. 불교를 현실 도피적이라고 말하는 사람도 있는데 그가 얼마나 불교를 잘못 알고 있는지 드러내는 것에 지나지 않는다.

그런데, 우리가 살고 있다는 것은 목석木石이 여기에 있다는 것과는 다르다는 점이다. 목석과 같은 무정물無情物은 그냥 거기에 있는 것뿐이지만 유정有情인 인간은 인식[識, vijñāna][③]을 빼고 존재를 생각할 수 없다. 유정이란 감정의 존재란 뜻이요, 느낌의 존재라는 뜻이며, 인식의 존재라는 말이기도 하다. 위즈냐-나로 말해지는 인식은 대상을 있는 사실 그대로 직시直視하여 아는 것이 아니라 대상 밖에 어떤 기준이나 관점을 설정하고 그것과 비교하고 구별하여 아는 것을 의미한다.

인간은 인식을 통해 세계를 받아들인다는 점에서는 수동적이면서도 인식을 통해 세계를 변화시키고 개조한다는 점에서는 능동적이다. 인간이 인간일 수 있는 것은 자기와 세계를 나누어 생각할 수 있으며, 자신의 생각을 언어로 표현하고 있다는 점이다.

오온에서 살펴보았듯이 인식은 색수상행식色受想行識이란 다섯 개의 과정을 통해서 이루어진다. 인간은 이와 같은 인식의 과정에서 자아의식을 축적하고 강화하며 실체화하면서 무상無常을 넘어서려 한다. 색수상행식色受想行識 그 무엇 하나도 영원하지도 않고 불변하는 고정된 실체가 아닌데도 영원하기를 염원하고 실체인 것처럼 집착한다. 바로 여기에 전도(顚倒, viparyāsa)가 일어나고 망상(妄想, vikalpa)이 생긴다.

전도를 의미하는 위빠리야-사viparyāsa는 '반대쪽으로 방향을 바꾸다, 거꾸로 하다'라는 동사(vi-pary-√as)에서 온 남성명사로 '뒤집어짐, 정반대로 된 것'이란 뜻이고, 위깔빠vikalpa는 '부합하다, 꼭 맞다'라는 의미를 가진 제1류동사 어근(√klṛp)에서 온 형용사로 '적당한, 타당한, 적격의'라는 뜻의 깔빠kalpa에 '차이'나 '어긋남'을 의미하는 접두사 위(vi-)가 붙여진 말로 '부합하지 않는 지각이나 인식'을 의미한다. 위깔빠는 실제의 대상과 우리의 앎 사이에 틈이 있다는 뜻이다. 한마디로 우리의 인식에는 애초부터 전도나 망상이 개입되어 있다는 뜻이기도 하다.

인식한다는 것은 눈으로 사물을 보고, 귀로 소리를 들으며, 코로 냄새 맡고, 혀로 맛을 보며, 피부로 감촉하는 것을 마음으로 느끼고 생각하는 종합적인 과정이다. 우리가 살아 있다는 것은 바로 눈·귀·코·혀·피부 등의 감각기관으로 그에 대응하는 세계인 물체·소리·냄새 등의 외부세계를 자기중심적인 판단[意]으로 자기 안으로 받아들이는 것[法]이다. 외부세계를 자기 안으로 받아들이는 통로가 여섯 곳이라 하여 육입처[六入處, saḷāyatana]④라 한다.

생물학에서는 보통 생명체가 가지고 있는 감각기관으로 눈·귀·코·혀·피부 등 오관五官만을 말하지만 불교에서는 자기중심적으로 판단하는 의意를 하나의 독립된 감각기관처럼 생각하여 안이비설신의眼耳鼻舌身意를 육근六根이라 한다. 눈은 외부의 물체를 자기 안으로 받아들이는 통로일 뿐 물체를 보는 것은 의意가 하는 작용이기 때문이다. 인간의 의지를 감각기관처럼 보는 것이 불교의 한 특징이라 할 수 있다.

육근인 안이비설신의眼耳鼻舌身意가 받아들이는 색성향미촉법色聲香味觸法을 육경六境 또는 육진六塵이라 하는데, 크게 분류하면 물질적인 것과 말로 표현되는 것으로 나눌 수 있다. 색성향미촉色聲香味觸은 물질적인 색이고, 법法은 말로 표현되는 명이다. 이것을 통틀어 명색(名色, nāma-rūpa)⑤이라 한다.

우리가 살면서 부딪치는 모든 것이 일체一切인데, 그 일체는 명名과 색色으로 나눈다.17 우리가 살면서 부딪치는 모든 것이란 물질적인 것이거나 말로 설명하는 정신적인 것들이란 뜻이다. 용수 보살은 진관眞觀을 얻고자 한다면 오직 명과 색이 있을 뿐이요, 실지實知를 살피고자 한다면 그 역시 명색을 알아야 한다고 말했다.18

진관眞觀은 슈바 롤짜나śubha-locana로 슈바śubha는 '아름답게 하다, 빛나다'라는 제1류동사 어근(√śubh)에서 온 형용사로 '빛나는, 영리한, 맑은'이란 뜻이고, 롤짜나locana는 '보다, 관찰하다'라는 제1류동사 어근(√loc)에서 온 중성명사로 '눈, 관찰력, 안목'을 뜻한다. 따라서 진관은 '청정한 눈, 진실한 눈, 지혜로운 관찰'을 의미한다.

실지實知는 즈네야jñeya로 '분별하다, 구별하다'라는 제9류동사 어근(√jñā)의 미래수동분사인데 의미상으로는 의무분사이니 '알려져야 할 것, 알아야만 될 것'이란 뜻이다. 용수 보살은 청정한 눈을 가진다는 것은 명색에 대해서 바르게 아는 것이라 보았고, 우리가 알아야만 할 것은 물질적인 것과 말로 설명하는 정신적인 것이라 본 것이다. 다시 말해 진관은 시공時空속에 존재하는 자연 현상으로서 사물을 있는 그대로 직관하는 것을 의미하고, 실지는 시공을 초월하는 의미적 차원에서 이해될 수 있는 문화 현상에 대하여 종합적으로 간파하는 것을 의미한다. 간단히 말해 자연현상으로서 물체는 보는 것의 문제로 진관해야 하고, 문화현상으로서 의미는 이해의 문제로 실지實知해야 한다.

이미 삼법인에서 말했듯이 색의 문제는 무상無常이라 눈떠야 하고, 명의 문제는 실체가 없는 언어적 표현임을 눈떠야 할 것이다. 그런데 한낱 언어적 표현으로 이념적 존재인 자아를 실존적 존재인 것처럼 집착하고, 영원하지 못한 것을 영원한 것처럼 보려하기 때문에 결국에는 갈등하고 좌절할 수밖에 없어 일체개고一切皆苦라 말한다. 일체개고는 그릇된 인식이 낳은 결과이므로 바른 인식을 통해 일체의 갈등을 넘어 마음의 평화와 자유의 경지를 얻어야 하기 때문에 열반적정涅槃寂靜을 제시한다.

인식은 감각기관인 육근이 육경인 명색을 만남[觸 sparśa]⑥을 통해 감각적으로 받아들임[受 vedanā]⑦으로 이루어진다. 만남을 의미하는 스빠르샤sparśa는 '~와 접촉하다, ~에 닿다'라는 뜻의 제6류동사 어근(√spṛś)에서 온 남성명사로 상호 접촉이나 결합이란 뜻인데, 외부세계를 받아들이는 감각기관[六根]과 그에 맞서는 외부대상[六境] 사이에서 의식이 일어나 결합하는 것을 의미한다.

웨다나-(vedanā)는 '양자를 식별하다, ~에 주의를 기울이다, 알아채다' 등의 뜻을 가진 제2류동사 어근(√vid)에서 온 여성명사로 느낌이나 감각을 말하는데, 스빠르샤를 통해서 대상을 알아채고 식별하는 느낌을 뜻한다.

인식은 외부세계에 대한 내 뜻을 반영한 것이니, 외부세계를 대하는 내 마음이 조작하는 표상表象이라고 말할 수 있다. 흔히 우리가 마음이 만든다고 할 때는 이것을 말하는 것이다. 불교적으로 볼 때 모든 인식은 감각적 경험을 바탕에 두고 있는 것이다. 감각적 경험을 떠난 인식은 사변적일 뿐 현실적이지 못하다.

사실 내 의식 밖의 대상들은 선악이나 미추를 판단하기 이전의 존재로 그렇게 거기에 있는 것일 뿐인데, 우리가 그것을 받아들일 때는 고락苦樂의 감정으로 받아들인다. 우리 속의 무엇이 외부세계를 감각적으로 받아들이게 하는가를 살펴보면 바로 의(意, manas)라는 마음이다. 의는 자기중심적 목적의식을 가지고 있는 마음인데, 의라는 마음은 분명하게 이것이라고 말할 수는 없지만 맹목적이고 이기적인 충동성을 내포하고 있기 때문에 무명[無明 avidyā][8]과 상통한다고 하겠다. 무명에 내재한 충동은 육신이 편안하고자 하는 욕망[求樂厭苦]과 영원히 존속하고 싶은 욕망[求生厭死]이니, 개체의 생존이나 성공적인 번식이 진화의 유일한 방향이라고 본다면 무명이 내포한 충동성은 진화의 방향과 다를 것이 없다고 본다. 진화의 입장에서 말하자면 인간은 너나할 것 없이 자기중심적 사고 속에서 자기실현을 도모하고 있다고 하겠다. 유전자의 운반체에 지나지 않는 인간은 존재 자체가 이기적일 수밖에 없다. 생명체에게는 살아남아 종족을 보존한다는 것만이 유일한 선택의 길이요 선악이전의 원초적인 가치이며 궁극적인 목표이다. 윤리도덕적인 문제는 사회화의 과정에서 요청되는 가치이지 개체생명의 생존과는 거리가 멀다.

우리가 외부세계를 대할 때 그러한 충동과 잘 어울리면 '즐겁다'고 여기고, 그 충동에 어긋나면 '괴롭다'고 여기는 것뿐이다. 충동과 아무런 관계도 없으면 우리의 의식에 남지 않고 버려진다고 하여 불고불락不苦不樂을 사수捨受라 한다. 사수는 우뻬끄샤upekṣā로 무관심無關心을 의미한다.

충동적인 요구에 잘 어울리는 것은 애착[愛, tṛṣṇā][⑨]하고, 그런 것은 내 것으로 만들고자 취[取, upādāna][⑩]한다. 그러나 욕구에 거슬리거나 반대로 작용하면 미워하고 싫어한다. 여기에서 애별리고愛別離苦와 원증회고怨憎會苦가 발생한다.

> **애愛로 인해 구함이 생기고, 구함으로 인해 얻게 되고, 얻게됨으로 헤아리고, 헤아림으로 물들고, 물들기 때문에 탐착貪著하고, 탐착으로 인해 취하고, 취함으로 인해 인색한 마음이 생기고, 인색한 마음으로 인해 지키고 보호하고, 지키고 보호함으로 말미암아 치고 때리고 싸우고 송사하는 여러 가지 괴로운 일들이 있게 된다.**19

인식의 결과로 나타나는 중생의 현실이란 감각적으로 마음에 드는 것을 애착하고 소유하고자 하는 행동[行, saṃskāra][⑪]으로 나타난다. 이 행동이 고의적이고 반복적일 때 선악이란 도덕적 판단을 받게 되는 업(業, karman)을 형성한다. 고의성도 없고 반복적이지도 않은 우연적인 행동은 선악의 판단으로 업이 될 수 없다. 고의성이 있다고 해도 일회적일 때는 실수라고 해야 할 것이다. 꿈속에서 하는 행위, 자기가 하는 일이 전혀 선인지 악인지 알지 못하고 하는 일, 심각하지도 않고 습관성도 아닌 행위, 미친 짓, 얼떨결에 한 일, 자기는 하기 싫은데도 강제에 의한 일, 행위 그 자체가 선도 악도 아닌 것, 악행을 멀리하기 위한 일 등은 윤회를 유발하는 행위로서 업에 해당하지 않는다고 했다.20

연속되는 업의 축적과정이 바로 존재의 과정으로 살고 있음[有, bhava]이다. 우리가 생존한다는 것은 인식을 통해서 애착하는 것을 소유하려고 애쓰는 반복 과정인데, 이러한 삶의 끝이 바로 늙어 죽음[老死, jarā-maraṇa]⑫이다. 그러니까 노사老死는 인생이 안고 있는 고苦의 총체이자 대표이며, 현실에서 삶의 종결終結이다.

살고 있다[有, bhava]는 것은 태어나서 죽을 때까지 업을 짓는 모든 과정인데, 업이라는 것은 사물을 감각적으로 받아들여 마음에 드는 것을 내 것으로 소유하려는 욕망의 충족을 위한 노력에 지나지 않는다. 다시 말해 삶의 큰 줄기는 소유욕을 채우려는 활동이라 볼 수 있다. 이제까지의 과정은 한 개인의 실존적 삶을 살펴본 것이다. 그러나 현실사회에서의 삶은 이보다 훨씬 더 복잡해지는데 그것을 살펴보자.

이 세상 그 누구도 자신이 홀로 모든 문제를 해결하며 살지는 않는다. 하기 싫어서가 아니라 그렇게 할 수 없기 때문이다. 생존에 필요한 것들을 누구인가의 손을 빌리고 살 수 밖에 없다. 먹는 것은 농사짓는 사람들의 손을 빌리고, 입는 것은 옷을 만드는 사람들의 손을 빌린다. 직업이 다양하다는 것은 그만큼 손을 빌려야 할 것이 다양해진다는 것이고, 직업이 전문화된다는 것은 남의 손을 빌리지 않으면 안 되게 된다는 뜻이기도 하다. 불교에서는 현실의 삶을 상와-사saṃvāsa라 한다. 상와-사는 '함께 산다, 협조하며 산다'는 뜻의 제1류동사 어근(saṃ-√vas)에서 온 남성명사로 흔히 동거同居로 번역한다. 누구의 삶도 현실에서는 남들과 더불어 공존하는 것이기 때문에 개개인의 욕망 실현은 서로 모순되고 충돌할 수밖에 없다. 현실에서의 삶이란 앞에서 말한 전 과정들이 대립하고 충돌하며 공존하는 것에 지나지 않는다. 소유의 문제에서 대립이나 투쟁이 생김을 의미하고, 그 과정에서 온갖 비리나 불의가 저질러진다는 뜻이다. 개인들 사이에서나 집단 사이에서나 대립

·갈등·충돌은 어쩌면 자연스런 단계를 지나 필연적이라 볼 수도 있다.

그러나 생명의 진화에 있어서 유일한 방향은 개체의 생존이나 성공적인 번식이라고 할 수 있으니, 이 방향을 가로막거나 방해하는 것은 서로 피하고 싶을 것이다. 여기에서 윤리적 판단이 나오게 되고 질서라는 개념이 생기게 된다. 결국 서로서로 개체의 생존이나 번식을 보장하는 쪽이 바람직할 것이니, 그 바람직한 방향으로 행동하는 것이 선행이 되고, 바람직하지 못한 방향으로 행동하는 것은 악행이 된다. 그러니까 선악이라는 윤리적 판단은 공동의 이익을 전제한 사회적인 평가이다. 그 평가는 역사의 변화에 따라 달라질 수밖에 없다. 다시 말해 선악과 같은 도덕적 판단은 역사의 상황에 따라 바뀌는 것이지 고정된 실체가 아니라는 뜻이다.

어쨌든 공동의 이익이란 측면에서 개인의 소유욕은 제한될 수밖에 없으니, 사회 속에서 모든 개인은 불만족을 겪을 수밖에 없다. 이것이 '구하지만 다 얻을 수 없는 고통'[求不得苦]이다.

맹목적 충동에 기반을 두고 있는 인식이 미혹이고, 그 미혹에 기초하여 소유하고자 하는 일체의 행동이 업이며, 그 업의 결과가 좌절로서 고이니 결국 자각하지 못한 인생은 혹惑→업業→고苦의 과정에서 방황하는 것에 지나지 않는다. 현실의 중생은 죽음이라는 실존적 위기에 앞서 소유욕을 채우지 못해 갈등하게 되는데, 억제되지 않은 소유욕을 불타듯이 타오르는 목마름에 비유하여 갈애渴愛·갈망渴望이라 한 이유가 여기에 있다. 특히 자본주의 사회에서 무한경쟁에 내몰리고 있는 인생은 삶 자체가 갈등이고 고민이다. 한마디로 삶은 고해苦海를 떠도는 것이다.

우리들이 경험하게 되는 고苦는 논리적으로 볼 때 그 근원적 원인이 무명無明에 있지만 현실적으로는 애착[愛]과 소유욕[取]에서 비롯되는 욕망에 있는 것이다. 연기법에 대한 이와 같은 교리체계는 인간의 고통과 불안을 극복하기 위해서는 무명無明을 없애든가, 소유욕을 조절하고 만족감을 눈뜨는 방법밖에 없다는 것을 말해준다.

붓다교설의 한 특징은 경험을 중시한다는 것과 무명이 인간고의 원초적인 뿌리라고 보는 점이다. 대부분의 유신론 종교에서는 피조물인 인간이 신의 뜻을 거역한 것이 죄악의 근원이거나 인간이 신으로부터 분리된 것을 고통의 근원이라 말한다. 그들이 말하는 종교인 릴리전religion은 피조물인 인간이 다시 신의 품으로 돌아가는 것을 의미한다. 그러나 불교는 무지 그것이 바로 모든 고통의 뿌리라고 본다. 그래서 불교는 무지의 타파를 수행의 요점으로 삼는다. 무지의 타파가 바로 깨달음이요, 그 깨달음은 붓다교설의 핵심이자 이상이다.

무지는 인간행동의 성격을 결정짓는 의지의 조건이 된다고 하여 '무명은 행위의 조건'[無明緣行]이라고 하였는데, 이 말은 '그 이유를 분명하게 알 수 없는 원인이 행동을 낳는다'는 의미로 보아도 무방하다. 바로 이와 같은 가르침을 의지意志의 철학자였던 쇼펜하우어(Schopenhauer, Arthur, 1788~1860)는 '맹목적 충동'盲目的 衝動이라 했다.

그러나 현대의 신경학자들은 의지가 우리의 행동을 결정하는 것이 아니라 뇌가 결정하는 것이라 말한다. 뇌는 나보다 0.35초 전에 결정을 내린다고 한다. 우리가 의식적으로 뭔가 결정한다는 것은 그저 상상일 뿐이라는 것이다. 그래서 뮌헨 막스플랑크 심리학 연구소의 볼프강 프란츠는 '우리는 우리가 의도하는 일을 행하는 것이 아니라 우리가 행하는 것을 의도한다'고 말했다.

무명을 없애는 것이 바로 맹목적 행동을 극복하는 길이요, 나아가 윤회로 상징되는 모든 고통을 벗어나는 길이 된다. 이에 대하여 경전에서는 무명을 없애면 행이 없다[癡無故行無]거나 무명이 소멸하기 때문에 행이 소멸한다[癡滅故行滅]고 말하는가 하면 무명을 소멸하는 것이 바로 행을 소멸하는 것[若無明滅盡是時則無行]이라고 하였다.

무명을 만나서 애욕을 낳고, 애욕을 인연하여 행위를 일으킨다고 하였듯이,21 연기의 고리에서 볼 때 고통을 안겨 주는 원인은 무명無明과 애욕愛慾이라 하였고, 중생들은 언제부터인지 알 수 없으나 나고 죽음으로부터 무명에 덮이고, 애착에 목이 매여 오랫동안 나고 죽음에서 돌고 돌면서도 고통의 근본을 알지 못한다고 했다.22

연기론의 입장에서 볼 때 윤회는 존재의 기계적 순환이 아니라 무명이 초래한 맹목적이고 이기적인 행동에 대하여 죄악이라고 인식하는 마음의 갈등과 번민이 반복되는 심리현상이라 보는 것이 옳을듯하다. 따라서 윤회의 굴레를 극복하려면 죄악이나 악행을 불러오는 무지를 벗어나야 하기 때문에 무명은 명明으로 대치한다고 하였고,23 무명이 없어지면 행위도 사라진다고 하였다.24 생사윤회는 영원히 살고자 하는 욕망을 가진 사람에게 고통과 재앙일 수밖에 없고, 마음 편하게 살고 싶은 욕망을 가진 사람에게 남의 눈을 의식해야 한다는 것은 괴롭고 답답하며 짜증스러운 일일 수밖에 없으니 모든 공포와 재앙과 불행은 모두 어리석음에서 나오는 것이지 지혜에서 나오는 것이 아니라고 붓다는 말한다.25

중생의 고통이 무엇에서 비롯되느냐를 보는 관점에 따라서 연기의 지수支數는 달라질 수 있는데, 그 가운데 무명이 중생고의 근원이라 본 것이 무명연기無明緣起이자 십이연기十二緣起이다. 그러나 제식연기에서 보았듯이 무명연기는 논리적으로 고찰한 결과였지 우리가 일상적으로 경험하는 문제는 아니다. 이미 자신이 무지하다는 것을 깊이 자각하면 그것은 무지가 아니기 때문이다. 따라서 우리의 일상경험으로 보아 중생의 현실에서 갈등의 가장 강력한 뿌리는 아무래도 애착(愛, tṛṣṇā)이라 보아야 할 것 같다.

애착은 그물이 되고, 아교가 되며, 샘물이 되고, 뿌리가 되어 이 세상에서 저 세상으로 간다고 하였듯이26 애착은 감각적 인식에 대한 주관적 반응이자 자의적인 강한 세력으로서 현실이다. 그래서 무명에 덮이고 애착에 목이 매였다[無明所蓋 愛繫其頸]고 말하는 것처럼 불교에서는 그와 같은 애착을 뜨리슈나-(tṛṣṇā Ⓟtaṅhā)라 한다. 뜨리슈나-(tṛṣṇā)는 '목이 마르다, 갈망하다'라는 제4류동사 어근(√tṛś)의 과거수동분사(tṛṣṇa)의 여성형으로 강렬한 욕망이나 탐욕이란 뜻인데, 이는 병적病的 · 맹목적으로 집착하는 애착을 의미하기 때문에 목마른 사람이 맹목적으로 물을 찾는 것과 같다 하여 갈애渴愛 또는 맹목적인 열망blind thirst이라 하였다.

우리의 실존적 삶을 열두 가지 항목의 연결로 구성하는 방식은 견해에 따라 얼마든지 다를 수도 있다. 다시 말해 필자가 앞에서 말한 것과 다르게 구성할 수도 있다는 뜻이다. 다만 우리가 명심해야 할 것은 고따마 붓다는 연기로 실존적 삶을 살피는 데에도 의식을 한계로 더 이상 지나갈 수 없었다[齊識而還不能過彼]고 말할 정도로 우리의 경험을 넘어서는 문제에 대하여 한계를 두고 있었으니, 십이연기를 태생학적胎生學的으로 보거나 전생 · 현생 · 내생으로 연장시켜 삼세양중인과三世兩重因果로 설명하는 것은 아무래도 붓다 자신의 견해라기보다는 붓다 입멸 후에 나타난 해석학적인 견해라 보아야 할 것이다.

23 삼세인과三世因果

고따마 붓다는 분명 우리의 지각적 경험을 넘어서는 문제에 대해서는 침묵했음에도 불구하고 붓다의 가르침을 따르는 불교도들은 왜 현실적 경험영역을 넘어서까지 논리적으로 설명을 시도하게 되었을까? 다시 말해 붓다의 뒤를 이은 제자들이 십이연기를 태생학적으로 설명하거나 삼세인과三世因果로 연장시켜 설명할 수밖에 없었던 이유가 있었을 터이니, 그렇게 해야만 할 이유와 까닭을 짐작해 보자.

우리는 세상을 살면서 이치와 현실이 맞지 않는 일도 종종 있다는 것을 경험하게 된다. 콩 심은데 콩 나고, 팥 심은데 팥 난다거나 뿌린대로 거둔다는 일상적 경험을 들어가면서 업과 윤회를 설하는 까닭은 도덕의 세계에도 인과율이 철저히 적용된다는 것을 일깨워 악을 경계하고 선을 권장하려는 것이다. 그런데, 우리가 현실적으로 볼 때, 어떤 사람은 착하게 사는데도 불행을 당하는 일이 있고, 어떤 사람은 악행을 하면서도 행복을 누리며 사는 것을 볼 수 있다. 이럴 경우 콩 심은데 콩 나고, 팥 심은데 팥 난다는 경험법칙을 들면서까지 선행에 행복이 따르고, 악행에 불행이 따른다고 말했던 인과응보설에 대해 회의하게 된다. 이러한 불합리를 설득력 있게 설명하지 않고서는 도덕적으로 선행을 권하고 악행을 하지 말라고 말할 수 없다. 선인낙과善因樂果 · 악인고과惡因苦果가 조금도 틀림이 없다는 것을 어떻게든 납득시킬 수 있어야 업보도 윤회도 설득력을 가질 수 있게 된다. 그래서 인과는 우리가 경험할 수 있는 현실에서만 적용되지 않고 전생과 내생을 연장해서도 적용된다고 말하게 된다.

어떤 사람이 착하게 사는데도 불행을 당하는 것은 그 사람이 전생에 지은 업력業力이 남아 있기 때문이요, 어떤 사람이 악행을 하면서도 행복을 누릴 수 있는 것은 그가 전생에 지은 복력福力이 남아 있기 때문이라는 것이다. 예를 들어 작년에 농사를 잘 지은 사람은 금년에 농사를 제대로 짓지 못해도 굶주리지 않지만 작년에 농사를 실패한 사람은 금년에 열심히 일하더라도 금년에 농사를 수확하기 전까지는 굶주릴 수밖에 없다고 말해야만 현실의 삶 속에서 모순처럼 느껴졌던 인과관계가 논리적으로 납득될 수 있는 것이다. 현실적으로 경험되는 인과율에 대한 불합리를 전생과 내생으로 연장하여 설명함으로써 현실에서 나타나는 인과의 모순을 논리적으로 해결하였던 것이다.

부파불교部派佛敎 이후 불교학자들은 생명은 윤회한다는 사상을 바탕으로 이 연기의 순환을 과거·현재·미래에 걸쳐 연속되어지는 것으로 설명했다. 인과의 연결을 과거·현재·미래로 연장하여 설명을 시도한 것을 흔히 삼세양중인과설三世兩重因果說이라 한다. 부파불교학자들이 인간실존을 과거·현재·미래의 연장선 위에서 고찰하였던 이유를 『아비달마대비파사론』에서 다음과 같이 밝히고 있다.

> **생이란 오직 현재 뿐이요 과거가 없다는 생각을 경계하고, 생이란 금생뿐이요 미래는 없다는 생각을 경계한다. 이러한 망견을 경계하는 것은 허무주의에 빠져들거나, 그 반대인 영혼불멸론에 집착하는 것을 일깨우고자 함이다. 나고 죽는 생의 흐름에는 그럴 만한 원인이 있음을 밝히고 그럴만한 원인이 있을 때 그에 상응하는 결과가 따른다는 것을 밝혀 원인과 결과가 물이 흐르듯 이어지고 있음을 일깨워 편견과 독단을 벗어나 중도의 삶을 보이고자 함이다.**27

엄밀한 의미에서 고따마 붓다는 내생이나 전생의 문제는 무기無記라고 하였던 점에서 볼 때, 붓다께서 십이연기를 전생·금생·내생의 삼세三世로 설명하였다고 볼 수는 없을 것 같다. 붓다는 우리가 경험하는 갈등들이 결정적으로 운명 지어진 것이거나 어떤 하나의 원인에 의해서 비롯되는 것이 아니라 많은 원인과 조건으로 발생한다는 연기緣起로서 설명하였을 뿐이다. 그러니까 십이연기를 삼세三世로 나누어 설명하는 것은 현실에서 느끼는 경험상의 모순을 논리적으로 해결한 결과라고 하겠다. 전생이나 내생은 그 누구에게도 현실적으로 경험이 불가능한 일이기 때문에 논리적으로 합당하면 그것을 믿고 받아들일 수밖에 없게 된다. 바로 삼세인과나 윤회설은 회의하고 부정할 수 없는 믿음의 문제가 되었다.

역사적으로 십이연기를 삼세양중三世兩重으로 보려는 견해가 처음으로 등장한 것은 붓다가 열반에 드신 후 기원 전 2세기경이었다. 그와 같은 인과의 설명이 처음 등장하는 것은 가다연니자Kātyāyanīputra가 저술한 『아비달마발지론』阿毘達磨發智論이라고 한다. 『발지론』에 의하면, 무명無明·행行 두 가지는 과거요, 생生·노사老死 두 가지는 미래며, 식識·명색名色·육처六處·촉觸·수受·애愛·취取·유有 등 여덟 가지는 현재라고 하였다.28

이처럼 과거와 미래를 두 가지 단계로 나눈 것은 지혜가 없는 사람을 위하여 현재의 생활 속에서 애愛·취取·유有가 미래의 결과인 생生·노사老死를 낳게 되고, 현재의 결과인 식識·명색名色·육처六處·촉觸·수受는 과거의 무명無明·행行이 원인이었음을 눈뜨게 하자는 것이라고 한다.

이것을 다시 부연하여 설명하자면 다음과 같다.

우리의 의식밖에 존재하는 물질세계는 그냥 거기에 그렇게 있는 것일 뿐 선[kuśala]의 존재도 아니고, 반대로 악[akuśala]의 존재도 아니다. 의식 밖의 존재는 선악으로 갈라 말할 수 없는 선악무기성[kuśalākuśalāvyākṛtatva]이다. 꾸살라는 형용사로 '적절한, 알맞은, 효과적인, 적당한, 건전한'과 같은 좋은 상태를 말하고, 아꾸샬라는 그와 반대의 상태를 의미한다.

우리가 선악무기善惡無記로 존재하는 외부세계를 감각기관이 접촉하면서 다양한 감각을 일으키는데, 하나의 대상에 대하여 그렇게 다양하게 인식할 수밖에 없는 것은 이미 전생에 외부세계를 대하면서 애착으로 소유하는 반복적인 삶의 과정이 낳은 습관인 것이다. 그러므로 전생에 애착으로 소유를 갈망하는 반복적인 삶이 쌓은 습관은 금생의 삶만으로는 어떻게 명확하게 밝힐 수 없는 충동적 행동이라 볼 수밖에 없다.

따라서 금생에 다시 우리가 애착으로 소유하려는 전 과정全過程은 다음 생의 맹목적 충동을 예비하는 것에 지나지 않는다. 현실적으로 애착하고 소유하려는 삶이 바로 늙고 병들어 죽음이란 고통으로 이어지고 있으며, 애착과 소유로 치닫게 되는 인식상의 일련의 과정[識·名色·六處·觸·受]은 지난날의 무지에 의한 충동적 행위[無明·行]에 의해 훈습(熏習, vāsanā)된 것이라는 의미다.29 그 맹목적 충동이 다음생에 태어났을 때 외부세계를 만나서 감정적으로 다양하게 분별하는 원인이 된다는 것이다. 이와 같은 과정의 연속적인 반복이 고통스런 윤회의 삶이다. 그래서 우리가 현실적으로 정확하게 이해할 수 없는 충동적 행위인 무명無明과 행行을 믿음의 입장에서 과거생이 낳은 업장(業障, karmāvaraṇa)이라고 말한다.

업장이란 업을 의미하는 까르마karma와 '덮어 가리다, 방해하다, 막아서~ 못하게 하다'라는 동사(ā-√vṛi)에서 온 중성명사로 '숨김, 가로막는 행위'를 의미하는 아-와라나āvaraṇa가 합성된 말이다. 그러니까 충동적이고 무의식적인 행위인 무명과 행이 무엇인가를 하고자 하는 것을 가로 막는다는 뜻이다.

이와 같은 삼세인과설은 현재 불교학에서 폭 넓게 받아들여지고 있지만 위에서 말했던 것처럼 삼세양중인과는 엄밀한 의미에서 붓다가 설한 것이 아니라 가다연니자의 『아비달마발지론』에 처음으로 등장하였다.

앞에서 말한 제식연기齊識緣起는 우리의 경험에서 볼 때 의식의 밑바탕에 깔려 있는 것을 명확하게 말할 수 없다는 뜻이다. 다시 말해서 우리의 인식으로는 의식 그 자체를 말할 수 있을 뿐 의식이전을 추구할 수 없다는 것을 분명히 한 것이다. 의식 이전을 알 수 없다는 것을 프로이드의 심리학에서는 무의식無意識이라고 말한 것 같다. 따라서 초기불교에서는 의식 이전을 현실적으로 어떻게 따져 볼 수 없는 영역으로 생각하였다고 볼 수 있는데, 그것은 붓다가 신비주의적 입장을 배격하고 있었기 때문이다. 적어도 초기불교에서는 우리가 지각적으로 경험할 수 없는 문제는 언급하지 않고 있었다.

그러나 고따마 붓다가 열반에 드신 후 불교는 교리의 발달을 가져오는데, 그 교리의 발달은 바로 붓다시대에 현실적으로 어떻게 따져 볼 수 없었던 영역에 대한 논리적 설명에 지나지 않는 것이다. 불교학자들은 의식이전意識以前을 제칠말나식第七末那識과 제팔아라야식第八阿賴耶識이란 개념으로 도입하였다. 그것이 불교의 유식학唯識學에서 말하는 아라야식사상阿賴耶識思想이다. 아라야식이란 개념은 초기불교의 경험론經驗論에서 선험론先驗論으로 되돌아선 것을 의미한다.

우리의 의식의 밑에 꿈틀거리는 분별이 왜 그렇게 일으키게 되는지를 현실적으로 이해할 수 없었던 대승불교도들은 이 부분을 논리를 뛰어넘는 믿음으로 해결하고자 하였으니 그것이 바로 '업의 장애'라는 것이다. 과거생에 축적해 온 업이 현실적으로 장애를 불러온다는 것이다.

의식의 밑바닥에 깔려 있는 심리적 갈등의 요소들을 논리적으로 도입한 것이 바로 십이연기를 삼세인과로 보았을 때 '무명無明・행行'이라는 부분이다. 대승불교 경전의 하나인 『십주경』에 '무명을 인연한 모든 행[諸行]은 과거세過去世의 일'이라 한 것이 그 한 예라 할 수 있다.30

경험적으로 말하기 어려웠던 점을 새로운 개념을 도입하거나 논리의 확장으로 보완한 것이지만 초기불교의 입장에서 점차 벗어나고 있다는 것만은 부인할 수 없을 것 같다. 붓다는 분명히 밝힐 수 없는 부분은 '침묵'했거나 '알 수 없음'을 밝혔다. 우리의 분별로 이해할 수 없는 부분이 있다는 것을 이렇게 밝히고 있다. '유애有愛가 있게 되는 최초 시작은 알 수 없다. 시작을 알 수 없지만 지금 유애가 생기고 있으니, 유애에는 연유가 있다는 것을 알아야 할 것이다. 유애는 습관적이지 본질적인 것이 아니다'라고 했다.31

유애有愛는 바와 뜨리슈나-(bhava-tṛṣṇā), 빨리어로는 바와땅하-(bhavataṇhā)

인데 생존에 대한 맹목적 열정을 말한다. 빨리어의 땅하는 목이 탈 때 물을 그리워하는 것과 같은 욕망, 다시 말해 불타는 듯이 타오르는 욕망을 의미한다. 그러니까 생존에 대한 맹목적 욕망이 애초에 어떻게 시작되었는지는 알 수 없지만 지금 그와 같은 욕망을 일으키고 있다는 것이 분명하다는 뜻이다. 애초의 시작은 알 수 없지만 지금의 상황으로 보아서 그 까닭이 어디에 있는지는 밝힐 수 있다는 것인데, 그것은 불타듯이 타오르는 욕망은 우리의 삶을 통해서 나타나는 습관적인 것이지 본래부터 가지고 있는 본질적인 것은 아니기 때문이라는 것이다.

습관이란 말은 아비야-사abhyāsa로 '반복하다, 길들이다, ~쪽으로 힘을 쏟다'라는 뜻을 가지고 있는 동사(abhy-√as)에서 온 남성명사이므로 우리가 현실을 살면서 길들여진 행동이요, 어느 쪽으로 힘을 쏟은 결과라는 것이다. 붓다는 그러한 습관의 원인을 무명에 두고, 무명이라는 것도 탐욕・분노・정신적 혼미・정신적 산란・회의가 어우러진 상태인데, 그것은 바로 신구의身口意의 그릇된 업에 길들여진 탓이라 보고 있다. 신구의 세 가지가 악에 길들여지게 된 것은 눈・귀・코・혀・피부・의지를 제대로 억제하지 못하기 때문이라고 분석하고 있다. 이와 같은 과정을 말해주는 경이 『본제경』本際經이다.

초기불교의 입장에서 정리하자면 인간이 어떻게 해서 처음 윤회하게 되었고, 애착하게 되었는지를 경험적으로 밝힐 수는 없다. 그렇다고 우리의 갈등이 운명적 짐이라고 말할 수도 없다. 그러므로 갈등은 심리적 연기관계에서 발생하거나 그가 놓여 있는 사회구조적 모순 속에서 잉태되고 있음이 분명하다는 것이다. 따라서 이제 우리가 자각해야 할 것은 현실적으로 갈등의 소용돌이 속에 놓여 있다는 것을 인식하고 우리의 인식과 실천을 통해 그것을 극복해 나가야 할 것이다. 그것이 바로 불교수행의 요점이요, 그 극복의 길을 붓다가 체험적으로 보여주었다. 이 체험적 깨달음을 통해 인간人間 고따마 싯닷타에서 성자聖者 고따마 붓다로 발돋움하였던 것이다. 그와 같은 인식과 실천의 체계적 교리조직이 바로 사성제법문四聖諦法門이다.

보설補說_ 8. 무명無明

붓다는 중생의 모든 고통은 근본적으로 무명에 뿌리를 두고 있다고 보았다. 그래서 불교는 무지의 타파를 수행의 요점으로 하고, 무지의 완전한 극복을 바로 깨달음이라 한다. 그리고 그 깨달음을 통하여 획득한 자유[解脫]와 안락[涅槃]을 최고의 이상으로 삼는다. 중생의 고통은 무지로 얽혀 매어 있는 부자유와 심리적 갈등이므로 고통을 넘어 즐거움을 획득하기 위해서는 무엇보다도 먼저 고통의 원인인 무지를 해결하지 않으면 안 된다.

그런데 불교는 모든 현상을 조건에 따른 결과로 파악하고 있으므로 이 무명은 어디서부터 오는 것인가를 규명하는 것이 논리적 일관성을 유지하는 태도라 할 것이다. 고苦의 원인에 대한 인과적 파악이 무명에 이르렀다면, 그 무명은 어디에 왔는지 인과적으로 계속 따져 물어야 인과의 논리상 맞을 것인데, 무명의 원인이 어디에 있는지 말하지 않고, 무명을 본질적인 것으로 본다거나 더 이상 밝힐 수 없는 운명의 짐으로 본다면 세계의 제일원인第一原因을 창조신이나 브라흐만이라고 말한 외도들과 논리적으로 다를 바 없게 된다. 왜냐하면 외도들의 신神이나 브라흐만을 불교의 무명無明으로 이름이 바뀌었을뿐 기본적 논리구조는 마찬가지이기 때문이다.

불교는 모든 현상과 사건을 연기구조로 파악하는 논리 위에 서 있다. 그럼에도 불구하고 불교학자들은 무명에 대해서는 더 이상 연기법의 논리로 규명하려 하지 않는다.

마하꼿티따Mahākoṭṭhita가 사리뿟따에게 무명에 대해 계속하여 질문을 든지자, 사리뿟따는 '그대는 어찌하여 그렇게 자꾸 따지려고만 하는가. 그대는 끝내 모두 이론적으로만 추구해 가지고는 그 해결점을 얻을 수는 없을 것이다. 만일 무지를 끊어 버리고 지혜를 발휘할 수 있다면 무엇을 다시 구하겠

는가'라고 이론적으로만 문제를 해결하려는 태도에 대하여 비판하였다.32

아마도 사리뿟따의 그러한 태도는 십이연기의 출발점인 무명이 어디서 비롯되었는가를 인과의 논리로 규명하려 할 때는 연기는 결국 무한순환無限循環의 딜레마에 빠지고 만다는 것을 직시하고 있었기 때문이라 이해된다.

제2의 석가釋迦, 팔종八宗의 조사라고 불렸던 용수龍樹 역시 십이연기를 설명하면서 무명은 어디서 비롯되었는가의 문제에 대한 논리적 규명은 결국 딜레마에 빠질 수밖에 없다는 점을 잘 알고 있었던 모양이다. 그래서 용수는 『대지도론』에서 이렇게 말하고 있다.

> 만약 무명의 원인因과 조건緣에 대하여 그 근본을 다시 인과적 논리로 추구하면 무한소급이 되고 말기 때문에 극단적 견해에 떨어지고 나아가 열반의 길을 잃고 만다. 그러므로 그 근본을 구하려 하지 말라.
>
> 만약 무명의 인연을 추구하게 되면 결국 희론戱論에 떨어지게 되므로 불법답지 못하게 된다. 보살은 무명을 끊고자 하기 때문에 무명의 본모습을 추구하지만 보살이 무명의 본모습을 추구할 때 끝내는 공空으로 들어간다.
>
> 왜냐하면 부처님이 '무명의 모습은 내법內法을 모르는 것이요, 외법外法을 모르는 것이며, 내외법內外法을 모르는 것' 이라고 경전에 말씀하셨기 때문이다.33

용수는 무명이 무엇으로부터 비롯되는가를 인과론적으로 묻는 것은 붓다의 가르침에 위배되는 희론戱論이라고 보았으며, 무명이란 실체가 아니라 공空이라 말한다. 다시 말해서 무명이란 어떤 실체가 있는 것이 아니라 인식의 오류에서 발생하는 무지無知에 지나지 않기 때문이다.

무명은 본질적인 것이 아니라 역사・사회적 환경에서 생기는 무지라는 것이 불교의 일관된 입장이다.34 만약 중생고衆生苦의 원초적인 근원인 무명을 역사・사회적 환경 속에서 습관에 의해 발생한 것이라 보지 않고 중생이 어쩔 수 없이 운명적으로 지고 있는 본질적인 것으로 받아들인다면 무명의 굴레를 타파하고 깨달음을 얻는다는 것은 오직 고따마 붓다에게만 열려 있는 길이 되어 버리고 만다. 그러한 시각은 결국 절대자로서 신을 설정하고 그 신을 맹목적으로 믿고 의지하는 외도들의 교리와 전혀 달라질 것이 없게 된다.

다시 말해서 고통과 죄의 근원이 되는 무명이 본질적인 것이라고 하면 중생고의 제일원인을 신에다 둔 것이나 용어만 다를 뿐 논리적으로는 같을 수밖에 없고, 무명의 굴레를 벗어나 깨달음을 얻는다는 것이 오직 고따마 붓다에게만 가능한 일이라고 한다면 고따마 붓다를 유일자・절대자로 받아들일 수밖에 없기 때문이다. 그와 같은 견해는 이미 고따마 붓다 자신에 의해 거부되었던 것이다.

붓다는 깨달음을 얻고 처음으로 다섯 사람의 제자들을 가르쳐 진리에 눈뜨게 하고서 '이 세상에는 여섯 사람의 아라한이 있다'고 했으니,[35] 깨달음은 오직 고따마 붓다에게만 열려 있는 길은 아니었다.

따라서 범부중생의 무지는 운명적으로 짊어진 굴레가 아니라 중생이 역사적 삶을 거치면서 자신의 존재 의미와 역사적 상황을 바르게 인식하지 못하는데 익숙해지는 습관이라고 볼 따름이다. 그래서 불교에서는 무명이 아무리 두꺼운 껍질처럼 느껴진다 해도 그것은 반드시 인간의 주체적 노력에 의해 극복되어 질 수 있는 것이요, 극복되어야만 할 것이라 가르친다.

이제 우리는 우리가 넘어야 할 무지가 무엇에 대한 무지인지를 살펴보자.

앞에서 용수 보살은 붓다가 설한 경전을 인용하였는데, 그렇다면 용수가 인용한 경전이 어떤 것인가를 확인해야 할 것이다. 왜냐하면, 옛날부터 논쟁이 일어날 소지가 있는 문제에 대해서 결정을 내리는 데는 『아함경』(阿含經, Āgama)과 바른 논리[Nyāya]에 근거하였기 때문이요, 그 바른 논리도

아함에 근거를 두어야만 하기 때문이다.36

용수 보살이 경전의 말씀이라고 한 것은 고따마 붓다의 다음과 같은 설법인 것 같다.

지나간 역사에 대하여 바르게 알지 못하고, 다가올 미래에 대하여 바르게 예측하지 못하며, 현재에 대해 있는 사실대로 보지 못하는 것이 무명이다.

내적인 문제인지 외부적인 문제인지 내적인 것과 외적인 것이 상관된 것인지를 알지 못하는 것이 무명이다.

인간의 행위와 그 행위에 대한 책임, 모든 행위에는 반드시 책임이 따른다는 것을 알지 못하는 것이 무명이다.

붓다와 붓다의 가르침과 붓다의 제자들에 대하여 바르게 이해하지 못하는 것이 무명이다.

중생의 현실에 대한 여실한 파악과 그 현실을 초래하는 원인의 분석, 그리고 현실에 대한 대안의 제시와 제시된 대안에 대한 구체적 실천방안에 대한 바른 이해가 없는 것이 무명이다.

어떤 현상이 있을 때 그 원인을 알지 못하고, 그 원인을 일으키는 것들을 알지 못하는 것이 무명이다.

인간의 행위에 대하여 그것이 도덕적으로 바람직한 것인지, 바람직하지 못한 것인지, 죄가 있는 것인지 죄가 되지 않는지, 습관적인 것인지 습관과는 무관한 것인지를 구분하지 못하는 것이 무명이다.

혹은 저급함과 뛰어남, 더럽혀짐과 깨끗함을 분별하지도 못하고 조건을 따라 일어난다는 것을 알지 못하는 것이 무명이다.

보고 듣는 등의 인식의 문제에 대하여 사실 그대로 느끼거나 알지 못하는 것이 무명이다.

이런저런 것들을 알지도 못하고 보지도 못하며 언제나 맹목적이고 어리석기만 한 것이 무명이다.[37]

그러니까 고따마 붓다의 이러한 견해는 애제자 사리뿟다가 옛 친구이자 외도인 잠부카-다까Jambukhādaka에게 그대로 말하고 있다.[38]

그러니까 불교에서 말하는 무명은 인식의 문제, 역사의 문제, 윤리적인 문제, 실천의 문제 나아가 종교적인 신념에 대하여 사실대로 파악하지 못하고 어떤 한편으로 치우치는 것을 의미하고 있다.

무명에 대한 이러한 이해는 논리에서 실천으로 전환과 승화가 있게 된다. 인간은 이론으로 인간이 되기보다 자신의 실천적 삶을 통해 더욱 인간이 될 수 있다. 그 어떤 철학이나 신념도 그것을 자신의 삶을 통해 구현해 나아갈 때 생동하는 철학이 되고 생의 지표가 되는 신념이 될 수 있다. 여기에는 맹목적이어서는 안 된다는 하나의 조건이 전제前提되어 있을 뿐이다.

Buddha Dharma

제6부
실천론

고따마 붓다는 중생의 현실문제와 동떨어진 사변철학을 멀리했다. 현실과 동떨어진 사변적인 문제는 '명분에도 맞지 않고, 도리에도 맞지 않고, 수행의 근본도 아니고, 지혜로 향하지도 않고, 깨달음의 길도 아니며, 열반으로 인도하지도 않기 때문에 말하지 않는다' 고 했다. ……

불교의 인식 및 불교교리의 진리여부는 구체적 실천을 통해 검증 받아야 한다는 점에서 붓다의 교설 가운데 사회과학적 방법론을 취하고 있는 것이 사성제법문인데 이는 붓다 당시에도 중시되었다.

고따마 붓다는 중생의 현실문제와 동떨어진 사변철학思辨哲學을 멀리했다. 현실과 동떨어진 사변적인 문제는 '명분에도 맞지 않고, 도리에도 맞지 않고, 수행의 근본도 아니고, 지혜로 향하지도 않고, 깨달음의 길도 아니며, 열반으로 인도하지도 않기 때문에 말하지 않는다'고 했다. 그런 점에서 불교는 대단히 현실적이며 실용적이다. 사실 실천에서 유리된 사유가 현실적이냐 비현실적이냐를 논하는 것은 무의미하다. 진리는 사유에 의해 증명되는 것이 아니라 실천을 통해서 증명될 수 있기 때문이다.

불교의 인식 및 불교교리의 진리여부는 구체적 실천을 통해 검증 받아야 한다는 점에서 붓다의 교설 가운데 사회과학적 방법론을 취하고 있는 것이 사성제법문인데 이는 붓다 당시에도 중시되었다. 붓다의 제자 가운데 대표적 지성인이었던 사리뿟따는 사성제를 코끼리의 발자국에 비유하였다. 모든 동물의 발자국을 코끼리 발자국이 덮어 버리듯이 사성제는 모든 법을 내포하기 때문에 붓다의 모든 가르침 가운데 사성제가 제일第一이라고 했다.[1] 제일第一이란 빠라타마prathama로 기초적이거나 근원적이란 의미와 함께 무엇보다 중요한 것이란 뜻을 가지고 있다.

24 사성제

사성제는 연기사상을 바탕으로 실천에 관한 문제를 조직하고 체계화한 불교교리이다. 연기가 이론체계로서 중도였다면 사성제는 실천체계로서 중도이다. 사성제는 보통 고·집·멸·도苦集滅道를 말하는데, 고苦는 고따마 붓다가 중생들의 현실을 진단한 결과이고, 집集은 고를 낳게 되는 원인들이다. 고가 결과라면 집은 원인이다. 그러니까 중생의 현실을 인과적으로 분석한 결과가 고·집이다.

멸滅은 고의 소멸[苦滅]이란 말이며, 내용적으로는 열반涅槃을 뜻한다. 열반은 고苦라고 진단한 중생의 삶에 대한 대안이다. 그리고 도道는 고멸도적苦滅道跡이라 하여 고를 없애고 열반에 이르는 구체적인 방법을 의미한다. 그러니까 멸이 결과이고, 도가 원인이니, 현실 문제를 해소하고 이상에 이르는 방법을 인과적으로 설명한 것이 멸·도이다.

또한 중생고와 그 극복의 길로서 설명되는 사성제의 교리조직은 현실과 이상이라는 두 개의 연기구조로 설명한다. 지금의 현실은 과거의 산물이자 미래의 원인이 된다. 그러므로 현실이 어떻게 전개되고 있느냐는 과거의 산물임과 동시에 현실사회의 구조적 산물이기도 하다. 그리고 현재에서의 삶의 방식이 미래를 예비하는 것이기도 하다. 다시 말해서 과거는 현재의 원인이요, 현재는 과거의 결과이다. 또한 현재는 미래의 원인이요 미래는 현재의 결과인 것이다. 현재는 결과임과 동시에 원인이다. 그래서 과거나 미래보다 현재가 중요하다. 현재를 통해서 과거를 되돌아볼 수 있고, 미래를 내다볼 수도 있기 때문이다.

사성제의 논리구조는 일차적으로 현실에서 드러나는 현상과 그 현상의 원인이 인과관계에 있음을 분석하고, 이상을 말할 때도 제시된 이상과 그것을 실천할 수 있는 구체적 대안이라는 인과관계로 분석하는데, 주제는 언제나 현실이다.

사성제법문은 중생들이 직면한 모든 모순은 반드시 원인이 있기 때문이고 따라서 그 원인을 제거하면 어떤 모순이라도 극복될 수 있다는 전제 위에 서 있는 것인데, 이와 같이 모순의 극복은 중생의 현실 속에서 실천을 통해서 이루어진다고 본 것이다. 한마디로 사성제는 고따마 붓다가 제시한 사회과학적 방법론이었으며, 중생이 직면한 모순들은 그것이 어떠한 것이 되었든 분석을 통하여 극복해 나갈 수 있다는 희망의 메시지이기도 하다.

붓다가 중생의 현실문제에 대하여 얼마나 냉철하게 분석하고 그 대안을 사실적으로 제시하였는지, 고苦・집集・멸滅・도道라는 사성제 설법을 들었던 제자들은 '여래의 설법은 진실하여 허虛하지 않고, 진실을 떠나지 않았으며, 또한 전도되지 않고 사실을 분명히 하였다'고 말하면서 '여래는 하늘과 같은 존재[如來是梵有]이시며, 지극히 냉철한 존재[如來至冷有]로서 번민도 없고 흥분함도 없으며 진실하여 허망하지 않는 존재'라고 말하고 있다.2

우리가 어떤 문제를 인과의 논리로 분석할 때, 원인과 결과가 시간적으로 선후관계 속에 있다고 보면 이시인과異時因果이며, 인과설법이 될 것이고, 원인과 결과는 시간적으로 상호의존적 동시관계 속에 있다고 보면 동시인과同時因果가 되며 인연설법이 될 것이다. 중생의 현실을 고통이라 볼 때, 역사의 모순이 중생고衆生苦를 유발시킨다고 보는 것이 중생고의 이시인과적 파악이고, 사회구조적 모순이 중생고를 낳는다고 보는 것이 중생고에 대한 동시인과적 파악이다. 이시인과적 파악은 '이것이 일어나므로 저것이 일어난다'[此起故彼起]는 상관관계로 파악하는 인과설법이고, 동시인과적 파악은 '이것이 있으므로 저것이 있다'[此有故彼有]는 상관관계로 파악하는 인연설법이다.

논論에, 아는 사람이나 보는 사람은 번뇌를 끊을 수 있지만 알거나 보지 못한 사람은 번뇌를 끊을 수 없다고 하여3 현실을 꿰뚫어 직시하는 안목이 있어야 번뇌를 끊을 수 있다고 함으로써 지성을 요구하는 점이 무조건적인 믿음을 요구하는 릴리전의 종교와 차이가 있게 된다. 대승불교에서도 믿음을 역설하고 있지만 적어도 초기불교의 입장에서는 현실을 꿰뚫어 통찰하는 지혜를 강조하였고, 모든 수행체계 역시 지혜의 성취를 위한 수련이었다.

25 붓다의 현실진단

붓다는 중생의 현실을 갖가지 갈등과 모순으로 가득 차 있는 고통의 현장[苦海]이라고 파악한다. 그렇지만 중생이 직면한 고(苦, duḥkha)가 절대자가 인간에게 부여한 짐이라거나 숙명적인 굴레라고 보지는 않는다. 중생들이 겪게 되는 고에는 반드시 그 원인과 조건이 있다고 보고 심리적, 사회적으로 분석하고 있다.

고따마 붓다는 중생의 삶이 비록 고苦로 가득 차 있다고 할지라도 그것은 인간의 노력으로 극복할 수 있다고 보았다. 고따마 붓다는 중생의 역사 현실을 고통이라 규정하면서도 그 고통이 본질적인 것으로 파악하지 않고 중생들 자신의 잘못된 현실인식과 집단이기심이 낳은 사회구조적 모순에서 비롯되었다고 보고 있을 뿐이다.

다만 중생들이 고에서 벗어나지 못하고 있는 것은 고를 유발시키는 원인을 제거하지 못하기 때문에 고가 확대 재생산되고 있다고 판단하기 때문에 고통을 불러오는 원인들을 제대로 분석한다면 반드시 고통으로부터 해방될 수 있다고 보고 있다. 이러한 전제에서 조직되어진 고통극복의 방법론적 교리체계가 바로 사성제이니, 사성제는 붓다가 제시하는 현실변혁의 실천적 이론체계인 것이다.

1 사고四苦와 팔고八苦

사성제의 첫 번째인 고苦는 둑카(duḥkha, ⓟdukkha)로 붓다가 중생의 현실을 진단한 결론이다. 중생의 현실을 고苦로 진단했다고 해서 붓다가 염세주의자厭世主義者였다는 뜻은 아니다. 불교를 염세주의로 보는 것은 불교에 대한 오해요 붓다에 대한 모독冒瀆이다. 우리는 먼저 붓다가 진단한 고苦에 대해서 알아보자.

고苦라는 말은 둣카를 번역한 것인데, 원래 '바람직하지 못한 상태가 되다'라는 뜻의 제4류동사 어근(√duś)에서 온 중성명사로 '불안함, 기분이 언짢음, 불쾌, 고통, 슬픔, 걱정' 등을 뜻한다. 그러니까 사람들이 마음속으로 바라고 있는 것들이 이루어지지 않아 심리적으로 기분이 언짢고, 육체적으로 불쾌하고 고통스러운 것이 고苦의 의미이다.

붓다의 가르침은 중생고의 해방에 있는데, 고苦로부터 벗어날 수 있으려면 고에 대한 철저한 인식이 선행되어야 한다. 고에 대한 인식이 철저하지 못하면 고에서 벗어나고자 하는 의지도 일으킬 수 없고, 애써 노력하는 일도 없을 것이기 때문이다. 그래서 불교공부의 시작은 현실에 대한 인식에서부터 출발한다.

고따마 붓다가 진단한 중생고衆生苦는 구체적으로 네 가지와 여덟 가지로 말하기 때문에 사고팔고四苦八苦라고 한다. 네 가지 둣카는 태어남·늙음·병듦·죽음을 의미하고, 여덟 가지 둣카는 생·노·병·사라는 네 가지 둣카에 애별리고愛別離苦·원증회고怨憎會苦·구부득고求不得苦·오성음고五盛陰苦를 더한 것이다.

붓다가 진단한 네 가지 둣카와 여덟 가지 둣카를 살펴보면, 생·노·병·사는 인간존재의 실존적 상황이 낳게 되는 둣카이고, 구부득고는 경제적인 문제에서 발생하는 둣카이며, 애별리고와 원증회고는 주위의 상황이 불러오는 감정적인 둣카이다. 그리고 오성음고는 자기중심적으로 세계를 파악하려는 과정에서 발생하는 인식론상의 둣카이니, 앞에서 말한 일곱 가지 둣카도 결국은 인식의 문제에서 발생하는 것이라 볼 수 있기 때문에 '요점을 들어 말하면 오성음고'[取要言之 五盛陰苦]라고 했다.

태어남을 고통이라 본 것이 불교의 특별한 입장이다. 보통의 사람들에게 태어남은 축복이지 그것을 고통이라고 인식하지 않는다. 그런데도 태어남을 고통이라 말하는 것은 우리가 경험하게 되는 모든 고통은 결국 이 세상에 태어났기 때문에 경험할 수밖에 없는 것이라 판단한 것이다. 설사 뛰어난 지혜를 가진 이나 천상의 신들이라도 태어남이 있으면 반드시 죽음이 있게 마련이고, 죽음이 있으면 반드시 괴로움이 있는 것이니 태어남은 정말로 괴로움의 근본임을 알 수 있다고 했다.[4] 그런데 중생들은 태어나기 때문에 괴로움이 있다는 것을 인정하지 않으므로 괴로움을 당하더라도 오직 남들을 원망할 뿐이다. 태어난 자에게는 반드시 죽음이 있게 마련이니, 죽고 싶지 않다는 욕망은 애초부터 성취될 수 없는 것인데도 사람들은 여전히 그 욕망을 놓지 못하고 있다. 불사不死의 욕망은 이미 태어난 자에게는 불가능이요, 그 욕망이 강하면 강할수록 절망만 안겨준다. 그래서 용수보살이 이렇게 말했다.

> 중생들은 태어남 때문에 괴로움이 있다는 것을 모르고 있다. 설사 괴로운 일을 만난다고 해도 그때마다 남만을 원망하며, 스스로 뜻대로 되지 않아도 애초부터 태어남에 대해서는 원망하지 않고 있나니, 이 때문에 번뇌가 더 자라고 거듭거듭 태어나는 법만 늘릴 뿐 정말로 괴로움의 원인을 모른다.[5]

태어남이 둣카[生苦]란 말은 자띠 둣카따(jāti-duḥkhatā)로 고를 추상화하고 있음을 알 수 있다. 사실 태어남이 없었더라면 늙음·병듦·죽음도 없었을 것이요, 근심·걱정·슬픔·번민도 없었을 것이다. 그러니 산 자가 겪는 모든 갈등과 고통은 결국 태어남에 기인한다. 태어남을 고통이라 볼 정도로 붓다는 인간의 고통이라는 문제에 대하여 구조적으로 깊이 분석하고 있었음을 알 수가 있다.

늙음이나 병듦 그리고 죽음이 둣카라는 것은 더 이상 말할 필요가 없다.

생·노·병·사는 생물학적이며 자연발생적인 고苦이기 때문에 그 누구도 그 자체를 피할 수는 없다. 다만 그것을 어떤 자세로 받아들일 것이냐에 달려 있다. 하지만 죽기 싫다는 것은 살아 있는 자에게 근원적인 욕구이고, 이 욕구는 지각작용에 선행한다. 다시 말해 죽기 싫다는 욕구는 죽음이라는 사실을 알고 있느냐 알지 못하느냐에 관계없이 기피하고 싶은 것이 인간의 원초적인 욕구이다. 그럼에도 불구하고 어쩔 수 없이 죽음을 받아들일 수밖에 없으니 그게 바로 마라나 둣카maraṇa-duḥkha, 즉 사고死苦이다.

그런데 인간이 삶을 의식하는 것은 바로 죽음을 통해서이다. 죽음이 없었더라면 삶의 보람이나 가치, 삶에의 애착 등은 없었을 것이다. 위기가 도전을 낳고, 도전이 새로운 세계를 열듯이 죽음은 삶의 최대위기이지만 바로 이 위기를 어떻게 맞이하느냐에 따라 삶은 질적으로 달라질 수 있다. 죽음 앞에서 맹목적으로 거부만하다가 끝내 실의와 좌절에 빠지고 마는 어리석은 자의 죽음이 있는가 하면 죽음을 삶의 한 과정으로 담담하게 받아들이고 해야만 할 일을 뒤로 미루지 않고 평상시처럼 최선을 다하는 거룩한 삶이 있다. 그 거룩한 삶의 전형적인 모습이 바로 고따마 붓다의 죽음이요 그의 삶이다.

애별리고愛別離苦라고 할 때, 애별이란 쁘리야 위쁘라요가priya-viprayoga인데, 쁘리야는 '기쁘게 하다, 만족시키다, 마음에 들다'라는 동사 어근(√prī)에서 온 말로 '친애하는, 소중한'이란 뜻이고, 위쁘라요가는 '빼앗다, 박탈하다'라는 동사 어근(vi-pra-√yuj)에서 온 남성명사로 '분리, 이탈'이란 뜻이다. 애별리고는 마음에 드는 것을 빼앗거나 만족감을 박탈하는 것을 의미한다.

애별리고를 흔히 사랑하는 사람과 헤어지는 고통이라고 말하지만 단순히 그런 뜻만은 아니다. 애별리고는 자기가 애착하고 좋아했던 것이나 자기가 좋게 느꼈던 상황이 사라지는데서 경험하는 갈등을 총체적으로 표현한 것이다.

예를 들어 자기가 좋아했던 물건을 도둑맞았거나 그것이 낡아서 부스러졌다면 그것 역시 애별리고이다. 공부를 잘했던 사람이 어떻게 해서 공부를 못하게 되었다면 그것 역시 애별리고이다. 사업이 번창하던 사람이 부도가 났다거나 실패하게 되었다면 그것 또한 애별리고이다. 이처럼 우리 삶의 주변에는 우리를 갈등케 하는 애별리고의 문제들이 곳곳에 숨어 있다.

원증회고怨憎會苦라고 할 때, 원증회는 아쁘리야 상요가apriya-saṃyoga로 아쁘리야는 앞에서 말한 쁘리야의 반대어이고, 상요가는 '묶다, 밀착하다'라는 동사 어근(saṃ-√yuj)에서 온 남성명사로 '결합'이란 뜻이니, 원증회란 마음에 들지 않는 것이 달라붙는 것이나 불만족과 결합하는 것을 의미한다. 보통 미운 사람과 만나는 고통이라 해석하고 있는데, 원증회고는 애별리고와 반대되는 개념이다. 자기가 맞이하고 싶지 않은 상황에 직면할 때 느끼는 일체의 심리적 갈등을 의미하고 있다.

구부득고求不得苦라고 할 때, 구부득은 잇차-위가-따icchā-vighāta로 잇차-는 '손에 넣으려고 시도하다, 유리하게 만들려고 노력하다'라는 뜻을 가진 제6류동사 어근(√iś)에서 온 여성명사로 '바라는 것, 욕구'를 의미하고, 위가-따는 '장래의 희망 따위를 깨뜨리다'라는 뜻을 가진 제1류동사 어근(vi-√ghaṭṭ)에서 온 남성명사로 '산산 조각남, 파멸' 등을 의미한다. 그러니까 구부득고란 자기의 손에 넣으려고 시도하는 모든 노력이 산산 조각날 때 생기는 심리적 갈등을 의미한다.

소유하고자 하는 욕망이 무한히 클 때 필연적으로 만나는 갈등이다. 무한한 소유욕은 결코 채워질 수 없으니 소유욕을 채우고자 하는 것은 갈등과 고통 그 자체일 수밖에 없는 노릇이다. 행복은 욕망에 대한 만족도에 비례한다고 볼 때, 욕망을 줄이는 길이 행복의 길임을 알 수 있다.

마지막으로 오성음고五盛陰苦를 들고 있는데, 사실상 오성음고는 앞의 일곱 가지 고의 내면에 깔려 있는 인식의 문제이다. 그래서 경전에 네 가지 고와 여덟 가지 고를 말하면서 '간략히 말하여 오성음고五盛陰苦'라고 하거나[6] '간략히 말해서 오수음고五受陰苦'라고도 하였다.[7]

성음盛陰이나 수음受陰은 우빠-다-나 스깐다upādāna-skandha를 번역한 말로 우빠-다-나는 '~을 붙들다. 자기라고 생각하다'라는 동사 어근(upā-√dā)에서 온 중성명사로 '자기라고 생각하는 행위'를 뜻하고, 스깐다는 온蘊이나 음陰으로 번역되는 말로 '쌓이다'라는 동사(√skandh)에서 온 남성명사로 '축적蓄積, 군집群集, 집합체, 존재를 구성하는 요소' 등을 뜻한다. 그러니까 우빠-다-나 스깐다는 자기라고 생각하는 행위가 축적되는 것을 뜻하므로 오성음고라는 것은 우리의 육신을 바탕으로 한 심리적 요소들이 자아의식을 형성해 가는 것이 결국에는 둣카가 된다는 의미이다.

자기중심적 이기심으로 사물을 인식하고 집착하는 것이 결국 고통이니, 앞에서 말한 일곱 가지 고는 결국 오성음고에 내포된다는 의미이다. 모든 고통을 '간략히 말하여 오성음고'라고 말하는 것은 결국 잘못된 인식이 고통을 불러온다는 뜻에 지나지 않는다.

그래서 고인이 말하기를, 온갖 고통의 근원은 모두 한 생각이 엮고 얽어서 생기는 것이니, 눈·귀·코 등 오관五官을 잘 보호하여 이기적 목적의식이 제멋대로 나대지 않도록 항상 대비하여 잠시라도 망상을 일으켜 목전의 대상을 따라다니지 않도록 해야 한다고 하였다.[8]

눈으로 무엇을 보고, 귀로 소리를 듣고, 코로 냄새를 맡고, 혀로 맛을 보며, 피부로 촉감을 느낀다고 말하지만 눈·귀·코·혀·피부는 외부대상을 받아들이는 통로일 뿐 보고 듣고 느끼는 작용은 의意가 하는 것이다. 의가 사물을 분별하고 의식하는 과정을 보다 체계적으로 설명하는 것이 오온

五蘊이다. 오음성고라는 것은 오온에 집착하기 때문에 있게 되는 것이니, 오온에 얽매고 갇히기 때문에 오온이 악마가 되는 것이다.9

② 고苦의 분류

이상에서 살펴 본 모든 둣카를 그 속성이 어떤 것이냐에 따라 세 가지로 나누는데, 세 가지란 고고苦苦, 행고行苦 그리고 변역고變易苦를 말한다.10

고고苦苦는 둣카 둣카따duḥkha-duḥkhatā의 번역으로 둣카따-는 중성명사인 둣카의 추상명사이다. 그러니까 둣카가 둣카의 기본이나 자체라는 말이니, 우리의 육신에 고통을 느끼게 하는 것 자체가 고통의 기본적 속성이란 뜻이다. 다시 말해 질병이나 기아飢餓 그리고 추위나 더위 등 외부로부터 가해지는 육체적인 고통이 고통의 기본이란 뜻이다. 배고픔에서 오는 고통이나 추위로 느끼는 고통 등은 수행과는 별개의 문제다. 춥고 배고픔과 같은 문제는 육신을 가지고 있는 한 누구라도 피할 수 없는 육체적 고통이다. 붓다께서도 몸에 병이 들었을 때 고통을 호소했고, 걸식하러 나갔다가 먹을 것을 얻지 못했을 때는 심리적 갈등을 겪기도 하였다.

흔히 붓다는 먹지 않아도 배고프지 않고, 질병에도 걸리지 않는 것처럼 말하는 사람이 있으나 그것은 불교를 모르는 사람의 헛소리에 지나지 않는다. 고따마 붓다를 신과 같은 초월적 존재로 접근하려는 사람들이 많은데, 그들이야말로 불교를 가장 심하게 왜곡하고 있는 사람이다. 그런 사람들은 고따마 붓다의 삶을 생생하게 전해 주고 있는 초기경전인 『아함경』阿含經을 읽어볼 필요가 있다.

행고行苦는 상스까-라 둣카따-(saṃskāra-duḥkhatā)로 상스까-라는 인연으로 만들어진 것을 뜻하는 말이니, 인연으로 만들어졌다는 것 자체가 고통의 기본이라는 뜻이다. 무상無常하기 때문에 느끼는 둣카이니, 바로 생・노・병・

사의 고통을 말한다. 무상은 붓다가 만들어 낸 불교특유의 법이 아니다. 변화 또는 운동으로 말해질 수 있는 무상은 자연계의 밑바탕에 깔려 있는 존재의 이치이다. 그러므로 행고는 존재의 실상을 깨닫지 못하는 무지에서 오는 갈등이다. 인간은 자연의 일부이니, 자연의 이치인 무상을 벗어날 수 없다. 즉 인간은 그 자체가 무상한 존재다. 그러므로 육신의 영생永生을 말하고 불멸不滅을 말하는 것은 모두가 존재의 이치를 외면한 자들이 혹세무민하는 감언이설甘言利說에 지나지 않는다.

변역고變易苦는 위빠리나-마 둣카따vipariṇāma-duḥkhatā의 번역으로 위빠리나-마는 '변하다, 바뀌다'라는 동사(vi-pari-√ṇam)에서 온 남성명사로 '변화變化, 교환交換, 변환變換' 등을 의미한다. 그러니까 변역고는 변하고 바뀌는 것이 고의 성질이라는 뜻으로 보통 괴고壞苦라고 말하기도 한다. 자기가 애착하던 것이 파멸되어 갈 때 느끼는 고뇌로서 애별리고나 원증회고 등을 의미한다.

이렇게 볼 때 고고苦苦는 누구나 겪을 수밖에 없는 육체적인 고통이지만 행고行苦나 괴고壞苦는 인식과 수행에 따라 극복될 수 있는 심리적인 갈등이다. 그러므로 수행을 통해 극복할 수 있는 둣카는 행고行苦와 괴고壞苦에 속한 것들이지 고고苦苦는 수행의 여부와 관계가 없는 고통이다.

26 모든 둣카에는 원인이 있다

집集이란 사무다야samudaya의 번역인데, 사무다야는 '함께 일어나다'라는 동사(sam-ud-√i)에서 온 남성명사로 '결합, 쌓인 것, 집합'이란 뜻이다. 그러니까 집이란 '결합하여 발생한다'는 뜻으로 앞에서 말한 둣카를 일으키는 원인들을 의미한다. 고따마 붓다는 이 세상의 모든 사상事象은 그럴만한 원인이 있어서 발생한다는 연기를 깨달았기 때문에 중생들이 직면하게 되는 고苦 역시 연기의 구조로 설명한다.

고통은 불변의 실체로 있는 것이 아니라 어떠한 대상을 인식하는 과정에서 발생한다고 본다. 그래서 네 가지 둣카와 여덟 가지 둣카를 간략하게 말하면 오성음고五盛陰苦라고 했다. 객관대상 자체가 고통이 아니라 사물을 받아들이는 인식의 과정에서 고통이 발생한다는 것이 붓다의 기본적 견해이다. 이러한 견해는 불교사상과 외도들의 사상과 분기점이 되기도 한다.

신이 인간을 창조하는 과정에서 인간의 고통은 필연적으로 내재하게 된 것이라고 말하는 바라문도 있었고, 중생이 고통을 느끼는 것은 고苦라는 물질적 인자因子가 우리 몸 안에 내재되어 있기 때문이라고 말하는 유물론자도 있었으며, 인간은 숙명적으로 고통을 짊어지고 태어난 것이라고 말하는 숙명론자도 있었다.

이러한 견해의 차이는 수행방법의 차이를 낳게 되었다. 바라문들은 신과 인간의 하나됨을 이루었을 때 고통은 극복될 수 있다고 하였다. 신과 인간의 하나 됨은 명상[yoga]을 통해서 가능함으로 그들은 명상위주의 수행을 하였다. 그래서 바라문들의 수행법을 수정주의修定主義라고 말한다. 그 명상을 통해 최고의 경지에 이르는 것을 범아일여梵我一如라 하는데, 그것은 창조주인 신[梵]과 피조물인 나[我]가 하나로 돌아간다는 의미이다. 요가(yoga)는 '고정시킨다, 묶다, 결합하다'라는 제7류동사 어근(√yuj)에서 온 남성명사로 '얽어매는 행위'를 말한다.

고통을 물질적 인자因子로 본 유물론자는 육신에 더 심한 고통을 주어 고통의 인자가 몸 밖으로 빠져나가게 해야 한다고 하여 고행주의苦行主義를 선택하였다. 고행이란 따빠스tapas를 말하는데, 이 말은 '열을 발산하다, 뜨겁게 만들다, 열로 부서뜨리다'라는 뜻의 제1류동사 어근(√tap)에서 온 중성명사로 '열, 고통, 종교적인 금욕, 육체적 금욕'을 의미한다. 열熱을 의미하는 고행은 뜨거운 태양 아래에 앉아 사방에 모닥불을 피워 뜨거운 열로 육체에 고통을 가해 몸속에 있는 고통의 인자因子를 도망가게 한다는 취지였다.

고통을 숙명의 짐으로 보는 이들은 주어진 기간 동안 윤회를 할 수밖에 없다고 말했다. 이미 정해진 기간을 마치기 전까지는 인간이 어떤 노력을 해도 아무 소용이 없다는 것이다. 그 대표적인 사람이 맛칼리 고살-라였는데, 그는 인간은 누구나 840만 대겁大劫을 윤회해야만 고통에서 벗어날 수 있다고 가르쳤다.

그러나 붓다는 이들 바라문이나 유물론자 또는 숙명론자와 견해를 달리 하였다. 붓다가 태자로 왕궁에 있을 때는 쾌락도 누려 보았고, 출가하여 깨달음을 얻기 전에 바라문의 지도로 요가를 수행하기도 하였으며, 죽었다는 소문이 날 정도로 극도의 고행도 해보았지만 그것으로 얻을 수 있는 것은 육신의 피로와 정신적 황폐뿐이었다. 결국 붓다는 인간이 직면하는 갖가지 고통은 인식상의 문제임을 터득하고 이제까지의 모든 수행방법을 버리게 되었다.

붓다는 우리가 사물을 인식하는 과정에서 사물을 있는 그대로 직시하지 못하고 자기중심적으로 집착하는 것이 고통의 근원이라 본 것이다. 그래서 붓다는 사실대로 보는 여실견如實見과 사실대로 아는 여실지如實知를 통해 고통을 극복할 수 있다고 말했다. 『잡아함경』에 다음과 같이 밝히고 있다.

> 눈과 물체를 인연하여 눈의 인식이 생긴다. 눈과 물체 그리고 안식眼識이 모여 촉觸을 일으킨다. 촉을 인연으로 사랑하고 미워하는 감정이 일어난다. 이 감정을 인연으로 소유하고자 하는 마음이 일어난다. 이 소유욕이 인간의 존재 방식[有]이다.
>
> 그 존재방식의 시작은 태어남이다. 존재의 시작인 태어남은 늙음 · 병듦 · 죽음 · 근심 · 슬픔 · 번민 · 고통이다. 고가 모이고 쌓이는 원인은 이와 같다.

귀 · 코 · 혀 · 피부 · 의지에서 고가 모이고 쌓이는 것도 눈에서와 마찬가지다. 이것을 고가 쌓이는 과정이라 말한다.[11]

위의 경전에서 보았듯이 객관세계에 대한 자기중심적인 인식은 사물에 대한 맹목적 애착과 그에 따른 소유욕을 필연적으로 불러오게 된다. 우리가 고를 겪게 되는 것은 사물의 존재양상과 자기 자신에 대한 올바른 파악이 부족한 무명無明, 즉 무지에 뿌리를 두고 있다고 보는 것이 불교의 기본적 입장이다.[12]

개인적인 고통의 문제인 생 · 노 · 병 · 사에 대한 갈등은 개개인의 무지無知와 애착愛着에서 비롯된다. 그러나 사회적 갈등의 문제들은 개인의 무지나 애착에서 비롯되는 것이 아니라 사회구조社會構造의 문제요, 제도制度의 문제이며, 정치적인 것이며, 역사적인 것이다.

사회구조나 제도가 낳고 있는 사회적 갈등은 집단이기심集團利己心에 의한 갈등들이기 때문에 개인의 무지를 해결한다고 모두가 해결되어 지지 않는다. 사회구조나 정치제도가 불평등을 조장하고 있는 사회에서 한 개인의 지식은 사회변혁의 힘으로 발휘할 수 없다. 그래서 사회구조적 모순은 순수한 개인의 문제가 아니라 전체적인 문제가 된다.

예컨대 구부득고求不得苦를 생각해 보자. 구부득고는 경제적인 갈등을 말하는데, 이러한 갈등도 붓다시대와는 전혀 새로운 양상을 드러낸다. 오늘날 우리들이 느끼는 구부득고는 절대빈곤이 아니라 상대적 빈곤의 문제요, 먹고사는 생존의 문제가 아니라 자기 과시를 위해 남들이 가지지 못한 것을 더 많이 소유하고 자랑하고 싶은 심리적인 것들이라고 할 수 있다.

먼저 심리적인 문제를 생각해 보자. 예를 들어 다이아몬드는 인간의 생존과는 하등의 관계가 없다. 보석은 생존에 필요한 것이 아니라 심리적 욕구心理的 欲求에서 필요해 진다. 이런 심리적 욕구는 남이 가지지 못한 것을 자기가 소유함으로써 행복을 느낀다는데 문제가 있다. 희소가치가 있는 것을 소유함으로써 자기 과시를 하고자 하는 욕망이 있는 한 그것은 결코 채워질 수 없는 욕망임은 자명한 일이다.

상대적 빈곤의 문제를 생각해 보자. 자본주의 사회에서 빚어지는 심각한 갈등은 자본가와 임금노동자간에 있어서 분배의 불균형이다. 대부분의 노동자들도 먹고사는 생존의 문제는 해결하고 있다. 그러나 생존의 문제가 해결된 다음 새롭게 분출하는 욕망으로서 인간다운 문화적 삶을 얼마나 충족시키고 있느냐가 사회적 문제로 등장하게 된다.

같은 세상에 살면서 자기들만 문화적 삶을 누릴 수 없다고 생각될 때 느끼는 빈곤감은 가진 자와 못 가진 자간에 상대적 빈곤감이다. 분배의 불균형이 제도화되어 있는 우리의 현실에서는 상대적 빈곤감이 나날이 증폭될 수밖에 없다. 정치는 이런 상대적 빈곤감을 최소화하여 사회적 통합을 찾아야 함에도 불구하고 그 차이를 확산하고 더 많이 가진 자들의 지지와 후원으로 정치권력을 획득하고 유지하려는 데에서 사회적 갈등이 심각해지고 있다. 상대적 빈곤감을 최소화해야 한다는 주장을 좌파左派라고 낙인찍고 상대적 빈곤을 극대화하여 있는 자들의 지지와 후원으로 정치권력을 유지하는 것을 우파右派라고 말하는데, 참으로 웃기는 소리가 아닐 수 없다.

사실상 우리사회에서 빈곤이 문제되는 것은 절대적 빈곤층이 두터워서가 아니라 나날이 상대적 빈곤감을 느끼는 계층이 많아진다는 점이다. 더구나 정치적 민주화가 덜된 우리와 같은 사회에서 정치권력은 자본가들과 유착이 심하다. 정치와 경제가 상호이익을 보장해 주고자 유착할 때 배분의 문제는 구조적으로 더욱 심각해질 수밖에 없다. 오늘 우리들이 경험하는 구부득고의 문제는 생산의 문제가 아니라 분배의 균형이 이루어지지 않는데서 비롯되고 있다. 그러므로 우리의 구부득고는 경제의 문제라기보다 정치의 문제라고 말할 수 있다.

우리의 정치상황은 어떠했는가? 우리의 권력층은 지역패권주의에 깊이 빠져 있다. 그 결과 관료조직 사회의 인재등용이 혈연血緣, 학연學緣, 지연地緣 등 극히 제한된 속에서 이루어지고 있다. 근래에는 종교적 인연이 크게 부각되고 있는데, 이 또한 심히 걱정스럽지 않을 수 없다. 특별한 인연관계로 뭉쳐 특수한 집단을 이루고 있는 그들은 자기들의 기득권을 유지하기 위하여 사회제도를 불평등의 구조로 고착시켜 왔다. 그들 일부 기득권층과 인연관계에서 제외된 사람들은 자신의 의지와는 관계없이 고통의 구조 속에 놓이고 만다. 이러한 갈등들은 개인적인 문제가 아니라 사회구조적인 문제다.

해방 이후 우리사회는 특수한 관계맺음에 의하여 지배체제를 굳혀 왔다. 그러한 제도와 체제를 비판하는 양심세력을 단죄하여 왔고, 그 단죄를 통하여 기득권층의 이익을 확대 재생산하여 왔다. 그 결과 지역 간의 개발 불균형, 소득의 불균형을 가져왔고, 급기야는 지역감정을 잉태시켜 왔다.

정치권력의 상층부를 이루는 계층이 그러한 구조 속에 있을 때, 경제구조 역시 정치권력과 깊은 관계를 이룰 수밖에 없다. 정치권력의 배분은 경제상의 부의 분배와 밀접한 관계를 맺을 수밖에 없다는 사실에서 이러한 사회구조적 모순의 문제를 중시하지 않을 수 없다.

우리 사회의 고질적 병폐인 불평등의 구조는 역사에 뿌리를 두고 있다. 그것은 일본제국주의에 맞서 투쟁하던 민족주의자들이 해방을 맞이한 다음 그 정통성을 계승하지 못하고 오히려 일제에 빌붙어 양심을 팔고 민족을 배반하였던 기회주의자들이 권력의 상층부에 눌러 앉았기 때문이다. 그래서 우리 사회의 갈등은 정치나 경제에 있어서 제도적으로 심화되어 왔다. 특히나 정치권이 사회전반에 막대한 영향력을 행사하고 있는 우리의 실정으로는 정치의 변화 없이는 중생고를 해결할 길이 아득하기만 하다.

27 고통은 극복된다

멸滅이란 고의 소멸이란 뜻이며, 니로다nirodha의 번역이다. 니로다는 '억제하다, 진압하다'라는 동사(ni-√rudh)에서 온 남성명사로 '제지, 억제'란 뜻인데, 일체의 정신작용을 없애버린 선정이란 뜻에서 무심정無心定, 멸수상정滅受想定 또는 멸진정滅盡定이라고 번역한다.

붓다가 깨달음을 얻을 때의 선정을 멸진정滅盡定이라 하는데, 멸진정을 니로다 사마-빳띠nirodha-samāpatti라고 한다. 사마-빳띠는 '어떤 상태에 빠지다, 함께 향하다'는 뜻의 동사(sam-ā-√pat)에서 온 여성명사로 '어떤 상태에 빠짐, 함께 감, 만남'이란 뜻인데 한역경전에서는 등지等至라 번역하거나 삼마발제三摩跋提나 삼마발저三摩鉢底로 음역하기도 한다. 그러니까 니로다 사마-빳띠라는 일체의 정신작용을 없애버린 상태에 들어갔다거나 일체의 심리적 작용이 없는 상태로 함께 들어갔다는 뜻이다. 등지等至란 오직 고따마 붓다만이 그러한 경지에 들어갈 수 있는 것이 아니라 누구라도 그런 경지에는 도달할 수 있다는 뜻이기도 하다.

사성제에서 멸은 고苦로부터 해방을 의미하며 불교의 목표이자 이상이다. 붓다는 자신의 법을 '니르와나로 잘 인도하는 것'[ⓟ opanayika]이요, '누구라도 와서 보라고 말할 수 있는 것'[ⓟ ehipassika]이라고 했듯이, 붓다의 모든 가르침은 오로지 니르와나를 성취하기 위한 것이요, 누구라도 동참할 수 있는 것이다. 경經에 큰 바다의 물은 오직 한 맛, 짠 맛이다. 내 법도 그와 같아 오직 선정禪定의 맛이요, 적정寂定을 구하나니 신통神通을 이루기 때문이라고 했다.13

① 유여열반과 무여열반

열반은 기본적으로 붓다가 35세 때 보리수나무 아래에서 깨달음을 얻었을 때 확보한 마음의 평온을 의미하는 것이지만 붓다 역시 육체를 가지고 있는 한 육체에서 비롯되는 고통은 완전히 극복할 수 없다는 측면에서 초기불교에서부터 열반을 두 가지로 나누어 생각하게 되었다. 그래서 『증일아함경』에 의하면 유여열반의 세계[有餘涅槃界]와 무여열반의 세계[無餘涅槃界]로 구분한다.14

유여열반은 소빠디쉐샤 니르와-나sopadhiśeṣa-nirvāṇa이고, 무여열반은 니루빠디쉐샤 니르와-나nirupadhiśeṣa-nirvāṇa이다. 유여를 의미하는 소빠디쉐샤는 사 우빠디쉐샤sa upadhiśeṣa의 연성으로 사(sa)는 '가지고, 더불어, 함께'라는 의미이고, 우빠디쉐샤는 '간직해두다, 숨겨두다'라는 제3류동사 어근(upa-√dhā)에서 온 남성명사로 '고통을 받게 하는 어떤 조건'이란 의미의 우빠디upadhi와 '남기다'라는 제7류동사 어근(√śiṣ)에서 온 남성명사로 '남은 것, 남겨진 것'이란 쉐샤śeṣa가 합성된 복합어[upadhiśeṣa]이니, 소빠디쉐샤sopadhiśeṣa는 고통을 받게 하는 어떤 조건이 남아 있다는 뜻이다. 무여를 의미하는 니루빠디쉐샤nirupadhiśeṣa는 우빠디쉐샤에 부정의 접두사 니르nir가 붙여진 말이니, 고통을 받게 하는 어떤 조건도 남아 있지 않다는 뜻이다. 그리고 열반은 니르와나nirvāṇa의 음역으로 '불어서 끄다, 진화鎭火하다, (열정이나 분노를) 가라앉히다, 기쁘게 하다' 등의 뜻을 가진 제2류동사 어근(nir-√vā)의 과거수동분사이다.

유여열반이란 깨달음을 통해 일체의 번뇌를 소멸하였기 때문에 모든 갈등으로부터 해탈하였지만 아직은 육신이 남아 있는 상태를 말한다. 깨달음을 얻었다고 하더라도 육신을 가지고 있는 한 고고苦苦는 그대로 남아 있게 된다.

무여열반은 그 육신마저 버리게 됨으로써 고고苦苦마저 없어진 적멸寂滅한 상태를 말한다. 그러나 불교가 추구하고자 하는 것은 어디까지나 유여열반이지 무여열반은 아니다.

붓다가 추구했던 것은 고통에서 벗어나 열반을 얻는 것인데, 고통에서 벗어난다는 이고離苦는 둣카 위가-따duḥkha-vighāta로 둣카를 산산 조각낸다는 뜻이다. 고통을 산산 조각내고 열반을 얻는 것은 지금 현실에서 해야 할 일이란 뜻에서 현법득열반現法得涅槃이라 했다. 우리의 이상은 현실을 떠나 사후死後나 어떤 특별한 곳에서 이루어질 것이 아니다.

현법득열반은 드리스따 다르마 니르와-나 쁘랍-띠dṛṣṭa-dharma-nirvāṇa-prāpti인데, 드리스따 다르마는 현세現世, 현법現法, 현견법現見法, 가시적 세계, 현재 등으로 번역되는 말이고, 니르와-나는 보통 열반이라 번역되는 말이고, 쁘랍-띠는 '얻다, 도착하다'(pra-√āp)라는 동사의 사역형 여성명사로 '들어감, 얻음' 등의 뜻이다. 그러니까 살아 있는 이 세상에서 열반에 들어간다는 의미이다. 앞에서 말한 드리스따 에와 다르메dṛṣṭa eva dharme는 드리스따 다르마의 처격이기 때문에 현법중現法中, 즉 '이 현실에서, 현재에서'라는 뜻이다. 현실에서 즐겁고 행복하게 살아야 한다는 뜻에서 현법락주現法樂住라 했고, 이 현실에서 자신이 직접 깨달아야 한다[於現法中自身作證]고 했다.

② 열반과 해탈

니르와-나는 해탈과 동의어로 쓰기도 하는데,15 니르와-나는 신비적이고 초월적인 것이 아니라 인간의 마음을 병들게 하는 탐욕[rāga]·분노[dosa]·무지[moha]로부터 자유로워진 것이요, 그것은 팔정도八正道의 실천을 통해서 경험될 수 있는 것이다.

『숫따니빠따』에 아무 것도 소유하지 않고, 그 무엇에도 집착하지 않는 것이 열반이라고 하였다.16 그러니까 연기는 붓다가 깨달은 법의 내용이고, 열반은 붓다가 법을 깨닫게 됨으로써 얻은 마음의 평온을 말한다. 따라서 붓다는 깨달음을 통해 그 무엇에도 얽매이지 않고 자유로워졌기 때문에 대자유인 해탈解脫을 얻었던 것이다.

초기시대에는 니르와-나라는 말을 자주 썼지만 후기로 갈수록 해탈이란 말이 더 강조되고 있다. 해탈은 모끄샤mokṣa, 위묵띠vimukti 또는 위모끄샤vimokṣa의 번역인데, 모끄샤는 '자신의 자유를 바라다. ~로부터 자유롭다'라는 제1류동사(√mokś)에서 온 남성명사로 '해방, ~로부터 탈출'이란 뜻이다. 그리고 위묵띠는 '풀어놓다. 해방하다'라는 제6류동사(vi-√muc)의 과거수동분사(vimukta)에서 온 여성명사로 '분리, 굴레에서 벗어남'을 뜻한다. 위모끄샤는 '해방하다, 석방하다, 풀어주다'라는 동사(vi-√mokś)에서 온 남성명사이다. 해탈이란 고통으로부터 탈출하여 자유롭다는 뜻이다.

그런데 고통을 불러오는 원인은 정해져 있지 않고 역사적 상황에 따라 다를 수 있기 때문에 '이것이다'라고 말할 수 있는 '그 무엇'도 정해진 것은 없었던 것이다. 그래서 붓다는 '연기를 보라'고 할 뿐 이것이 나의 가르침이라고 한 '특정한 교의敎義'가 없었던 것이다.

전이나 지금이나 내가 단호하게 주장하는 것은 오로지 고통에 가득한 인생을 직시하고 그 고통에서 벗어나는 길을 말할 뿐이라고 했듯이, 붓다의 설법은 중생의 고통을 해결하는 문제로 집중되고 있다. 그러나 중생의 고통은 사회구조에 따라 다르게 나타날 수밖에 없으므로 중생의 고통을 해방시키는 가르침 역시 역사와 사회발전에 따라 새롭게 제시되지 않으면 안 된다. 그것도 독단과 편견에 의한 것이 아니라 역사의 발전과 사회구조를 보편타당하게 분석한 결과여야만 하는 것이다.

『금강경』에 '아누따라삼약삼보리는 정해진 것이 없다'[無有定法 名阿褥多羅三

藐三菩提]고 하였는데, 이것이라고 정해진 것이 없는 것이 최고의 보편타당한 깨달음이란 뜻이다. 불교가 중생고의 해방을 위하여 눈떠야 할 가르침은 고정된 것이 아니라 역사의 발전과 사회의 변천에 따라 항상 새롭게 열어 가야 한다는 것을 의미한다.

『숫따니빠-따』에 '여래는 이렇게 설했다고 정해진 것이 없다'고 했는데,17 붓다의 가르침은 붓다가 살았던 시대를 반영하고 있으므로 붓다가 살았던 시대나 사회가 아닌 상황에서 그대로 적용해서는 안 된다는 의미를 함축하고 있다. 붓다의 가르침을 역사와 사회를 넘어 고정화시켜서는 안 된다는 뜻이다. 그래서 『금강경』에 여래무소설如來無所說이라 했는데, 이 말은'여래께서 말씀하신 그 어떤 법도 없다'[na-asti sa kaścid dharmo yas Tathāgatena bhāṣitaḥ]는 말의 번역이다. 이 말은 붓다가 아무 것도 설법하지 않았다는 것이 아니라 붓다가 설한 말씀을 실체화하여 교조주의에 빠져드는 것을 경계한 것이다. '나는 이런 것을 말한다고 정해진 것이 없다. 모든 사물에 대한 집착이라 분명히 알고, 모든 견해에서 과오를 보고 고집 하는 일이 없다'고 한 말씀을 명심해야 할 것이다.18

그러나 특정의 교의가 없다고 해서 불교가 아무런 사상도 없다는 것을 의미하지는 않는다. 일체의 어떠한 선입견에도 매달리지 말고 현실을 있는 그대로 직시하라는 것이 붓다사상의 실천적 입장이라 할 수 있다.

어찌 보면 인간은 편견의 존재요 선입견의 굴레를 쓰고 방황하는 존재라 할 수 있다. 그래서 붓다는 그 어떠한 권위라 할지라도 그 권위에 복종하지 말고 자신의 있는 그대로를 직시하라고 말한다. 우리의 삶은 고정된 실체가 아니라 시간과 공간에서 역동적 관계를 맺고 있는 현실일 뿐이기 때문이다.

그러니까 붓다가 깨달은 연기란 시간과 공간에서 이루어지는 역동적 관계를 의미한다. 시간과 공간 안에서 역동적 관계로 전개되는 현실을 왜곡이나 오해없이 눈뜰 때 비로소 자신을 제대로 볼 수 있게 되고, 자신을 있는 그대로 볼 수 있을 때 그는 비로소 자유로워질 수 있는 것이다.

역동적 관계는 항상 역사의 발전에 따라 '변화'하는 것이기 때문에 자신을 발견하기 위해서는 항상 개방적 사고가 필요하다. 무엇인가에 매달리는 선입견을 갖게 되면 그는 이미 자신을 있는 그대로 볼 수 없게 되고 만다. 바로 이것이 붓다의 사상이라면 사상일 수 있다. 그래서 『금강경』에 '모든 법이 다 불법佛法'이라고 하였던 것이요. '나는 이렇게 말한다고 정해진 것이 없다'고 했던 것이다.

현실의 역사에서 펼쳐지는 모든 현상을 있는 사실 그대로 직시할 수 있었기 때문에 붓다는 이 세상 역사 가운데 처음으로 출현하신 지혜의 성자가 되셨다.

그러므로 오늘 우리들 자신이 겪고 있는 고통들을 해결해 내기 위해서는 역사와 사회에 대한 냉철한 성찰이 있어야만 한다. 그것은 중생들 앞에 나서는 오늘의 출가자들이 지고 있는 짐이다. 그러므로 출가자는 항상 역사에 밝아야 하고, 중생의 현실적 삶을 구성하고 있는 사회구조가 어떻게 움직이는가를 예리하게 직시해야만 한다.

출가자는 깨달음을 얻고자 하는 수행자요, 바로 붓다가 되고자 하는 염원으로 살아가는 사람이다. 붓다가 되고자 하는 출가자는 역사 안에서 전개되는 중생의 삶을 냉철하게 분석하고 거부할 것은 앞서 거부하고 지지할 것은 앞서 지지하는 용기와 신념과 지성을 가져야만 한다. 그러기 위해 중생의 사회가 어떠한 구조 속에 전개되고 있는가를 전체적인 면에서나 부분적인 면에서 심도 있게 고찰할 수 있어야 한다.

우리는 고따마 붓다가 어떤 인물이었는지 사실적으로 이해할 필요가 있다. 그에 대한 대답은 『별역 잡아함경』의 다음의 구절에서 읽을 수 있을 것 같다.

붓다는 지나간 역사를 알고 앞으로 다가올 미래를 예견한다. 또한 모든 존재가 변화하는 현상을 널리 통찰한다. 모든 현상이 전개되는 모습을 꿰뚫어 알아서 지지할 것은 마땅히 지지하고 거부할 것은 과감히 거부하기 때문에 붓다라 한다. 사회 전체적인 모습이나 특수한 현상을 명확히 꿰뚫어 알고 있기 때문에 깨달은 자라 부른다.[19]

한역경전에 '불지과거세 미래세역연'佛知過去世 未來世亦然이라 한 것을 필자는 '붓다는 지나간 역사를 알고, 앞으로 다가올 미래를 예견한다'라고 번역하였는데, '지금 이 현실을 떠난 문제는 말하지 않는다'는 붓다의 철학적 입장에서 볼 때, 과거세(過去世, atīta)를 '전생'(前生, pūrva-jāti)이라거나, 미래세(未來世, anāgata)를 '내생'(來生, upapanna)으로 읽는 것은 옳지 않기 때문이요, 전생이나 내생은 붓다에게도 경험의 영역은 아니기 때문이다.

③ 심해탈心解脫과 혜해탈慧解脫

해탈을 의미하는 모끄샤가 무엇으로부터 탈출을 의미하듯 벗어던져야 할 것이 무엇이냐에 따라 심해탈心解脫과 혜해탈慧解脫로 나눈다. 심해탈을 의해탈意解脫이라 말하기도 한다. 심해탈은 쩨또 위묵띠ceto-vimukti로 탐욕에서 벗어나는 것을 말하고, 혜해탈은 쁘라즈냐-위묵띠prajñā-vimukti로 무명에서 벗어나는 것을 말한다.[20]

모든 견해들은 무명이 근본이기 때문에 무상해탈無相解脫로 대치對治하고, 견해 이외의 모든 번뇌는 탐애貪愛가 근본이기 때문에 무원해탈無願解脫로 대치한다고 했다.[21] 대치對治라는 말은 쁘라띠빠끄샤pratipakṣa로 반대되는 입장에서 없앤다는 뜻이니, 예를 들면 미움과 원망이 치오를 때 사랑하고 귀여워하는 마음으로 미움과 원망을 다스리는 것을 의미한다.

무상無相이란 고정관념이 없다는 뜻이고, 무원이란 바라고 원하는 것이 없다는 뜻이니, 심해탈은 바라거나 원하는 것이 아무 것도 없어야 한다는 의미이고, 혜해탈은 그 어떤 견해도 가지지 않아야 한다는 의미이다.

깨달음을 가로막는 장애물이란 뜻에서 번뇌장(煩惱障, kleśāvaraṇa)과 소지장(所知障, jñeyāvaraṇa)을 말하는데, 심해탈은 번뇌장에서 벗어나는 것이고, 혜해탈은 소지장에서 벗어나는 것을 의미한다.

28 고통극복의 길

도道란 고를 소멸하는 길의 발자취라는 뜻에서 고멸도적苦滅道跡이라 한다. 도란 마-르가mārga의 변역으로 '얻기 위해 애쓰다, 찾다, 파헤치다' 등의 뜻을 가지고 있는 동사(√mārg)에서 온 남성명사로 '추적, 길' 등을 뜻하고 있다. 불교의 목표이자 이상인 니르와나를 얻기 위해 애쓰는 과정이요, 니르와나를 실현해 나아가는 구체적인 방법이다.

이론적 중도는 연기법과 연관을 맺고 실천적 중도는 사성제나 팔정도와 연결되어 있다고 말했다. 그리고 붓다는 지금 이 현실의 삶에서 심해탈心解脫과 혜해탈慧解脫을 얻어 아라한으로 발돋움할 수 있는 길로 칠처선七處善과 삼종관三種觀이라거나22 칠처위지七處爲知 삼처위관三處爲觀이라 하여23 일곱 가지 점을 알아야 하고, 세 가지 점을 관찰하라고 했다.

그러니까 이론적 중도는 칠처선 · 삼종관으로 연결되어지며 그것은 결국 지혜의 해탈로 나아가는 것이며, 실천적 중도는 사성제 · 팔정도로 연결되고 마음의 해탈로 나아가는 것으로 설하고 있다. 그러니까 혜해탈은 인식의 문제와 깊이 관련되고, 심해탈은 의지적 실천과 관계되고 있다.

29 인식에 의한 해탈

칠처선七處善은 삽따 스탄-나- 까우샬라sapta sthānā kauśala로 처處를 의미하는 스탄-나-는 '머물다, 어떤 조건을 계속유지하다'라는 뜻을 가진 제1류동사어근(√sthā)의 과거수동분사형의 중성명사 복수형으로 머무는 곳이란 뜻으로 오온 하나하나에 대하여 일곱 가지 관점에서 사실대로 아는 것을 말한다.

까우샬라는 선이라 번역되는 꾸샬라kuśala와 달리 선교善巧나 선해善解로 번역되는 말이니, 수단이나 방법이 능수능란함을 의미한다. 칠처선은 어떤 하나의 문제에 대하여 일곱 가지 관점에서 왜곡이나 오해가 없이 세밀하고 정교하게 파악하는 것을 뜻한다.

예를 들어 몸뚱이를 의미하는 색色에 대하여 말하면, 몸뚱이 그 자체[色]①, 몸뚱이의 발생[色集]②, 몸뚱이의 소멸[色滅]③, 몸뚱이가 소멸하는 과정[色滅道跡]④, 몸뚱이의 즐거움[色味]⑤, 몸뚱이의 근심[色患]⑥, 그리고 몸뚱이로부터의 떠남[色離]⑦을 사실대로 알라는 것이다.24

그러니까 몸뚱이는 네 가지 물질적 요소와 네 가지 물질적 요소로 합성되었다는 것[bhautikatva]과 그 몸뚱이는 생성·소멸하는 것임을 아는 것이 몸뚱이에 대하여 사실대로 아는 것이며, 몸뚱이에 대하여 기뻐하고 사랑하는 것이 몸뚱이의 발생[色集]이고, 몸뚱이에 대하여 사랑하고 기뻐하는 것을 없애는 것이 몸뚱이의 소멸[色滅]이며, 팔정도가 몸뚱이를 소멸하는 과정[色滅道跡]이고, 몸뚱이를 인연으로 기쁨과 즐거움이 생기는 것이 몸뚱이의 즐거움[色味]이며, 몸뚱이는 무상하고 괴로우며 변하고 바뀌는 것이 몸뚱이의 근심[色患]이고, 몸뚱이에 대해서 탐욕을 억제하고 탐욕을 끊으며 탐욕을 초월하는 것이 몸뚱이로부터의 떠남[色離]이라 했다. 이와 마찬가지로 감각·지각·의지·의식에 대해서도 위와 같은 일곱 가지 관점에서 사실대로 아는 것이 일곱 가지에 대하여 잘 아는 것이라 하였다.

예를 들어 욕망에 대한 칠처선은 ① 욕망이란 어떤 것인지를 사실적으로 알아야 하고, ② 욕망이 발생하는 원인을 분석하고, ③ 욕망의 해결을 알아야 하고, ④ 욕망을 어떻게 해결할지 구체적으로 알아야 하고, ⑤ 욕망의 긍정적인 면을 알아야 하고, ⑥ 욕망의 부정적인 면을 알아야 하고, ⑦ 욕망을 해결한 상태를 알아야 한다.

세 가지 관찰은 무엇을 말하는가? 조용하고 한가한 곳에서 오온·십이처·십팔계를 관찰하여 그 뜻을 바르게 생각하는 것이다.

칠처선은 흔히 우리들이 '나' 속에 불변의 실체라고 믿어 온 '자아'가 없다는 것을 설파하는 것이요, 삼종관은 불교의 인식론체계를 통하여 불변의 실체가 없다는 것을 바르게 관찰하라는 것이다. 다시 말해서 모든 갈등과 고통의 근원은 불변의 실체라고 믿는 '자아'인데, 그 '자아'는 다섯 가지 요소들이 '쌓인 것'에 집착하는 것일 뿐 그것이 불변의 실체는 아니라는 것이다. 바로 칠처선과 삼종관은 우리가 '자아'라고 생각하는 것이 실체가 없다는 것을 분석적으로 보여주고자 하는 교설이다.

칠처선과 삼종관에 대한 설명은 '자아'라는 실체관념에서 벗어나는 길, 즉 해탈의 방법론이라 할 수 있다. 붓다가 말한 오온·십이처·십팔계라는 교리조직이 인식론의 틀이라고 볼 때 바른 인식만이 고통을 벗어나는 길이요, 빗나간 인식은 갈등과 고통을 불러오는 것이라는 것을 알 수 있다. 여덟 가지 고통을 말할 때 '요점을 들어 말하면 오성음고'[取要言之 五盛陰苦]라고 하였듯이 깨달음에의 지름길은 인식의 문제였다.

30 실천에 의한 해탈

칠처선·삼종관이 인식에 의한 해탈법이요, 지혜해탈의 방법론이었다면 실천에 의한 해탈법, 의해탈意解脫에 대한 방법을 고찰해야 할 것이다.

이미 중도철학의 두 측면에서 사성제나 팔정도는 이론에 기반을 둔 실천체계임을 말했었다.

경經에 붓다가 제자들에게 말하기를, 욕망과 쾌락에 집착하는 두 가지 길을 버리고 지극히 요긴한 길로 바른 깨달음을 성취하여 안목이 생기고 지혜가 생겨 의지[意]를 쉬게 되었기 때문에 신통을 얻고 사문의 결과를 이루어 열반에 이르게 되었다고 하였는데,25 붓다는 의지가 휴식을 얻는 의득휴식意得休息의 요긴한 방법으로 팔정도를 말하고 있다. 그러나 요긴한 길로써 팔정도는 열반에 이르게 되는 마지막 단계를 말하는 것이고, 그 이전에 팔정도에 이르는 단계가 있으니, 그것을 흔히 삼십칠조도품三十七助道品이라 한다.

팔정도는 극단에 치우치지 않고 이상을 실현하는 중도中道의 길로 고따마 붓다의 첫 설법에서부터 등장했다. 그러나 팔정도의 앞에는 많은 과정이 생략되어 있다는 것을 알아야 한다. 초기불교에서는 조도품助道品이라 하여 서른일곱 가지를 말한다. 조도품이란 쁘라띠빠끄샤pratipakṣa의 번역인데, 쁘라띠란 어떤 방향으로 가까이 간다는 의미의 접두사이고, 빠끄샤는 '손에 넣다, 움켜쥐다'라는 뜻을 가진 제1류동사 어근(√pakṣ)에서 온 남성명사로'날개, 무엇의 한쪽'을 의미한다. 그러니까 열반이라는 목표를 움켜쥐기 위한 방법을 의미한다. 그러한 방법으로 서른일곱 가지가 있다는 뜻이 37조도품이며, 팔정도는 그것의 마지막 단계로 설해지고 있다.

37조도품은 4념처四念處·4정근四正勤·4여의족四如意足·5근五根·5력五力·7각분七覺分·8성도분八聖道分을 말하며, 깨달음을 도와주는 가르침으로써26 어떻게 하면 번뇌를 다할 것인가를 생각하는 사람은 삼십칠도품으로 자신의 육신과 정신적 요소를 잘 관찰하라고 하였고,27 또한 너희들이 삼십칠도품을 부지런히 닦고 사유하면 이 법으로 해탈처에 도달하게 된다고 했다.28

그러나 기둥을 세우기 위해서는 기초를 잘 다져야 하듯 본격적인 수행

단계에 들어가기 전에 마음의 준비자세가 필요하다. 사실 수행하겠다고 나섰지만 막상 마음이 안정되어 있지 않으면 비록 몸뚱이는 수행하는 장소에 있지만 마음은 세상을 떠돌게 마련이다. 설사 깊은 산중에 살더라도 그의 생각이 도심지 거리를 배회하고 있다면 그는 몸이 산중에 사는 것뿐이지 그의 정신이 산중에 있는 것은 아니다. 그래서 수행자는 본격적인 수행의 길에 나서기 전에 자신을 정리할 필요가 있는 것이다.

『유행경』에 일이 적은 것을 좋아하고, 침묵하기를 좋아하며, 잠을 적게 자고, 무리를 지어 쓸데없는 일에 간섭하지 말며, 한적한 곳을 좋아하라고 하였는데,29 이와 같은 것은 외부적 환경을 주로 말한 것인데 내면적으로도 준비해야 할 일이 많이 남아 있다.

인간은 자신이 놓여 있는 환경의 영향에서 완전히 벗어나 살 수 없다. 눈은 보게 되어 있고, 귀는 소리를 듣게 되어 있으며, 코는 냄새를 맡게 되어 있고, 피부는 촉감을 느끼게 되어 있다. 보고 듣고 느끼는 것이 바로 마음의 움직임이요 마음의 흐트러짐이다. 마음이 흐트러지지 않게 하기 위해 한적한 곳을 찾게 된다.

초심자들이 수행의 장소로 조용한 곳을 찾는 것은 보고 듣는 것 때문에 마음이 흐트러지지 않기 위해서이다. 사실 내적 성숙內的 成熟은 외부에 관심을 빼앗기지 않을 때 가능하다. 보이는 것, 들리는 것, 냄새 맡는 것들에 신경을 쓰다보면 정작 자기 자신은 망각하고 만다. 누구에겐가 잘 보이려는 의식을 가지고 있는 한 자기를 꾸미지 않을 수 없다. 치장하고 꾸민다는 것 자체가 본래의 자기를 감추는 것이다.

심수만경전心隨萬境轉이라 했듯이, 마음은 실체가 아니라 의식의 흐름일 뿐인데, 그 의식이란 눈・귀・코・혀・피부 등을 통해 밖으로 새 나간다. 그것이 봄이요 들음이며 냄새 맡음이고 맛을 봄이며 촉감이다. 처음 수행에 들어가는 사람이 조용한 곳을 찾는 것은 마음을 빼앗기지 않을 수 있는 장소를 찾는 것에 지나지 않는다. 누가 있거나 없거나 상관하지 않고 마음을 집중할 수 있고 방해받지 않을 수 있다면 저자거리에 있어도 상관이 없지만 그러기 위해서는 상당한 수련이 필요하다.

31 오정심관五停心觀

불교의 수행은 언제나 고요함과 청정함이란 두 가지를 벗어나지 않는다고 했다.30 고요함은 마음의 문제이고, 청정함은 몸뚱이의 문제이니, 불교수행은 마음이 들뜨지 않고 차분하게 안정되어 평화를 유지하는 것이고, 동시에 행동거지가 방정方正하여 윤리 도덕적으로 청정함을 확보하는 것이다.

불교의 수행은 들뜬 마음을 차분하게 가라앉히는 것이 핵심이라 할 수 있기 때문에 들떠있는 마음을 먼저 정리할 필요가 있게 된다. 이성異性에 대한 욕망이 강한 사람은 그 욕망을 가라앉히지 않고서는 참다운 수행을 할 수가 없다. 그래서 이성을 그리워하고 열망하는 마음을 우선적으로 가라앉힐 필요가 있기 때문에 부정관(不淨觀, aśubha-bhāvanā)을 닦으라고 한다. 부정관이란 지금 아름답다고 인식되지만 이다음에 죽었을 때를 생각하면 결국은 뼈만 남을 것이니 그때를 생각하면 당장의 아름다움이라고 애착할 것이 없지 않느냐는 것이다. 보통 사원의 벽화에 해골이나 무덤이 그려져 있는 것이 바로 부정관의 관법을 말해 준다.

마음의 동요가 심한 사람은 지식념持息念, 즉 수식관數息觀을 닦으라고 하였다. 지식념이란 아-나-빠-나 스므리띠ānāpāna-smṛti의 번역인데, 아-나-빠-나는 들숨을 뜻하는 아-나āna와 날숨을 뜻하는 아빠-나apāna를 합성한 것이고, 스므리띠는 '기억하고 있다, 마음에 새기다, 상기想起하다'라는 뜻의 제1류동사 어근(√smṛi)에서 온 여성명사로 '기억, 회상' 등의 뜻이다.

지식념은 호흡법의 수련인데, 들숨·날숨을 세거나 호흡을 무리 없이 자연스럽게 하고, 마음을 자신의 코끝과 미간眉間에 두어 몸 안의 생명을 관상하고, 나아가서는 널리 일체의 것을 마음속으로 관상함으로서 높은 정신적 경지를 이끌어 내려는 것이다. 이와 같은 수련법을 흔히 정심관停心觀이라 하는데 들뜬 마음을 안정시킨다는 의미이다.

『아함경』에는 정심停心의 방법으로 부정관과 지식념을 주로 설하고 있었으나 초기불교학자들에 의해 정심관은 다섯 가지로 설명되었다. 『아비달마순정이론』에 사념처를 닦기 전에 부정관不淨觀이나 지식념持息念 나아가 분별계관分別界觀 등을 닦아야 한다고 하였는데,31 위에 설명한 부정관과 지식념 이외에 자비관慈悲觀, 인연관因緣觀, 계분별관界分別觀을 더하여 마음을 고르게 하는 다섯 가지 수행이란 뜻에 오정심관五停心觀이라 한다.

원망과 미움을 가지고 있는 사람도 수행에 많은 지장을 불러온다. 지난날을 기억만 하면 공연히 미운 생각이 치밀어 올라 혼자 앉아서 얼굴이 붉어지는 경우가 있다. 그것은 미움과 원망을 삭이지 못하고 있기 때문이다. 그런 사람은 먼저 일체중생을 내 혈육처럼 관조하는 자비관慈悲觀을 닦으라고 하였다. 설사 미운 감정을 가졌던 사람이라도 그가 내 혈육이라고 생각하면 더 이상 분심을 일으키지 않고 마음을 안정시킬 수 있다는 것이다. 멧따숫따Mettasutta에 이렇게 말했다.

> 연약한 것이거나 강한 것이거나, 짧거나 길거나, 큰 것이거나 작은 것이거나, 보이는 것이거나 보이지 않는 것이거나, 가까이 있는 것이거나 멀리 있는 것이거나, 이미 태어났거나 장차 태어나려는 것이거나, 살아 있는 모든 것들이여, 모두 다 행복하여라.……
>
> 서 있을 때이거나 걸을 때이거나 앉아있을 때이거나 누워있을 때이거나,

눈을 뜨고 있는 한 자비로운 마음으로 선행을 쌓기에 최선을 다하라.32

멧따는 빨리어로 자비를 의미한다. 그러니까 멧따숫따는 자비경慈悲經이라 번역할 수 있다.

세계를 신이나 조물주가 만들었다는 삿된 생각을 갖게 되는 사람은 세상만사가 인연에 의해 전개되고 있다는 것을 관찰함으로써 사견에 빠져들지 않을 수 있다고 하여 인연관因緣觀을 닦으라 하였고, 영혼이 있다든지 하는 등의 실체관념에 집착하는 사람은 분석적인 사고를 함으로서 그와 같은 실체관념을 벗어나야 한다고 하여 계분별관界分別觀을 닦으라고 하였다.

그러나 인연관이나 계분별관은 수행의 기본자세라기보다는 고차원의 불교사상이라는 점에서 수행의 전 단계로 설명한 것은 이치상 전도된 것이 아닌가 생각된다. 어쨌든 초기의 불교학자들은 이러한 준비단계를 거친 다음에 비로소 사념처의 관법을 닦을 수 있는 것으로 보았다. 이제 37도품을 설명하면 다음과 같다.

1 사념처四念處

염처念處는 스므리띠 우빠스타—나(smṛty-upasthāna, ⓟ sati-paṭṭhānāni)의 번역인데, 신역에서는 염주念住라고 했다. 스므리띠smṛty는 지식념에서 말한 스므리띠smṛti의 연성連聲이고, 우빠스타—나는 '자기 가까이 멈춰서다'라는 동사(upa-√sthā)에서 온 중성명사로 '자신 가까이에 놓아두는 행위'를 의미한다. 염처는 자신의 의식에서 망각하지 않고 항상 깨어 있는 상태를 유지하는 것을 뜻한다. 염念이란 어떤 의미인가를 다음과 같이 말하고 있다.

마음에 생각하는 것이 사특하거나 다툼이 없어서 가르침을 그대로 따르고

> **가르침과 하나가 되기를 향해 나아가며 그릇된 생각을 멀리하고, 생각이 변하거나 달라지는 것이 없어서 오로지 한결같은 마음으로 흔들리지 않는 삼매에 들어가는 것을 염念이라 한다.**[33]

그러니까 붓다의 가르침을 망각하지 않고 마음에 새기면서 상기想起시켜 딴 생각이 끼어들지 못하도록 정신을 집중하는 것을 말한다. 팔정도의 정념은 바로 이러한 뜻이다.

사념처는 초기의 경전에 수 없이 많은 부분에서 설해지고 있고, 용어 또한 다양하지만 대체적으로 관신부정觀身不淨, 관수시고觀受是苦, 관심무상觀心無常, 관법무아觀法無我라 말하는데, 나누어 설명하면 다음과 같다.

먼저 사람들이 자기 육신을 가장 사랑하고 집착하는데 육신을 부정不淨한 것으로 보아 맹목적인 집착을 버려야 한다는 것이 관신부정이다. 관신부정이라고 할 때의 관觀은 빠리끄사parīkṣā로 조용하고 침착한 마음으로 대상을 있는 그대로 직시하는 것이니 관찰觀察과 같은 의미이다.

신부정身不淨은 까–야–슈찌kāyāśuci인데, 이 말은 까–야kāya와 아슈찌aśuci의 연성이다. '몸뚱이'를 뜻하는 까–야kāya와 '빛나다, 순수하다, 깨끗하다'라는 뜻을 가진 제1류동사(√śuc)에서 온 형용사로는 '빛나는, 번쩍이는'이란 뜻인 슈찌śuci에 부정의 접두사 아(a)가 붙어 '불결한, 더러운'이란 뜻의 아슈찌aśuci가 합성된 말로 불결한 몸, 더러운 몸뚱이란 의미이다. 따라서 관신부정이란 자기의 몸뚱이가 더럽고 불결하다고 보아 더 이상 애착하지 않아야 한다는 뜻이다.

사실 사람들의 일차적인 관심사는 제 몸뚱이요, 마음 깊숙이 도사리고 있는 욕망도 몸뚱이의 편안함이나 불사不死를 희구하는 욕망이고 보면 모든 인간에게 가장 가깝고 벗어나기 힘든 감옥은 자기의 몸뚱이라 하겠다.

자기의 몸뚱이로부터 자유롭지 못한 상태에서 정신이나 마음의 자유로움을 말한다는 것은 말장난에 불과하다. 수행의 더 높은 단계에서는 마음의 자유를 말할 수 있겠지만 무엇보다도 먼저 해결해야 할 것은 제 몸뚱이에 얽매이는 것부터 벗어나지 않으면 안 된다는 것은 더 이상 말할 필요도 없다. 그래서 우리가 늘 상기하고 있어야 할 첫 번째 과제는 제 몸뚱이의 포로가 되지 말라는 것이다.

두 번째로 자기의 육신이 받아들이는 느낌이나 감정은 결국 갈등의 요소가 된다는 것을 알아 감정의 포로가 되지 않아야 한다는 것이 관수시고이다. 이미 앞에서 살펴보았듯이, 번뇌의 근본인 오온이나 모든 고의 뿌리인 오온은 몸뚱이를 통해 느끼는 감정이나 감각을 전제하고 있으니, 제 몸뚱이가 느끼는 감정이나 감각에 매달리는 것은 충족될 수 없는 불만족의 뿌리임에 틀림없다. 다시 말해 육신을 통해 느끼는 감각에 지나치게 예민하게 되면 번민에서 벗어날 수 없다는 뜻이다. 고따마 붓다는 자기가 느낀 감각에 매달리는 것을 두 번째 화살을 맞는 것에 비유하였다.

세 번째로 마음은 변하지 않는 실체로 생각하기 쉬운데 사실 마음이란 순간순간 변하고 있음을 직시해야 한다는 것이 관심무상이다. 마음이 변하지 않는 '나'라고 집착할 바에는 차라리 자기의 육신이 변하지 않는다고 집착하는 편이 낫다고 했다. 왜냐하면 육신은 10년 · 20년 · 30년 나아가 백년이라도 머물 수 있지만 마음은 순간순간으로 변하기 때문이라는 것이다.[34] 찰나에 생겼다가 찰나에 사라지고 마는 것이 마음이 아닌가.

마지막으로 자기의 생각을 불변의 실체로서 집착하는데 그것을 타파할 수 있어야 한다는 것이 관법무아이다. 관법무아는 제법무아와 같은 내용으로 생각해도 좋다. 제법무아는 이미 삼법인에서 자세히 설명했다.

간단히 말해서 자기의 육신, 자기 감정, 자기의 마음, 자기 생각 등에 집착하는 것을 벗어나야 한다는 것이 사념처다. 사람들이 갖기 쉬운 네 가지 그릇된 견해가 있는데, 청정하지 못한[不淨] 육신을 청정한 것[淨]으로 착각하는 것이요, 즐겁지 못한 것[苦]을 즐거운 것[樂]이라 오해하는 것이요, 영원하지 못한 것[無常]을 영원한 것[常]이라 집착하는 것이요, 실체가 없는 것[無我]을 불변의 실체[我]라고 착각하는 것이다.35 이와 같은 네 가지 그릇된 견해를 깨뜨리는 수행법이 바로 사념처인 것이다.

여기서 그릇된 견해란 전도顚倒를 번역한 것인데, 원래 전도는 위빠리야-사viparyāsa인데, '반대쪽으로 방향을 바꾸다, 거꾸로 하다'라는 동사(vi-pary-√as)에서 온 남성명사로 뒤집어지거나 정반대로 된 것이란 뜻이다. 사실과 정반대가 되거나 잘못된 판단에 매달리는 네 가지 집착을 깨뜨리는 수행법이 바로 사념처인 것이다.

초기불교에서는 무상無常·고苦·무아無我·부정不淨이 바른 견해요 상常·락樂·아我·정淨이 전도견이라 말하는데 비하여 대승경전, 특히 『대반열반경』에서는 모든 부처의 열반은 상常·낙樂·아我·정淨이라면서36 보살은 삼십칠조도품을 닦고 익혀서 상락아정常樂我淨의 대열반에 들어간다고 했고,37 송宋의 자선子璿은 『수능엄경』을 주석하면서 상락아정常樂我淨이 아닌 것은 열반의 네 가지 덕이 아니라고 잘라 말한다.38 그러니까 초기불교와 대승불교의 인식적 차이를 뚜렷하게 엿볼 수 있는 대목이다.

만약 사념처를 떠나면 현성의 법賢聖法을 떠나게 되고, 현성의 법을 떠나면 성도聖道를 떠나게 되며, 성도를 떠나면 감로법甘露法을 떠나며, 감로법을 떠나면 생로병사와 근심걱정들을 벗어날 수 없다거나39 고통의 원초적인 뿌리인 무명을 끊고자 하면 사념처를 닦으라고 하여40 사념처의 중요성을 역설하고 있다.

오온五蘊에서 생멸生滅을 관찰하고, 여섯 가지 감각기관과 그 대상에 대해서는 갈등의 원인과 그 소멸[集滅]을 관찰하며, 사념처에 항상 마음을 잘 묶어 일곱 가지 부분적인 깨달음[七覺分]에 머물러 칠각분을 닦은 다음 욕망에 마음이 집착하지 않아 마음의 해탈을 얻을 수 있을 것이라 하였다.41 붓다는 사념처를 닦아 익히면 칠각분을 만족할 수 있다고 하여 양자가 밀접한 관계를 맺고 있을 뿐만 아니라 사념처는 깨달음을 얻는 출발점이 된다는 것을 말해 주고 있다.42 불교의 수행은 바로 사념처에 지나지 않는다고 말해도 좋을 것이다. 사념처의 수행방법이 위빠샤나-(vipaśyanā)이다.

다섯 가지 번뇌[五蓋]에 덮여 열반으로 나아가지 못하는 사람들에게 사념처에 머무르며 칠각분을 닦아서 아눗따라삼약삼보리를 얻게 한다고 하였다.43 다섯 가지 번뇌는 오개五蓋를 번역한 것인데, 여기서 개蓋란 니와라나 nivaraṇa인데, 이 말은 '억누르다, 제지하다, 방해하다' 등의 뜻을 가진 동사(ni-√vṛi)에서 온 중성명사로 '방해, 장애, 혼란' 등의 뜻이다. 착한 마음을 가로막고 덮어 버리는 심리적요소를 말하는데, 불교에서는 보통 탐욕[貪], 분노하는 마음[瞋], 정신을 몽롱하게 하는 졸림[惛眠], 마음이 어지럽고 들뜨거나 근심 걱정하는 것[掉悔], 그리고 의심[疑]을 다섯 가지 덮개라고 말한다.

번뇌는 원래 끌레샤kleśa를 번역한 말인데, 끌레샤는 '끈질기게 괴롭히다, 성가시게 굴다'라는 뜻을 가진 제9류동사 어근(√kliś)에서 온 남성명사로 '고통, 고뇌, 고민' 등의 뜻이지만 이것이 어떤 모양으로 작용하느냐에 따라 수면隨眠 · 혹惑 · 염染 · 루漏 · 결사結使 · 결結 · 박縛 · 전纏 · 액軛 · 폭류暴流 · 취取 · 개蓋 · 계繫 · 구垢 · 전箭 · 진로塵勞 · 진구塵垢 · 객진客塵 · 쟁근諍根 · 조림稠林 등과 같이 여러 가지로 표현하고 있다. 번뇌를 설명하는 방식이 그만큼 다양하다는 것을 엿볼 수 있다.

② 사정근四正勤

정근正勤은 삼약쁘라하-나samyakprahāṇa의 번역으로 '잘, 바르게'라는 의미의 접두사 삼약samyak에 '신념 등을 버리다'라는 동사(pra-√hā)의 과거수동분사형 중성명사로 '단념, 포기, 노력, 분발' 등을 뜻하는 쁘라하-나(prahāṇa)가 붙여진 말로 올바른 단념 또는 올바른 노력이란 뜻이다. 노력하거나 분발하는 데에도 그 방향이 옳지 못하면 안 된다는 것을 의미한다. 밤을 새워가면서 도박을 하는 것과 밤을 새워 좌선하는 것은 전혀 다른 차원의 문제인 것과 같다.

사정근은 네 가지 바른 노력으로 단단斷斷, 율의단律儀斷, 수호단隨護斷, 수단修斷을 말한다.[44] 이미 발생한 악은 끊도록 노력하는 것이 단단이고, 아직 생기지 않은 악을 일어나지 못하게 억제하는 것이 율의단이며, 아직 일어나지 않은 선은 일어나도록 권하는 것이 수호단이고, 이미 생긴 선은 더욱 증장하게 노력하는 것이 수단이다.[45]

사정근을 사정단四正斷, 사정승四正勝, 사의단四意斷이라고도 하는데 이것은 팔정도에서 말하는 정정진正精進의 방법을 보다 구체적으로 설명한 것이라 할 수 있겠다.

③ 사여의족四如意足

여의족如意足은 릿디빠-다ṛddhi-pāda의 번역이다. 릿디는 '번영하다, 늘리다'라는 뜻의 동사(√ṛdh)에서 온 여성명사로 '증대, 신장伸張, 번창'을 뜻하는 말이지만 한역경전에 보통 신통神通이라 번역한다. 빠-다는 남성명사로 발을 뜻한다. 보통 사람들의 능력을 뛰어넘어 자유자재한 활동능력을 의미한다.

네 가지 여의족은 욕여의족欲如意足, 정진여의족精進如意足, 심여의족心如意足, 사유여의족思惟如意足으로 자기의 뜻하는 바를 조절할 수 있는 것이 욕여의족이고, 목표를 향해 노력하는 자세를 흐트러뜨리지 않게 하는 것이 정진여의족이며, 마음이 방자하지 않을 수 있도록 잘 단속할 수 있는 것이 심여의족이고, 생각이 삿된 곳으로 흐르지 않도록 자제할 수 있는 것이 사유여의족이다.

사념처의 수행으로 지혜가 생기고, 네 가지 정근으로 악을 멀리하고 선을 키웠으나 아직은 정신통일이 약하므로 사여의족으로 마음을 조절하여 지혜와 선정을 균등하게 한다. 비유하자면 지혜가 물을 맑게 하는 것이라면 선정은 물을 고요하게 하는 것이라 할 수 있다. 물이 맑지만 물이 파도를 치면 사물을 반사할 수 없고, 물이 잠잠하지만 흐려져 있으면 역시 사물을 반사할 수 없다.

선은 정신집중을 통해 마음의 안정을 얻고 안정된 마음[定心]인 무심無心으로 사물을 있는 그대로 직관하자는 것이지 신비한 힘을 얻으려는 것이 아니다. 선을 통해 보통 때와 다른 어떤 신비적 체험이 있었다고 해도 그것은 오히려 경계해야 될 정신적 위험에 지나지 않는다. 만약 신비적 체험에 빠져들면 결국 사선邪禪이 되고 정정正定이 아닌 사정邪定이 되고 만다.

④ 오근五根

근根은 인드리아indriya의 번역으로 뿌리처럼 뻗어나가는 힘을 의미한다. 다섯 가지 뻗어나가는 힘은 신근信根, 정진근精進根, 염근念根, 정근定根, 혜근慧根으로써 수행자의 다섯 가지 정신적 자세를 말하는데, 위와 같은 과정을 거쳤을 때 불佛·법法·승僧 삼보에 대한 투철한 믿음과 계율을 철저히 지킴으로써 사도邪道와 외도外道를 배척하고 정법에 대한 확고한 신념을 갖는 것이 신근이다.

선법善法을 증장시키고 악법을 멀리하려는 노력이 정진근이며, 바른 마음으로 탐욕과 성냄과 어리석음을 억제하여 근심과 걱정 등에 좌우되지 않고 자기를 조절하는 것이 염근이고, 어떠한 소리에도 흔들리지 않도록 부동심不動心을 확보하는 것이 정근定根이며, 그리고 사물의 본질과 현상들을 분석적으로 이해하고 그 문제점을 해결할 수 있도록 지혜를 연마하는 것이 혜근이다.

삼보三寶와 계율에 대한 확고한 신념을 갖는 사불괴정四不壞淨은 신근信根, 사정단四正斷은 정진근精進根, 사념처는 염근念根, 사선四禪은 정근定根, 사성제四聖諦는 혜근慧根을 말한다고 하였다.46 그러나 다섯 가지 가운데 지혜가 다른 것들을 내포하고 있기 때문에 지혜가 으뜸이라고 했다.47

붓다는 오근을 잘 관찰하면 신견身見 · 계취견戒取見 · 의견疑見의 결박을 벗어버리고 수다원須陀洹이 되어 다시는 악으로 나아가는 법에 떨어지지 않고 반드시 정각을 향해 나아가되 천상과 인간에 일곱 번 오간 다음에 고통을 완전히 벗어난다고 하였는가 하면,48 오근五根의 관찰로 번뇌를 일으키지 않고 마음이 욕심을 떠나 해탈하여 아라한阿羅漢이 된다고도 하였다.49

수다원에 대해 이렇게 말했다.

> **오온을 지혜로서 깊이 생각하고 관찰하며 분별하여 인식하면 그는 믿음을 따라 실천하는 사람이다. 그는 태어남을 떠나고 범부의 위치를 뛰어넘어 아직 수다원을 얻지 못했을지라도 중간에서 죽지 않고 반드시 수다원과를 얻는다.**
>
> **그는 신견身見, 계취戒取, 의심疑의 세 가지 번뇌를 끊고서 수다원과를 얻고 다시 악도에 떨어지지 않고 반드시 바른 깨달음으로 나아가 일곱 번 천상과 인간에 태어난 다음 고통에서 완전히 벗어날 것이다.**50

그리고 사다함은 장차 한 번의 태어남을 받고서 고통을 해결할 수 있다고 하였으며,51 아나함은 천상에 태어나 열반에 들뿐 다시 이 세상에 오지 않는다고 하였다.52 그러나 아라한은 현재의 법 가운데서 몸으로 깨달음을 얻고 스스로 유희遊戲한다고 하였다.53

수다원은 일곱 번의 생사를 더 겪어야 고통에서 해탈하고, 사다함은 한 번 더 생을 받고나서 해탈하며, 아나함은 천상에서 열반에 들고 이 세상에 오지 않지만 아라한은 현재의 몸으로 열반에 든다는 것이다. 그러나 수다원이 일곱 번의 생사를 거듭하더라도 결코 범부의 지위로 다시 전락하는 일은 없기 때문에 성자의 흐름 또는 법의 흐름에 들어갔다고 하여 입류入流라고 말하기도 하고, 범부의 세계를 등져 범부의 대열에서 벗어났다고 하여 역류逆流라고도 한다.

깨달음을 향한 수행의 입지를 확고하게 세운 수행자라는 의미의 수다원須陀洹은 신견身見, 계취戒取 그리고 의疑를 넘어선 사람인데, 신견을 끊었다는 것은 육신을 가진 자가 육신에 대한 잘못된 견해에서 벗어났다는 것이요, 계취를 끊었다는 것은 신견身見에 매달려 있는 자들의 잘못된 윤리 도덕적인 가치관과 행동양식에서 탈피하였다는 것이며, 의심疑을 끊었다는 것은 지적으로 회의적인 태도를 말끔히 정리하고 바른 인식체계를 확립하였다는 것을 말한다. 바로 이와 같은 입지를 확보한 사람은 붓다와 같은 완성자는 아니지만 결코 사상적으로 퇴보하지는 않는다고 하였다. 그러므로 오늘 수행의 길을 가는 사람은 그 무엇보다도 먼저 수다원의 경지에 오르고자 노력해야 할 것이다. 그래야만 더 이상 범부의 차원으로 퇴전退轉하지 않고 끝내는 깨달음을 향해 나아갈 수 있기 때문이다.

수행의 단계에서 아나함과 아라한은 현격한 차이를 드러내고 있음을 볼 수 있는데, 초기의 불교에서는 아라한은 붓다와 '동등同等한' 존재로 보고 아라한을 수행의 최고 이상으로 삼았다. 비록 대승불교가 흥기하면서 아라한을 붓다와는 전혀 다른 차원에 있는 것으로 격하시키고 말았지만 초기불교에서는 붓다와 아라한은 동등한 자격의 수행자였다. 붓다가 꼰단냐를 비롯한 다섯 사람에게 처음으로 법을 설하고 그들이 깨달음을 얻었을 때 '이 세상에 여섯 명의 아라한이 있다'고 하였다. 다섯 사람의 제자 아라한과 스승인 붓다 아라한이었다.54

초기불교에서는 붓다를 '스승으로서 아라한'이라 하여 제자와 스승의 관계로 보았을 뿐인데 대승불교에서는 아라한과 붓다와의 거리를 결코 근접할 수 없는 관계로 벌려 놓음으로써 붓다에 대한 귀의심과 공경심을 갖게 하였다고 볼 수 있다. 그것은 고따마 붓다는 권위적이기보다는 '함께 한다'는 평등의식으로 가득하였는데 대승불교에서는 감히 평등하다는 생각보다는 '믿고 의지한다'는 신앙심으로 가득 채워 나아갔다고 볼 수 있다.

다시 말해서 초기불교에서는 붓다는 비구들의 수행을 지도해 주는 스승이었는데 대승불교에서는 붓다가 초월적 존재로 신격화되어 신앙의 대상이 되었다.

5 오력五力

역力은 발라-니balāni의 번역인데, 발라-니는 '생기를 불어넣다, 살다'라는 동사(√bal)에서 온 말로 활기 넘치는 힘을 뜻한다. 다섯 가지 활기 넘치는 힘은 신력信力, 정진력精進力, 염력念力, 정력定力, 혜력慧力을 말한다.55 수행자가 이와 같은 다섯 가지의 정신적 자세를 확립하였을 때 현실적으로 그 효과가 나타나 능력을 발휘하는 것을 의미한다.

외도나 사도와 타협하거나 굴복하지 않고 과감히 배격할 수 있는 신심의 힘이 신력信力이고, 악을 억제하고 선을 키워 나갈 수 있는 인내의 힘이 정진력精進力이며, 탐욕과 성냄과 사견을 억제하여 근심걱정에 휘말리지 않을 수 있는 정신력이 염력念力이고, 확고부동한 자세로 자기 주체성을 확보하여 흔들리지 않는 힘이 정력定力이며, 바른 논리와 바른 인식으로 옳게 판단할 수 있는 능력을 갖추는 지혜의 힘이 혜력慧力이다.

⑥ 칠각분七覺分

각분覺分은 보디앙가bodhy-aṅga의 번역인데, 보디bodhy는 깨달음을 뜻하는 보디bodhi의 연성이고, 앙가는 정신집중을 함축하는 한 부분을 의미하는 말로 부분部分이나 지분支分으로 번역한다. 보디앙가를 각지覺支나 각의覺意로도 번역한다.

일곱 가지 보디앙가는 염각분念覺分을 닦되 여읨[離]에 의지하고 물드는 일이 없음[無染]에 의지하여 열반을 향하며 택법각분擇法覺分, 정진각분精進覺分, 희각분喜覺分, 제각분除覺分, 정각분定覺分, 사각분捨覺分을 닦는다고 했다.56

옳고 그름이나 선과 악 등을 바르게 분별하고 판단하여 그 선택을 정확하게 할 수 있어야 한다는 것이 택법각분이다. 무관심속에 무지의 성향이 잠재되어 있다고 보기 때문에57 옳고 그름이나 선악을 구별하여 선택할 수 있어야 한다고 보는 것이다. 바른 선택을 하였으면 옳은 것은 끝끝내 고수하고 버려야 할 악은 배척하는 노력을 포기하지 않아야 한다는 것이 정진각분이다. 그렇게 함으로써 마음에 선법善法을 얻어 기뻐하는 것이 희각분이다. 이상의 세 가지는 정신적 혼미나 혼돈을 극복하는 길이다.

수행자는 옳고 그름을 분별하고 판단하는 것만으로 끝나서는 안되기 때문에 옳은 것은 지지하고 그른 것을 과감히 배척해야 한다는 것이 제각분除覺分이다. 제각분을 아각분猗覺分 또는 경안각분輕安覺分이라 말하기도 하는데,58 아猗는 부드럽다는 뜻이고, 경안輕安은 쁘라슈랍디praśrabdhi로 '안심하고 ~시켜 두다, 신뢰하다'라는 뜻을 가지고 있는 제1류동사 어근(√śrambh)에서 온 여성명사로 몸과 마음이 가볍고 편안한 상태를 의미한다.

몸과 마음이 가볍고 편안한 상태이면서도 자신의 관심을 외부사물에 쏟는 것을 경계하지 않으면 안되기 때문에 객관대상에 집착하던 마음을 버리라는 것이 사각분이다. 마음을 더 이상 객관대상이나 부질없는 것에 빼앗기지 않고 마음을 하나로 집중하여 산만하지 않는 것이 정각분이다. 그리고 마음과 생각을 집중하면서도 평온을 유지하는 것이 염각분이다. 이상의 네 가지 방법은 마음이 들뜨는 것을 방지하고 평온을 지키는 수행법이다.

비구가 사념처를 행하면 그 때 염보리분念菩提分을 닦아 익히는 것이니, 마음이 염중念中에 있으면서 제법을 간택하고, 법을 간택하기 때문에 정진을 일으키고, 정진하는 힘으로 선법善法을 모아서 마음에 청정한 기쁨을 일으키고, 마음이 기쁨을 일으키기 때문에 부드럽고 유연한 마음[猗, praśrabdhi]을 얻고, 부드럽고 유연하기 때문에 마음을 거두어들이게 되고, 마음을 거두어들이기 때문에 선정[定]을 얻고, 선정을 얻기 때문에 탐욕이나 근심을 버릴 수 있고, 탐욕과 근심을 버리기 때문에 수受·상想·행行·식識의 헤아림은 차례를 따라 일어난다는 것을 알 수 있다.59

마음이 흔들릴 때는 세 개의 각지에는 맞지 않으니, 택법각지·정진각지·희각지이다. 더욱 더 흔들리기 때문이다. 세 개의 각지에 적합한 것은 부드럽고 유연[猗]하며 안정[定]되고 버리는 것[捨]이니, 흔들림을 멈추게 하기 때문이다. 만약 마음이 게을러빠지면 세 개의 각지는 적합하지 않으니 부드럽고 유연함과 안정함과 버림이니, 더욱 더 게을러빠지게 하기 때문이다. 그러므로 세 가지 각지인 택법과 정진과 희각지가 적당하니 발동하여 일으키기 때문이다. 염각지는 모두와 어울린다.60

『잡아함경』에 탐욕·성냄·수면睡眠·들뜸[掉悔]·의심[疑] 등의 다섯 가지 번뇌가 있으면 열반으로 나아갈 수 없지만, 칠각지가 있으면 밝은 눈이 되어 지혜가 늘어나 깨달음을 이루어 열반으로 나아간다고 했다.61 초기경전에 의하면, 사념처인 신身·수受·심心·법法 하나하나에 대하여 일곱 가지 측면[七覺分]에서 닦는 것으로 설명하고 있다.62

7 팔정도八正道

마지막으로 팔정도는 여덟 가지 바른 길로서 바른 견해[正見], 바른 생각[正思惟], 바른 말[正語], 바른 행동[正業], 바른 생활[正命], 바른 노력[正精進], 바른 기억[正念], 바른 선정[正定]을 말한다.

팔정도는 바른 선정으로 완결되어지지만 팔정도에 있어서 가장 기본적인 것은 정견이라 하였다. 『성도경』聖道經의 설법을 들어보자.

> 중생으로 하여금 청정을 얻게 하고, 근심과 슬픔과 울음을 떠나고, 걱정과 괴로움과 번민을 없애 법다움을 얻게 하는 하나의 길이 있다. 그것은 성스러운 정정正定으로써 그것을 익히고 그것을 도우며 또한 그것을 준비하는 일곱 가지 길이 있다.
>
> 어떤 것을 일곱 가지 길이라 하는가?
>
> 바른 소견·바른 사유·바른 말·바른 행동·바른 생활·바른 노력·바른 생각이다. 이 일곱 가지 길을 익힘과 도움과 준비가 있어 잘 나아가 마음이 하나가 되게 하면 이것을 바른 선정이라 하며, 거기에는 익힘과 도움과 준비가 있다.
>
> 무슨 까닭인가?
>
> 바른 소견은 바른 사유를 낳고, 바른 사유는 바른 말을 낳으며, 바른 말은 바른 행동을 낳고, 바른 행동은 바른 생활을 낳고, 바른 생활은 바른 노력을

낳고, 바른 노력은 바른 생각을 낳고, 바른 생각은 바른 선정을 낳는다.

나의 제자는 이렇게 마음에 바른 선정이 있어 음행과 분노와 어리석음을 다하고, 나의 제자는 이렇게 바른 마음이 해탈하여 생은 이미 다하고 범행은 이미 서고 할 일을 이미 마쳐 다시는 후세의 생을 받지 않음을 참되게 안다. 그 중에서 정견正見이 가장 앞에 있다.63

위에 강조된 부분은 아라한을 규정하는 말로 정형화定型化된 구절句節이다. 아라한은 초기불교시대에 가장 존경받는 수행자였다.

팔정도의 완성은 바른 선정인 정정正定으로 끝나지만 그것의 출발점은 바른 소견인 정견正見으로부터 시작하는 것이기 때문에 정견이 그만큼 중요했던 것이다. 그렇다면 불교수행의 요점인 팔정도의 정견正見은 무엇을 말하는가?

경經에 이렇게 말한다.

마땅히 눈으로 보는 것은 무상하다고 바르게 관찰하라. 이와 같이 관찰하면 그것을 바른 소견이라 말한다. 바르게 관찰하기 때문에 싫어하는 마음이 생기고, 싫어하는 마음이 생기기 때문에 기쁨과 탐욕을 떠나며, 기쁨과 탐욕을 떠나기 때문에 마음이 바르게 해탈하였다고 나는 말한다.

귀로 듣고, 코로 냄새 맡고, 혀로 맛보며 피부로 감촉하며, 마음으로 생각하는 것도 마찬가지다.64

인식론적으로 물질적 존재들이 무상하다는 것을 정관正觀하는 것이 정견이다. 그러나 정견에는 세속적 의미의 정견과 출가적 의미의 정견이 있다고 했다. 세속적 의미의 정견은 번뇌가 있고, 소유욕이 있으며, 죽어서 좋은 세계로 나아가는 길이요, 출가적 의미의 정견은 번뇌와 소유욕이 없고, 바로 고통을 다해 고통으로부터 완전히 해방되는 길이다.65 다시 말하면 세속적 의미의 정견은 인과율에 따른 선행을 쌓는 세제世諦를 말하고, 출가적 의미의 정견은 제일의제第一義諦로 인과를 초월하여 열반과 해탈에 이르는 길이다.

제일의제는 최상의 요점을 지향하는 온전한 진리라는 뜻에서 진제眞諦나 승의제勝義諦라고도 한다. 세제는 불교의 핵심요점이 덮여 가려진 진리란 뜻이며, 속제俗諦라고도 한다.

다시 말해 불교의 근본목적인 열반을 얻기 위한 깨달음에만 집중되는 가르침이 제일의제이고, 근본적인 목표에서 벗어난 가르침을 세속적이고 부수적인 것이란 뜻에서 세제인 것이다. 사람들의 이해관계나 욕구에 관계없이 오직 사실만을 가르쳐 열반이나 해탈에 이르게 하려는 것이 제일의제이고, 열반이나 해탈은 유보하고 중생의 현실적 삶에서 악을 경계하고 선을 권고하는 윤리의 길이 세제이다.

팔정도의 각지는 그 실천과정에 있어서 세속적 의미와 출가적 의미로 설명될 수 있다. 세속적 의미에는 윤리성倫理性이 강조되고 있지만 출가적 의미는 있는 사실 그대로를 인식하는 지혜智慧가 강조되고 있다. 다시 말해서 세속적 의미에서는 선행을 쌓는 윤리적 실천이 우선되지만 출가적 의미는 바른 인식이 우선된다.

출가자에게는 오직 해탈과 열반이 주목적이었기 때문에 상대적 개념인 선악 등의 윤리적 개념은 넘어서야 할 낮은 차원이라고 보았던 것이다. 그러나 출가자들에게 윤리적인 문제가 무시되어도 좋다는 것이 아니라 그것은 당연히 넘어서야 할 낮은 차원의 것이었을 뿐이다. 그래서 출가자들에게는 선악과 같은 윤리적 개념 역시 분별에 지나지 않는다는 것을 확실하게 눈뜨는 지혜가 중시되었고 인식의 문제가 중요한 관건이었다.

세속적 의미는 다시 바른 것과 삿된 것으로 나눌 수 있는데, 바른 것은 윤리적으로 선행이고, 삿된 것은 윤리적으로 악행으로 규정될 수 있는 것들이다.66 결국 고통을 극복할 수 있는 수행으로써 팔정도는 십악十惡을 멀리하고 십선十善을 실천하는 것이다.

그런데 팔정도를 설명하는 초기의 경전들을 살펴보면 언제나 그 순서가 뒤바뀌지 않고 견見·사유思惟·어語·업業·명命·정진精進·념念·정定의 순서로 되어 있음을 보게 된다. 그것은 팔정도를 실천하는데 있어서 각지各支가 혼동될 수 없다는 것을 의미하고 있다. 다시 말해서 앞의 단계를 기반으로 해서 다음의 단계를 닦아 갈 수 있다는 것을 뜻한다.

우리가 팔정도를 이해하기 위해서는 먼저 정正의 개념이 무엇인가를 생각해 볼 필요가 있다. 팔정도를 팔진도八眞道·팔성도八聖道·팔직도八直道·팔정행八正行·팔정각로八正覺路·팔정로八正路 등으로도 표현하고 있는 것으로 보아 정正·진眞·성聖·직直은 개념적으로 같다고 보는 것이니 올바른 것이 진실한 것이며 성스러운 것이며 정직한 것임을 암시한다. 이런 개념 모두가 중도中道로 연결되고 있으니, 정正·진眞·성聖·직直은 결국 중도, 즉 치우치지 않는 것임을 의미한다. 치우치지 않는다는 의미는 허망하지 않은 것, 전도顚倒가 아닌 것, 독단과 편견이 아닌 것을 말한다. 한마디로 팔정도에서 올바르다는 뜻은 지적으로 명쾌한 것, 도덕적으로 정직한 것, 가치에 있어서 선한 것, 양심적으로 부끄럽지 않은 것, 판단에 있어서 보편타당한 것을 의미하고 있음을 알 수 있다.

이런 의미로서 중도는 기계적으로 두개의 중간을 의미하는 것이 아니라는 것을 알 수 있게 된다. 원효 스님은 중도를 두 극단을 멀리 떠났으면서도 중간에도 집착하지 않는 것이라 설명하고,67 시인 김지하(1941~)는 '두 끝도 아니요 가운데도 아닌 모든 것'이라 표현했다. 불교에서 말하는 중도의 개념은 모순대립을 부정의 부정으로 극복하는 변증법적인 발전논리辨證法的 發展論理라 말할 수 있다.

경經에 팔정도를 닦아 익힌 다음 사념처를 만족하게 닦을 수 있으며 나아가 사정근·사여의족·오근·오력·칠각분을 만족하게 닦을 수 있다고 하였으니,68 삼십칠도품은 앞의 단계를 거쳐 다음의 단계로 들어가는 별개의 수행법이 아니라 사념처를 더욱 심화하고 발전시키는 상호보완적인 수행법이요, 궁극적으로는 선정禪定을 익혀 열반으로 나아가게 하는 방법임을 알아야 한다. 그래서 사념처를 세금, 사정단을 군대, 사여의족을 전차, 팔정도를 넓고 평탄한 도로에 비유하고, 이 길을 통해 열반으로 나아간다고 했다.69

그러나 모든 약초들이 땅에 뿌리를 박고 자라듯이 이와 같은 수행법은 결국 게으르지 않음에 의지해야 한다고 하였다.70 모든 수행의 요점은 바로 게으르지 않고 부지런히 노력하는 것이 근본인 것이기 때문에 게으름은 죽음의 지름길[放逸爲死徑]이라 했다.71

⑧ 팔정도의 두 길

앞에서 팔정도의 각지는 세속적 의미와 출세간적 의미가 있다고 하였는데, 그에 대하여 간단하게 살펴보자.

정견正見은 '올바르게 본다'는 뜻이다. 세속적 의미의 정견은 '베품[施]이 있고, 주장[說]이 있음을 보고 나아가 세상에 내생을 받지 않는 아라한이 있음을 아는 것'이라고 하였다.72 이는 윤리 도덕적인 행위를 통해 내생의 좋은 과보를 추구하려는 삶을 의미하고 있다. 그에 대하여 출세간적 의미의 정견은 '성인의 제자로서 괴로움을 괴로움이라 생각하고, 괴로움의 원인[集]·괴로움의 소멸[滅]·괴로움의 소멸방법[道]을 생각하여, 번뇌가 없는 생각이 법을 선택하고 분별하고 추구하며 밝은 지혜로 깨닫고 관찰하는 것이

서로 합당한 것'이라고 하였다.73

정사유正思惟는 '올바른 생각 또는 올바른 판단'을 의미한다. 그리고 정사유는 정지正志라고도 말하는데, 세속적 의미는 '탐욕을 벗어나는 깨달음, 성냄이 없는 깨달음, 해치지 않는 깨달음'을 말하고, 출세간적 의미는 '성인의 제자로서 괴로움을 괴로움이라 생각하고, 괴로움의 원인[集], 괴로움의 소멸[滅], 괴로움의 소멸방법[道]을 생각하여, 번뇌가 없는 생각이 마음의 법을 분별하고 스스로 결단하여 뜻으로 알고 헤아려 자주 의지를 세우는 것'을 의미한다.

정어正語는 '바른 말'이란 뜻이다. 정어의 세속적 의미는 '거짓말[妄語], 이간질[兩舌], 험담[惡口], 꾸밈말[綺語]을 떠난 말'이라 하였고, 출세간적 의미는 '성인의 제자로서 괴로움을 괴로움이라 생각하고, 괴로움의 원인[集], 괴로움의 소멸[滅], 괴로움의 소멸방법[道]을 생각하여, 삿된 생활인 입의 네 가지 악행과 기타 여러 가지 입의 악행을 버리고, 그것을 멀리 떠나 번뇌가 없어 굳이 악행을 고집하지 않고 항상 조심하여 범하지 않되, 말할 때는 말하고 침묵할 때 침묵하며, 정도를 넘지 않는 것'이라 하였다.

정업正業은 '올바른 행동'을 의미한다. 정업의 세속적 의미는 '살생과 도둑질 그리고 사음邪淫을 멀리한 행위'를 말하고, 출세간적 의미는 '성인의 제자로서 괴로움을 괴로움이라 생각하고, 괴로움의 원인[集], 괴로움의 소멸[滅], 괴로움의 소멸방법[道]을 생각하여, 삿된 생활인 몸의 세 가지 악행과 기타 여러 가지 몸의 악행을 버리고, 번뇌가 없어 굳이 악행을 고집하지 않고 항상 조심하여 범하지 않되, 말할 때는 말하고 침묵할 때 침묵하며, 정도를 넘지 않는 것'을 말한다고 하였다.

정명正命은 '바른 직업 또는 바른 생활'을 의미한다. 즉 여기서 명命은 목숨이 아니라 '직업이나 생활방식'을 뜻한다. 즉 정명은 직업에 있어서 정당성을 의미한다.

불교에 있어서 정당한 직업은 재물을 획득하는 수단만이 아니라 사회적 도덕성을 문제 삼는다. 즉 어떠한 일을 통해서 많은 수입을 가져온다 해도 그것이 반사회적일 때는 바른 직업일 수 없다. 직업에는 귀천이 없으나 사회적 측면에서 정당성을 묻는다. 예를 들어 인신매매, 마약거래, 무기거래, 도박 등은 거액의 수입을 보장할 수 있을지는 모르지만 그것은 사회적으로 정당성을 확보할 수는 없는 사명邪命이다.

출세간적 의미에서는 직업을 말할 수 없다. 출가자들에게는 하루 한 끼를 걸식에 의존하였기 때문에 출가자에게 있어서 정명은 음식물을 구하는 방법의 문제였는데, 이 때 하구식下口食이라 하여 논밭을 경작하는 것, 앙구식仰口食이라 하여 천문을 보고 길흉을 말하는 것, 방구식方口食이라 해서 권세에 아부하는 것, 유구식維口食이라 하여 점치고 관상 보며 주술을 외우는 것 등을 정당한 것일 수 없다고 하였다.74 붓다시대의 비구들이 음식물을 구할 수 있는 유일한 길은 걸식이었다.

정정진正精進은 '올바른 노력'인데, 이것을 때로는 '올바른 방편'正方便이라고도 한다. 경전에 세속적 의미의 올바른 노력이란 '번뇌에서 벗어나기를 굳게 결심하고 법으로 마음 다스리기를 쉬지 않는 것'이라 하였고, 출세간적 의미의 바른 노력은 '성인의 제자로서 괴로움을 괴로움이라 생각하고, 괴로움의 원인[集], 괴로움의 소멸[滅], 괴로움의 소멸방법[道]을 생각하여, 번뇌가 없는 생각이 마음과 법과 상응相應하여 번뇌로부터 벗어날 것을 굳게 결심하고 몸과 법으로 자기 다스리기를 게을리 하지 않는 것'이라 하였다.

일반적으로 불교에서 말하는 정진은 아직 생겨나지 않은 악을 경계하고, 이미 발생한 악을 억제하며, 아직 생기지 않은 선을 일으키며, 이미 실천되는 선은 더욱 증장시키는 자기 발전적인 행위로서 37도품의 4정근四精勤을 말한다.

정념正念의 '바른 생각 또는 바른 것에 대한 기억'을 의미한다. 정념에 대한 세속적 의미는 '의식을 생생하게 일깨워 자기 생각을 소중하게 여기며 허망하지 않은 것을 다시 떠올리는 것'을 의미하고, 출세간적 의미의 바른 기억은 '성인의 제자로서 괴로움을 괴로움이라 생각하고, 괴로움의 원인[集], 괴로움의 소멸[滅], 괴로움의 소멸방법[道]을 생각하는 것이 번뇌 없는 생각에 들어맞으며, 의식을 생생하게 일깨워 자기 생각을 소중하게 여기며 허망하지 않은 것을 다시 떠올리는 것'이라 하였다.

정정正定의 의미는 '바른 선정 또는 바른 정신집중'을 말한다. 세속적 의미의 바른 선정은 '마음이 산란하지 않고 흔들리지 않게 거두어 들여 일심삼매에 머물게 하는 것'을 의미한다. 그리고 출세간적 의미의 바른 선정은 '성인의 제자로서 괴로움을 괴로움이라 생각하고, 괴로움의 원인[集], 괴로움의 소멸[滅], 괴로움의 소멸방법[道]을 생각하는 것이 번뇌 없는 생각에 들어맞으며, 마음이 산란하지 않고 흔들리지 않게 거두어 들여 일심삼매에 머물게 하는 것'이라 하였다.

불교에서 말하는 정定은 삼매三昧를 뜻하며, 무념무상無念無想의 경지를 말한다. 무념은 바로 일념一念을 말하는데, 그것은 마음을 하나에 집중시키는 것[心一境性, cittaikāgratā]이다.

붓다가 팔정도를 설명함에 있어서 출가의 입장과 재가의 입장을 구분한 것은 출가와 재가의 삶의 방식이 다르기 때문이다. 출가자는 오직 진리의 탐구에만 몰두할 수 있었지만 재가자는 가족을 거느리고 경제활동을 해야 하므로 생활방식이 같을 수는 없다. 물론 이러한 방법상의 차이는 수행의 결과를 얻는데 있어서 차이가 있는 것만은 분명하다. 그래서 재가자는 아나함과阿那含果까지만 올라갈 수 있고 아라한의 경지에는 올라갈 수 없는 것으로 보았다.

32 선정에 대하여

『성도경』에 말하기를, 중생들이 온갖 번뇌를 없애고 청정을 얻게 하는 하나의 길로 정정正定을 말했고, 팔정도의 바른 소견[正見]·바른 사유[正思惟]·바른 말[正語]·바른 행동[正業]·바른 생활[正命]·바른 노력[正精進]·바른 생각[正念]은 정정正定을 준비하는 과정이라 했다.

정정正定은 바른 선정을 말하므로 그른 선정[邪定]도 있다는 것을 전제하는 말이다. 정定은 삼매[samādhi]의 번역으로 '눈이나 마음을 고정시키다, 마음이나 생각을 집중하다'라는 동사(sam-ā-√dhā)에서 온 남성명사로 '마음을 하나의 대상에 집중하여 무념이 된 상태'를 의미한다. 마음의 집중이 바람직한 것이어야지 그릇된 것이면 안 된다는 의미에서 정정正定을 말하고 있다.

예를 들자면 불교의 선禪과 비슷한 수행방법으로 인도에는 아주 고대에서부터 요가yoga가 있었는데, 요가는 '묶다, 결합하다'라는 제7류동사 어근(√yuj)에서 온 남성명사로 창조주와 피조물이 다시 결합하는 것을 의미한다. 그러니까 계시신앙에서는 기본적으로 신과 인간의 재결합을 믿음의 정형으로 설정하고 있다는 것을 엿볼 수 있다. 쉽게 말해 릴리전religion이나 요가yoga는 기본적 논리나 목표가 같다.

그에 비해 불교의 선은 마음에서 그 어떤 것일지라도 대상화하는 것을 거부하고 마음을 텅 비워 무념이 되는 것을 목표로 한다. 정신적 집중이나 몰입이 어떤 상태를 지향하느냐에 따라 불교의 선과 요가는 차이가 있다. 불교는 집중을 통해 마음을 해체하고 비우지만 요가는 집중을 통해 대상과 묶는다는 점에서 큰 차이가 있다.

그렇다면 불교에서는 왜 마음을 비우고 해체하려고 하는가? 우리가 무엇을 보고 듣는 것은 의(意, manas)를 통해 보고 듣는 것인데, 의라는 마음은 이기적인 목적의식을 가지고 있기 때문에 사실대로 보고 듣는 것을 방해하는 심리적 장애요인이 되고 있다. 따라서 수행이란 인간의 의식 깊숙이 자리 잡고 있는 맹목적 의지인 의를 억제하는 것이며, 그 의지의 작용으로 마음이 흔들리는 것을 침착하게 가라앉히는 것이다.

의意는 인식의 주체이면서 한편으로는 그릇된 인식으로 나아가게 하는 동기이기도 하다. 의意가 일으키는 심리활동을 살펴보면 염念·사思·여慮·의疑·수受·상想·행行·식識·억상憶想·계탁計度·집착執著·욕망慾望·분별分別·산란散亂·염오染汚·미혹迷惑 등 다양하게 말할 수 있다. 그런데 '얻기를 바라는 것[所求], 취하는 것[所取], 버리는 것[所捨], 바라고 기대하는 것[所欲], 상상하는 것[想像], 받아들이는 것[領納], 추측하고 헤아리는 것[計度] 모두가 마군의 일'이라고 했다.75 이러한 심리적 활동은 결국 의意의 활동이라 할 수 있으니 조금이라도 목적의식을 가지고 마음이 움직이기만 하면 마魔가 되는 셈이다. 수행은 의가 일으키는 마음 작용을 없애는 것이므로 의를 없애는 과정을 표현하는 말은 다양할지라도 내용적으로는 크게 틀릴 것이 없다.

규봉 종밀(圭峯 宗密, 780~841)은 다만 보고 듣는 것들에 갈등하지 않는 마음, 일부러 꾸미고 조작하는 것이 없는 마음, 사로잡히는 것이 없는 마음, 집착하는 것이 없는 지혜만을 얻는다면 그것이 바로 바른 믿음이요 바른 이해이며 바른 수행이고 바른 깨달음이라 했는데,76 바로 갈등 없는 마음[情無所念], 조작 없는 마음[意無所爲], 사로잡히는 것이 없는 마음[心無所生], 집착 없는 지혜[慧無所住]를 얻는 것이 수행이라 하겠다.

우리가 사물을 보고 듣는 인식의 주체이자 왜곡된 인식의 동기인 의를 억제하고 조절하는 방법으로 여러 가지가 있으나 역사적으로 가장 효과적이고 성공적이었던 길은 선禪이다.

선은 산스끄리뜨어로 디야-나dhyāna, 빨리어로 자-나jhāna의 번역인데, 디야-나는 '심사숙고 하다, 불러일으키다, 정관靜觀하다, 명상하다'라는 뜻의 제1류동사 어근(√dhyai)에서 온 중성명사로 명상瞑想, 반영反映이란 뜻이다. 한역경전에 보통 정定·정려靜慮·사유수思惟修로 번역하였지만 마음을 하나의 대상에 집중하여 마음이 흐트러지지 않게 한다는 뜻에서 심일경성(心一境性, cittaikāgratā)이라 말하기도 하고, 차분하게 안정된 마음으로 외부세계를 그릇되지 않게 받아들인다는 뜻에서 정수正受라고 말하기도 한다. 한마디로 선은 마음을 집중하여 마음이 산만해지는 것을 막아 사물을 있는 그대로 직관할 수 있도록 하는 훈련이다. 사물을 있는 사실 그대로 알기 때문에 지혜라 하고,77 변화무쌍한 여如를 통달한 지혜를 반야般若라고 한다고 했다.78 그러니까 지혜나 반야는 마음의 집중인 선을 통해 얻어질 수 있는 것이다.

정신을 집중하는 정신적 수련방법은 붓다이전시대부터 인도인들에게 널리 관습화되어 있는 수행방법이었다. 그 기원은 대략 인더스문명까지 거슬러 올라간다. 정신통일 또는 정신집중의 수행은 특히 불교에서 중시되었고, 앞에서 말했듯이 인도의 정통적 수행인 요가는 그 방법과 목적을 달리하고 있다.

『성구경』에 의하면 붓다는 당시의 수행자들이 선정의 단계로 여겼던 색계色界의 사선四禪과 무색계無色界의 사무색정四無色定을 붓다 자신이 깨달음을 얻은 멸수상정滅受想定과 결합하여 구차제정九次第定으로 설명했는데,79 깨달음을 얻기 전에 붓다를 지도하였던 알-라-라 깔-라-마Āḷāra Kālāma의 무소유처정無所有處定을 일곱 번째 단계로 배치하고, 웃다까 라-마뿟따Uddaka Rāmaputta의 비상비비상정非想非非想定을 여덟 번째로 배치하고, 붓다가 깨달음을 얻을 수 있었던 멸수상정滅受想定을 마지막 단계인 아홉 번째 선정으로 배열했다.

1 색계의 네 가지 선정

색계사선色界四禪이라고 할 때의 색계라는 말의 의미를 살펴보자. 이 때의 색계는 루―빠―와짜라rūpāvacara인데, 루―빠―와짜라는 몸뚱이를 말하는 루―빠rūpa와 '귀착되다, 적용되다'(ava-√car)라는 뜻의 동사에서 온 남성명사로'~의 영역'이란 뜻의 아와짜라avacara의 합성어이니 '신체의 영역'이란 뜻이다. 색계사선이란 신체적 영역에 속한 네 가지 선이란 뜻이니, 욕망의 차원을 넘어서 오직 신체적인 문제에 관계되는 정신수련을 뜻한다.

초기경전에 속하는 『황로원경』黃蘆園經과80 『주도수경』晝度樹經은81 신체적 영역에 속하는 네 가지 선정에 대하여 다음과 같이 설명한다.

욕심을 떠나고 악하고 착하지 않은 법을 떠나 각覺도 있고 관觀도 있으면서 '욕심세계의 번뇌를 떠남으로' 기쁨과 즐거움이 생길 때 초선初禪에 이른다고 하였고, 각覺과 관觀이 이미 쉬고 마음이 고요하여 한마음이 되어 각도 없고 관도 없어 삼매[定]에서 기쁨과 즐거움이 생길 때 제이선第二禪에 이른다고 하였으며, 기쁨의 욕심을 떠나고 이른바 성인이 말씀하고 성인이 버리라고 한 것처럼 모든 것을 버리고 구함이 없어 바른 생각과 바른 지혜에 머물러 육신의 즐거움을 깨달아 생각이 즐겁게 공에 머물 때 제삼선第三禪에 이른다고 하였으며, 즐거움도 없어지고 괴로움도 없어져 기쁨과 근심의 근본이 이미 없어져 괴롭지도 않고 즐겁지도 않아 생각을 버리고 청정하게 될 때 제사선第四禪에 이른다고 하였다. 기쁨에 들뜨고 슬픔에 풀이 죽어 이리저리 욕망에 시달리는 사람은 무엇 하나도 있는 모습 그대로 볼 수가 없다고 했다.82

그러니까 초선의 경지에는 객관대상을 인식하는 마음작용이 남아 있으며 희락의 감정도 있지만 제이선의 경지에 이르러 객관대상에 관계되는 심리작용은 없어지지만 아직도 희락의 감정은 남아 있다. 제삼선에서는 희락의 감정도 사라지고 바른 지혜와 생각 속에서 육체적 즐거움이 남아 있고, 제사선에 이르면 모든 감정은 사라지고 단지 청정함만이 남게 된다. 마치 물이 흙탕물이 가라앉고 파도마저 멈추어 명경지수明鏡止水가 된 상태에 비유할 수 있다. 그러니까 삼매의 경지가 단계적으로 깊어지고 있음을 보여주고 있다.

초선初禪에서는 각覺과 관觀이 있다고 하였으나 제이선第二禪에서는 각과 관이 없다고 하였는데, 각과 관은 무엇을 의미하는가를 살펴보자.

각은 위따르까vitarka의 번역으로 '추측하다, 깊이 생각하다, 상상하다'라는 뜻의 동사(vi-√tark)에서 온 남성명사로 '억측臆測, 추측推測, 상상想像'을 의미한다. 관은 위짜-라vicāra로 '다른 방향으로 움직이다, 마음속에서 이리저리 움직이다'라는 뜻의 동사(vi-√car)에서 온 남성명사로 '고려考慮, 숙고熟考, 행동양식'을 의미한다.

위따르까를 각覺, 위짜-라를 관觀이라 번역한 것은 구역이고, 신역에는 각을 심尋, 관을 사伺로 번역했다. 각은 느끼거나 알아차리는 것이고, 관은 살펴보거나 관찰하는 것을 의미한다. 그리고 심尋은 뒤지거나 살피면서 탐구하는 것이고, 사伺는 엿보고 정탐하는 것을 의미한다. 그러니까 각보다는 관이 심리적으로 미세한 움직임이라 하겠다.

논論에 '다섯 가지 인식의 경계는 항상 각覺·관觀과 더불어 상응相應한다'고 하였는데,83 다섯 가지 인식의 세계는 눈·귀·코·혀·피부가 외부세계를 인식하는 전오식前五識 또는 오식계五識界로 우리의 감각기관이 객관대상을 직접적으로 만나서 이루어지는 인식을 의미한다. 그러니까 각·관은 눈·귀·코·혀·피부가 물체·소리·냄새·맛·감촉을 만날 때 이루어지는 인식으로서 심리작용인데, '조잡하고 꼼꼼하지 못한 심리상태'를 각覺이라 하고, '미세하고 꼼꼼한 심리상태'를 관觀이라 한다고 하였다.84

눈으로 물체를 대할 때 전체적인 모습, 즉 개괄적으로 받아들여 인식하는 것이 각이고, 부분적으로 상세히 관찰하는 것이 관이다. 예를 들자면 우리가 어떤 사람을 만났을 때, 그가 남자인가 여자인가로 인식하는 것을 각이라 한다면 그 사람의 모습이나 옷차림, 성격, 태도 등 보다 구체적으로 파악하려는 것이 관이라 할 수 있다.

오관이 객관세계를 직접적으로 만나 인식하고 분별하는 것을 자성분별自性分別이라 하는데, 이 자성분별이 바로 각관覺觀이다.85 따라서 초선에서 각과 관이 있다고 말하는 것으로 보아 초선의 단계에서는 아직 객관세계에 대한 인식을 벗어나지 않고 있음을 알 수 있다.

그리고 위의 초선初禪의 설명에서 욕심세계를 떠남으로 기쁨과 즐거움이 생긴다고 한 것으로 보아 네 가지 선四禪은 삼계三界 가운데 가장 아래에 있는 욕계欲界를 초월하여 두 번째 단계인 색계色界에서의 수행법임을 알 수 있다. 그것은 이미 색계사선이라고 할 때의 색계라는 말이 루-빠-와짜라rūpāvacara를 의미한다는 것에서 알 수 있었다.

② 무색계의 네 가지 선정

무색계의 선정을 무색정無色定이라고도 하는데, 무색정은 아-루-삐야 삼마-빳띠ārūpya samāpatti인데, 아-루-삐야ārūpya로 '가까이, 쪽으로'라는 의미의 접두사 아-(ā)가 '침착한 모양을 한, 마음에 인상이 새겨진, 감명을 준, 상징적으로 나타내진'이란 뜻의 루-삐야rūpya가 합성된 말이고, 사마-빳띠는 '함께 향하다'는 뜻의 동사(sam-ā-√pat)에서 온 여성명사로 '함께 감, 만남, 어떤 상태에 빠짐'이란 뜻이다. 그러니까 무색정이란 침착한 모양을 한 상태에 빠지거나 아주 인상 깊은 상태에 빠지는 것을 의미한다. 무색정이란 신체적 영역에 속한 정신집중을 넘어 아주 침착하여 인상 깊은 정신적 차원의 평온한 상태를 말한다. 이러한 상태가 네 가지가 있다고 하여 사무색정四無色定이라 한다.

경經에 일체의 물질적 관념을 넘어 상대할 것도 없고 거치적거릴 것도 없어서 어디에 생각을 붙일 수가 없기 때문에 한량없는 공간만을 관조하는 것이 공무변처정空無邊處定이고, 이제 텅 비었다는 생각마저 버리면 따로 관조할 대상도 없으니 다만 인식의 무한성만을 관조하는 것이 식무변처정識無邊處定이며, 그러한 의식마저 벗어나 더 이상 관조할 것이 아무 것도 없기 때문에 무엇을 관조해도 소유할 것이 없다고 보는 것이 무소유처정無所有處定이며, 관념이 있는 것도 아니고 관념이 없는 것도 아님을 관조하는 것이 비상비비상처정非想非非想處定이다.86

간략히 말하면 네 가지 무색정에서는 물질세계를 초월하였으니 색상色想이나 대상對想이 있을 수 없으므로 무변無邊한 공간을 관觀하게 되고, 다시 주관의식이 무변함을 관하며, 의식 역시 실체가 아니기 때문에 소유감을 가질 수 없다는 무소유를 관하게 된다. 그리고는 마지막으로 무소유의 관념도 떨쳐버리게 된다는 것이다.

무소유처정은 붓다가 정각을 얻기 전 알-라-라 깔-라-마에게 배운 선정이고, 비상비비상처정은 웃다까 라-마뿟다에게 배운 선정이었다. 우리는 여기서 무소유의 관념마저 넘어선 비상비비상처정을 다시 생각해 보지 않을 수 없다. 흔히 비상비비상처정을 비유상비무상처정非有想非無想處定이라고도 말하는데, 식무변識無邊과 같은 거친 생각이 없으므로 비유상非有想이고, 무소유처無所有處와 같은 전혀 아무 것도 없다는 무상無想은 아니므로 비무상非無想이다. 이와 같이 거친 생각이 없으므로 비유상非有想인 동시에 세밀한 생각은 아직도 남아 있기 때문에 비무상非無想이라 하였다는 것이다. 그렇지만 아직도 궁극적인 것은 아닌 듯하다. 그래서 『포타바루경』에 유상

무상처有想無想處를 버리고 상지멸정想知滅定에 들어간다고 하였다.87

3 멸진정滅盡定

색계의 사선을 넘고 무색계의 사선을 넘어 멸수상정滅受想定을 성취하는 것을 구차제정九次第定이라 한다.88 멸수상정을 보통 멸진정滅盡定이라 하는데, 『포타바루경』이나 『중아함경』에는 상지멸정想知滅定이라 했고, 멸상수정滅想受定이라 말하기도 한다. 아홉 번째로 들어간 선정이 바로 고따마 붓다가 깨달음을 얻었던 선정이다. 그렇다면 무색계의 마지막 선정 다음에 온다는 상지멸정은 어떤 것인가?

비유상비무상처의 경지에서는 '생각이 있는 것은 악惡이요, 생각조차 없어야 선善'이라는 생각을 하게 되는데, 그러한 생각마저도 아직 미묘한 생각이 있는 것이기 때문에 그 미묘한 생각을 넘지 않고서는 자칫 다시 거친 생각으로 발전할 수 있다는 것이다. 그래서 일체의 염행念行도 하지 않고 사유思惟도 일으키지 않아 미묘한 생각도 없애버리고 거친 생각도 생기지 않아야만 상지멸정에 들어간다고 하였다.89

그러나 미세한 생각이라도 일으키는 것은 자칫 거친 생각으로 나아갈 수 있지만 반대로 일체의 생각마저 없다는 것은 생각할 수 없지 않겠는가. 그래서 『포타바루경』에서는 '생각이 있다고 말하고 생각이 없다고 말하는 그 중간에서 차례로 상지멸정을 얻게 되고 그것을 더 이상 없는 최고의 생각이 된다'고 하였던 것이다.90 그것은 아무리 미세한 생각이라도 생각이 있다는 것은 결국 거친 생각으로 다시 되돌아오고, 반대로 전혀 아무런 생각도 없다는 것은 멍한 상태에 떨어지는 것이기 때문에 그와 같은 입장을 말한 것이 아닌가 생각된다.

상지멸정을 '모두가 사라진 상태'라는 의미에서 흔히 멸진정滅盡定이라고도 하는데, 이런 경지를 김동화(金東華, 1902~1980) 박사는 '모든 감각작용과 사유분별의 작용이 멸진滅盡해서 무심無心·무의식상태無意識狀態에 이른 것을 의미'한다고 하였다.91

붓다 당시에 멸진정滅盡定과 죽음이 무엇이 다른지 의심을 가졌던 이들이 있었던 것 같다. 그러한 의심에 대하여 다음과 같이 대답하고 있었다.

> **목숨[壽]과 더운 기운[暖]을 버리면 모든 감각기관이 허물어져 육신[身]과 목숨[命]은 분리된다. 이것을 죽음이라 한다.**92
>
> **멸진정이란 신체적 행동과 언어 그리고 의식 속의 분별만 사라지는 것으로써 수명壽命은 버리지 않고 더운 기운도 떠나지 않으며 감각기관이 허물어지지 않아 육신과 목숨이 서로 붙어있다. 이것이 죽음과 멸진정에 드는 것과의 차별이다.**93

죽음은 일체의 의식이 사라지는 것이지만 멸진정은 의식이 있으면서도 그것이 분별작용으로 표출되지 않는 것이란 점에서 멸진정과 죽음은 결코 같을 수가 없다. 다시 말해서 분별망상을 일으키는 심리적 현상은 모두 사라졌지만 육신의 기능이 그대로 남아 있는 것이 멸진정滅盡定이다.

붓다는 멸진정을 구차제정九次第定이라 하여 최고의 선정禪定으로 체계를 세웠는데, 그것은 위에서 말했듯이 붓다가 처음 출가하였을 때 요가 수행자인 알-라-라깔-라-마나 웃다까 라-마뿟따로부터 배웠던 수행법을 부정하고 넘어서는 것을 의미한다. 알-라-라 깔-라-마는 무소유처에 이르는 선정을 최고의 단계로 말했으며, 웃다까 라-마뿟따는 비상비비상처에 이르는 선정을 최고로 가르쳤다. 알-라-라 깔-라-마가 말한 무소유처정은 일곱 번째 선정이고, 웃다까 라-마뿟따가 말하는 비상비비상처정은 여덟 번째 선정이며, 붓다가 말한 멸진정은 아홉 번째 선정이다.

사실 붓다는 그들의 가르침을 받았었지만 그들의 수행법에 만족하지 않고 결별하고 말았으니 수행법에 있어서 그들과 다른 단계를 말해야 했을 것이요, 그들이 최고의 단계라고 말한 것보다 한 차원 높은 정신적 경지를 설하지 않을 수 없었던 것이다. 외도들이 최고의 정신적 단계로 말한 비상비비상처의 선정은 아직도 윤회의 세계인 무색계無色界의 범주에 속하고 있으므로 윤회에서 벗어난 해탈을 주장하였던 붓다로서 그와 같은 선정을 자연스럽게 부정하게 되었던 것이다.

붓다가 말한 상지멸정은 죽음의 다음에 오는 경지도 아니요, 알-라-라 깔-라-마와 같은 외도들이 말한 허무의 경지도 아니었으며, 웃다까 라-마뿟따가 말한 생각이 없는 것도 아니요 생각이 있는 것도 아니라는 모순적 경지도 아니었다. 멸진정은 분별이라는 일체의 의식작용을 넘었으되 결코 그것이 죽음을 의미하지는 않았으니, 비유하자면 명경지수明鏡止水와 같은 맑은 의식의 상태를 뜻한다. 깨끗한 거울이나 고요한 물은 삼라만상을 비쳐 주되 그것을 분별하지 않고 있는 그대로를 반사하고 있을 뿐이다.

그러니까 현실을 살되 있는 그대로를 직관할 뿐 '있었으면'하는 주관적 욕망으로 사물을 응시하지 않는 자세를 말한다. 사물을 있는 그대로 직관하지 않고 '있었으면'이라든가 '그렇게 되지 않았으면'이라는 주관적 욕망과 의지로 보려는 데에서 모든 고통과 갈등은 시작되었기 때문이다.

멸진정을 상수멸정想受滅定, 멸상수정滅想受定 또는 멸수상정滅受想定이라 번역하지만 상즈냐-웨디따 니로다 사마-빳띠saṃjñā-vedita-nirodha-samāpatti로 원어는 같다. 상수멸정이나 멸수상정은 상수想受가 수상受想으로 차례가 바뀌는 것뿐인데, 멸진정은 멸수상정이라 말할 때가 가장 이해하기 쉬울 것 같다.

멸수상정滅受想定이란 개념은 오온의 개념과 연결하여 살펴보는 것이 가장 이해하기 쉬울 것 같다. 수(受, vedita)는 오온의 두 번째인 웨다나vedanā를 말하고, 상想은 오온의 세 번째인 상즈냐-saṃjñā를 말한다. 오온을 설명할 때, 오온은 깨달음의 문제와 직결된 곳이라 말하는 것도 이 때문이라 할 수 있다.94

일체의 지각적 의식작용을 멈추었을 뿐 죽음은 아니기 때문에 색色은 그대로 있는 것이며, 수受와 상想이 사라지면 행[saṃskāra]마저 있을 수 없으니, 행이 단절된 상태에서 식識은 더 이상 논할 필요가 없다. 이미 앞에서도 말했지만 산스끄리뜨의 상saṃ은 '무엇을 가지고'라는 뜻이므로 앞의 단계가 소멸되면 뒤에 오는 인식기능은 더 이상 작용할 수가 없는 것이다. 불교교리의 핵심에 오온이 있다는 것을 다시 엿볼 수 있다.

붓다가 깨달음을 얻었던 멸진정을 구차제정이라 표현한 까닭을 살펴보자. 차제次第란 아누뿌-르와anupūrva로 차례차례로 순서를 밟아나가는 질서정연한 순서를 뜻한다. 그러니까 멸진정을 구차제정이란 말하는 것은 색계 초선에서 제사선을 거치고, 다시 무색계 네 번째 선정인 비상비비상처정까지를 밟은 다음에 오는 아홉 번째 선정이란 뜻이다. 각 단계의 선정에 무엇이 문제였기에 이러 과정을 밟아야 한다고 했을까? 『무자경』無刺經에 분명하게 밝히고 있으니, 경전의 말씀을 보자.

초선初禪에 들어가는 이에게는 언어[聲]가 가시가 되고, 제이선에 들어가는 이에게는 각관覺觀이 가시가 되고, 제삼선에 들어가는 이에게는 기쁨[喜]이 가시가 되며, 제사선에 들어가는 이에게는 들숨·날숨[入息出息]이 가시가 되며, 공무변처에 들어가는 이에게는 색상色想이 가시가 되고, 식무변처에 들어가는 이에게는 공처상空處想이 가시가 되고, 무소유처에 들어가는 이에게는 식처상識處想이 가시가 되고, 비상비비상처에 들어가는 이에게는 무소유처상無所有處想이

가시가 되고, 상지멸정에 들어가는 이에게 상지想知가 가시가 된다.95

상지멸정, 즉 멸진정에 들어가는 사람에게 가시가 되는 것으로 상지想知라고 했는데 상즈냐-saṃjñā를 말한다. 상즈냐-는 오온에서 세 번째인 지각작용을 의미한다. 이미 말했지만 상즈냐-[想, saṃjñā]가 없어지면 상스까 -라[行, saṃskāra]도 저절로 없어지니 남는 것은 몸뚱이[色]뿐이다. 일체의 의식활동이 없어지고 오직 몸뚱이만 남아 호흡하는 것이 무념무상無念無想이요 선정禪定이며 삼매三昧이다.

이제까지는 인도불교의 체계에서 선정을 살펴본 것이고, 중국선종에서는 어떻게 말하는지 살펴보자.

33 중국 선종禪宗의 선禪에 대하여

당나라 때 중국에서 발전한 디야-나를 선종禪宗이라 부른 것은 중국적 특색을 가진 디야-나라는 것을 의미한다. 다시 말해 앞에서 37조도품의 마지막 과정으로 말한 정정(正定, samyak-samādhi)과 중국 선종의 선은 내용이 다름을 의미한다.

인도적 디야-나를 위빳샤나-(毘婆舍那, vipaśyanā Ⓟ vipassanā)라고 한다면 중국적 디야-나는 샤마타(奢摩他, śamatha Ⓟ samatha)이다. 위빠샤나-는 '다른 장소나 입장에서 보다, 상세하게 보다'(vi-√paś)라는 동사에서 온 중성명사로 바른 인식, 올바른 이해, 바른 지식 등을 의미하고, 샤마타는 '고요하다, 흡족하다, 느긋해하다'라는 뜻을 가진 제4류동사 어근(√śam)에서 온 남성명사로 욕망이 없음, 평정, 평온을 의미한다. 다시 말해 정신집중을 통해 외부대상에 대해 무심해진 상태를 의미한다.

위빠샤나-는 보통 관觀이나 혜慧로 번역하는데 반해 샤마타는 지止나 정

定으로 번역한다. 지관止觀이라고 번역하는 것은 교학적 입장을 강하게 반영한 것이라고 본다면 정혜定慧로 번역하는 것은 중국 선종의 영향이 크다고 하겠다. 간단히 말해 위빠사나-가 통찰명상洞察瞑想이라면 샤마타는 집중명상集中瞑想이라 할 것이다.

그러나 정혜쌍수定慧雙修나 정혜겸수定慧兼修를 말하고, 지止와 관觀이 화합하여 서로 돕는다고 하듯이96 샤마타와 위빠샤나-는 상호보완적 관계이지 별개일 수는 없다. 다만 어디에 더 무게의 중심을 두느냐에 따라 통찰명상일 수 있고, 집중명상일 수 있다.

통찰명상은 정신적 안정을 통해 사물을 꿰뚫어보는 문제에 중심을 두었다면 샤마타는 사물을 꿰뚫어보기 전에 그렇게 볼 수 있는 안정된 마음의 확보에 중심을 두고 있다고 하겠다.97 위빠샤나-가 번뇌를 제거하기 위해 그 뿌리를 찾아 캐내는 것에 비유한다면 샤마타는 뿌리를 캐느라 애쓸 것이 없이 나무 밑둥치를 잘라버리는 것에 비유할 수 있다. 다시 말해 위빠샤나-가 번뇌의 분석과 관찰을 통해 번뇌는 뿌리도 실체도 없다는 것을 체험적으로 터득하는 길이라면 샤마타는 번뇌는 쓸모없는 망상일 뿐이니 아예 일으키지도 않아야 한다며 무심을 향해 나아가는 것이라 하겠다. 주객미분主客未分의 일념一念으로 몰입하자는 것이 샤마타이다. 일념은 무념이며 의식의 깨어있음이지 무념이라 하여 멍한 상태를 의미하지 않는다. 비유하면 물이 맑은 상태에서 지수止水가 되어야지 흙탕물의 상태에서 지수止水가 되는 것을 뜻하지 않는다. 주객미분의 무념에서는 시간은 멈추어지고 공간은 텅 비워지고 의식은 맑아진다.

마음이 그 무엇에도 제한받지 않고 사물을 직시할 수 있을 때 비로소 존재의 참모습을 파악할 수 있다. 선입견先入見이나 편견偏見을 가지고 있는 한 그는 목전에 현전現前하는 사물을 보는 것이 아니라 자기가 가지고 있는 생각을 볼 뿐이다. 무심無心이라야 진실을 볼 수 있다. 사실 계율戒律이나 학식學識, 인생관人生觀이니 종교적 신념宗敎的 信念 등이 모두 선입견이 되고 편견이 된다. 불교도는 불교를 버릴 때 진정한 불교도가 될 수 있게 된다. 불교를 버린다는 것은 부처님의 가르침을 실천할 뿐 거기에는 얽매이지 않는다는 뜻이다. 지식에 대한 자기만족감은 깨달음을 방해하는 장애물이 된다는 것을 명심해야 한다. 생동하는 그것을 무엇이라 말하는 것은 무엇이란 틀에 갇히는 것이고 생명력을 잃게 되는 것이다. 그래서 언어도단言語道斷을 역설한다. 경經에 번뇌를 끊어서 열반이라 말하지 않고 번뇌를 일으키지 않아야 열반이라 한다고 했다.98

위빠사나-와 사마타는 어떤 것이 더 좋으냐의 문제라기보다 수행자의 심리적인 문제, 인도와 중국의 문화적 차이, 논리와 직관의 차이, 분석주의와 신비주의의 차이 중에서 어디에 더 무게를 두게 되느냐의 문제라고 본다. 한마디로 인도의 문화와 중국의 문화에는 많은 차이가 있었고, 인도문화와 역사에서는 위빠사나-가 더 적절했고, 중국문화와 역사에서는 사마타가 더 적절했다고 본다.

인도의 위빠사나-가 되었든 중국의 사마타가 되었든 디야-나로서 선은 그 자체가 목적이 아니라 목적에 이르기 위한 수단이었을 뿐이다. 디야-나는 자기가 대하는 외부세계에 대해 거울이 반사反射하듯이 있는 사실 그대로 반영反映하기 위해 모든 잡념을 없애고 일념이 되는 상태를 의미한다. 일념에 이르는 문제에 더 큰 비중을 둔 것이 사마타라면 일념이 되고 사물을 반영하는 것에 더 큰 비중을 둔 것이 위빠사나-라 하겠다.99

중국 선종에서는 견성見性을 특히 강조했다. 견성이라고 할 때 '본다'는 것은 육안으로 본다[見]는 뜻이 아니라 마음으로 깨닫는다[悟]는 뜻이므로 오성悟性과 같은 의미이다.

견성이란 말은 달마대사의 저서라고 알려진 『혈맥론』에 처음 쓰기 시작한 말로 '견성하지 못하면 염불念佛 · 송경誦經 · 지계持戒 · 지재持齋 등 모두가 이익이 없다. 염불은 인과를 얻고, 송경은 총명을 얻고, 지계는 생천을 얻고, 보시는 복을 얻을 뿐이니 부처를 찾을 수 없다'고 하여 견성을 역설했다.100

마음이 바로 부처요, 부처가 바로 마음이라 마음을 떠나 부처는 없다고 할 때101 그 마음이 바로 성性이다. 여기서 자심自心이나 성性은 우리들 신체 속에 고정되어 있는 어떤 실체가 아니라 『오성론』悟性論에서 말했듯이 마음은 바로 텅 비었음을 파악하는 것이다.102

견성見性이라고 할 때의 성性은 쁘라끄리띠prakṛti를 말하는데, 여성명사인 이 말은 타고난 본성本性이라는 생득적 본유개념이다. 그런데 인간에게는 어떤 경우에도 바뀌지 않는 인간 고유의 본질 같은 것은 없다는 의미에서 본성공(本性空, prakṛti-śūnyatā)이라 한다. 경經에 성공즉시불性空卽是佛이라 했는데,103 생득적인 본질 같은 것은 존재하지 않고 마음은 텅 빈 공空이라는 것을 눈뜨는 것이 부처라는 뜻이다. 그러니까 견성이란 우리의 의식에 무엇이 있으니까 그것을 보라는 것이 아니라 우리의 의식은 고정되어 있는 무엇이 아니라 텅 비어 아무 것도 없는 맑고 순수한 상태임을 눈뜨라는 것이다. 본성이란 어떤 구체적 실체가 아니라 맑고 순수하다는 뜻에서 청정淸淨이라 한다. 본성청정[prakṛti-pariśuddha]이란 마음속에서 주객대립主客對立이란 분별이 일어나지 않은 상태이니 한생각도 일으키지 않은 일념불생一念不生을 의미한다. 혜능(慧能, 638~713)의 말을 들어보자.

> 너의 본성은 마치 허공처럼 텅 비었으니, 볼 수 있는 것이라곤 아무 것도 없다는 것을 깨닫는 것이 정견正見이고, 알 수 있는 것이라곤 아무 것도 없다는 것을 깨닫는 것이 진지眞知이며, 푸르다거나 붉다거나 길다거나 짧다는 것이

없고 다만 본래부터 청정하여 깨달음의 본바탕은 밝고 또렷하다는 것을 눈뜨는 것을 견성성불見性成佛**이라 하고 여래지견**如來知見**이라 한다.**104

중국 선종에서 견성을 강조한 것은 마음은 본래 실체도 없고 텅 비어 맑고 순수한 것이므로 언제부터인지 우리 삶의 원동력이 되고 있는 목적지향적인 의도를 떨쳐버리고 거울이 사물을 반사해주듯이 우리의 의식 밖에 생성하고 소멸하는 존재 자체를 직관直觀하라는 것이었다.

중국불교의 중심적인 사상이 된 『대승기신론』에는 깨달음은 마음 자체가 망념에서 벗어나는 것이라 했고, 반대로 깨닫지 못했다는 것은 목전에 변화무쌍하게 펼쳐지는 것들이 하나라는 것을 사실대로 알지 못하는 것이라 했다.105 목전에 펼쳐지는 세계는 '그것' 하나뿐인데 목적지향적인 의도를 통해서 보기 때문에 온갖 시비분별과 취사선택이 뒤따르게 된다고 보았던 것이다. 현각(玄覺, 647~713)은 마음 닦는 문제를 이렇게 말하고 있다.

마음을 닦는 사람은 반드시 먼저 연려심緣慮心**을 쉬게 하여 마음을 적적**寂寂**하게 하고, 다음에 성성**惺惺**하게 하여 혼침**昏沈**에 이르지 않게 하여 마음을 역역**歷歷**하게 하라. 역역과 적적은 이름은 다르지만 바탕은 하나이니 시간적으로 다른 것이 아니다.**106

연려緣慮라는 말은 아디얄-람바나adhyālambana인데, 이 말은 '~에 겹쳐, ~을 둘러싸고, ~에다가 또'라는 의미의 접두사 아디adhi가 '붙들고 늘어지다, 꽉 움켜쥐다'라는 뜻의 동사(ā-√lamb)에서 온 형용사로 '의존하는, 지지하는, 의意에 관계되는 생각'이란 뜻의 알-람바나ālambana에 붙여진 말이니, 연려심이란 자기 밖의 대상에 대해 어떤 목적의식을 가지고 생각하는 마음을 말한다.

마음 닦는 것을 연려심을 쉰다고 말하는 것은 자기 밖의 대상을 볼 때 끼어드는 어떤 목적의식 같은 것을 쉬게 해야 한다는 의미이다. 자기 밖의 대상에 끼어들려는 목적의식을 쉬게 해야 마음은 고요해질 수 있는데[寂寂], 고요한 것에만 매달리면 정신이 흐리멍덩한 상태에 빠질 수도 있으므로[昏沈] 의식이 늘 깨어 있게 해서[惺惺] 또렷또렷하게 깨어 있어야 한다. 또렷또렷하게 깨어 있다는 것과 쓸쓸할 정도로 고요한 것은 동시 보완적이어야 한다는 것이다.

이와 같은 상태를 일찍이 세친世親이 말했었다.

> **정진으로 마음을 다스릴 수 있으니, 정진으로 마음이 침몰하게 되면 마음을 일으키도록 해야 한다. 그러나 마음이 흔들리면 흔들리는 마음이 일어나지 않도록 억제해야 한다. 마음이 침몰하지도 않고 흔들리지도 않아 침착해 지면 그 마음을 이어가야 한다. 그래서 마음이 조화롭기 때문에 선정을 얻으므로 정진에서 선정이 생긴다고 한다. 마음이 선정을 얻으면 진여에 통달하게 되므로 선정에서 지혜가 생긴다고 말한다.**107

일체의 이기적 목적의식이 없어진 무념무상의 경지는 인간의 삶에서 도달할 수 있는 최상의 의식 상태인데, 이런 마음을 사마-히따 찟따samāhita-citta라고 한다. 이 말은 선정을 얻은 마음이란 뜻에서 심득정心得定이라 한다. 마음이 침착해 졌거나 무엇엔가 완전히 몰입되어 있는 상태를 의미한다.108 이런 마음의 상태가 되어야 사실대로 알 수 있고(如實知, ⓢ yathā bhūtaṃ prajānāti, ⓔ understand as it really is), 사실대로 볼 수 있다(如實見, ⓢ yathā bhūtaṃ paśyati, ⓔ see as it really is)고 했다.109

야타-부-땀yathā bhūtaṃ은 '사실과 일치' 또는 '이미 발생한 것과 일치'를 의미하고, 지知라고 번역하는 쁘라자-나-띠prajānāti는 '뜻 · 원인 · 성질 · 내용 따위를 이해하다'라는 제9류동사(pra-√jñā)의 직설법 단수 삼인칭이고, 견見을 의미하는 빠쉬야띠paśyati는 '보다'(√paś)라는 동사의 직설법 단수 삼인칭이다. 아는 것은 이해함을 의미하고 보는 것은 시각적인 것을 의미하지만 논論에서는 아는 것과 보는 것은 의미상 하나라고 말한다.110 말로 설명하는 심법에 대해서는 종합적으로 간파할 수 있어야 하고, 목전에 현전하는 것들은 직시할 수 있어야 한다. 종합적으로 간파하는 것이 지(知, prajānāti)이고, 직시하는 것이 견(見, paśyati)이다. 직시하는 견을 다르샤나darśana라고도 한다.

사물을 직관하기 위해 무심이 되게 하는 샤마타는 중국적 디야-나의 꽃이다. 인도의 위빠샤나-와 중국의 샤마타는 하나의 뿌리에서 자란 두 개의 꽃과 같다. 위빠샤나-에서는 의심나는 것을 추구하여 그 뿌리가 실체가 없다는 것을 눈뜨게 하였으나 중국 선종은 의심이 일어나는 자체를 망상妄想이라 보고 용납되지 않았다. 비유하자면 실타래가 엉켰을 때 일일이 풀어가는 것이 위빠샤나-의 방법이라면 예리한 면도칼로 확 잘라버리는 것은 샤마타의 방법이라 할 것이다. 사실 인도문화는 분석적이고 체계적인데 비하여 중국문화는 직관적이었다. 분석적이고 체계적인 문화에서 사물을 보는 것과 무심에서 직관적으로 사물을 보는 차이는 다음의 게송을 통해서 엿볼 수 있다. 인도문화와 중국문화의 차이를 다음의 게송을 통해 알 수 있다.

누구라도 물질적인 것에 의해 나를 보고
소리에 의해 나를 구하려는 자는
그릇된 길에 빠져 있는 자이니
그런 자들은 나를 볼 수 없으리라.

약이색견아 若以色見我
이음성구아 以音聲求我
시인행사도 是人行邪道
불능견여래 不能見如來 [구마라집역 금강경]

위의 게송은 논리적이고 분석적인데 비해 다음의 게송은 마치 한 폭의 산수화를 보는 것과 같다.

천척의 낚시 줄 곧게 드리니
한 파도 일어남에 만 파가 뒤 따르네
밤은 고요하고 물마저 차니 고기가 물지 않아
빈 배에 달빛만 가득 싣고 돌아간다네.

천척사륜직하수 千尺絲綸直下垂
일파재동만파수 一波纔動萬波隨
야정수한어불식 夜靜水寒魚不食
만선공재월명귀 滿船空載月明歸111

또 다른 게송을 보자.

첩첩산중에 새들의 흔적도 사라지고
만 리 길에 인적조차 없는데
조각배에 도롱이 입은 늙은이가
겨울눈을 맞으면서 낚시질하네.

천산조비멸 千山鳥飛滅
만리인적절 萬里人迹絶
편주사립옹 扁舟蓑笠翁
독조한강설 獨釣寒江雪112

직관의 문화가 아니었다면 이런 시문학은 꽃을 피우기 어려웠을 것이라 본다. 바로 이런 직관의 문화전통에 잘 어울리는 불교의 선이 바로 샤마타였던 것이다. 그에 비해 논리학이 발달했던 인도에서는 위빠사나가 중심이 되고 문화적으로는 수학이 발달했다. 시문학이 발달한 중국과 수학이 발달한 인도의 문화차이를 수행방법의 차이에서도 엿볼 수 있을 것 같다.

존재는 그냥 그것일 뿐 우리의 인식에 의해 더럽혀지거나 깨끗해지는 것이 아니다.113 더럽고 깨끗한 것은 사물을 보는 사람의 마음일 뿐이다. 존재는 그렇게 거기에 있는 것일 뿐이니 우리가 의식으로 분별하는 것 자체가 존재를 그릇되게 만드는 것이다. 그래서 연수延壽가 이르기를, 마음으로 분별하지 않으면 모든 것이 옳고, 만약 마음으로 분별하면 모든 것이 그르다. 마음으로 생각을 일으킴이 바로 어리석음이요 생각을 일으키는 일이 없어야 열반이라고 했다.114

보설補說_ 9. 인간 본성에 대한 불교적 입장

인간에게 본질[substance]이라는 것이 있는가라는 문제는 긴 역사를 두고 팽팽한 대립을 보여 왔던 문제 가운데 하나이다. 인간의 본질이 있다고 보는 견해가 있었고, 인간의 본질 같은 것은 존재하지 않는다고 보는 견해도 있다.

인간의 본질이 있다고 보는 견해를 결정론 또는 관념론이라 할 수 있는데, 본질의 성격이 어떤 것이냐에 따라 성선설性善說과 성악설性惡說로 구분될 수 있다. 맹자孟子는 성선설을 말했으니 인간의 본성이 선하다는 것이었고, 반대로 순자荀子는 성악설을 주장하였으니 순자는 인간의 본성이 악하다고 보았다. 이는 인간에 대한 도덕적 가치판단의 가장 대표적인 예라 할 수 있다.

그런가 하면 영혼만이 사람의 본질이라고 말했던 어거스틴(Saint Augustine, 396~430)이나 사람의 행동의 근원인 힘을 리비도libido라고 본 프로이트(Sigmunt Freud, 1856~1939)도 인간의 본질이 있다고 본 경우이고, 역사학자 토인비(Toynbee, Arnold Joseph, 1889~1975)는 그런 것이 없다면 역사적 인물을 연구할 수 없다고 했으니 토인비 역시 본질이 있다고 믿는 사람이다. 인도 사상의 전통을 이루고 있는 바라문교나 그 후신인 힌두교 역시 인간의 본질이 있다고 보고 있다.

만약 인간의 본바탕을 선한 것이라고 보면 인간은 교육하지 않아도 착한 사람이 된다고 말해야 할 것이요, 순자처럼 인간은 본질적으로 악한 존재라고 규정하면 아무리 교육을 하더라도 그는 악한 존재일 수밖에 없다. 인간의 본질이 완전한 선이라든가 완전한 악이라고 한다면 이미 선택은 불가능하기 때문이다.

그러나 붓다는 오온개공五蘊皆空이나 무아無我를 주장하였으니 인간의 본질 같은 것은 존재하지 않는다고 본 대표적인 사상가였다. 그리고 현대의 저명한 사회심리학자였던 에릭 프롬(Erich Pinchas Fromm, 1900~1980)은 인간의 본질이라든가 본성이라든가 하는 것은 선이나 악처럼 특정한 실체가 아니라 인간 존재의 조건 그 자체에 뿌리를 둔 모순이라는 결론에 우리는 도달해 있다고 말했다.115 사실 많은 근대 심리학자는 인격이라든지 영혼이라는 것은 가공架空의 것이라고 보고 있다는 점에서 근대 심리학자들의 견해는 아주 옛날 붓다의 사상으로부터 예비 되었던 것이다. 신경과학이나 인지과학도 마찬가지이다.

인간의 본질을 실재하는 것으로 보느냐 인간의 본질 같은 것은 실재하지 않는 것으로 보느냐는 심리학적으로 세계를 양분하고 있다. 따라서 토인비의 말대로 '세계의 반은 어떤 형태로는 힌두 아니면 불교도'인 것이다.116 인간의 본질이 생득적인 것이라 보면 힌두교도인 셈이고, 생득적인 본질은 없다고 보면 불교도인 셈이다.

불교에서는 사람에게 본질로서 인성(人性, personality)은 존재하지 않고 쉴 사이 없이 변화하고 해체되며 또한 재결합하는 일련의 연속적인 심리상태에 지나지 않는다고 보고 있다. 따라서 불교에서는 인간의 본바탕에 대하여 선善한 존재라거나 악惡한 존재라고 결정론적으로 말하지 않고 인간의 성품은 '가능성'일 뿐이라고 본다. 그 가능성은 교육학적으로 볼 때 '학습할 능력'을 말하는데, 그 능력은 그가 성장과정에서 접하게 되는 문화적 환경에 따라 좌우된다.

에릭 프롬은 '인간은 선하지도 악하지도 않다'고 말하면서 인간의 본성을 결정론적으로 보는 견해에 대하여 이렇게 말하고 있다.

만약 성선설을 유일한 잠재하는 것으로서 신용한다면, 사실은 장밋빛으로

곡해하는 궁지에 빠지거나, 아니면 결국 쓰디쓴 환멸을 맛보게 될 게다.

만약 성악설을 신용한다면 마침내는 빈정거리는 사람이 되거나 타인과 자기에게 내재內在하는 선으로 향하는 숱한 가능성들에 대해 장님이 될 게다.

현실적인 견해는 참다운 잠재력을 쌍방의 가능성 가운데서 찾아내서 각각의 발달에 알맞는 조건을 연구하는데 있다.117

에릭 프롬이 결정론에 회의적이듯이 기원전 6세기 인도의 지성으로 등장하였던 붓다 역시 인간의 본성을 결정론으로 보는 견해를 부정하고 나섰다는 것은 익히 아는 사실이다. 그러나 붓다는 인간의 본성을 선악으로 보지 않았지만 사람의 마음바탕은 '밝게 빛나는 것'[luminous]이라 하였다. 『앙굿따라니까-야』에 다음과 같이 말씀하셨다.

마음은 빛을 발휘한다. 그러나 그것은 외부로부터 온 번뇌에 의하여 더렵혀졌다. 교육받지 못한 사람들은 마음이 빛난다는 것을 사실대로 알지 못하기 때문에 마음을 닦지 않는다.

마음은 빛을 발휘한다. 그러나 그것은 외부로부터 온 번뇌로부터 깨끗해진 것이다. 교육을 받은 성스런 제자는 마음이 빛난다는 것을 사실대로 알아 더렵혀진 마음을 닦았기 때문이다.118

붓다는 교육받지 못한 사람들은 자기의 본마음이 원래 빛나는 것인데도 그것을 알지 못하기 때문에 객진번뇌에 더렵혀져 있는 마음을 닦으려 하지 않는다고 보았고, 교육받은 사람은 자기 마음의 본바탕이 밝게 빛난다는 것을 사실대로 알기 때문에 더렵혀진 마음을 닦으려고 수행한다는 것이다.

대승불교 경전에서도 인간의 본성을 청정清淨 또는 명백明白하다고 하거나,[119] 본마음은 밝고 빛나는데 객진번뇌가 덮고 있는 것일 뿐 본성을 더럽히지는 못한다고 하였는데,[120] 대승불교의 이와 같은 입장들은 인간의 마음이 본래 '빛난다'고 한 붓다의 뜻을 계승한 것이라 볼 수 있다.

또한 『대반열반경』에서는 인간의 본성을 불성佛性이라고 하였는데, 그것은 붓다가 될 가능성이나 붓다의 기질과 같은 의미로 이해된다. 따라서 불성이라고 하였을 때의 성품[性]은 가능성을 의미하는 것이지 불변의 실체로서 자아自我와 같은 것은 결코 아니었다. 그래서 불성은 선도 아니요 선하지 않음도 아니라고 하면서,[121] 선법善法은 방편으로 얻는 것이지만 불성은 방편으로 얻을 수 있는 것이 아니기 때문에 불성은 선이 아니지만 선의 결과를 얻을 수는 있기 때문에 불성은 선하지 않은 것도 아니라고 하였다.

그러니까 사람의 본마음을 불성이라고는 하였지만 그것은 도덕적으로 선이나 악으로 말해질 수 없는 무기無記이니, 마치 존 로크가 인간의 마음은 본래 백지[tabula rasa]라고 본 것과 같다. 불교에서는 도덕적으로 중립적인 마음의 상태를 청정淸淨이라고 비유하는 데, 청정이란 맑고 깨끗한 물과 같은 것을 의미한다. 주객대립主客對立이란 분별이 일어나지 않은 상태를 말한다. 선종에서는 마음의 근원을 청정이라 보고 있다.[122]

또한 인간의 마음은 구체적 실체가 아니라 언어적 표현일 뿐이요 사실은'공'空이라 하여 실재론적 견해를 배척하고 있다. 그러니까 사람의 마음 바탕은 '텅 빈 상태'이기 때문에 무엇이라도 담을 수 있는 빈 그릇과 같다. 따라서 빈 그릇에 어떠한 물건을 담느냐에 따라 그릇의 이름이 달라지듯이 어떠한 생각으로 습관이 되고 채워지느냐에 따라 선한 존재일 수도 있고 악한 존재일 수도 있다.

사람이 타고난 '학습할 능력'은 그가 접하는 문화적 환경에 좌우된다고 했는데, 이 말은 우리의 텅 빈 본마음은 그가 접하게 되는 환경과 사고방식에 따라 다양한 내용으로 채워질 수 있고, 채워진 내용에 따라 각기 다른 기질로 나타날 수 있다는 것을 의미한다.

붓다 이후 사람의 본마음을 '텅 빈 그릇'과 같은 것으로 본 대표적인 사람이 바로 달마대사였다. 그는 『혈맥론』에서 성품[性]을 보는 것이 부처요, 성품을 보지 못함이 중생이라 하였는데 그가 말한 성품은 '텅 빈 공'이었기 때문에 달마는 심성본공心性本空 또는 본래공적本來空寂이라 말했던 것이다.123

견성見性이란 말은 달마대사가 처음으로 썼는데, 그가 말한 견성의 의미는 텅 비어 있는 각자의 마음 바탕을 확인하라는 말에 지나지 않는다. 따라서 달마가 '견성하라'고 한 말은 『반야심경』에 '오온이 모두 텅 비었음을 비추어 보라'[照見五蘊皆空]는 말과 다를 것이 없다.

그렇다면 왜 마음의 바탕을 텅 빈 것으로 보라고 하였을까? 그것은 우리가 세계와 만나면서 '있는 그대로' 세계를 보지 않고 항상 '있었으면'하는 욕심으로 보고 있기 때문에 욕심으로 투영된 그 무엇이 가득 차 있다고 진단한 때문이었을 것이다. 인간이 사물을 대하면서 '있었으면'하는 욕심의 발동이 바로 한 생각 일으킴[一念心起]인데, 이런 마음의 발동이 세상을 복잡하게 만든다고 보았다. 그래서 『오성론』에서 '한생각 분별망상을 일으키는 곳에서 선과 악이 생기고, 천당이나 지옥이 있게 되었으며, 한생각도 분별망상을 일으키지 않으면 선·악의 대립이 없어지고 천당·지옥의 구분도 사라진다'고 말했던 것이다.124

한생각도 일으키지 않았을 때는 마음은 텅 빈 공空이지만 한생각 분별망상을 일으켰기 때문에 마음은 선·악이나 천당·지옥이라는 망상들로 가득 채워졌던 것이다. 그러므로 선·악이나 천당·지옥으로 가득 채워진 것이 중생의 현실이라면, 중생의 본마음은 텅 빈 그릇과 같은 공空이기 때문에 실체도 아니고 텅빔도 아니라거나 있는 것도 아니고 없는 것도 아니라고 했던 것이다.

따라서 인간의 본바탕으로서 마음은 범부나 붓다나 '청정'하고 '공적'空寂하여 도덕적으로 선도 악도 아닌 '무기'無記라는 점에서 동일한 것이다.125 다만 범부중생은 한생각 분별망상을 일으키고 있기 때문에 선·악 등의 대립적 관념으로 가득 채우고 있으면서 범부들은 그것을 자각하지 못하고 붓다와 범부중생이 근본적으로 다르다고 보려 한다. 그래서 『대반열반경』에 범부들은 성품을 두 가지로 보지만 지혜로운 사람은 성품에 두 가지가 없음을 본다고 했던 것이다.126

결국 우리가 깨닫는다는 것은 본래의 텅 빈 마음, 청정한 마음을 확인하는 견성見性일 수밖에 없는데, 견성의 과정은 인식론적으로 말해서 본래의 마음을 있는 그대로 보는 것이요, 바르게 사유하는 것이며, 실천적으로는 언제부터인지 알 수 없는 그때부터 분별망상을 일으켜 집착하는 범부중생의 습관을 점차적으로 떨쳐 버리고 본래의 청정한 마음을 회복함이다. 이것이 규봉 종밀이 말한 자각自覺이다.

한마디로 불교의 수행은 잃어버린 자기 자신을 되찾는 작업인 것이다. 그래서 붓다는 귀중품을 잃고 그것을 찾아 나선 왕사성안의 젊은이들을 향하여, '그대 젊은이들이여, 잃어버린 물건을 찾는 것과 잃어버린 자신을 찾는 것 가운데 어느 것이 더 중요하다고 생각하느냐'고 물었던 것이다.127

붓다는 인간 심성에 대하여 결정론을 반대하였듯이 현실적으로 아무리 타락한 사람일지라도 그 자신의 각성과 바른 행위에 의해 잃어버렸던 자신을 회복할 수 있다고 말한다. 그러니까 자신이 회복할 것이냐 타락한 상태로 있을 것이냐는 그 자신의 자유의지에 의한 선택사항인 것이다.

오직 인간 앞에 놓여 있는 것은 자신의 선택에 따른 행위만이 중요하기 때문에 불교에서는 날마다 수없이 많은 짐승을 잡았던 광액廣額이란 백장도 사리뿟다를 만나 팔계八戒를 받고 하루를 지난 인연으로 죽어서 북방비사문천왕의 아들이 되었다거나[128] 영산회상에서 광액이란 백장이 짐승 잡던 칼을 내든지고 나도 천 부처의 한 사람이라고 외쳤다거나[129] 신심이 전혀 없는 사람, 어찌해 볼 수 없는 극악한 사람이라 불리는 일천제一闡提도 그 자신의 자발적 행위에 따라 붓다에의 길이 열려 있다고 말한다. 그러니까 일천제는 본질이 악한 것이 아니라 잘못 길들여진 상태일 뿐이었던 것이다. '일천제 역시 결정된 것이 아니다. 만약 결정론적이라면 일천제는 끝끝내 깨달음을 얻을 수 없을 것이다. 그러나 결정되지 않았기 때문에 일천제도 깨달음을 얻을 수 있다'는 『대열반경』의 이 선언은 바로 그와 같은 입장을 잘 입증하고 있다.[130]

Buddha Dharma

제 7 부
세제로서 불교 이해

불교의 근본목적인 열반을 얻기 위한 깨달음에만 집중되는 가르침이 제일의제이고, 근본적인 목표에서 벗어난 가르침은 세속적이고 부수적인 것이란 뜻에서 세제인 것이다. 사람들의 이해관계나 욕구에 관계없이 오직 사실만을 가르쳐 열반이나 해탈에 이르게 하려는 것이 제일의제이고, 열반이나 해탈은 유보하고 중생의 삶에서 악을경계하고 선을권고하는 윤리의 길이 세제이다.

35 제일의제第一義諦와 세제世諦

경經에 보살마하살은 두 가지 진리 가운데 머물면서 중생들을 위해 설법하는데, 세제世諦와 제일의제第一義諦라고 했듯이,[1] 불교에서는 어떤 이치를 설명할 때 두 가지 관점에서 접근한다.

제일의제라는 말은 빠라마-르타 사띠아paramārtha-satya의 번역인데, 빠라마parama는 '최고의, 최상의'라는 뜻이고, 아르타artha는 '요점, 목적, 목표, 본질'이란 뜻이며, 사띠아satya는 흔히 '진리'라는 뜻에서 제諦로 번역되는 말이다. 따라서 빠라마-르타 사띠야는 '최상의 요점을 지향하는 진리, 진짜 진리, 온전한 진리'라는 의미인데 진제眞諦나 승의제勝義諦라고도 한다.

세제는 상브리띠 사띠아saṃvṛti-satya의 번역인데, 상브리띠saṃvṛti는 '덮어 가리다'라는 뜻을 가진 동사(saṃ-√vṛ)의 과거분사로 '덮어 가려진'이란 뜻의 상브리따saṃvṛta에서 온 여성 형용사로 '덮어 가리는, 비밀을 지닌'이란 뜻이다. 그러니까 상브리띠 사띠야라는 말은 불교의 핵심요점이 덮어 가려진 진리, 즉 낮은 차원의 가르침이란 뜻이다. 세제를 속제俗諦라고도 한다.

불교의 근본목적인 열반을 얻기 위한 깨달음에만 집중되는 가르침이 제일의제이고, 근본적인 목표에서 벗어난 가르침은 세속적이고 부수적인 것이란 뜻에서 세제인 것이다. 사람들의 이해관계나 욕구에 관계없이 오직 사실만을 가르쳐 열반이나 해탈에 이르게 하려는 것이 제일의제이고, 열반이나 해탈은 유보하고 중생의 삶에서 악을 경계하고 선을 권고하는 윤리의 길이 세제이다. 그러나 불교의 불교다움은 어디까지나 제일의제에 있는 것이지 속제에 있는 것이 아님을 알아야 한다.

제일의제가 불교의 핵심으로 나아가는 길을 밝히고 있음에도 대개의 사람들이 세제에 더 큰 관심을 가지는 까닭은 무엇일까? 인간은 유쾌한 자극은 받아들이고 불쾌한 자극은 무시함으로써 위협적인 생각으로부터 자신을 보호하려는 지각방어知覺防禦라는 비합리성을 가지고 있다고 한다. 그러니까 사람은 죽은 다음에 아무 것도 없다는 것보다는 죽은 다음에도 무엇인가 남는다는 것을 선호한다는 것이다. 사후에도 여전히 무엇인가 유지된다는 것을 객관적으로 받아들이기는 어렵지만 주관적으로 호소력을 가졌기 때문에 사람들의 욕망에 딱 들어맞는다는 것이다. 이것이 바로 욕망에 가득찬 기대감으로 채색된 믿음이 보편적으로 받아들여지는 이유라고 할 수 있다. 인과를 뛰어넘는 열반이나 해탈보다 인과의 굴레에서 지금보다 나을 것이라는 막연한 기대로 살아가는 것이다. 경經에 무엇인가를 간구하는 것은 또 하나의 심리적 갈등이요 집착이요 번뇌라고 했지만2 현실에는 기도라는 이름으로 욕망을 부추기고 부채질하는 곳에 더 많은 사람들이 들끓는 까닭이 여기에 있다고 하겠다.

끝내는 허망으로 귀결된다고 하더라도 그때까지만이라도 희망에 부푼 달콤한 삶을 살고 싶은 것이 인간의 나약한 심정의 솔직한 고백인 것 같다. 그 나약함에서 위안을 찾으려는 것이 세제이고, 비록 감당하기 힘들더라도 사실을 사실대로 털어놓고 진실을 말하려는 것이 제일의제인 셈이다.

용수 보살이 다음과 같이 말했다.

부처님의 가르침은 우선순위가 있다. 먼저 보시와 지계를 설해 천상의 복락을 누리게 한다. 이들에게 탐욕의 문제를 말해보아야 얻는 것보다 잃는 것이 많다. 그러나 세속적인 것에 매달리는 것은 다만 고苦가 있을 뿐이므로 세속적

인 것을 벗어나 애착을 끊는 길을 칭찬한다. 그리고 사성제를 설해 수다원과를 얻게 한다. 이 과정에서 육바라밀에 지혜가 있지만 이 지혜는 해탈에 이르는 세 가지 문[三解脫門]에 들어가지 않고 보시, 지계 등 선행을 낳고 탐진치貪瞋癡와 같은 악법을 없애 천상을 지향하게 한다. 그 다음에 다시 뛰어난 가르침이 있으니, 사성제로 성법聖法이나 출법出法이라 한다. 성자들이 실천하는 것이라 성법이고, 삼계를 벗어나는 길이 출법이다.3

위의 용수 보살의 말은 진제眞諦적 입장의 불교와 속제俗諦적 입장의 불교가 있다는 말이다. 필자는 이제까지 주로 진제적 입장에서 불교를 설명했는데, 몇 가지 중요한 문제에 대해 세제적 입장에서 살펴보고자 한다.

윤리학으로써 불교는 선인선과善因善果·악인악과惡因惡果의 인과율에 따른 인과응보사상으로 나아가게 된다. 그러나 인과응보因果應報로서 업보사상은 불교특유의 사상이 아니라 인도의 다른 사상에서 받아들였다는 것이 불교학계의 정설定說이다.

인과응보의 사상은 불교 발생 수 백 년 전 아타르바베다시대부터 브라흐마나시대에 걸쳐 존재하였지만 아직은 윤회설은 아니었다. 윤회설은 과거·현재·미래 3세三世에 걸쳐 태어나고 죽음으로써 삼계三界·육도六道를 거치는 것을 의미하는데, 이러한 윤회설은 불교 발생 2~3백 년 전 우빠니샤드시대에 성립되었다고 한다.4

사실 불교는 인도의 정통사상이라 말할 수는 없다. 인도의 정통사상이자 전통사상은 베다Veda를 성전聖典으로 하는 사상들이다. 그것을 고따마 붓다시대에는 바라문교라 불렀고, 굽타시대 이후는 힌두교라고 한다.

바라문교가 인도사상계를 지배하면서 인도사상의 근저에는 상사-라(saṃsāra, 輪廻)·까르마(karma, 業)·다르마(dharma, 法)라는 세 개의 축을 형성하게 되었다. 다시 말해 베다사상의 터전에서 자란 모든 사상은 윤회와 업과 법을 지반地盤으로 하고 있으면서 그 설명을 다르게 하고 있을 뿐이다. 인도에 뿌리를 두고 있는 서로 다른 종교나 사상들은 동음이의同音異義로 윤회와 업과 법을 쓰고 있다. 예컨대 다르마dharma란 말을 쓰면서도 힌두에서는 힌두 다르마Hindhu-dharma라 하고, 불교에서는 붓다 다르마Buddha-dharma라 하여 불법佛法을 강조하고 있다. 바라문교 전통에서 입장을 달리하는 사상들이 등장하지만 그 역시 인도사상인 이상 이와 같은 공통점을 내포하고 있다는 것이다.

인도사상의 공통점을 이루고 있는 이 세 가지 사상은 붓다가 태어날 무렵에 이르러 모든 인도 종교의 기초를 형성하고 있었지만 동시에 바라문교의 전통에 정면으로 반대하고 나선 진보적인 사상가들도 많이 등장하고 있었다. 그들 대부분은 관념론적인 바라문교에 비하여 유물론적 입장을 띠게 되었는데, 특히 육사외도六師外道라 불리는 사상가들이 그 대표적인 사람들이었다.

우리는 여기서 붓다가 살았던 시대 인도의 진보적 사상계가 도덕적으로 어떤 입장을 취하고 있었는지 간단히 살펴볼 필요가 있다.5

붓다시대는 바라문교의 도덕적 전통에 대하여 회의하고 비판하는 것이 진보적 철학계의 일반적 경향이었다. 그것은 인식의 발달에 의한 자연스런 현상이기도 하였지만 전통적 사상이었던 바라문교가 신의 권위를 앞세워 민중을 계급의 굴레로 묶어 놓아 더 이상 지탱할 수 없을 정도로 모순이 팽배하고 있었기 때문이기도 하다.

붓다가 살았을 당시 계급의 타파를 주장하고 나선 대부분의 진보적 사상가들은 바라문들이 가르쳐왔던 기존의 도덕적 질서를 부정한 나머지 반도덕적 현상을 강하게 나타내고 있었다.

그것은 바라문들이 사람들을 계급으로 묶어 놓고 계급에 따라 부여된 의무를 준수하는 것이 법, 즉 '다르마'Dharma라고 가르쳤고, '다르마'의 의무를 성실하게 따르는 것이 좋은 업業, 즉 좋은 '까르마'Karma를 쌓는 것이며, 그 좋은 업을 통해서 다음 생을 좋게 받을 수 있다는 것이 '상사-라'Saṃsāra, 즉 윤회였다. 그러므로 인도사상의 근거를 이루고 있는 세 가지 공통점은 결국 바라문교적 사회제도, 즉 계급제도를 굳건하게 지탱해 주던 사상적 지주였다.

그런데 바라문들이 주장하는 '다르마'나 '까르마' 또는 '상사-라'는 결국 최상층의 계급을 차지하고 있는 바라문들의 계급적 이익을 보장하기 위한 술책에 지나지 않았던 것이다. 그와 같은 술수를 눈뜨게 된 진보적 사상가들은 계급적 모순을 타파하기 위해서는 바라문들이 주장해 온 계급적 질서와 그에 따른 도덕적 의무를 부정하지 않을 수 없었다.

바라문교의 전통에 반기를 들었던 진보적 사상가들이 전통적인 바라문교적 도덕관에 대하여 얼마나 적대적이고 비판적이었는가를 말해주는 이야기들이 불교경전 곳곳에 전해지고 있지만 그 대표적인 경전이 바로 『사문과경』沙門果經이라 할 수 있다.

맛칼리 고살-라Makkhali Gosāla는 '베풂도 없고 주는 것도 없으며, 제사법祭祀法이란 것도 없다. 또 선과 악도 없으며, 선과 악의 과보도 없다. 금생이니 후생이니 하는 것도 없다. 아비도 없고, 어미도 없으며, 하늘의 신도 없고, 신의 창조도 없으며, 중생도 없다. 세상에는 사문 바라문으로써 평등을 실천하는 자도 없고, 또한 금생과 내생을 스스로 증명하고 남에게 설득력 있게 말해 주는 것도 없다'고 했고, 뿌라-나 깟사빠Purāṇa Kassapa는 '만일 예리한 칼을 가지고 일체중생의 살을 저며 세상을 가득 채웠다고 하더라도 악이 아니요, 그런 행위를 했더라도 죄의 과보가 없다. 강의 남쪽 언덕에서 칼로 중생을 죽여도 그 악의 과보가 없고, 강의 북쪽 언덕에서 많은 사람들에게 큰 잔치를 베풀어도 그 복의 과보도 없다'고 했으며, 아지따 께사깜발라Ajita Kesakambala는 '사대四大의 육신을 받은 사람이 목숨을 마치면 지대地大는 땅으로 돌아가고, 수대水大는 물로 돌아가며, 화대火大는 불로 돌아가고, 풍대風大는 바람으로 돌아간다. 육신이 무너지면 모든 감각기관도 공空으로 돌아간다. 죽은 사람을 화장을 하면 뼈는 검게 타고 결국은 재와 흙이 된다. 어리석은 사람이나 지혜로운 사람이나 죽게 되면 아무것도 남지 않으니 허무할 뿐'이라고 주장했으며, 빠꾸다 깟짜야나Pakudha Kaccayana는 '세상에는 애쓸 것도 없고, 노력할 것도 없다. 사람들은 원인도 없고, 조건도 없이 번뇌 망상에 물들게 되고, 원인도 조건도 없이 청정해 질 수 있다. 일체 중생은 자신의 삶을 개척할 힘이 없으니 운명에 따를 뿐 자유를 얻지 못한다. 세상의 모든 것은 이미 운명적으로 결정되어 있다. 중생들은 이 여섯 가지 세계를 돌고 돌면서 괴로움과 즐거움을 받을 뿐'이라고 했다.

붓다 역시 바라문교에 대하여 기본적으로 비판적 입장에 서 있었다. 그러나 붓다는 인식의 면에서는 철저히 비판적이었지만 윤리적인 면에서는 재해석을 통해 부분적으로 수용의 입장을 취하고 있었다. 바라문교의 관념론적 입장에 대하여 경험론적 입장에 섰던 붓다는 이제까지의 전통적 사상들에 대하여 논리적으로 타당하지 못하거나 경험적으로 인식될 수 없는 부분에 대해서는 대단히 비판적이었다.

붓다는 제자들이 죽음 뒤의 일을 묻자 그런 일은 부질없는 일이요 대답하기를 좋아하는 것도 아니라고 했다.[6] 내생의 존재여부는 살아 있는 자들의 이성적 인식으로 판단할 수 있는 대상이 아니기 때문에 붓다는 내생의 존재여부에 대하여 침묵하였을 뿐 '있다'거나 '없다'고 잘라 말하지도 않았다.[7] 붓다는 경험의 영역을 넘어 있는 문제는 무기無記라 하여 판단보류의 입장을 취하고 있었던 것이다. 그러니까 붓다에게는 내생이 있느냐 없느냐는 중요한 것이 아니었을 뿐만 아니라 객관적 사실로써 인식의 문제도 아니었던 것이다.

그럼에도 불구하고 불교 안에는 윤회에 대한 가르침이 있고, 인과응보에 의한 업설業說을 강조한 까닭은 무엇일까?

붓다는 뿌라-나 깟사빠, 아지따 께사깜발라, 빠꾸다 깟짜야나처럼 반도덕적인 주장을 사견邪見이라 비판하였다.8 그러니까 인식의 입장에서는 바라문교에 강력하게 비판을 하였지만 통속적이고 일반적인 도덕관마저 부정하지는 않았던 것이다.

붓다가 처음 다섯 사람의 제자에게 설법한 법문이 사성제였다. 그러나 꼰단냐는 법을 깨달았으나 나머지 사람들은 붓다의 설법을 이해하지 못하고 있자 붓다는 그들에게 보시布施·지계持戒·생천지법生天之法이란 인과법문因果法門을 했다. 그들이 인과설법을 듣고서 마음이 열리고 뜻이 이해되어 기뻐하게 되면, 붓다는 다시 항상 설하는 사성제를 설한다고 하였다.9 그래서 붓다가 이들에게 설한 인과법문을 차제설次第說 또는 점위설법漸爲說法이라 하여 방편적 법문임을 밝히고 있다.

차제次第는 아누뿌-르와anupūrva로 차례차례로 순서를 밟아나가는 질서정연한 순서에서 첫 번째에 이어지는 다음 순서라는 뜻이고, 점차漸次는 끄라마krama로 '…에 가까이 가다, …에 접근하다'라는 동사 어근(√kram)에서 온 남성명사로 '단계별 진행'을 의미한다. 그리고 방편方便은 '우빠야'upāya의 번역으로 '가까이 간다거나 목적에 도달하는 것'이란 뜻이다.

붓다가 시론施論·계론戒論·생천론生天論이란 삼론三論을 설한 것은 사성제를 가르쳐도 도저히 이해하지 못하는 사람들에게 당시 인도인들이 가지고 있었던 통속적 업보설通俗的 業報說을 이용하여 이해력이 낮은 사람들을 불법佛法의 세계로 이끌어 들이려는 것이었음을 의미한다.

이처럼 붓다는 옛 것이나 바라문교사상이라고 해서 무조건 부정하거나 배척하지는 않았다. 비록 옛 것이나 타파他派의 사상이지만 현실적으로 유용하다고 판단된 부분에 대해서는 자신의 사상 속에 이끌어 들여 재해석하여 정착시켰다. 그리고는 '세상의 지혜로운 사람이 "그렇다."고 말하면 나도 "그렇다."고 말한다'고 하거나,[10] '나는 지금 옛 선인의 길, 옛 사람의 행적을 따른다'고 말하여 바라문교의 전통을 부분적으로 수용하고 있음을 밝히고 있었다.[11]

사실상 뿌라–나 깟사빠와 같이 윤회나 업業을 극단적으로 부정해 버렸던 사상들은 잠시 번영하는 것 같았지만 결국은 역사에서 사라질 수밖에 없었는데, 그것은 지나친 반도덕적 입장을 들고 나왔기 때문이라 볼 수 있다. 따라서 불교가 바라문교적 전통사회에서 반바라문의 입장에 섰으면서도 역사적으로 성공을 거둘 수 있었던 것은 육사외도들의 극단적인 윤리부정적 입장을 비판하고 바라문교의 사상 가운데 필요한 부분을 수용하였기 때문이 아닌가 생각한다.

붓다는 『잡아함경』에 말하기를, '만약 법답게 말하는 사람이라면 세상과 다투지 않는다. 세상의 지혜로운 사람이 그렇다고 말하면 나도 그렇다고 말한다. 세상의 지혜로운 사람이 그렇지 않다고 말하면 나 역시 그렇지 않다고 말한다. 세간에는 세간의 법이 있다. 나 역시 그것을 스스로 알고 스스로 깨달아 사람들을 위해 분별하고 연설하여 나타내 보인다. 그러나 세간의 눈먼 장님들은 그것을 알지도 못하고 보지도 못한다'고 하였는데,[12] 붓다의 이러한 말씀은 바라문교와 투쟁에 나선 뿌라나 깟사빠와 같은 사람들이 통속적 도덕관마저 부정하는 극단적인 태도를 두고 한 말이 아닌가 생각된다.

붓다는 비록 자신과 상반된 입장에 있는 사람들의 가르침이라도 가치가 있는 것이라면 불교 안에 받아들여 교화의 방법으로 이용하였다. 사실상 붓다는 인식의 입장에서 내생이나 전생 등과 같은 문제에 대하여 침묵으로 일관하였지만 한편으로는 인과응보를 말하면서 전생前生이나 내생來生을 말하게 된 것은 윤리적 실천에 있어서 필요하다고 보았기 때문인 것이다. 그것은 마치 칸트(Kant, Immanuel, 1724~1804)가 이성인식理性認識으로는 신神을 인식할 수 없다고 주장하였으면서도 윤리적 실천에 있어서는 도덕적 가치의 심판자로서 신을 받아들일 수밖에 없었던 것과 같다.

칸트가 『순수이성비판』을 통해 인간의 합리적 이성에 의해서는 신앙의 대상인 불멸의 영혼이나 인자한 창조주 등은 결코 증명될 수 없다고 하여 세계를 신학의 독단으로부터 벗어나게 하였을 때, 하이네(Heine, Heinrich, 1797~1856) 같은 사람은 칸트는 신을 죽이고 신학의 가장 중요한 논거를 파헤쳤다고 평했었다.

그러나 칸트가 이성의 입장에서 파괴하였던 신・자유・불사不死 등 종교적 이념을 『실천이성비판』에서 부활시킨 것에 대하여 윌 듀란트(Durant, Will, 1885~1981)는 '사실상 회의주의자로서 자기 자신은 신앙을 포기했으나 공중도덕에 미칠 영향이 두려워 민중 신앙의 파괴를 주저했다'고 지적하였다.13

칸트의 입장은 종교를 이성의 기반 위에 둔 것이 아니라 실천적 도덕의식의 기반으로 삼았던 것이다. 그래서 카톨릭적 광신과 종교적 편견에 맞서 싸웠던 대표적인 계몽주의 철학자였던 볼테르도 사회적 공리功利의 입장에서 신의 존재를 인정하면서 '만일 신이 존재하지 않는다면 신을 발명할 필요가 있다'고 했는가 보다. 성경에서는 '지금까지 신을 본 자는 아무도 없다'고 했는데도 말이다.14

고따마 붓다도 바로 이런 입장에서 인도 사상의 전통이었던 업과 윤회를 받아들였다고 볼 수 있는데, 붓다는 바라문들의 사상 그대로 받아들인 것이 아니라 붓다 자신의 재해석을 통해 '보다 더욱 윤리화倫理化하고 철학화哲學化하여 드디어 우주인생관의 기본 원리화基本 原理化'하였던 것이다.15

따라서 불교에 업과 윤회설이 있지만 그것은 붓다가 교화의 필요성에 의해 수용한 방편적 교설이었던 것이다.

붓다는 인식의 입장에서는 죽음 다음의 문제를 말할 수 없다는 입장을 취하고 있었음에도 죽음 다음의 문제와 밀접한 관계를 맺을 수밖에 없는 바라문교의 사상인 윤회를 받아들였는데, 그 까닭은 이미 위에서 말했듯이 이해력이 낮은 사람들을 불교의 진리로 이끌어 들이기 위함이었다.

혜원(慧遠, 334~416)과 함께 여산廬山에서 염불결사를 했던 종병(宗炳, 375~443) 거사는 '만물을 구제하는 방법은 높고 낮음에 따라 같지 않기 때문에 가르치는 방법에도 때로는 밝고 심오하고 때로는 거칠고 촌스럽기도 하다. 이해력이 뛰어난 사람은 근원적인 문제를 제시하고, 도리를 따르지 않는 자에게는 재앙이 따른다는 것을 말한다'며,[16] '거칠고 촌스러운 이들을 계도하는 데는 천당이나 지옥이 실질적인 영향이 있다'고 했고,[17] 하승천(何承天, 370~447)은 '포악함을 억제하는 데는 지옥에 견줄만한 것이 없고, 선으로 유도하고 권고하는 데는 천당보다 좋은 것은 없다'고 말했는데,[18] 세제적 입장에서 펼치는 불교를 두고 한 말이라 하겠다.

붓다가 윤회로서 내생을 말하고 있지만 경험적으로 내생의 존재를 인정한 것이 아니라 인과의 논리적 차원에서 수용하고 있었다. 다시 말해서 붓다에게는 내생의 존재여부가 중요한 것이 아니라 '내생이 있다면' 과연 어떠한 사람이 내생에서 보다 안락하고 행복한 삶을 보장받을 수 있느냐를 도덕적 인과관계로 설명한 것이 바로 불교의 윤회설이다.

만약 내생이 있고, 선과 악의 과보가 있다면, 그는-<선행을 한 사람>- 분명 죽은 다음에 천상에 태어날 것이다.

그렇지만 내생이란 것이 없고, 선과 악의 과보가 없다면, 그는 금생에 원망

과 마음의 부담으로부터 벗어나 괴로움 없이 행복할 것이다.

설사 업보가 있고 그가 악행을 했더라도 남을 해칠 의도가 없었다면, 그가 남을 해칠 의도가 없었는데 어찌 불행이 그를 침범하겠는가?

그렇지만 업보가 있더라도 그가 악행을 하지 않았다면, 그는 금생이나 내생에서 완전하게 자신의 깨끗함을 지킬 것이다.[19]

선악의 인과응보로서 내생은 '신앙적'으로 그것이 있다는 것을 전제하고, 그 내생은 현재에서의 자신의 도덕적 삶과 어떠한 인과관계를 맺고 있느냐를 합리적으로 설명해 주는 것이 불교의 윤리적 실천에 따른 인과론因果論이다. 그러니까 붓다에게 있어서 윤회는 윤리 실천이라는 측면에서 논리적으로 또는 신앙적으로 반드시 필요했던 것이지 인식론적으로 참의 세계는 아니었다.

불교에서 인과응보因果應報를 말하되, '전생에 무슨 짓을 했는지 알고자 하면 현재에 누리는 것을 보면 알 수 있고, 내생에서 어떠한 과보를 받게 될 것인지를 알고자 하면 지금 자신이 하고 있는 짓을 보면 된다'고 했다.[20] 따라서 붓다가 말한 인과응보의 결과로서의 내생은 인식으로 증명된 세계가 아니라 종교적 가치 실현의 요청에서 받아들여진 방편적 교설方便的 敎說인 것이다. 다시 말해 불교의 윤회설은 연기법緣起法을 윤리적 입장에서 해석한 신앙적 교리체계였고, 가언적 판단假言的 判斷이라 하겠다.

연기론적인 교리체계로서 인과응보설은 인간 자신의 자유의지와 그에 따른 행위의 책임을 행위자 자신이 질 뿐 붓다가 인과율에 개입하여 심판하는 것은 아니다. 오직 행위에 대한 결과가 따른다는 인과법칙이 있을 뿐이지 우주의 운행을 간섭하는 어떤 존재자 따위의 개입을 용납하지 않는다. 바로 이 점에서 불교의 윤회와 업설은 숙명론과 다르고, 계급에 따라 윤회의 세계가 다른 바라문교와도 다르며, 기독교적 예정설豫定說과도 다르다. 인과론에 있어서 숙명론이나 예정설 등은 인간의 행위에 대한 책임소재를 묻는 윤리학으로 철저할 수 없기 때문이다.

불교의 윤회나 기독교의 부활復活은 결국 내세관來世觀에 연관을 맺는 것이요, 현실의 인간에게 정의와 선행을 강조하는 윤리 실천의 근거로 작용한다. 다만 불교의 내세관은 기독교의 신과 같은 인격적 존재의 개입 없이 행위자 자신의 자유의지와 그 책임을 행위자 자신이 지는 인과론적 법칙 위에 설해지고 있다.

이 점에 있어서 다시 토인비의 견해를 들어보자.

> 인간은 태어나기 전부터 천당이나 지옥행이 미리 정해져 있다는 아우구스티누스 기독교의 명백한 교리도 역시 마찬가지로 비윤리적非倫理的이다. 기독교의 정설定說과 맞추기 위해서 아우구스티누스주의는 죽은 자는 미리 정해진 곳으로 배치되기 전에 심판을 받는다고 말하지 않을 수 없었지만, 그러나 분명히 그 심판은 형식에 불과한 것이며 그 심판은 연극이다.
>
> 왜냐하면 아우구스티누스의 교리에 의하면 인간이 죽기 전의 생이란 자유의사의 생이 아니었기 때문이다. 그가 악행을 했거나 선행을 했거나 그의 행동은 그 자신의 자의恣意에서 한 것이 아니고 그는 자동적인 존재로서 사후에 구원을 받거나 안받거나 근거가 되는 그의 행위는 사실은 그 자신의 것이 아니며 그것은 전능한 신이 인간적 꼭두각시의 동작을 조정하고 있는 줄을 타고 있는 성스러운 행위인 것이다.21

기독교의 내세신앙에 대한 교리가 비윤리적이라고 토인비가 지적한데 비하여 막스 베버는 『힌두교와 불교』에서 '세속을 엄격한 합리성을 가지면서 윤리적 결정성에 따라 짜여 진 우주로 전형轉形시키는 역할을 한다'고 업설을 평가하였다.22 인간의 윤리적 행위에 대한 책임소재를 묻는 인과응보로서 업의 교리는 가장 합리적이라는 것이다.

그런데 불교를 말하는 일부 사람 가운데는 업설을 숙명론으로 해석하여 마치 불교의 업설이 사주관상이나 보고 팔자타령이나 하는 것쯤으로 오해케 하는데 심히 염려하지 않을 수 없다. 그러면서 현실적으로 교화방법으로 유용하다고 말하고 있다. 그러나 불교를 중생 속에 확산시키기 위하여 필요한 것이라면 어떤 사상을 수용해도 괜찮을 것인가를 생각해 보지 않을 수 없다.

합리적 이성을 등진 유용성은 결국 자기모순에 떨어지게 되고, 미신적 행위로 비판받을 수밖에 없다. 따라서 종교적 의식행위를 심리적으로 위안을 준다는 유용성으로만 보려는 것은 옳지 못하다.

사실 불교가 부패하고 타락하는 원인을 살펴보면 붓다는 영혼의 존재를 부인하였음에도 영혼이 실재하는 냥 윤회설과 업설을 마구잡이로 해석한 데서 비롯되고 있음을 지적하지 않을 수 없다. 그러다 보니 오늘의 불교 안에는 방편이란 편의주의便宜主義가 우선하고 정법의 수호는 뒷전으로 밀려났으며, 감정적 위안이 우선되고 불교의 진리성은 밀려나는 것 같은 현상을 보여주고 있다. 그러한 태도는 일시적으로 신앙심의 고취에 도움이 될 수 있을 런지 모르겠으나 지적 불성실知的 不誠實이라는 오점汚點을 남길 수밖에 없다. 그러므로 유용성을 앞세운 불합리한 수단의 방편적 수용은 그 동기야 어쨌든 붓다사상의 정통성을 훼손하게 되고 나아가 깨달음의 원동력인 지혜를 가로막는 것임을 말하지 않을 수 없다.

33 선과 악은 인위적인 가치

붓다는 선악과 같은 도덕적 가치는 언어적 개념일 뿐 구체적 실체가 아니기 때문에 선악과 같은 대립적 개념은 넘어야 될 분별망상으로 보았다. 일찍이 경전편집자들은 붓다의 방대한 가르침을 '모든 악행을 하지 말라. 뭇 선을 받들어 실천하라. 스스로 마음을 청정히 하라. 이것이 모든 부처의 가르침'이라고 정리하였고,23 이러한 정리를 수隋나라 때의 천태 지의(天台智顗, 538~597)는 〈칠불통계게〉七佛通戒偈라 이름 붙였다.24

〈칠불통계게〉에서 '스스로 마음을 청정히 하라'[自淨其意]는 말은 스와찟따 빠리야와다-나svacitta-paryavadāna인데, 스와찟따는 자기 자신이나 그 자신이란 의미의 스와sva와 마음이란 뜻의 찟따citta의 합성어로 '마음 그 자체'라는 뜻이고, 빠리야와다-나는 '절단하다, 떼어내다'라는 동사(pary-ava-√do)에서 온 중성명사로 '완벽한 파괴, 완전한 소멸'이란 뜻이니, 악행을 했거나 선행을 했거나 그 마음 자체를 완전히 없애버려야 한다는 뜻이요, 악행을 하지 말고, 선행을 하라. 그렇지만 선행을 한 그 마음 자체까지도 완전히 없애버려야 한다는 뜻으로 이해할 수도 있다.

〈칠불통계게〉는 비록 간단한 게송이지만 불교가 지향指向하는 궁극적 이상에 대한 방향과 방법을 제시하고 있다고 하겠다. 현실적으로 악을 지양止揚하고 선을 받들어 실천하되 선과 악은 상대적 개념이므로 그것을 초월하지 않으면 안 된다는 것을 말해 준다.

선악은 상대적 가치개념이기 때문에 선이 있는 곳에 악이 있게 되고, 악이 있는 곳에 선이 있게 된다. 선과 악은 서로가 존립기반이 되기 때문이다. 따라서 악행을 하지 않아야 한다는 것은 더 말할 것도 없겠지만 반대로 선행을 해야 한다는 것은 바람직하기는 하지만 아직은 부족한 것이다. 온 세상이 선으로 가득 차야 한다는 말은 온 세상에 악이 깔려 있어야 한다는 말과 다를 게 없으므로 선행을 하는 것은 바람직하지만 악에 반대되는 선에 매달리는 것조차도 없어야 한다는 뜻이다.

바꾸어 말하면 의도적으로 선행을 하는 사람은 자신도 모르게 악을 키우고 있는 것이니, 의도적으로 선행을 했더라도 선행을 했다는 생각에 사로잡혀서는 안 된다는 뜻이다. 역사적으로 볼 때, 열렬한 신앙심을 가졌던 사람들이 반대로 비극적인 만행을 저질렀음을 알 수 있다. 중세 기독교의 종교재판이나 마녀사냥, 20세기에 들어와 인종말살을 자행하는 만행은 자기종교의 이념을 충실하게 따른다는 그릇된 인식에서 출발하고 있음을 알 수 있다.

사람들이 다같이 내생을 받을지라도 악행을 쌓은 사람은 지옥에 가고 선행을 쌓은 사람은 천상으로 가며 번뇌가 없는 사람은 열반에 든다고 하였듯이[25] 불교의 이상인 열반은 선악대립을 넘어서야 한다는 붓다의 이와 같은 입장을 본정本淨 선사는 '선과 악의 두 근원은 모두 마음[心]에 뿌리를 두고 있는데, 마음을 추궁해 보아 마음의 실체가 있다면 선과 악도 허망하지 않을 것이다. 그러나 마음을 추구해 보아도 실체가 없으니 선과 악의 근원인들 어디 있다 하겠는가. 따라서 선과 악은 행위의 조건일 뿐 본래 실체가 있는 것이 아니다'라고 하면서, 선악은 외부의 조건[善惡是外緣]이라고 했다.[26] 인식론적으로 도덕적 가치는 실체가 아니지만 현실적으로 선행과 악행이 있는 것은 분명하므로 무엇이 선이고 무엇이 악인지를 따지지 않을 수 없는 노릇이다.

불교경전에 선善이라 쓰이는 말은 꾸샬라kuśala를 번역한 것으로써 이는 도덕적으로 '바람직하다', 무엇을 '하는 것이 마땅하다'는 의미를 가지고 있는 중성명사인데, '얼싸안다, 가까이 맞이하다, 포옹하다'라는 뜻을 가진 제4류동사 어근(√kuś)에서 온 말이다. 따라서 선의 반대 개념인 아꾸샬라 akuśala는 '바람직하지 않다' 무엇을 '하는 것이 마땅하지 않다'는 의미의 불선不善 또는 악惡이라 한다. 그러니까 불교에서는 '마땅히 그렇게 하지 않으면 안 될 것'이라는 외적 조건[外緣]이 선악 판단의 중요한 기준이 되었던 것이다. 한마디로 불교에서 말하는 선은 목적으로서의 선이었지 수단으로서의 선은 아니었다.

수단으로서의 선善은 뿡야puṇya로 선한 행위에 의해 행위자에게 생기는 일종의 좋은 세력으로써 복福이나 복덕福德 또는 공덕功德을 뜻한다. 뿡야라는 말의 뿌리는 '경건하게 행동하다'(√puṇ)는 제6류동사나 '깨끗하게 하다, 의견이나 견해 등을 분명하게 하다'(√pū)는 제9류동사 또는 '살지게 하다, 번창하다'(√puś)라는 제1류동사 등으로 보고 있다.

선행을 하더라도 대가를 바라고 하는 선행은 유루선(有漏善, kuśala-sāsrava)이라 하는데, 유루의 뜻인 사-스라와sāsrava는 '첨부하여, 함께, ~을 가진'이란 뜻의 접두사 사(sa)에 '흐르다'라는 동사 어근(ā-√sru)에서 온 남성명사로 '밥이 끓을 때 나는 거품, 외부대상을 향해 쏟는 감각적 활동'이란 뜻인 아-스라와āsrava에 붙여진 말로 외부에 관심을 기울이는 마음을 가졌다는 뜻이다. 유루선이란 선행을 하면서 남들의 이목이나 평판에 신경을 쓰는 것을 의미한다. 남의 이목이나 평판에 신경을 쓰는 마음으로 한 선행으로 공덕을 얻는 것을 유루복有漏福이라 하였다. 『금강경』에 선행으로서 베풂[布施]을 실천하더라도 자신이 선행을 하고 있다는 의식을 가지지 않아야 한다고 무주상보시無住相布施를 강조한 것은 유루선의 차원을 넘어 무루선(無漏善, kuśala-anāsrava), 즉 목적선目的善으로 승화되어야 한다는 뜻이다. 그러니까 남들의 이목에 신경을 쓰는 선행이 유루선이고, 남의 칭찬이나 이목에 관계하지 않는 선행이 무루선이다.

그런가 하면 선악을 색깔로 비유하기도 하였는데, 선을 '밝은 것'이란 의미에서 '흰색'으로 보고, 악을 '어두운 것'이란 의미에서 '검은색'으로 보았다. 선은 빛이고 악은 그림자에 해당한다. 그리고 밝은 행위, 즉 선한 행위를 백업白業이라 했고, 어두운 행위, 즉 악한 행위를 흑업黑業이라 하였다.

경經에 말하기를, '모든 중생들이 갖가지 업을 지어 갖가지 미혹함을 일으키니, 중생의 업은 흑백이 있고, 그 과보 역시 선악으로 나뉜다. 어두운 업은 지옥・아귀・축생의 세 가지 악도의 과보를 받고, 밝은 업은 반드시 천상과 인간의 과보를 받는다'고 하였다.27

그런가 하면 선을 올바름[正]으로 악을 삿됨[邪]으로 이해하기도 하였고, 선의 결과는 즐거움이라 하여 선인낙과善因樂果라 했고, 악의 결과는 고통이라 하여 악인고과惡因苦果로 설명하기도 한다. 선행을 한 사람은 좋은 세상[善趣]으로 가고, 악행을 한 사람은 악한 세상[惡趣]으로 간다고 한 것은 도덕적 행위와 그 결과를 인과관계로 말한 것이다. 따라서 선행은 심리적으로 편안함을 주고 잠시 머물게 되는 금생에서나 길이 오래 계속되는 윤회의 세계에서도 고통에서 벗어나게 한다고 보았다.

악행은 불안함을 주고 금생에서나 내생에서도 고통을 불러오는 요소가 되는 것이기 때문에 악은 바람직하지 못한 과보가 있는 행위요, 선은 바람직한 과보가 있는 행위라고 하여 선악의 행위와 그 결과를 인과응보의 관계로 설명한다.28 다시 말해서 인간의 행위는 업으로써 행위와 그 행위자에게 미치는 영향력이라는 인과관계로 설명한 것이다.

『아비달마구사론』에서는 목적으로서의 선을 승의선勝義善이라 보고, 승의선을 통해 진정한 해탈에 이른다고 말하기도 하였다.29 승의선은 빠라마-르타 슈비paramārtha śubha의 번역인데, 빠라마parama는 '최고의, 최상의'라는 뜻이고, 아르타artha는 '요점, 목적, 목표, 본질'이란 뜻이고, 슈비śubha는 '아름답게 하다'라는 동사(√śubh)에서 온 말로 '빛나는, 장한, 적합한, 어울리는'이란 뜻이니, 승의선이란 최상의 목표에 가장 잘 어울리는 행동이란 뜻이다.

또한 승의선을 참괴慚愧의 근원이라 보았는데, 참괴는 부끄러움을 말하지만 참慚은 스스로 자신의 양심에 부끄러움을 느끼는 마음이요, 괴愧는 타인에 대하여 부끄러움을 느끼는 마음을 말한다. 바로 이와 같은 부끄러운 마음은 죄와 악의 근원인 탐욕과 성냄과 어리석음을 없애게 하는 바탕이 될 수 있기 때문에 승의선은 참된 해탈로 나아갈 수 있다고 본 것이다.

그렇지만 붓다가 인과응보로서 윤리적 삶을 강조하였지만 그것은 당시의 일반적인 도덕적 관념을 긍정한 것일 뿐 불교의 궁극적 이상인 해탈이나 열반으로 생각하지는 않았다. 다시 말해 붓다는 선행을 쌓아 그 과보로 받는 내생으로써 천상天上을 말했으나 그 천상세계는 불교가 추구하는 이상으로 보지는 않았다.

선행의 과보로 받게 되는 천상세계는 '인간세계보다 나은 곳'이긴 하지만 아직도 '윤회의 범주'에 들어 있다고 한다. 천상세계는 지혜에 의한 과보가 아니라 선한 행위인 베풂의 공덕으로 보상되는 유루선有漏善의 세계이다.

물론 붓다가 부정한 선은 목적으로서의 선善인 '꾸살라'가 아니라 수단으로서의 선인 '뿡야'였음은 두말할 것도 없다. 꾸살라는 선 그 차체를 의미하지만 뿡야는 악을 전제한 대립적 개념의 선이었기 때문에 해탈과 열반을 이상으로 생각하였던 붓다의 입장에서는 버려야 할 또 하나의 굴레이다. 그러니까 앞에서 말했듯이 유루선의 결과이지 무루선의 결과는 아니다.

이상을 정리하여 말하면, 선은 바람직한 것 · 밝은 행동 · 옳은 것 · 즐거움이 따르는 것 · 좋은 세상으로 이어지는 것이요, 악은 바람직하지 않은 것 · 어두운 행동 · 삿된 것 · 고통이 따르는 것 · 나쁜 세상으로 이어지는 것을 말한다.

'중생이 선을 분별하지 못하면 야수野獸와 다를 것이 없다'고 하여[30] 인간은 선을 인식함으로써 짐승과 다를 수 있다고 보았다. 사람다운 마음은 남의 이익을 생각하는 것이라고도 했다.[31]

34 윤회는 도덕실천의 보상체계

위에서 살펴보았듯이 보상을 전제로 하는 선행은 유루선有漏善이기 때문에 그 결과로 얻어지는 세계도 유루복有漏福의 세계이므로 아직은 윤회의 범주에 속한다. 그런데 어찌하여 현실에서는 유루선일지라도 실천하지 않으면 안 된다고 말하는가? 다시 말해서 불교의 인과응보설로서 윤회는 도덕적 실천행의 결과로 주어지는 보상報償이라 하였는데, 보상이 주어지지 않으면 안 되는 이유가 무엇인지를 생각해 보자.

윤리적 행동은 악惡을 억제하고 선善을 실천하는 것이요, 삿됨[邪]을 경계하고 올바름[正]을 구현하는 것이며, 불의不義를 배격하고 정의正義를 세우는 인간의 의지적 노력이라 말할 수 있다. 그런데 현실의 삶에서는 나쁜 행동이 손해되는 것과 일치하지 않고, 삿된 행동이 손해되는 것과는 항상 일치하지 않는다는데 문제가 있다.

어떤 행동이 윤리적으로 나쁘다고 생각되지만 그것이 자신에게 이익을 줄 때 과감히 거부하기 어렵고, 이성적으로 그릇되었다고는 생각하지만 그것이 이익을 보장할 때 그 자체를 배척하기가 어렵다. 그래서 대부분의 사람들은 이해관계 때문에 윤리적으로 타락하게 되고 높은 지성을 가졌으면서도 불의에 가담하게 된다.

만약 현실적으로 나쁜 것[惡]은 바로 삿된 것[邪]이요, 그것은 바로 손해[害]되는 것이라면 그것을 선택할 사람은 아마도 없을 것이다. 반대로 좋은 것[善]이 바로 올바른 것[正]이 되고, 그 자체가 이익[利]이 되어 준다면 그것을 추구하지 않을 사람도 없을 것이다. 그러나 현실적으로 볼 때 나쁘다고 인식되지만 그것이 자기에게 이익을 주는 것이 있고, 좋다고 생각하지만 그것이 자기에게 손해를 미치는 경우도 많기 때문에 악보다는 선을 실천하는 것이 어렵다고 생각되고, 삿됨보다는 올바름을 지지하기 어려운 것 같으며, 불의보다는 정의의 편에 선다는 것이 어렵게만 생각되는 것이 사실이다. 그렇기 때문에 역사·사회적인 규정을 받게되는 선·악善惡이나 정·사正邪 등의 가치를 실천하는 데는 반드시 각자의 이기심을 억제하는 결단과 양보가 있지 않으면 불가능해진다.

'네가 말한 것처럼 네가 행동한다면 나는 너를 훌륭한 사람이라 말할 수 있다. 그러나 지금 네가 말하는 것을 보니 말과 행동이 걸맞지 않는다'고 붓다가 말했던 것처럼32 선행을 말하는 사람은 많고 정의를 주장하는 사람은 많지만 실질적으로 선행을 하고 정의를 위해 투쟁하는 사람은 그리 흔하지 않은 것도 사실이다.

일반적으로 말해지는 선이나 정의가 사실상의 선과 정의로 증명되려면 그것이 구체적인 행동과 그 행동에 대한 역사적 평가로 나타나지 않으면 안 된다. 다시 말해서 아무리 이론적으로 선을 말하더라도 그것이 역사 안에서 구체적 행동으로 실천되지 않으면 그것은 한낱 희론戲論에 지나지 않는다.

사실 일반적인 선善이란 악한이나 위선자 및 아첨꾼들도 주장하는 것이기 때문에 구체적 행동으로 나아가는 데는 그렇게 해야만 할 강력한 동기가 부여되지 않으면 안되었던 것이다.

선이 악의 세력에 저항하지만 그 악이 힘을 가지고 있을 때는 오히려 악이 정의正義나 합법合法이라는 이름으로 선을 징벌하게 되는 것이 현실이다. 역사적으로 볼 때 민족의 독립이나 독재 권력에 대항하여 투쟁한 사람들이 체포·구금되는 경우가 그것이다. 솔직히 개인적인 입장에서 볼 때 체포나 구금은 고통스러운 일이 아닐 수 없다. 그 고통은 악에 맞서 투쟁한 선의 의지가 치를 수밖에 없는 것들인데, 선행을 하면서 고통을 받아야 한다는 것은 심리적으로나 윤리적으로 모순일 수밖에 없다. 그래서 현실적으로 손해되는 것이지만 그것을 선택하는 사람에게 그에 상응하는 대가가 따른다는 확고한 믿음이 성립되어야만 도덕적 가치는 실천되게 마련이다.

그와 같은 사정 때문에 개인이나 집단에 있어서 윤리 도덕적 삶에 대한 의지를 권장하기 위해서는 악에 대하여 투쟁하는 선의 의지가 반드시 그 보상을 받게 된다는 믿음이 받아들여지지 않으면 안 되는 것이다. 악에 맞섰던 선행의 보상은 그 선이 악에 대항하여 투쟁할 때 감수했던 고통보다 훨씬 클 뿐 아니라 시간적으로도 길어야 한다. 반대로 악행을 했던 자들에게는 지금 누리고 있는 이득보다 더 큰 손해가 기다리고 있다고 말해지지 않을 수 없다. 그래서 착한 행위를 하는 사람은 행복을 가져오고 악한 행위를 하는 사람은 불행을 가져온다는 강한 믿음이 정립되지 않고서는 욕심의 현실세계에서 선행을 실천하기란 어려운 것일 수밖에 없다.

불교에서 인과응보로 윤회를 말하는 것은 도덕적으로 선행을 쌓은 이들에게는 다음의 좋은 삶이 보장되고 악행을 쌓은 사람에게는 다음에 험악한 삶이 기다리고 있다고 말함으로써 현실적으로 도덕적 삶을 강력히 권고할 수 있었던 것이다. 아놀드 토인비는 유대교의 최후의 심판은 유대교 자체가 가지고 있었던 것이 아니라 유대민족이 역사적 상황에서 받아들인 것이었다고 한다. 역사적으로 필요하였기 때문에 조로아스타교의 영향을 받아 새롭게 정리된 것이었다고 한다.[33] 사실상 불교의 사성제와 인과응보적 업설因果應報的 業說은 진리를 구체적으로 실천하는 인간행위에 대한 보상체계를 말해 주는 연기론적 교설이다.

혜원(慧遠, 334~416)은 이렇게 말하고 있다.

> 재가자가 법을 받든다는 것은 바로 국법을 따르는 백성으로 그 마음은 아직 세속을 떠나지 않았고 살아가는 방식도 같다.……
>
> 친밀함을 바탕에 두고 사랑을 가르쳐 백성들로 하여금 자연스럽게 은혜가

있음을 알도록 하고, 두려워함을 바탕에 두고 공손함을 가르쳐서 백성들로 하여금 자연스럽게 삼갈 것이 있음을 알도록 한다. 이 두 가지는 진실로 응보를 전제하는 것이지만 응보가 반드시 현재에만 있는 것은 아니기 때문에 근본을 살펴야만 한다. 그래서 죄에 대한 형벌을 생각하게 하여 백성들로 하여금 두려워하여 뒤에 삼가게 하고, 천당으로 상을 줌으로 기쁘게 하여 뒤에 행동하게 한다. 이 모두가 물체에 그림자가 따르고 메아리가 소리를 따르듯이 응보의 가르침이 순리로 통하는 것이요 자연의 이치를 바꾸지 않는다는 것을 밝힌 것이다.……

재가자들에게는 단속하고 억제하기 위한 가르침으로 응보의 도리를 설하고 그것을 가르침의 한계로 삼아 더 이상 심원한 도리를 말하지 않았다.34

붓다는 선악의 행위에 따라 그 보상이 주어진다는 도덕적 인과율에서 윤회설을 불교에 받아들였다는 것을 말했다. 그렇다면 도덕적 행위에 따라 보상되는 세계는 어떤 것들이 있는가?

불교에서는 생존하는 것들이 윤회하는 범위 또는 생존영역을 취(趣, gati)라 하고, 오취五趣 또는 육취六趣로 설명한다. 대승경전들에서는 흔히 육도윤회六道輪廻라고 하여 육취를 말하지만 초기의 경전들에는 육도윤회는 나타나지 않고 오취 또는 오도五道로 설명되고 있다. 용수 보살의 『대지도론』에 의하면 붓다 역시 오도道를 분명하게 설하지 않았는데, 일체유부一切有部의 승려들은 오도설을 주장하였고, 독자부(犢子部, Vāstī-putrīya)의 승려들은 육도설을 주장하였다고 한다.35 그러니까 대승불교의 육도윤회는 독자부의 견해를 따랐음을 알 수 있다.

오도五道라고 할 때는 지옥(地獄, naraka) · 아귀(餓鬼, preta) · 축생(畜生, tiryagyoni) · 인간(人間, manuṣya) · 천상(天上, deva)을 말하며, 육도六道라고 할 때는 지옥 · 아귀 ·

축생・수라(修羅, asura)・인간・천상을 말한다. 이들 세계 가운데 지옥・아귀・축생을 흔히 삼악취(三惡趣, trividhā durgatiḥ) 또는 삼악도(三惡道, try-apāya)라고 한다.

선취(善趣, sugati)는 '좋은 곳'으로서 장소개념으로는 천상天上이요, 내용개념으로는 극락極樂이다. 그리고 악취(惡趣, durgati)는 '싫은 곳'으로서 지옥・아귀・축생이다. 특히 지옥에 대하여 '싫고 지긋지긋한 곳'이라 해석하였는가 하면36 '좋아하고 즐거워할 수 없는 곳'이라 하기도 하였다.37 그러나 인간을 중심으로 하여 인간보다 우수한 존재를 천상의 신, 인간보다 열등한 존재를 지옥・아귀・축생이라 하는데, 불교에서 말하는 천상의 신들은 신비력神秘力이나 직관지直觀知가 인간보다 우수할 뿐 그 이상의 존재는 아니다.

『잡아함경』에 다음과 같이 말하였다.

> **우치무문범부는 목숨을 마치고 지옥・축생・아귀에 태어나지만, 많이 배운 훌륭한 제자는 목숨을 마치면 지옥・축생・아귀에 태어나지 않는다.**38

윤회는 우치무문범부愚癡無聞凡夫들이 겪어야 하는 고통이지 다문성제자多聞聖弟子들의 문제는 아니다. 따라서 윤회는 아라한阿羅漢이 되기 전까지 고통의 상징이지 법을 깨달은 자에게는 윤회는 문제되지 않는다.

불교는 윤회하는 인격의 주체가 영혼과 같은 불변의 실체가 아니라 업業 그 자체라고 말하고 있다. 업은 전기력電氣力이나 자기력磁氣力처럼 하나의 세력으로서 에너지와 같은 것일 뿐 구체적 실체가 아니다. 그래서 붓다는 금생에서 내생으로 이어지는 업의 주체는 없으면서도 윤회가 발생하는 것을 『잡아함경』에서 이렇게 말씀하셨다.

> **눈의 인식이 생겨도 오는 곳이 없고, 눈의 인식이 사라져도 가는 곳이 없는**

것처럼, 눈의 인식은 실체가 없으면서도 인식은 생긴다.

인식이 생겼다가는 모두 사라지듯이, 업의 과보는 있지만 업보를 지은 실체는 없다. 다만 지금의 육신이 사라지면 다른 육신이 이어받는다.39

위의 경전에 '업과 과보는 있지만 그것을 짓는 자는 없다'[有業報而無作者]고 하여 윤회에 대하여 무실체성無實體性을 말해 주고 있다. 그러면서도 '이 육신이 멸하면 다른 육신이 상속한다'[此陰滅已 異陰相續]고 하여 윤회의 실체는 없지만 삶은 반복된다는 것이다.

윤회는 의식의 흐름일 뿐이지 불변의 실체가 연속되는 것은 아니라고 보고 있기 때문에 불교의 윤회설은 무아윤회설無我輪廻說이다. 그래서 불교를 이해하는 데는 많은 상상력이 필요한 것이다.

힌두교의 윤회설과 불교의 윤회설을 비유로 말하면 힌두교의 윤회설은 육상에서의 계주繼走라면 불교의 윤회설은 빙상에서의 계주와 같다고 하겠다. 육상에서는 앞의 주자와 뒤의 주자 사이에 바통baton이 넘겨져야 하지만 빙상에서는 앞의 주자와 뒤의 주자 사이에 터치touch만 하면 된다.

보설補說_ 10. 인과응보의 유형들

선행을 한 사람에게 행복이 주어지고, 악행을 한 자에게 불행이 온다는 사상은 동서고금을 막론하고 일반적으로 사람들이 받아들여지는 윤리적 관념이다. 다만 원인으로서 선과 악이 그 결과를 가져오기까지의 사이에 그것이 어떠한 상태로 보존되고 있으며, 원인으로서 행위자와 그 결과를 받는 자와의 관계가 어떻게 되는가를 설명하는 방법에 있어서 견해의 차이를 드러내고 있을 뿐이다. 이제 인과응보에 관계된 몇 가지의 유형을 살펴보자.

첫째, 부모세대의 선행을 자손이 누린다는 업보사상이다. 『주역』周易 「문언전」文言傳에는 '선을 쌓은 집안에 경사가 있고, 악을 쌓은 집안에 재앙이 있다'[積善之家 必有餘慶 積不善之家 必有餘殃]는 말이 있는데,40 이와 같은 업보사상은 선행의 주체와 그 대가를 받는 사람이 동일인同一人이 아니라 부모와 자식이라는 관계로 인과율이 이어지고 있다. 선행의 행위 주체와 결과를 누리는 주체가 다르다는 점에서 엄밀한 의미의 인과론적 응보사상이 아니다. 그와 같은 업보사상은 불교의 업보사상과는 다르다.

아버지가 쌓은 선행의 결과를 그 자식이 누릴 수 있다는 논리는 아버지가 저지른 악행에 대하여 그 자식이 책임을 져야 한다는 것인데, 이와 같은 논리는 현실적으로나 이론적으로 합당하지 못하다. 윤리학으로서의 인과응보는 선행을 한 자와 그 결과를 책임져야 할 자가 동일한 인격체일 때 설득력을 가질 수 있다. 그래서 불교에서 말하기를, '선과 악은 각자의 몸을 따르는 것이라 아버지에게 허물이 있어도 자식에게는 재앙이 미치지 않으며, 자식에게 잘못이 있어도 아버지에게 재앙이 미치지 않으니 각자의 삶에 있어서 선과 악의 허물은 각각 자신의 몸에 따르는 것'이라고 하였다.41

둘째, 인과응보의 적용하는 시기는 종교와 정치가 다르다.

업보사상은 자업자득自業自得을 전제로 한다. 즉 인과의 주체가 동일하다는 것을 전제로 한다. 그러나 육신이 살아 있는 동안에는 동일인격체라는 것을 납득할 수 있지만 죽음 이후의 문제로 나아갈 때는 인격의 주체가 동일하다는 것을 어떻게 증명하느냐 하는 문제가 제기 될 수밖에 없다.

그래서 경험적 사실을 중시하는 실정법實定法에서는 육신이 존속하는 동안에만 인과론에 의한 책임소재를 적용한다. 어떠한 죄일지라도 사형, 또는 죽음이라는 사실로 그에게 면죄부免罪符가 주어진다.

그러나 종교에서는 육신의 죽음으로 그가 저지른 죄업의 굴레에서 완전히 벗어났다고 말하지 않는다. 만약 어떤 죄를 지은 사람이 육신의 죽음으로 그가 저지른 모든 악행에 대하여 책임이 끝났다고 한다면 아무렇게나 살더라도 죽는 날까지만 잘살면 그만이라는 생각을 가질 수 있고, 엄청난 비행을 저지르고 자살이라도 하면 그만이라는 생각을 가질 수도 있게 된다. 붓다는 그와 같은 사상을 가진 자들을 로까야따Lokayata 또는 짜르와까Carvaka라 불렀고, 사견邪見을 가진 위험한 사람들이라 하여 경계해야 할 것으로 보았다.

인과응보사상으로 책임을 행위자에 한하여 묻는다는 점에서 실정법이나 불교의 업보사상이 같은 맥락에 있지만 육신의 죽음이라는 한계에서 실정법과 불교는 갈라지고 있다. 불교가 자살을 경계하는 까닭이 여기에 있다.

자신이 저지른 죄의 대가를 자신이 받는다고 하여 자업자득自業自得이라 하지만 그것이 경험적으로 납득되지 않은 경우들이 있다. 어떤 경우나 어떤 사람은 현실적으로 분명하게 악행을 하고 있는데도 그가 행복을 누리고 있고, 어떤 경우나 어떤 사람은 분명 선행을 하고 있는데도 오히려 불행만이 겹치고 있는 모습을 볼 수도 있다.

이러한 경우 선행에 행복이 따르고 악행에 불행이 반드시 따른다는 것이 현실적으로 일치하지 않는다고 느껴진다. 자업자득이 일치하지 않는다고 느껴지는 경우들에 대하여 납득할 만한 설명이 주어지지 않으면 인과응보에 대한 믿음과 그것을 근거로 가르쳐지는 윤리적 행위는 현실적으로 심각한 도전에 놓이고 만다.

그래서 윤리적 행위에 대한 인과업보는 금생에서만 적용되는 것이 아니라 과거·현재·미래에 걸쳐 적용된다고 말한다. 금생에 악행을 하면서도 복락을 누리는 것은 전생에 쌓은 공덕이 아직 남아 있기 때문이요, 금생에 선행을 하면서도 불행을 경험할 수밖에 없는 것은 전생에 쌓은 악업의 결과가 아직도 남았기 때문이라는 것이다.

인과응보에 대한 해석을 전생과 금생 그리고 내생으로까지 적용시키는 것은 인과응보에 대하여 현실적으로 맞지 않는다고 생각되었던 점을 보완해 준다. 과거·현재·미래에 걸쳐 인과응보가 적용된다는 것은 인과의 논리를 확대한 것이지만 도덕의 세계에서는 하나의 믿음체계를 형성하게 된다. 이런 점에서 불교는 앎의 문제에서 믿음의 문제로 돌아서고, 이론理論에서 실천實踐으로 일대전환을 가져온다.

삼세三世에 걸친 인과응보의 가르침은 전생에 무슨 짓을 했는지 알고자 하면 현재에 누리는 것을 보면 알 수 있고, 내생에서 어떠한 과보를 받게 될 것인지를 알고자 하면 지금 자신이 하고 있는 짓을 보면 된다고 말한다. 인과응보에 대한 가르침을 과거·현재·미래로 확대 해석하다 보니 인과의 법칙은 결코 벗어날 수 없는 필연적 법칙이 되고 만다.

이처럼 윤리적 행위에 대한 책임소재로서 인과업보를 전생과 사후死後로까지 확대시켜 설명한다는 점에서 실정법과 불교가 나누어지고, 선악의 보상체계에 대한 인과의 연쇄가 전생에서 금생으로, 금생에서 내생으로 확장되는 점에서 철학으로써 윤리학倫理學은 종교적 신념宗教的 信念으로 전환된다.

인과응보사상을 현실적으로 적용한 것이 실정법實定法이다. 그래서 실정법에는 범죄행위에 대하여 그 책임을 물을 때 행위자 본인에게 묻는다. 만약 어떠한 행위를 저질렀을 때 그 책임을 행위자 자신에게만 묻지 않고 그 사람의 혈연관계 속에 있는 가족이나 부모에게까지 그 책임을 묻는다는 것은 불교의 인과응보와는 전혀 다른 문제이다.

그렇지만 우리의 실정법에는 한 때 그와 같은 것이 있었다. 예를 들자면 국가보안법에서의 연좌제連坐制가 그것이다. 행위의 책임을 본인에게만 적용하지 않고 혈연관계를 맺고 있는 가족구성원에게 확대하여 적용시켰던 우리의 국가보안법과 같은 것은 불교에서 말하는 인과응보사상이 아니다.

어떤 행위에 대한 책임을 본인에게만 묻지 않고 혈연관계에 있는 사람들에게까지 확대시켜 물었던 연좌제는 인과응보의 원리에 따른 것이 아니라 왕조시대나 식민통치시대의 잔유물에 지나지 않을 뿐만 아니라 다분히 정치적 의도가 깃들어 있었다. 그런 제도는 정치적으로 불건전하다고 판단한 사상의 확산을 원천적으로 차단하려는 의도에 지나지 않는다. 이를 악법이라 하여 지금은 철폐되었지만 연좌제는 정치적으로 사상통제의 수단은 될 수 있을지언정 불교의 인과응보적 논리로 볼 때 분명한 악법이다.

셋째 선악의 심판자로 제삼자의 개입은 비논리적이다.

유신론적 종교有神論的 宗敎에서는 선한 사람은 천국天國으로 가고, 악한 사람은 지옥地獄으로 간다고 말하면서 그 심판자로서 인격신人格神을 도입하고 있다. 선한 사람이 천국으로 가고, 악한 사람이 지옥으로 간다는 것은 인과율이지만 심판자를 개입시킴으로써 인과응보의 논리를 비논리적非論理的으로 만들어 버린다.

인격신을 도입하는 종교에서 말하는 인과응보는 사후에 받아야할 선악의 대가가 행위자 자신이 주체적으로 책임을 지는 법칙적 인과율法則的 因果律

이 아니라 인격신의 선택에 따라 결정되는 심판적 인과율審判的 因果律이라 말할 수 있다. 제삼의 인격체로서 신의 의지가 선악의 행위에 대한 인과관계의 판단에 개입하고 있기 때문이다.

인과의 연결고리 속에 심판자로서 제삼자가 개입하기 때문에 악행을 한 자도 불행을 경험하지 않을 수 있고, 선행을 한 자도 불행을 경험할 수 있게 된다. 신의 심판을 개입시킴으로써 심판자의 의지에 순종하는 자는 악도 선이 될 수 있고, 그를 따르지 않는 자는 선도 악이 될 수 있다는 점에서 선악의 판단과 기준은 이미 우리 인간의 문제가 아닌 것이다. 선악의 심판은 오직 신에게 있는 것이지 법칙 자체에 있는 것이 아닌 것으로 바뀌어 버렸다.

인과응보의 논리에 심판자가 개입하게 되어 행위 주체자의 책임은 사라지고 제삼자의 인격을 믿는 신앙만이 남게 되고, 그 신앙은 절대적 복종으로 나타나고 만다. 즉 선과 악에 대한 판단의 기준은 인격신을 믿느냐 믿지 않느냐에 절대적으로 의존하게 되고 만다. 실제로 기독교인들은 아무리 선행을 하더라도 기독교를 믿지 않으면 결국은 천당에 가지 못하고 지옥에 떨어질 수밖에 없다고 말하고 있다. 그들의 논리대로 말하면 오직 신을 믿는 것만이 선이요 인간사회에서의 선행은 별개의 것이 되고 만다.

인과율에 따라 과보를 받는다는 인과응보에 제삼자가 개입하는 것은 결국 인과응보의 법칙을 혼란시키는 간섭에 지나지 않는다. 그래서 인격신의 심판에 의한 선악의 판단은 불교가 의도하는 합리적 인과응보라고 말할 수 없다. 이러한 점을 토인비는 다음과 같이 잘 지적하고 있다.

불교도의 카르마의 관념은 아우구스티누스적 기독교의 운명예정설運命豫定說보다는 더 믿을 만하고 더 윤리적이다. 기독교 신앙에 의하면 인간은 전능한 하나님의 명령에 따라 사후의 영원한 거주처가 지옥이나 천당에 미리 정해져 있으며 그 하나님이 주는 사후의 행·불행은 독단적인 것이요, 적어도 인간의 마음으로는 알 수 없는 것이다.

이와는 대조적으로 불교적 관념의 카르마는 불가항력의 외부의 힘에 의하여 인간에게 주어진 것도 아니고 이에 따라 일어나는 일들도 독단적인 것이 아니다. 카르마는 사람 자신에 의해 생기는 것이다. 그것은 사람이 살아 있는 동안 자신이 만들어 내는 윤리적 계정倫理的 計定의 부채의 잔액인 것이며 그의 생애 동안에 그 자신의 행위에 의해 그 카르마 계정은 잘 되거나 못되거나 간에 수정될 수 있으며 수정될 것이다. 어렵기는 하지만 그는 카르마 계정을 완전히 청산할 수 있으며 이 완전한 청산은 심신心身의 현세로부터 열반으로 나아가는 문을 열어 주는 것이다.42

불교에서 말하는 윤회는 행위자 자신의 윤리적 행위평가에 따라 그 다음의 생이 결정되는 것이지 부처님이 지옥에 보내거나 천상에 보내는 그런 것은 아니다. 불교의 인과응보사상은 오직 선인선과善因善果, 악인악과惡因惡果의 법칙만이 존재할 뿐 제삼자의 개입을 허용하지 않는다. 부처님은 심판자가 아니라 길을 가리킬 뿐이다.

일반적으로 어떤 현상이 다른 현상에 시간적으로 선행하여, 그것을 필연적으로 야기惹起시키는 관계가 있는 경우, 전자를 원인이라 하고 후자를 결과라 하며, 양자의 연관을 인과적 연관으로써 인과성因果性 또는 인과율因果律이라 한다.

인과성은 모든 사물·현상·과정은 서로 의존하고 있으며, 그들 모두는 서로 연관·작용하여 생성·변화·발전하고 있다는 데에서 출발하고 있다. 또한 인과관계는 모든 현상에는 원인이 있고, 원인이 없으면 어떠한 현상도 일어나지 않는다는 것을 전제한다.

인과성은 원인으로 불리는 어떠한 현상은 일정한 조건 아래에서 결과라 불리는 다른 어떠한 현상을 반드시 불러온다는 관계를 말하는데, 이러한 설명은 물리적 법칙으로서의 인과율이다. 만약 업설에서 말하는 인과성을 역학力學과 같이 직선적으로 설명하거나 물리적 법칙과 같이 필연적 법칙必然的 法則으로만 보게 되면 업설은 숙명론이 되고 만다.[43] 만약 인과를 역학적으로 설명하면 이 세계에는 유일한 인과적 연쇄만이 있을 뿐이라는 결론에 도달할 수밖에 없다. 그러한 사고방식은 결국 기계론적 세계관機械論的 世界觀에서 벗어날 수 없다.[44] 도덕적 인과응보가 중력重力이나 인력引力과 같은 비인격적 물리법칙非人格的 物理法則이라면 인과응보는 필연적이고 숙명론이 되어야 한다.

인과율이 물리적 세계를 지배하고 있듯이 심리적 세계도 적용되는 객관적 법칙으로 보게 되면 유물론적 입장이 되고, 인과율은 오직 주관적 신념에 지나지 않는다고 생각하면 관념론적 입장이 되고 만다.

사실 인과성은 보편적 관계를 말하기 때문에 철학적 입장에 따라 그 견해를 달리하게 되는데, 관념론에서는 인과관계를 주관에 속하는 것으로 생각한다. 즉 인과의 필연적 결합을 주관적인 것이라 하고, 이것을 관습에서 생긴 기대期待와 동일시하였는데 이는 흄의 주장이다.[45]

이에 비하여 칸트에 있어서 인과성은 경험을 구성하는 인식 주관이 정립한 선천적인 범주範疇로 보았다. 그러나 변증법적 유물론에서는 원인과 결과의 관계는 인간의 의식과는 독립하여 객관적으로 성립하고 있으며, 그것은 인간의 실천으로 검증되고 기초지워진다고 보았다.

결론적으로 물리적 실험이 아닌 가치의 실천에 있어서 인과응보와 같은 법칙은 표면적으로는 타당성을 가지고 있지만 사실상 이 결론들은 대부분 주관적 판단이나 종교적 믿음을 기초로 하여 이루어진 것들일 수밖에 없고,

자연과학에서 요구하는 이른바 정밀한 증명이 가능한 것들은 못된다.

도덕세계에서 말하는 인과율이 객관적 검증이 불가능함에도 불구하고 우리가 필연적인 법칙처럼 믿고 있는 것은 왜일까? 그것은 랄프 린튼이 『문화와 인성』에서 말했듯이 '장기적인 안전을 바라는 욕구'가 있기 때문이라 볼 수 있다.

인류학자 랄프 린튼(Linton, Ralph, 1893~1953)은 모든 행위의 최초의 원인이 되는 것을 '생리적 욕구'와 '심리적 욕구'로 나누었는데, 음식물과 수면, 고통으로부터의 회피, 그리고 성적 만족에 대한 욕구 등 생리적 긴장상태로 직접 연결되는 것을 일차적인 것으로 생리적 욕구라 하였고, 생리적 긴장과의 연결이 뚜렷이 보이지 않는 일련의 욕구를 이차적인 것으로 심리적 욕구라 하였다. 그리고 심리적 욕구로서 가장 뚜렷하고 지속적으로 작용하고 있는 것은 다른 개인들로부터 정서적 반응을 얻어내고자 하는 욕구, 장기적인 안전을 바라는 욕구, 색다른 경험에 대한 욕구로 나누었다. 그리고 장기적인 안전을 바라는 욕구에 대하여 이렇게 설명하고 있다.

> 인간은 시간을 과거와 현재를 넘어 미래로까지 넘어가는 연속체인 것으로 지각하기 때문에, 미래의 일들이 만족스러운 것인지 아닌지가 불확실한 상태에서, 단지 현재가 만족스럽다는 사실만으로는 그에게 충분치가 않은 것이다.
>
> 인간의 시간 감각은 인간으로 하여금 무슨 일이 일어날 것인가에 관해 조심하도록 만드는 동시에 미래의 대가를 기대하면서 현재의 불편을 참도록 만들기도 한다. 이런 가운데 인간은 항상 재확인하고자 하는 욕구를 갖고 있다. 안전과 재확인의 욕구가 문화적으로 유형화된 수많은 형태의 행위들 속에 반영되어 있다.
>
> 원시 사회의 장인들은 자기의 기술에 주술magic을 섞으며, 또한 어떤 문화

적 수준에 있는 인간이건 간에 천국을 상상하게 된다. 현세에서 올바른 행위를 하면 반드시 천국에서 정당한 대가를 받게 되리라고 믿는다.46

랄프 린튼의 말대로 장기적인 안전을 바라는 욕구가 바로 인과응보에 대한 믿음을 가지게 하는 것이 아닌가 생각된다. 그러므로 윤리적 세계에 있어서 질서는 저절로 있는 것이 아니라 세계를 인식하는 사고 자체가 질서 있음을 받아들일 때 윤리적 질서를 갖게 된다.

보설補說_11. 업과 윤회의 양면성

윤회나 인과응보의 가르침은 객관적 검증이 필요한 과학이 아니라 믿음의 문제요, 그것은 맹목적인 믿음의 문제가 아니라 충분히 납득하고 생활화하는 실천의 문제이다. 따라서 윤회와 업설은 믿음의 측면에서 이해되지 않으면 안 된다. 약이 사람의 몸에 보약도 되고 독약도 될 수 있듯이 윤회와 업설을 어떻게 받아들이느냐에 따라 긍정적인 면도 있고 부정적인 면도 있게 된다.

지금의 육신이 죽는다고 모두가 사멸하는 것이 아니라 새로운 형태의 생명으로 태어날 수 있다는 윤회를 확신할 때 죽음 앞에 서더라도 좌절하지 않고 내생에 대한 희망을 가질 수 있게 된다. 과학의 입장에서는 죽음은 회신멸지灰身滅智로 모든 것의 끝이지만 윤회를 믿는 입장에서는 죽음이란 존재의 끝이 아니라 언제나 새로운 시작이기 때문이다. 그래서 윤회는 죽음의 공포와 불안으로부터 해방하는 길이 된다.

죽음 앞에 좌절하지 않기 위해서는 죽더라도 지금보다 더 좋은 곳[善處]에 태어날 수 있다는 확신을 가져야 하는데, 그렇게 하자면 평상시에 악행을 멀리하고 선을 쌓아야 한다는 의무감을 가질 수 있게 된다.

선과 악을 베풀면 그에 화복이 따르는 것은 그림자가 물체를 따르는 것과 같다. 악이 익으면 죄가 이루어지는 것이 마치 메아리가 소리를 따르는 것과 같다. 악행을 하고서 재앙이 없기를 바라는 것은 씨를 뿌리고 싹이 나오지 않기를 바라는 것과 같다고 하면서[47] 자기가 지은 업은 반드시 자기가 받아야 한다는 자업자득自業自得의 필연성必然性은 자칫 아무렇게나 살려는 나태한 생각을 억제하고 조금은 힘들고 어렵더라도 바르고 옳게 살아야겠다는 도덕적 요구를 승인하게 한다. 바로 이 점이 윤회는 도덕적 삶을 요청한다고 볼 수 있다.

죽음은 끝이 아니라 삶의 방식을 바꾸어 가면서 돌고 돈다는 윤회의 가르침은 생명의 무한성과 무차별성을 일깨워준다. '나의 존재는 저들의 존재와 같고, 저들의 존재는 나의 존재와 같다. 자신과 남을 동일시하는 사람은 자신이 죽여서도 안 되고 남들이 죽이게 해서도 안 된다'거나[48] '육도를 돌고 도는 것이 수레바퀴가 끝없이 돌듯 한다. 서로 부모도 되고 자매도 되어 생을 거듭하며 은혜를 맺는다. 그러니 모든 생명을 부모와 다름없이 보라'고 했다.[49]

사실 우리 인간은 인간 이외의 존재들을 한낱 수단으로 여겼을 뿐 인간의 삶을 더욱 풍성하게 해주는 협조자라는 인식이 부족했었다. 지난날 우리 인간들의 무지와 오만으로 생태계를 마구 파괴해 오다가 근래에 와서 눈뜨게 되었는데 그나마 다행이 아닐 수 없다. 불교에서는 일찍이 '자연을 죽이는 자는 자기를 죽이게 되고 자연을 살리는 자는 스스로를 살린다'고 말했지만[50] 개발이라는 이름으로 자연을 죽이는 것을 오히려 문명의 발달인 것처럼 오해했었다.

사실 생태계에 있어서 파괴는 짧은 시간에 이루어지지만 그 회복은 긴 시간이 요구된다는 점에서 그 동안 인간이 저질러온 업보의 대가를 어떻게 받게 될 것인지 자못 걱정스럽다. 그런 점에서 윤회에 대한 믿음은 생명의 존엄과 경외감을 자각하게 해준다. 생태학자 그레고리 베이츤은 '자신의 환경과의 투쟁에서 승리하는 생물은 자신을 파괴한다'고 말했는데,[51] 자연을 죽이는 자는 자기를 죽이게 된다[殺物者自殺]는 『육도집경』의 말씀을 달리 해석한 것에 지나지 않는다.

또한 업보와 윤회설이 주는 교훈을 심리학적인 견지에서 볼 때 자신이 직면한 불행이나 고통이 자신이 이미 뿌려 놓은 씨앗을 거두는 것이라는 인식을 갖게 함으로써 자기의 불행에 대한 책임을 남에게 전가하지 않고 담담하게 받아들이는 일종의 체념에 의해 심리적 안정을 얻을 수 있게 한다는 점이다.

욕망의 존재인 인간은 좌절하는 경우도 많게 된다. 이 때 불만을 타인에게 돌리게 되면 이 세상은 원망으로 가득찬 세상이 되고 말 것이다. 자기가 직면한 불만족한 현실의 원인이 바로 지난날의 나 자신에게 있었다는 것을 일깨움으로써 남들을 원망하지 않고 자신을 되돌아보고 원망을 삭이는 심리적 치료의 효과가 있을 수 있다. 윤회와 업보를 믿음으로 심리적 안정의 효과를 얻게 된다. 이런 것들이 윤회와 업설의 긍정적인 면이라고 한다면 이해의 각도에 따라 부정적인 측면도 있다.

업설의 기본적인 취지는 인간행위에도 인과관계가 적용된다는 것으로서 원래는 미래를 향하는 인간의 노력을 강조한 것이었다. 그런데 현재 내가 겪고 있는 불행은 이미 전생에 지은 업[宿業]라고 강조하면서 본래의 뜻과는 반대로 일종의 숙명론宿命論으로 빠져들고 말았다.

현재 내가 겪고 있는 불행은 이미 전생에 내가 뿌려놓은 업보라는 생각을 가지게 함으로써 현실을 개선해 나아가려는 의지를 무력화시키게 된다. 지금 내가 겪고 있는 불행은 현재의 나로서는 어쩔 수 없이 결정된 것이니 그 불행을 개선하려는 노력에 앞서 체념하게 만든다. 불행에 대한 체념은 심리치료의 효과를 줄 수 있겠지만 그 역기능도 내포할 수 있다는 사실을 간과해서는 안 된다.

인간이 처한 비극적 현실에 대하여 숙명적인 것으로 받아들이게 하기 때문에 역경을 극복하려는 의지를 불태우기보다 무조건 순응케 하는 역기능을 가져올 수도 있다. 그러한 현상은 바라문들이 계급제도를 고착화시켜 나가는데 이용했던 것처럼 자칫 '종교는 민중의 아편'이라는 비난을 받을 수도 있다. 그러므로 업설을 통한 심리적 치료는 극히 제한적인 범위 안에서 적용되어야만 할 것이다. 바로 그 점이 바라문교에서나 불교에서 똑같이 업을 말하고 있으나 그 해석방법을 달리한 것이다. 업의 논리를 체념의 철학으로 왜곡시킬 필요가 있는 사회가 있다. 바로 계급사회에서는 불만을 품는 대중이 항상 있게 마련인데 숙명론으로서의 업설은 그 불만을 무력화시킬 수 있는 그럴듯한 논리가 되기 때문이다.

너희들이 지금 당하고 있는 불행은 현실의 제도가 만든 것이 아니라 전생의 업보가 만든 것이다. 공연히 현실에 불만을 품거나 불순한 생각으로 제도에 도전하게 되면 그 악업으로 다음 생生에는 더 심한 고통을 겪고 말 것이라는 논리를 전개하다 보면 업의 논리는 계급사회에서 불만세력을 무력화시킬 수 있는 좋은 구실이 되어버린다.

예컨대 인도가 오늘날까지 세계 역사상 유례를 찾아볼 수 없는 강력한 계급사회를 유지할 수 있는 데에는 바로 이와 같은 업설이 민중 사이에 받아들여지고 있기 때문이라 하겠다. 그래서 인도의 철학자 라다크리슈난(S. Radhakrishnan, 1888~1975)은 '불행하게도 업론業論은 마음이 약해지고 최선을 다하고자 하는 열정을 잃을 때, 운명론과 혼동되었다. 타락과 겁약의 구실이 되고, 절망의 말이 되었다. 결국 희망을 전하는 말을 잃어 버렸던 것이다'라고 『힌두교적 인생관』Hindu View of Life에서 지적한 바 있다.

만약 불교에서 말하는 업설을 숙명론이나 결정론으로 이해한다면 그것이야말로 불교의 왜곡이요 반불교적 태도라 하겠다. 솔직히 우리의 주변에서도 불교의 업설을 숙명론으로 오해하는 이들도 많은데 그것은 다음과 같은 말을 잘못 해석한 탓이라 생각된다.

'과거에 한 짓을 알고자 하면 지금 받는 것을 보면 되고 미래의 결과를 알고 싶으면 지금 네가 하는 일을 보라'고 한 말씀은 현재의 불행을 과거에서 찾는 숙명론을 말한 것이 아니라 과거의 잘못이 현재의 불행을 초래하였으니 장차 불행을 당하지 않으려면 현재의 불행을 탓하기에 앞서 적극적으로 현실을 살아가라는 미래지향적인 가르침이다. 결론적으로 말해서 인과응보로서 인과론을 현재에서 과거를 향해 볼 것이냐 현재에서 미래를 향하여 볼 것이냐의 관점의 차이에서 업설은 숙명론도 되고 창조적 철학도 될 수 있는 것이다. 지난날에 대해 철저히 반성하고 뉘우치되 과거 지향적이거나 과거에 묶여 있어서는 안 된다고[52] 말하는 까닭이 여기에 있다.

업설은 서로 모순되는 양면성을 내포하고 있다. 개인의 행위에 대하여 그 책임의 소재를 분명히 하지만 다른 한편으로는 사회적 · 경제적 · 육체적 불평등을 합리화시키거나 옹호할 수 있는 논리로도 활용할 수 있다는 점이다. 붓다는 자신의 행동거지에 대한 자기 책임을 강조하는 논리로 썼지만 바라문들은 불평등을 제도화하고 합리화하는 논리로 썼다. 또한 업설의 필연성은 운명론으로 귀결될 수밖에 없다. 붓다는 육사외도 가운데 맛칼리 고살-라Makkhali Gosāla를, 업설을 기계적으로 이해하는 사람으로 보고 가장 나쁘게 평가했다.

저자 후기

인도가 낳은 세계적인 철학자 라다크리쉬난은 종교는 성전聖典이 아니라 오직 진실[reality]의 통찰洞察이라고 말했듯이, 불교는 나에게 단순한 믿음이나 관습의 차원을 넘어 진실을 통찰하는 철학과 같은 것이었다.

고따마 붓다는 나에게 인생을 전체적으로 통찰하는 눈을 열게 해주었고, 맹목적 믿음은 또 하나의 정신적 혼란일 뿐 결코 정신적 성숙으로 이끄는 길이 못됨을 눈뜨게 해주었다. 나는 붓다를 신처럼 믿고 매달리는 신앙인信仰人이 아니라 고따마 붓다에게 길을 배우고 그 길을 걸으려는 불교인佛敎人일 뿐이다. 내가 고따마 붓다를 통해 주체적이고 자유로운 세계를 만나 행복했듯이 다른 이들도 이 행복의 길에 나섰으면 좋겠다는 마음에서 불교를 말해왔다.

나는 이 책을 쓰면서 불교를 쉽게 설명하려고 애썼지만 내 자신의 어휘 실력이 부족하여 뜻을 달성하지 못하고 있는 것 같다. 하지만 가능하면 우리에게 이미 익숙해진 한문 술어일지라도 산스끄리뜨를 풀어서 원뜻을 쉽게 설명하려고 노력했다. 예를 들면 구부득고求不得苦를 '자기의 손에 넣으려고 시도하는 모든 노력이 산산 조각날 때 생기는 심리적 갈등'이라 풀었고, 유루선有漏善은 '선행을 하면서 남들의 이목이나 평판에 신경을 쓰는 것'이라 풀어내는 것이 훨씬 이해가 쉬울 것이라 본다.

그러나 산스끄리뜨 문법이 중국이나 우리말 문법과 다르고, 인도인들의 표현방법과 중국인들의 표현방법 그리고 우리말 표현방법이 꽤나 다르기 때문에 원뜻을 그대로 살려내기란 결코 용이하지 않다는 것을 절실하게 느겼다. 산스끄리뜨는 능동적 표현보다 수동적 표현이 더 일반적인데 비해 우리말은 수동적 표현보다 능동적 표현이 훨씬 자연스럽다. 예를 들어 산스끄리뜨식 표현은 '나에 의해 들려졌다'지만 우리말식 표현은 '내가 들었다'가 적절하다. 이런 표현의 차이는 주관적인 선입견을 배제하고 듣는다고 보느냐 나의 관심을 통해서 듣는다고 보느냐로 들음에 대한 본질적인 시각의 차이를 드러낸다.

역사적으로 볼 때, 불교는 바라문교 문화에서 잉태하여 바라문교를 비판하고 출발하였으니 전통이나 관습에 대해 혁명적 비판의 성격을 띠고 있으면서도 귀족주의적 성향을 안고 있다는 것을 부인할 수는 없을 것 같다. 고따마 붓다가 법을 전했던 대상이 주로 상층계급이었고, 초기의 신도들 역시 상층계급출신이었다는 점에서 그렇고, 불교는 무조건 믿고 매달리는 신앙信仰이 아니라 납득納得하고 실천하는 가르침의 속성상 그럴 수밖에 없다고 본다.

'이 법은 깊고 오묘하여 이해하기 어려우니, 믿고 받아들이며 기꺼이 들으려는 자들을 위해 설하지, 어기대고 혼란스러워하여 아무 득도 없는 자들을 위해 설하지 않으리라'[是法深妙難可解知 今爲信受樂聽者說 不爲觸擾無益者說]고 한 고따마 붓다의 말을 통해서도 귀족주의적 성향을 엿볼 수 있다.

불교는 죽은 다음에 삼악도三惡道의 무시무시한 응보應報가 기다리고 있으니 지옥의 고통이 겁나면 불교를 믿어야 한다고 말하지 않는다. 고따마 붓다는 사후의 지옥을 앞세워 공포감을 조성하는 이가 아니라 사후의 심판이나 지옥에 관계없이 지혜롭고 성숙한 이성적 인간이 살아가는 방식이 어떤 것이어야 하는가를 차분하게 설득하고 있을 뿐이다.

'왕사성이 있고, 왕사성으로 가는 길이 있듯이, 열반은 현존하고 열반에 이르는 길 또한 있으며, 나 또한 그 길을 알려주는 안내자로서 길을 안내해 줄 뿐'이라고 하여 응징하고 심판하는 이가 아니라 오직 길을 가리키는 사람임을 밝혔고, 제자들에게는 '사람들에게 법을 설하게 되더라도 사자가 으르렁거리듯 위협적으로 말하지 말라'고 당부하기도 했다. 전도의 길에 나서는 제자들에게 '처음도 좋고 중간도 좋고 끝도 좋으니 이치에 맞게 조리있는 표현을 갖추어 잘 알아들을 수 있도록 법을 전하라'고 했다.

이 위대한 고따마 붓다의 높고 깊은 가르침을 내가 제대로 이해하고 있는지 늘 반성하였고, 그때마다 내 능력이 부족하여 그 분의 가르침을 제대로 펼쳐내지 못함을 부끄럽게 여길 따름이다. 위협적인 언사가 아닌 차분하고 침착한 목소리로 우리의 이성을 두드리는 고따마 붓다의 가르침이야말로 신학의 시대가 마감한 뒷세상의 길을 제시하는 유일한 가르침이라 말한다면 지나친 독선獨善일까?

원고를 검토해 주신 비구니 법선法船 스님과 지문智文 · 신원信元 두 분 거사님께 감사드리고, 이 책을 간행해 주신 도서출판 문화문고 김종만金鍾晩 사장님께도 감사드린다.

주석

제1부 ‖ 불교의 올바른 이해를 위하여

1 성열 엮음,『부처님 말씀』, 현암사, 2002, 249쪽.

2 雜阿含經 제46;1240경:<2-339하> 謂老病死 如是三法 一切世間所不愛念 若無此三法世間不愛念者 諸佛世尊不出於世 世間亦不知有諸佛如來.

3 雜阿含經 제34; 965경;<2-247하> 知者智者 我爲諸弟子而記說道 令正盡苦究竟苦邊.

4 성열, 『부처님 말씀』, 현암사, 2002, 18쪽, M.N. I. p,180, Formerly I as well as now, lay down simply anguish and the stopping of anguish.

5 Jt. Vol. IV. p,55. I pray only for exists, but you are mourning for what does not exist.[ⓟ ahaṁ tāva paññāyamānaṁ patthemi, tvaṁ pana apaññāyamānassa.]

6 大島泰郎 지음, 배태홍 옮김,『생명의 탄생』, 전파과학사, 1987.

7 레닌 지음, 정광희 옮김,『유물론과 경험비판론』, 도서출판 아침, 1989, 75쪽.

8 『철학사전』, 도서출판 중원문화, 1989.

9 大乘起信論:<32-580상>.

10 본문 번역과 주석 딸린『대승기신론통석』(이홍우 지음, 김영사, 2006, 411쪽).

11 吳杲山著/『大乘起信論講義』寶蓮閣, 1977, 255쪽.

12 위의 책 256쪽.

13 大智度論 제27:<25-259중> 一切法 所謂色無色法 可見不可見.

14 원효 지음, 은정희 역주,『대승기신론소・별기』일지사, 1991, 318쪽.

15 아일랜드 교회의 대주교인 제임스 어셔(1581~1656)는 성서에 나오는 모든 인물들의 나이를 계산하여 B.C 4004년 10월 23일에 천지를 창조하였다는 결론을 내려 그 권위를 인정받았었다.

16 은폐는 니구-하나(nigūhana)로 숨기다 또는 사물을 알기 어렵게 하다라는 뜻을 가진 동사(ni-√guh)에서 온 중성명사로 숨기는 행위를 뜻하고, 여기서 말한 현전이란 쁘라띠우빠스타-나(pratyupasthāna)로 명백히 한다거나 환기한다는 뜻의 동사(praty-upa-√sthā)에서 온 중성명사로 근접이란 뜻이다. 이 말을 어학적으로 분석하면 '서 있다, 자리를 차지하고 있다'는 뜻을 가지고 있는 제1류동사 어근(√sthā)에 이중의 접두사가 붙어있는 말인데, 접두사쁘라띠(prati)나 우빠(upa)는 '가까이' 라는 뜻이다. 그러니까 여기서 말하는 현전은 다른 어떤 것보다 가까이 다가서거나 다른 것에 앞서 먼저 다가서는 것을 의미한다. 그리고 소외는 위요자나(viyojana)인데, 잘라서 떼어 놓는다는 동사(vi-√yuj)에서 온 중성명사로

분리나 이탈이란 뜻이다. 그 자체에서 이탈시킨다는 뜻이다.

17 景德傳燈錄 제3:<51-221중> 無名作名 因其名則是非生矣 無理作理 因其理則爭論起矣.

18 楞伽師資記:<85-1283상> 衆物無名 由心作名 諸相無相 由心作相 但自無心 則無名相.

19 入楞伽經 제2;<16-524상> 言說離眞實 眞實離名字.

20 景德傳燈錄 제15:<51-321하> 良价問 無情說法什麽人得聞 雲巖曰無情說法無情得聞師曰和尙聞否 雲巖曰 我若聞汝卽不得聞吾說法也 曰若恁麽卽良价不聞和尙說法也 雲巖曰我說法汝尙不聞 何況無情說法也 師乃述偈呈雲巖曰 也大奇 也大奇 無情說法不思議 若將耳聽聲不現眼處聞聲方可知……後因過水覩影大悟前旨 因有一偈 切忌從他悟 迢迢與我疏.

21 yathā-bhūtam-darśana ⓟ yathā-bhūtam passati ⓔ see as it really is.

22 華嚴經 제16:<10-83상> 言語說諸法 不能顯實相.

23 大乘密嚴經　하:<16-767상> 以名分別法 法不稱於名.

24 入楞伽經 제5;<16-545중> 若取聲爲實 如蠶繭自纏.

25 肇論:<45-152하> 夫以名求物 物無當名之實.

26 필자의 『산쓰끄리뜨문 금강경공부』, 현암사, 2005, 30쪽. 『금강경』의 논증방식 참고 바람.

27 雜寶藏經 제10:<4-497하> 一切狡猾 諂僞詐惑 外狀似直 內懷姦欺 是故 智者應察眞僞.

28 大方廣佛華嚴經隨疏演義鈔 제32:<36-249상> 若名卽物召火卽應燒口 若物卽名見物卽應知名.

29 大般涅槃經 제33:<12-827하> 若人信心無有智慧 是人則能增長無明.

30 두산동아 판 『새국어사전』<2006, 제5판 2쇄 발행> * 국어국문학회에서 감수한 『국어대사전』(민중서관)에는 '신(神)이나 또는 어떤 초월적인 절대자를 인정하여 일정한 양식 아래 그것을 믿고, 숭배하고, 신앙하는 것에 의하여 마음의 안락과 행복을 얻으려고 하는 정신문화의 한 체계'라고 하여 크게 다를 것이 없다.

제2부 ‖ 정통의 불교

1 阿毘達磨大毘婆沙論 제183;<27-918상> 問何故世尊不決定說法住時分耶 答欲顯正法隨行法者住久近故 謂行法者 若行正行恒如佛在世時 及如滅度未久時者 則佛正法常住於世 無有滅沒若無如是行正法者則彼正法速疾滅沒.

2 唯識論:<31-66중> 言阿含者 謂佛如來所說言教.

3 성열, 『부처님말씀』, 현암사, 2002, 170쪽, 174쪽.
箭喩經:<1-805상> 世有常 世無有常 世有底 世無底 命卽是身 爲命異身異 如來終 如來不終 如來終不終 如來亦非終亦非不終耶…… 我不一向說此 此非義相應 非法相應 非梵行本 不趣智不趣覺不趣涅槃…… 何等法我一向說耶 此義一向說 苦苦習苦滅苦滅道跡 我一向說 以何等故 我一向說此此是義相應 是法相應 是梵行本 趣智趣覺趣於涅槃 是故我一向說此 是爲不可說者則

不說可說者則說 當如是持 當如是學.

4 雜阿含經 제34;957경:<2-244상> 婆蹉種出家白佛言 云何 瞿曇 命卽身耶 佛告婆蹉種出家 命卽身者 此是無記. 云何 瞿曇 爲命異身異耶 佛告婆蹉種出家 命異身異者 此亦無記.

5 雜阿含經 제13:<2-91중> 彼但有言說 問已不知 增其疑惑 所以者何 非其境界故.

6 S.E.D. p,491. col.3.column. this world, mundane existence, the present.

7 모음 'e' 다음에 'a 이외의 모음'이 오면 'a'+'a 이외의 모음'이 되기 때문이다.

8 P.E,D. p,320. col.2. already or even in the present existence.

9 P.E.D. p,336. col.2. in the phenomenal world,

10 'buddha'는 '√budh'의 과거수동분사인데, '√budh'는 '오관으로 지각하다'(perceive)라는 뜻을 가지고 있다.

11 성열, 『부처님 말씀』, 현암사, 2002, 245쪽~247쪽.

12 신의 존재 증명은 크게 세 가지로 나눌 수 있다. 신은 전지전능한 존재이므로 당연히 존재해야 한다는 것을 논리적으로 추리하려는 것이 존재론적 증명(ontological proof)인데, 전지전능하다는 것은 신의 개념이고, 존재한다는 것은 사실인데, 개념에서 사실이 도출되지 않으니 이런 증명은 개념과 사실의 혼돈에서 비롯된 오류일뿐이다.

모든 존재는 그 원인이 있다는 경험에 바탕을 두고 우주의 창조자인 신이 존재해야 한다는 것을 논리적으로 증명하려는 것이 우주 생성에 의한 증명(cosmological proof)인데, 만약 신이 우주생성의 원인이라면 신이 있게 된 원인은 무엇인가를 물어야 할 것이니, 인과론적 증명은 결국 무한소급으로 이어질 수밖에 없다. 무한을 생각할 수 없어서 제일원인이나 창조신의 개념을 도입하는 것은 그 자체가 인과관계를 단절하는 것이니 모순이다.

모든 행동은 어떤 목적에서 움직이는데, 그 목적은 전지전능한 신의 뜻에 의해 결정되었다는 것을 증명하려는 것이 목적론적 증명(teleological proof)인데, 어떤 목적이 없는 물리적 현상도 얼마든지 있을 수 있으니 그 역시 실패할 수밖에 없다.

13 漏盡經;<1-432상> 定無所從來 定不有 定不當有 是謂見之弊 爲見所動 見結所繫.

14 雜阿含經 제14:<2-93하> 汝之所說 實如佛說 不謗如來

15 大本經:<1-7중> 名色從識起 識是名色緣…… 緣識有名色…… 識滅故名色滅.

大緣方便經:<1-61중> 名色由識 緣識有名色…… 識由名色 緣名色有識.

16 阿毘達磨順正理論 제77;<29-757중> 名色與識相依 如二蘆束相依住.

17 大智度論 제24:<25-237중> 識出名色更有法無是處.

18 俱舍論記 제1;<41-1중> 西方造論皆釋佛經 經教雖多 若有三種 謂三法印 一諸行無常 二諸法無我 三涅槃寂靜 此印諸法故名法印 若順此印卽是佛經 若違此印卽非佛說.

19 雜阿含經 제10:262경:<2-66중> 佛般泥洹未久…… 時長老闡陀…… 從經行處至經行處 處處請諸比丘言 當教授我爲我說法 令我知法見法 我當如法知如法觀 時諸比丘語闡陀言色無常 受

想行識無常 一切行無常 一切法無我 涅槃寂靜.

20 大智度論 제22:<25-223상> 是三印 一切論議師所不能壞.

21 雜阿含經 제13:319경:<2-91상> 一切者 謂十二入處.

22 阿毘達磨大毘婆沙論 제73;<27-378하> 言一切者謂名與色.

23 平川 彰編『佛教 漢梵大辭典』靈友會, 1997, p.1088.

24 P.E.D. p,665. col,1. sabbe sankhārā means "everything, all physical and visible life, all creation."...Thus sankhārā are in the widest sense the "world of phenomena".

25 Jt. vol. IV. p,307. In time all brought to nothing they shall be.

26 S.N, II, p.12.

27 中論 제4:<30-33상> 以有空義故 一切法得成 若無空義者 一切則不成.

28 楞伽師資記:<85-1283상> 如無自說 說則非如 如本無知 知非如矣.

29 華嚴經 제16:須彌頂上偈讚品:<10-83상> 言語說諸法 不能顯實相.

30 入楞伽經 제2;<16-524상> 言說離眞實 眞實離名字.

31 산스끄리뜨에서 추상명사를 나타내는 접미사는 '-tva'와 '-tā'들이다. 'sattva'[중생]는 'sat'[有]의 추상명사이고, 'śūnyatā'[空性]는 'śūnya'[空]의 추상명사이다.

32 大般涅槃經 제40:<12-603중> 無相之相名爲實相.

33 大乘起信論:<32-576상> 言眞如者 亦無有相.

34 新譯大乘起信論序:<32-583하> 夫眞如者物之性也.

35 成唯識論述記:<43-500하> 眞如亦名爲相無相之相 所以經言皆同一相所謂無相.

36 金光明經文句記:<39-113상> 實相無相當云何念 必以無念之念念無相之相.

37 大乘起信論:<32-579상> 若心起見則有不見之相.

38 大乘起信論:<32-579상> 心性離見卽是遍照法界義.

39 金光明經文句記;<39-113상> 實相無相當云何念 必以無念之念 念無相之相.

40 首楞嚴經疏注經 第二之二:<39-854중> 實相無相 卽見無見.

41 增一阿含經 제20; 4경: <2-652중> 地種有二 或內或外 內地種是無常法變易之法 外地種者 恒住不變易 是謂地有二種 不與有常無常相應.

42 阿毘達磨順正理論 제32;<29-521중> 分析諸色 至一極微 故一極微 爲色極少 不可析故.

43 원자를 뜻하는 'atom'은 그리스어로 '분석할 수 없음'을 뜻한다.

44 佛性論 제4;<31-812중> 一切諸法 未分析時 是名爲有 若分析竟 乃名爲空.

45 阿毘達磨俱舍論 제1;<29-3하> 變礙故名爲色 若爾極微應不名色 無變礙故.

46 阿毘達磨大毘婆沙論 제75;<27-390상> 極微一一雖無變礙而多積集卽有變礙.

47 阿毘達磨大毘婆沙論 제8;<27-37중> 極微是常各別住故 此各別住 非無常因 是故極微決定常住.

48 阿毘達磨藏顯宗論 제5:<29-799상> 有對色中最後細分 更不可析曰極微.

49 阿毘達磨藏顯宗論 제5:<29-799상> 衆微和合不可分離 說爲微聚.

50 阿毘達磨藏顯宗論 제17:<29-855중> 極微略有二種 一實 二假 其相云何 實謂極成色等自相於和集位 現量所得 假由分析比量所知 謂聚色中以慧漸析 至最極位.

51 成實論 제4:<32-272상> 身合識故名爲身.

52 阿毘達磨俱舍論 제2:<29-9상> 身等色根不名所斫 非可全斷令成二故 非身根等可成二分 支分離身則無根故.

53 阿毘達磨大毘婆沙論 제97;<27-503상> 問變與壞有何差別 答變者顯示細無常法 壞者顯示麤無常法 復次變者顯示刹那無常 壞者顯示衆同分無常 復次變者顯示內分無常 壞者顯示外分無常 復次變者顯示有情數無常 壞者顯示非情數無常.

54 阿毘達磨大毘婆沙論 제60;<27-310상>.

55 大般涅槃經 제13:<12-687하> 以法相似念念生滅 凡夫見已計之爲常.

56 阿毘達磨大毘婆沙論 제151;<27-772중> 刹那刹那起滅相續故名爲轉則是遷流 非凝住義.

57 阿毘達磨大毘婆沙論 제39;<27-202상>.

58 阿毘達磨大毘婆沙論 제8;<27-38하>諸色法相似相續.

59 增一阿含經 제42:<2-778하> 云何名爲色耶 四大及四大所造色 是謂名爲色.

60 舍利弗阿毘曇論 제3:<28-543상> 云何四大 地大水大火大風大 是名四大.

61 阿毘達磨品類足論 제1:<26692중> 所造色者 謂眼根耳根鼻根舌根身根色聲香味 所觸一分.

62 增一阿含經 제20:<2-652상> 髮毛爪齒身體皮膚筋骨髓腦腸胃肝膽脾腎 是謂名爲內地種…… 諸有堅牢者 此名爲外地種…… 唌唾淚尿血髓 是謂名爲內水種 諸外軟溺物者 此名爲外水種…… 所食之物 皆悉消化無有遺餘 此名爲內火…… 諸外物熱盛物 此名爲外火種…… 所謂脣內之風 眼風頭風出息風入息風 一切支節之間風 此名爲內風…… 所謂輕飄動搖 速疾之物此名爲外風.

63 增一阿含經 제20; 4경: <2-652중> 地種有二 或內或外 內地種是無常法變易之法 外地種者 恒住不變易 是謂地有二種 不與有常無常相應.

64 雜阿含經 제7:<2-44상> 四大和合士夫 身命終時 地歸地水歸水火歸火風歸風.

增一阿含經 제20:<2-652상> 人命終 地卽自屬地 水卽自屬水 火卽自屬火 風卽自屬風

* 바로 이런 사상이 『원각경』으로 이어져, '지금 나의 몸은 사대가 화합하여 만들어졌다. 이른바 머리카락 · 손톱 · 치아 · 근육 · 뼈 등은 모두 땅으로 돌아가고, 콧물 · 피고름 · 침 · 눈물 등은 모두 물로 돌아가고, 따뜻한 기운은 불로 돌아가고, 움직임은 바람으로 돌아간다. 사대가 각각 흩어지면 지금의 허망한 몸은 어디에 있는가'라고 했다. 『원각경』의 이 말은 죽음을 맞이한 망자(亡者) 앞에서 읽히는 글이 되어 왔다.

65 雜阿含經 제7:<2-44상> 諸衆生此世活 死後斷壞無所有 四大和合士夫 身命終時 地歸地水歸水火歸火風歸風 根隨空轉…… 若有說者 彼一切虛誑妄說 若愚若智 死後他世 俱斷壞無所有.

66 A.토인비, A. 퀘슬러 편저, 이성범역, 『죽음, 그리고 삶』, 범양사, 1980, 14쪽.

67 增一阿含經 제20; 4경:<2-652중> 無常之法亦不與有常幷 所以然者 地種有二 或內或外 爾時內地種 是無常變易之法 外地種者 恒住不變易 是謂地有二種 不與有常無常相應 餘三大者亦復如是 不與有常無常共相應.

68 象跡喩經;<1-464하> Mahahatthipadopamasutta:<M.N.I. p,231>.

69 增一阿含經 제36:<2-749상>.

70 增一阿含經 제18:<2-639상>.

71 雜阿含經 제10:<2-66중>.

72 雜阿含經 제13:321경:<2-91중> 云何爲一切法 佛告婆羅門 眼及色眼識 眼觸 眼觸因緣生受 若苦若樂不苦不樂 耳鼻舌身意法意識 意觸 意觸因緣生受 若苦若樂不苦不樂 是名爲一切法 若復有言此非一切法 沙門瞿曇所說一切法 我今捨更立一切法者 此但有言數問已不知 增其癡惑 所以者何 非其境界故.

73 金剛三昧經;<9-372중> 分別諸法更無異事出於名色.

74 阿毘達磨順正理論 제11;<29-396상> 法有二種 謂名及色.

75 접두사 안(an-)은 부정의 접두사 아(a-)가 모음 앞에 올 때 쓰는 형식인데, 그 의미는 '부정'(否定, negative)을 나타낸다. 단순한 부정이기보다 '반대'(反對, contrary)의 뜻을 타내거나 본래 가지고 있던 성질이나 상태를 '제거'(除去, privative)하는 뜻을 나타내기도 한다. 그래서 'anātman'를 무아(無我)라고 번역하기도 하지만 비아(非我)라고 번역하기도 한다.

76 大佛頂如來密因修證了義諸菩薩萬行首楞嚴經 제3:<19-118상>識心分別計度 但有言說都無實義.

77 大乘起信論:<32-576상> 一切言說假名無實 但隨妄念 不可得.

78 注大乘入楞伽經 제4:<39-462상> 言一切法但有言說 都無實義 故引龜毛兎角喩之.

79 禪宗永嘉集:<48-391상> 法無定相 隨緣搆集.

80 菩提心離相論:<32-542중> 所言心者而但有名 彼名亦復無別可得 但以表了故 彼名自性亦不可得.

81 宗鏡錄 제98:<48-942하> 若心想所思 出生諸法 虛假合集 彼皆不實 何以故 心尙無有何所出法若取諸法 猶如分別虛空 如人取聲 安置篋中 亦如吹網 欲令氣滿.

82 入楞伽經 제9:<16-577중> 諸法無法體而說惟是心.

83 大方廣佛華嚴經 제8:<9-443하> 法本無眞主 但有假言說.

84 維摩詰所說經:<14-531중> 色空不色敗空 色之性空, 維摩詰所說經:<14-551상> 色卽是空非色滅空 色性自空.

85 大智度論 제35:<25-318하> 若聞無我則易可解 色等諸法現眼所見 若初言空無則難可信.

86 雜阿含經 제18:<2-126중> 涅槃者 貪欲永盡 瞋恚永盡 愚癡永盡 一切諸煩惱永盡 是名涅槃.

87 雜寶藏經 제2:<4-455상> 一切衆生皆有三火 貪欲瞋怒愚癡之火 我以智水 滅此三火.

88 入楞伽經 제5:<16-542하> 涅槃離於識.

89 楞伽阿跋多羅寶經 제2:<16-496상> 妄想識滅 名爲涅槃.

90 楞伽阿跋多羅寶經 제3:<16-496상> 非以見壞 名爲涅槃.

91 大乘莊嚴經論 제11:<31-646상> 四法印者 一者一切行無常印 二者一切行苦印 三者一切法無我印 四者涅槃寂滅印.

92 yathā-bhūtam-darśana=see as it really is.

93 yathā-bhūtam-prajānāti=understand as it really is.

제3부 ‖ 다르마Dharma

1 過去現在因果經 제4:<3-652중>.

2 中本起經 상:<4-153하>.

3 普曜經 제8:<3-533하>.

4 華嚴經 제42:<9-665중>, 勝天王般若波羅蜜經 제1:<8-693상>.

5 華嚴經 제8:<10-699하> 得無垢女經:<12-100중>.

6 增一阿含經 제31:<2-719상>.

7 新歲經:<1-860상>.

8 필연을 의미하는 니야-마(niyāma)는 '붙잡다, 억제하다'(ni-√yam)라는 동사에서 온 남성명사로 억제하는 어떤 조건 아래에 있는 것이란 뜻이고, 공(功)을 의미하는 구나(guṇa)는 '무엇을 붙들다'(√grah)라는 동사에서 온 남성명사로 끈으로 꿴 것이란 뜻이다. 그러니까 정해진 원인에서 달라진 결과를 끈으로 꿰매고 있다는 의미를 내포하고 있다. 가변을 의미하는 빠리나마 띠는 '뜻을 굽히다, 웅크리다'(pari-√nam)라는 동사에서 온 말로 조건을 따라 바뀌고 변한다는 뜻이다.

9 업을 말하는 까르만(karman)은 '하다, 만들다'라는 뜻을 가진 제8류동사 어근(√kṛ)에서 온 중성명사로 '행동, 활동, 행위' 등을 뜻하며, 과보를 의미하는 위빠-까(vipāka)는 다르다는 의미의 접두사 위(vi)가 '익히다, 굽다, 요리하다, 진전시키다'라는 뜻을 가진 제1류동사 어근(√pac)에서 온 남성명사로 '익음, 요리'를 뜻하는 빠-까(vāka)에 붙여져 이숙(異熟)이라 한역하는 말이다. 이숙이란 내용적으로 다르게, 시간적으로 다른 때에 성숙되었다는 뜻이다.

10 성열, 『부처님 말씀』, 현암사, 2002, 203쪽을 참고바람.

11 雜阿含經 제13:335경:<2-92하>.

12 佛地經論 제5:<26-314상> 緣起有二 謂內及外 內緣起者 謂無明等十二有支 外緣起者謂種芽等 一切外物 內者應以雜染清淨二分行相順逆觀察 外者應以此有故彼有此生故彼生行相觀察.

13 雜阿含經 제12:296경:<2-84중> 我今當說因緣法及緣生法 云何爲因緣法 謂此有故彼有……
若佛出世 若未出世 此法常住 法住法界 彼如來 自所覺知 成等正覺 爲人演說 開示顯發……
此等諸法 法住法空法如法爾 法不離如 法不異如 審諦眞實不顚倒 如是隨順緣起 是名緣生法.

14 自在王菩薩經 상:<13-930상> 以見緣生法故見法 以見法故見如來.

15 大乘入諸佛境界智光明莊嚴經 제4:<12-261하> 若見緣生卽能見法 若能見法卽見如來.

16 大般涅槃經集解:<卍續藏經:94-217상> 眞理自然 悟亦冥符 眞則無差 悟亦容易.

17 雜阿含經 제14:347경:<2-97하> 先知法住後知涅槃 彼諸善男子 獨一靜處 專精思惟 不放逸住
離於我見 不起諸漏 心善解脫.

18 大般若波羅蜜多經 제370:<6-908중> 如來出世若不出世 法界常住諸法一相所謂無相如是無
相旣非有相亦非無相.

19 雜阿含經 제12; 293경:<2-83하> 空相應緣起隨順法.

20 雜阿含經 제47:1258경:<2-345중> 空相應隨順緣起法…… 空相要法 隨順緣起.

21 淨不動道經:<1-542중> 空有常 空有恒 空長存 空不變易.

22 中論 제4:<30-33상> 以有空義故 一切法得成 若無空義者 一切則不成.

23 黃蘗山斷際禪師傳心法要:<48-381상> 空本無空唯一眞法界耳.

24 達磨多羅禪經 上:<15-301중> 色不離如 如不離色 色則是如 如則是色.

25 산스끄리뜨에는 추상명사를 나타내는 어미가 '-tva'와 '-tā' 두 가지가 있다. sat의 추상명사는
sattva이다. sattva는 살아 있는 것들이란 뜻에서 중생(衆生)이라 한다. 살아 있는 것들은 정
(情)을 가졌다고 하여 유정(有情)이라고도 한다.

26 法華經 제1:<9-9중> 佛種從緣起 是法住法位 世間相常住.

27 雜阿含經 제13:335경:<2-92하> 俗數法者 謂此有故彼有 此起故彼起.

28 增一阿含經 제30:<2-714상> 假號法者 此起則起 此滅則滅.

29 阿毘達磨法蘊足論 제11:<26-505상> 若佛出世 若不出世 如是緣起法住法界……此中所有法
性法定法理法趣 是眞是實是諦是如 非妄非虛非倒非異 是名緣起.

30 大乘入楞伽經 제4:<16-608중> 若佛出世 若不出世 法住法位法界法性皆悉常住.

31 大方廣佛華嚴經隨疏演義鈔:<36-55하> 故智論說 法性法界法住法位 皆眞如異名.

32 大方廣佛華嚴經 제7:<9-442중>.

33 華嚴經義海百門:<45-628하> 因緣故法生 因緣故法滅 由生時是無性生 由滅時是無性滅 以無
性故生卽不生 滅亦不滅.

34 象跡喩經:<1-467상> 若見緣起便見法 若見法便見緣起.

35 大方等大集經 제17;<13-116하> 若見因緣則見法 若見法者則見如來 若見如來者卽見如.

36 四分律行事鈔資持記:<40-273상> 如來者獨指釋迦.

37 雜阿含經 제12:<2-85중> 緣起法者 非我所作 亦非餘人作.

38 別譯雜阿含經 제5:101경:<2-410중> 過去現在諸如來 未來世中一切佛 是諸正覺能除惱一切 皆依法爲師 親近於法依止住 斯是三世諸佛法 是故欲尊於己者 應先尊重敬彼法 宜當憶念佛所教 尊重供養無上法.

39 大因經:<1-578중> 大緣方便經:<1-60중>.

40 성열, 『고따마 붓다』, 도서출판 문화문고, 2008, 제1장 7. 사상계의 변동을 참고바람. 철학용어로서 유물론은 움직이는 물질이 우주의 근본적인 구성요소라는 철학적 견해를 가리킨다. 이런 의미에서 소크라테스 이전 그리스의 철학자들은 유물론자였다. 반대로 관념론이란 현실을 구성하는 것이 항상 변화하는 감각세계가 아니라 무형의 본질, 그러니까 관념이라고 생각하는 철학을 가리킨다. 관념론이라는 이름이 처음 붙여진 철학체계는 플라톤의 것이었다. 마르크스는 존재론적으로 유물론적 철학자였지만 유물론이니 관념론이니 하는 식의 문제에는 아무런 관심도 없었고 그런 문제를 거의 다루지도 않았다.…… 사실 마르크스는 '사적 유물론'이나 '변증법적 유물론'이라는 용어를 사용한 적도 없다.…… 마르크스의 철학은 관념론도 유물론도 아니고 그 종합으로서의 인본주의 및 자연주의라고 주장할 수 있는 것이다[에리히 프롬 지음, 최재봉 옮김, 『에리히 프롬, 마르크스를 말하다』, 에코의서재, 2007].

41 中論 제4:<30-33중> 衆因緣生法 我說卽是空 亦爲是假名 亦是中道義.
Yaḥ pratītyasamutpādaḥ śūnyatāṃ tāṃ pracakṣmahe, śā prajñaptir upādāya pratipat saiva madhyamā.

42 佛祖統紀 제6:<49-178하> 諸法無非因緣所生而此因緣有不定有 空不定空 空有不二名爲中道.

43 雜阿含經 제34:961경;<2-245중> 我若答言有我 則增彼先來邪見 若答言無我 彼先癡惑 豈不更增癡惑 言先有我從今斷滅 若先來有我則是常見 於今斷滅則是斷見 如來離於二邊 處中說法.

44 大智度論 제26:<25-253하> 佛處處說有我 處處說無我者 若人解佛法義 知假名者說言有我 若人不解佛法義 不知假名者說無我 復次佛爲衆生欲墮斷滅見者 說言有我受後世罪福 若人欲墮常見者 爲說言無無作我者受者 離是五衆假名 更無一法自在者.

45 四分律 제32;<22-788상> 比丘出家者 不得親近二邊 樂習愛慾 或自苦行 非賢聖法 勞疲形神 不能有所辦 比丘除二邊已 更有中道 眼明智明永寂休息 成神通 得等覺 成沙門涅槃行 云何名中道…… 此賢聖八正道…… 四聖諦.

46 大乘離趣六波羅蜜多經 제2:<8-871중> 深入緣起能離有無 行於中道離我我所.

47 淸淨經:<1-76상> 此實餘虛耶 如此語者佛所不許 所以者何 此諸見中各有結使 我以理推 諸沙門婆羅門中 無與我等者 況欲出過 此諸邪見但有言耳 不中共論.

48 위자태(爲自態)란 아-뜨마네빠다(Ātmanepada)로 동사가 나타내는 행위가 자신을 위한 것을 말하며, 타인을 위한 것일 때는 빠라스마이빠다(Parasmaipada)로 위타태(爲他態)라고 한다. 예를 들어 '하다'라는 제8류동사 어근(√kr)의 직설법 현재 삼인칭 단수 위타태는 까로띠

(karoti)로 '남을 위해서 한다'는 뜻이고, 위자태는 꾸루떼(kurute)로 '자신을 위해서 한다'는 뜻이다. 산스끄리뜨는 조금은 복잡하지만 그 의미를 분명하게 나타내는 장점을 가지고 있다. 그리고 연성이란 산스끄리뜨에서 단어와 단어가 만날 때 앞단어의 말미의 음과 다음에 오는 단어의 처음 음 사이에 변화가 생기는 것을 말하는데, 발음을 원활하게 하기 위한 것으로 모음에서는 연속을 피하고, 자음에서는 동화작용을 중점에 두고 있다.

49 四分律行事鈔資持記:<40-273상> 如來者獨指釋迦.

50 사물의 본바탕을 의미하는 바-와(bhāva)는 '~이다, ~가 되다'의 뜻인 제1류동사 어근(√bhū)에서 온 남성명사로 우리의 의식이나 주관과는 관계없이 독립하여 객관적으로 존재하는 것이란 뜻이고, 아바-와(abhāva)는 바-와의 반대의 뜻으로 비존재(非存在)를 의미한다. 니히스와바-와(niḥsvabhāva)는 존재를 의미 하는 바-와(bhāva)와 자기 자신을 뜻하는 스와(sva)가 합성된 스와바-와에 부정의 접두사 니히(niḥ)가 붙여진 말로 자기 자신의 존재가 아닌 것을 의미한다.

51 大智度論 제82:<25-639상> 如名諸法實相 大智度論 제55:<25-454중>諸法實相…… 亦名如.

52 大智度論 제93:<25-710중> 無爲法是眞實法 所謂如法性實際.

53 大智度論 제95:<25-725하> 諸法實相如法性法住法位實際是平等.

54 大智度論 제5:<25-99중> 除諸法實相 餘殘一切法 盡名爲魔.

55 放光般若經 제12:<8-84상> 佛從如生無去無來.

56 필자의 『산스끄리뜨문 금강경공부』, 현암사, 2005, 260쪽~263쪽 참고바람.

Tathāgata iti bhūta-tathatāyā etad adhivacanam이란 말을 구마라집은 如來者卽諸法如義로 번역했고, 보리유지(菩提留支)는 言如來者卽實眞如라 했고, 진제(眞諦)는 如來者眞如別名이라 했으며, 의정(義淨)은 言如來者卽是實性眞如之異名也라 했다.

57 摩訶般若波羅蜜經 제27:<421중> 諸法如卽是佛.

58 大方等大集經 제17:<13-116하> 若見如來則見如.

59 大智度論 제70:<25-546상> 佛得是一切諸法如已爲衆生說.

60 大方廣佛華嚴經隨疏演義鈔 제85:<36-667상> 疏以如爲佛則無境非如者 大品法尙答常 啼云 諸法如卽是佛 金剛云 如來者卽諸法如義 旣以如爲佛 一切法皆如也 何法非佛耶.

61 大寶積經 제103:<11-578상> 若人欲求見如來者 當作斯觀 如實眞際覺了 是中無有一 物可分別者.

62 大乘起信論:<32-577상> 所言不覺義者 謂不如實知眞如法一故.

63 如來莊嚴智慧光明入一切佛境界經:<12-247상> 因緣義者卽是法義 法義者卽是如義 是故言見 因緣者卽是見法 見法者卽是見如來.

64 大乘入楞伽經 제5:<16-619중> 夫如來者 以淸淨慧 內證法性而得其名 非以心意意識 蘊界處法 妄習得名.

65 景德傳燈錄 제25:<51-410하> 但明自己 不悟目前 此人只具一隻眼.

66 金剛般若經疏論纂要 상:<33-156상> 然有三義 一自覺 覺知自心本無生滅 二覺他 覺 一切法 無不是如 三覺滿 二覺理圓稱之爲滿.

67 所言覺者 現前如實直見 內心諸法如實知 現前者 謂五塵境界 從本已來 離言說相 離名字相 離心緣相 內心諸法者 謂唯心所造者 皆從心起 唯依妄念而有 但有名字 又現前者色法 非心力所作 一切議論所不能破 以言說所傳 不能顯實相 言說離眞實故 眞實離名字故 內心諸法者心法悉依衆生心想生 色法者皆歸於如 色不離如 如不離色 色則是如 如則是色.

68 阿毘達磨大毘婆沙論 제134:<27-692하> 共業增長世界便成 共業若盡 世界便壞.

69 빅토르 아파나세프 지음, 김성환 옮김, 『역사적 유물론』, 백두, 1991, 13쪽.

70 成實論 제2:<32-256상> 時法無實 但以諸法和合生滅故名有時.

71 영어의 패턴(pattern)에 해당하는 산스끄리뜨어는 니다르샤나(nidarśana)인데, 이 말은 '보는 원인이 되다. 자신을 나타내다'라는 동사 어근(ni-√dṛiś)에서 온 중성명사이다. 비슷한 말로 니다르샤나루-빠(nidarśanarūpa)가 있는데, 니다르샤나에 '~로 구성되어, ~로 되어 있는, ~와 같은'의 의미를 가진 루-빠가 합성된 말이다.

72 A.J.토인비著, 崔哲海 譯, 『歷史의 教訓』, 正音社, 1976, 58쪽.

73 이기영 박사는 『正法 隱沒說에 關한 綜合的 批判』에서 無法의 왕들은 '모두 역사적으로 그 침략의 史實이 알려진 외래족임을 밝히고 있다'고 하였다<《佛教學報》 제1집, 東國大佛教文化研究所, 1963>.

74 大方等大集經 제 55:<13-363중> 於我滅後五百年中 諸比丘等 猶於我法解脫堅固 次五百年 我之正法禪定三昧得住堅固 次五百年 讀誦多聞得住堅固 次五百年 於我法中多造塔寺得住堅固次五百年 於我法中鬪諍言頌白法隱沒損減堅固.

75 大乘同性經 권하:<16-651하> 穢濁世中現成佛者當成佛者 如來顯現從兜率下 乃至住持一切正法 一切像法 一切末法.

76 여래멸후후오백세는 산스끄리뜨어로 'anāgate'dhvani paścime kāle paścime samaye paścimāyāṃ pañcaśatyāṃ saddharma-vipralopa-kāle vartamāne'이다. 이 말을 Conze는 'in the future period, in the last time, in the last epoch, in the last 500 years, at the time of the collapse of the good doctrine'라 했고. 현장은 '於當來世後時後分後五百世 正法將滅時分轉時'라 했다[필자의 『산스끄리뜨문 금강경공부』 113쪽을 참조 바람].

77 雜阿含經 제32;906경:<2-226하> 譬如劫欲壞時 眞寶未滅 有諸相似僞寶 出於世間 僞寶出已 眞寶則沒 如是迦葉 如來正法欲滅之時 有相似像法生 相似像法出世間已 正法則滅.

78 S.N. II.p,151. 『A counterfeit Norm』.

79 阿毘達磨大毘婆沙論 제183;<27-918상> 問何故世尊不決定說法住時分耶 答欲顯正法行法者住久近故 謂行法者 若行正行恒如佛在世時 及如滅度未久時者 則佛正法常住於世 無有滅沒

若無如是行正法者則彼正法速疾滅沒.

80 빅토르 아파나셰프 지음, 김성환 옮김, 『역사적 유물론』, 사상사, 1988, 16쪽.

81 別譯雜阿含經 제3; 54경;<2-392중> 王復言曰 佛語誠實 一切生者 會必歸死 佛言 實爾實爾 生必有死 五趣四生 無不終者…… 諸佛正覺 具於十力 有四無畏 得四無礙 能獅子吼 身亦無常 會歸散滅.

82 Jt. vol. III. p,108. For in the case of beings like ourselves, death is certain, life is uncertain: all existing things are transitory and subject to decay.

83 한 사람이 죽으면 그 일족(一族)에 다른 사람이 태어나는 것이니, 생명들의 기쁨과 슬픔은 서로 연관 속에 좌우된다고 하였으니<『부처님 말씀』, 252쪽> 윤회를 내가 죽어서 내가 다시 태어나는 것만으로 볼 필요는 없을 것이다. 인간이 제 핏줄을 남기려는 욕구는 종족의 보존이란 의미와 생의 반복이란 의미에서 이해할 수 있을 것 같다.

84 妙法蓮華經 제5; 如來壽量品; <9-42하> 又復言其入於涅槃 如是皆以方便分別 若有衆生 來至我所 我以佛眼 觀其信等諸根利鈍 隨所應度 處處自說名字 不同年紀大小.

85 思益梵天所問經 제1:<15-36하> 當知佛不令衆生出生死入涅槃 但爲度妄想分別生死涅槃二相者耳.

제4부 ‖ 인식론

1 阿毘達磨大毘婆沙論 제7:<27-34상> 三藏所說要者 唯有十八界十二處五蘊.

2 注大乘入楞伽經 제2:<39-447상> 世間不越三科.

3 雜阿含經 제9:<2-56상>所謂世間者…… 謂眼色眼識眼觸 眼觸因緣生受 內覺若苦若樂不苦不樂耳鼻舌身意法意識意觸 意觸因緣生受 內覺若苦若樂不苦不樂 是名世間.

4 vi-√jñā, pra-√jñā, pari-√jñā, saṃ-√jñā,, abhi-√jñā, ā-√jñā, prati-vi-√jñā, saṃ-pra-√jñā.

5 般若波羅蜜多心經註解:<33-570중> 爲迷心重者 說爲五蘊 爲迷色重者 說爲十二入 爲色心俱迷者 說爲十八界.

6 大寶積經 제86:<11-493중> 言世間者 名爲五蘊 凡夫於此妄生執著.

7 雜阿含經 제8;214경;<2-54상> 有二因緣生識.

8 雜阿含經 제11;273경:<2-72하> 譬如兩手和合相對作聲 如是緣眼色生眼識.

9 入楞伽經 제3:<16-539중> 心依境界縛 知覺隨境生.

10 雜阿含經 제13:319경:<2-91상> 一切者 謂十二入處 眼色耳聲鼻香舌味身觸意法 是名一切 若

復說言此非一切 沙門瞿曇所說一切 我今捨別立餘一切者 彼但有言說 問已不知 增其疑惑 所以者何 非其境界故.

11 阿毘曇心論 제1:<28-810중> 心者意 意者識 實同而異名.

12 阿毘達磨大毘婆沙論 제73:<27-378하> 言一切者謂名與色.

13 大本經:<1-7중>.

14 大智度論 제24:<25-237중>.

15 雜阿含經 제13:321경:<2-91중> 云何爲一切法 佛告婆羅門 眼及色眼識 眼觸 眼觸因緣生受 若苦若樂不苦不樂 耳鼻舌身意法意識 意觸 意觸因緣生受 若苦若樂不苦不樂 是名爲一切法 若復有言此非一切法 沙門瞿曇所說一切法 我今捨更立一切法者 此但有言數問已不知 增其癡惑 所以者何 非其境界故.

16 阿毘達磨順正理論 제4;<29-352상> 言一切者 謂十二處 此勝義有 餘皆虛僞 世尊不應依不實法說勝義有 又亦不應唯證假有成等正覺 空花論者可說此言.

17 阿毘達磨藏顯宗論 제26;<29-901중> 一切識必有境故 謂見有境 識方得生.

18 大乘起信論:<32-577중> 三界虛僞唯心所作 離心則無六塵境界.

19 禪宗永嘉集:<48-390하> 境非智而不了 智非境而不生.

20 禪源諸詮集都序:<48-404상> 心不孤起 託境方生 境不自生 由心故現 心空卽境謝 境滅卽心空.

21 宗鏡錄 제3:<48-430상> 夫境由心現 故不從他生 心籍境起 故不自生 心境各異 故不共生 相因而有 故不無因生.

22 景德傳燈錄 제1:<51-205상> 心本無生因境有 前境若無心亦無.

23 雜阿含經 제8; 211경; <2-53중> 眼見色因緣生內受 若苦若樂不苦不樂 耳鼻舌身意法因緣生內受 若苦若樂不苦不樂 是故比丘 於彼入處當覺知 若眼滅色想則離 耳鼻舌身意滅 法想則離.

24 雜阿含經 제13:<2-87하> 眼色緣生眼識 三事和合觸 觸俱生受想思…… 耳鼻舌身觸緣生身識 三事和合觸 觸俱生受想思.

成實論 제5:<32-275상> 因眼緣色 生眼識 三事和合名觸 觸因緣生受.

25 雜阿含經 제20:<2-144중> 緣眼及色 生眼識 三事和合生觸 緣觸生受.

26 大本經:<1-7중> 觸無故受無 觸滅故受滅.

27 彰所知論 권하;<32-232중> 觸者根境識三和合.

28 雜阿含經 제13; 312경;<2-90상> 見以見爲量 聞以聞爲量 覺以覺爲量 識以識爲量.

29 帝釋所問經:<1-248하> 眼觀色 耳聽聲 鼻嗅香 舌了味 身覺觸 意分別法.

30 分別六界經:<1-690하> 眼觸見色 耳觸聞聲 鼻觸嗅香 舌觸嘗味 身觸覺觸 意觸知法.

31 雜阿含經 제13:<2-88상> 我眼見色 我耳聞聲 我鼻嗅香 我舌嘗味 我身覺觸 我意識法.

32 阿毘達磨界身足論 상:<26-614하> 意觸所生受…… 意觸所生想…… 意觸所生思…… 意觸所生愛.

33 成實論 제4:<32-272상> 身合識故名爲身.

34 成實論 제16:<32-365하> 身卽受陰.

35 Haliddikani.<S.N. III.p,10> The material element is the home of consciousness.

36 見聞覺知는 'dṛṣṭa-śruta-mata-jñāta'이니 覺은 마따(mata)로 '생각하다, ~라고 여기다'라는 제8류동사 어근(√man)에서 온 형용사로 '짐작한, 상상된'이란 뜻이고 중성명사로는 '사고, 의견' 등의 뜻이다. 見은 眼識을 말하고, 聞은 耳識을 말하며, 覺은 鼻·舌·身 三識을 말하고, 知는 意識을 뜻한다.

37 阿毘達磨俱舍論 제1:<29-4상> 受蘊謂三 領納隨觸 卽樂及苦不苦不樂.

38 成實論 제1:<32-240하> 衆生久習所樂則成其性.

39 雜阿含經 제43; 1172경:<2-313중> 求樂厭苦 求生厭死 S.N. IV.p,108. Then a man comes by, fond of his life, not loving death, fond of happiness and loathing pain.

40 增一阿含經 제46;<2-794하> 若眼見色不起色想 亦不染著而淨眼根 除去愁憂惡不善法心不貪樂於中而護眼根.

41 增一阿含經 제49;비상품8경:<2-820상> 世間有二種之人 如來所說云何爲二 一者知樂二者知苦.

42 阿毘達磨俱舍論 제1;<29-4상> 想蘊謂能取像爲體 卽能執取靑黃長短男女怨親苦樂等相.

43 카지야마 유이치 지음, 전치수 옮김, 『인도불교의 인식과 논리』, 민족사, 1989.

44 상게서, 118쪽.

45 大方廣佛華嚴經 제6:<10-688상> 一切凡愚 迷佛方便 執有三乘 不了三界 由心所起不知三世一切佛法自心現量 見外五塵 執爲實有…… 愚癡凡夫 妄起分別 無中執有 有中執無 取阿賴耶種種行相 墮於生滅二種見中 不了自心而起分別.

46 상게서, 119쪽.

47 P.E.D. p.664, col.2. saṅhhāra fr. saŋ+kṛ, not Vedic, but as saŋskāra.

48 雜阿含經 제43:<2-313상> 眼見色已 於可念色而起貪著 不可念色而起瞋恚 於彼次第隨生衆多覺想相續 不見過患 復見過患 不能除滅 耳鼻舌身意亦復如是.

49 阿毘達磨俱舍論 제1:<29-4상> 行名造作 思是業性 造作義强.

50 蜜丸喩經:<1-604중> 緣眼及色生眼識 三事共會 便有更觸 緣更觸便有所覺 若所覺便想 若所想便思 若所思便念 若所念便分別 * 각(覺)은 깨닫는다는 의미가 아니라 '느낀다'는 뜻으로 'vedanā'이며, 상(想)은 'saṃjñā'이고, 사(思)는 'cetanā'이고, 염(念)은 'smṛti'이고, 분별(分別)은 'vikalpa'이다.

51 大拘絺羅經:<1-791중> 覺所覺者卽是想所想 思所思.

M.N. I. p,352, That which is feeling, and that which is perception and that which is discriminative consciousness-these states are associated, not dissociated, and it is not possible to lay down a difference between these states, having analysed them again and again.

52 阿毘達磨大毘婆沙論 제128<27-667중> 心外門轉能起表業…表業必由心力所起.

53 達梵行經:<1-600상> 云何知業 謂有二業 思已思業.

54 成實論 제16:<32-365하> 一切諸陰從受生.

55 阿毘達磨大毘婆似論 제72;<27-371중> 問諸契經中說心意識 如是三種差別云何 或有說者無有差別 心卽是意意卽是識…… 復次世亦差別 謂過去名意 未來名心 現在名識故…… 脇尊者言滋長分割是心業 思量思惟是意業 分別解了是識業.

56 成實論 제5:<32-274하> 心意識體一而異名 若法能緣是名爲心…… 受想行等 皆心差別名…… 心一但隨時故 得差別名 故知但是一心.

57 阿毘達磨順正理論 제3;<29-344중-345하> 五取自境 意緣一切…… 眼等前五 唯取現境 意境不定

58 大乘密嚴經 하:<16-769하> 分別皆是意.

59 阿毘達磨俱舍論 제1:<29-5하> 色如器 受類飮食 想同助味 行似廚人 識喩食者.

60 金光明最勝王經 제5:<16-425상> 於五蘊能現法界 法界卽是五蘊.

61 成實論 제16:<32-365하> 身卽受陰…… 一切諸陰從受生 故皆名受陰.

62 大乘唯識論:<31-70하> 三界者唯有心 心意識等總名 唯言者爲除色塵等.

63 大乘起信論:<32-577중> 三界虛僞唯心所作 離心則無六塵境界.

64 雜阿含經 제2;45경;<2-11중> 若諸沙門婆羅門 見有我者 一切皆於此五受陰見我.

65 Brihadāranyaka Upanishad:IV.3.7.:<S.E.B. vol. XV. p-163>.

66 別譯雜阿含經 제10;<2-444하> 若說有我卽墮常見 若說無我卽墮斷見 如來說法捨離二邊會於中道.

67 大般涅槃經 제7:<12-647하> 若有修習如來密藏 無我空寂 如是之人 於無量世 在生死中 流轉受苦.

68 大般涅槃經 제7:<12-648상> 若言佛法必定無我 是故如來勅諸弟子 修習無我 名爲顚倒.

69 大智度論 제26:<25-253하> 佛處處說有我 處處說無我者 若人解佛法義 知假名者說言有我 若人不解佛法義 不知假名者說無我 復次佛爲衆生欲墮斷滅見者 說言有我受後世罪福 若人欲墮常見者 爲說言無無作我者受者 離是五衆假名 更無一法自在者…… 若人善根未熟智慧不利。佛不爲說是深無我法。若爲說衆生卽墮斷滅見中.

70 阿毘達磨俱舍釋論 제22;破說我品;<29-306중> 若有沙門婆羅門 觀執有我 彼一切但依五取陰起此觀執 是故一切不於我起我執…… 於無我我執 是想倒心倒見倒.

71 成實論 제3:<32-259하> 佛但以外道離五陰已 別計有我常不壞相 斷此邪見故言無我今我等說 五陰和合名之爲我.

72 黃檗斷際禪師傳心法要:<48-381상> 人不敢忘心 恐落空無撈摸處 不知空本無 空唯一眞法界耳.

73 雜阿含經 제13:<2-88상> 我意識法.

74 帝釋所問經:<1-248하> 意分別法.

75 分別六界經:<1-690하> 意觸知法.

76 成實論 제5:<32-274하> 心意識體一而異名.

77 宗鏡錄 제3:<48-429하> 諸法從意成形.

78 楞伽阿跋多羅寶經 제2:<16-489하> 因先所見 憶念不忘 自心流注不絶.

79 필자의 『산쓰끄리뜨문 금강경공부』, 현암사, 2005, 280쪽 참고.

80 入楞伽經 제3:<16-532하> 諸識唯有名 以諸相空無.

81 大方廣圓覺修多羅了義經略疏註:<39-533하> 若執唯識眞實有者亦是法執.

82 나노미터(nanometer)는 10억분의 1m를 말하는데, 비유하면 1나노미터는 대략 성인 머리카락 굵기의 10만분의 1에 해당한다고 한다.

83 조지프 르두 지음, 강봉균 옮김, 『시냅스와 자아』, 도서출판 소소, 2005, 8쪽.

84 成實論 제5:<32-277중> 若人見受是神 識心依之.

85 B. 러셀 지음, 송상용 옮김, 『종교와 과학』, 전파과학사, 1977, 31쪽.

86 1992년 교황 요한 바오로 2세는 로마 교황청 아카데미에서 행한 연설을 통해 360여 년 전 교황청이 갈릴레오 갈릴레이에게 내린 선고가 잘못되었다고 인정했다. 1633년 로마 종교재판소에 소환된 70세의 갈릴레이는 니콜라우스 코페르니쿠스의 지동설을 부정하라고 강요받았다. 갈릴레이는 "과거의 잘못을 맹세코 포기하며 저주하고 혐오한다."고 선언함으로써 목숨을 구했다. 그러나 그는 78세로 죽을 때까지 자택에 연금됐다. 갈릴레오는 종교재판의 마지막 대목에서 "그래도 지구는 돈다."라는 유명한 말을 남겼다.

87 성열, 『부처님 말씀』, 현암사, 2002, 51쪽.

88 無量壽經優婆提舍願生偈註:<40-842하> 般若者達如之慧名.

89 大智度論 제82:<25-639상> 如名諸法實相.

90 入楞伽經 제5:<16-546하> 有前境界 如實能見 名之爲智.

91 成實論 제16:<32-366상> 如實知故名智.

92 大乘入楞伽經 제5:<16-616하> 言涅槃者 見如實處 捨離分別心心所法 獲於如來內證聖智.

93 성열, 『부처님 말씀』, 현암사, 2002, 240쪽.

94 『삼국사기』 「신라본기」 (제4 진흥왕조)에 이찬 이사부가 진흥왕에게 '나라의 역사는 군신의 선악을 기록하여 만대에 보여주는 것이니, 지금 편찬하지 않으면 후대에서 무엇으로 보겠소'라고 하니, 왕이 대아찬 거칠부 등을 시켜 『국사』(國史)를 편찬케 하였다고 한다.

95 윌 듀란트 저, 황문수 역, 『철학 이야기』, 고려대학교 출판부, 349쪽.

96 W.J. 듀란트 외 지음, 천희상 옮김, 『역사의 교훈』, 범우사, 1988, 48쪽.

97 六度集經 제5;<3-31하> 殺物者爲自殺 活物者爲自活.

제5부 ‖ 현상론

1 雜阿含經 제46;1240경:<2-339하> 謂老病死 如是三法 一切世間所不愛念 若無此三法世間不愛念者 諸佛世尊不出於世 世間亦不知有諸佛如來.

2 성열, 『부처님 말씀』, 현암사, 2002, 249쪽.

3 大本經:<1-7중> 生死何從 何緣而有 卽以智慧觀察所由 從生有老死 生是老死緣 生從有起 有是生緣 有從取起 取是有緣 取從愛起 愛是取緣 愛從受起 受是愛緣 受從觸起 觸是受緣 觸從六入起 六入是觸緣 六入從名色起 名色是六入緣 名色從識起 識是名色緣 識從行起 行是識緣 行從癡起 癡是行緣 是爲緣癡有行 緣行有識 緣識有名色 緣名色有六入 緣六入有觸 緣觸有受 緣受有愛緣愛有取 緣取有有 緣有有生 緣生有老病死 憂悲苦惱 此苦盛陰 緣生而有 是爲苦集 菩薩思惟苦集陰時 生智生眼生覺生明生通生慧生證 於時 菩薩復自思惟 何等無故老死無 何等滅故老死滅卽以智慧觀察所由 生無故老死無 生滅故老死滅 有無故生無 有滅故生滅 取無故有無取滅故有滅愛無故取無愛滅故取滅 受無故愛無 受滅故愛滅 觸無故受無 觸滅故受滅 六入無故觸無 六入滅故觸滅 名色無故六入無 名色滅故六入滅 識無故名色無 識滅故名色滅 行無故識無行滅故識滅 癡無故行無 癡滅故行滅 是爲癡滅故行滅 行滅故識滅 識滅故名色滅 名色滅故六入滅 六入滅 故觸滅觸滅故受滅 受滅故愛滅 愛滅故取滅 取滅故有滅 有滅故生滅生滅故老死憂悲苦惱滅 菩薩思惟 苦陰滅時 生智生眼生覺生明生通生慧生證 爾時 菩薩逆順觀十二因緣 如實知如實見已 卽於座上成阿耨多羅三藐三菩提.

4 阿毘達磨大毘婆沙論 제23:<27-119중> 若以因推果名順觀察 若以果推因名逆觀察.

5 'kāma-bhava'를 'kāmāpta', 'rūpa-bhava'를 'rūpāpta', 'ārūpya-bhava'를 'ārūpyāpta'라고도 하는데, āpta는 '~까지 이르다'(√ āp)의 과거분사이다. kāma는 '바라다, 욕구하다'라는 뜻의 제1류동사 어근(√kam)에서 온 남성명사로 '욕구, 열망'을 뜻하고, ārūpya는 '상징적으로 나타내진 쪽으로, 침착한 모양을 한 쪽으로, 마음에 인상이 새겨진 쪽으로'라는 뜻이다.

6 緣起經:<2-547하> 云何爲取 謂四取 一者欲取 二者見取 三者戒禁取 四者我語取.

7 P.E.D. p,294.col.1.taṇhā is a state of mind that leads to rebirth....taṇhā binds a man to the chainof Saŋsāra, of being reborn & dying again & again until Arahanship or Nibbāna is attained, taṇhā destroyed, & the cause alike of sorrow and of future births removed.

8 雜阿含經 제11:<2-72중> 譬如兩手和合相對作聲 如是緣眼色 生眼識 三事和合觸 觸俱生受想思…… 如眼耳鼻舌身 意法因緣 生意識 三事和合觸 觸俱生受想思.

9 增一阿含經 제46:<2-797하> 阿難白世尊言如來與諸比丘說甚深緣本 然我觀察無甚深之義 世尊告曰 止止阿難 勿興此意 所以然者 十二因緣者 極爲甚深 非是常人所能明曉我昔未覺此因緣法時流浪生死無有出期.

10 度一切諸佛境界智嚴經:<12-252하> 若見十二因緣卽是見法 見法卽是見佛.

11 大智度論 제90:<25-597상> 若無明因緣更求其本則無窮 卽墮邊見失涅槃道 是故不應求 若更求則墮戲論非是佛法 菩薩欲斷無明故求無明體相 求時卽入畢竟空.

12 雜阿含經 제13:334경:<2-92중> 眼業因業緣業縛…… 業愛因愛緣愛縛…… 愛無明因無明緣無明縛…… 無明不正思惟因不正思惟緣不正思惟縛…… 緣眼色 生不正思惟 生於癡…… 彼癡者是無明癡求欲名爲愛 愛所作名爲業…… 無明因愛 愛因爲業 業因爲眼.

13 雜阿含經 제12: 287경:<2-80중> 我憶宿命未成正覺時 獨一靜處專精禪思 作是念 何法有故老死有 何法緣故老死有 卽正思惟 生如實無間等 生有故老死有 生緣故老死有 如是有取愛受觸六入處名色 何法有故名色有 何法緣故名色有 卽正思惟 如實無間等生識有故名色有 識緣故有名色有 我作是思惟時 齊識而還不能過彼 謂緣識名色 緣名色六入處 緣六入處觸 緣觸受 緣受愛 緣愛取 緣取有 緣有生 緣生老病死憂悲惱苦 如是如是純大苦聚集.

14 D.N.II.p,26, Cognition turns back from name-and-form; it goes not beyond.

15 S.N.II.p,73, To me came this:-This consciousness turns back, it goes no further than name-and-shape.

16 성열, 『부처님 말씀』, 현암사, 2002, 164쪽 참고.

17 阿毘達磨大毘婆沙論 제73;<27-378하> 言一切者謂名與色.

大智度論 제18:<25-195상> 一切法攝入二法中 所謂名色 色無色 可見不可見 有對無對 有漏無漏 有爲無爲 等.

18 大智度論 제27:<25-259중> 若欲求眞觀 但有名與色 若欲審實知 亦當知名色.

19 成實論 제5:<32-277상> 愛首九法 因愛生求 因求故得 因得故挍計 因挍計故生染 因染故貪著因貪著故取 因取故生慳心 因慳心故守護 因守護故便有鞭杖諍訟諸苦惱等.

20 瑜伽師地論 제9:<30-319중> 增長業者謂除十種業 何等爲十 一夢所作業 二無知所作業 三無

故思所作業 四不利不數所作業 五狂亂所作業 六失念所作業 七非樂欲所作業 八自性無記業 九悔所損業 十對治所損業 除此十種 所餘諸業名爲增長.

21 雜阿含經 제2;57경:<2-14상> 無明觸生愛 緣愛起彼行.

22 雜阿含經 제33;937경:<2-240중> 衆生無始生死 無明所蓋 愛繫其頸 長夜生死輪轉 不知苦之本際.

23 法樂比丘尼經:<1-788상> 無明者以明爲對.

24 雜阿含經 제12:<2-80하> 無明無故行無 無明滅故行滅 行滅故識滅.

25 多界經:<1-723상> 諸有恐怖 彼一切從愚癡生 不從智慧 諸有遭事災患憂慼 彼一切從愚癡生 不從智慧.

26 雜阿含經 제35:984경:<2-256상> 愛爲網爲膠爲泉爲藕根 此等能爲衆生障爲蓋爲膠爲守衛爲覆爲閉爲塞爲闇冥爲狗腸爲亂草爲絮 從此世至他世 從他世至此世 往來流轉 無不轉時.

27 阿毘達磨大毘婆沙論 제23;<27-117중> 以現在因推未來果 以現在果推過去因…… 以現在因者謂愛取有 推未來果者謂生老死 以現在果者 謂識名色六處觸受 推過去因者 謂無明行…… 說有過去二支卽遮生死本無今有執 說有未來二支卽遮生死有已還無執 說有現在八支成立生死因果相續…… 說有過去二支卽遮常見 說有未來二支卽遮斷見 說有現在八支卽顯中道…… 說有過去二支卽顯生死有因 說有未來二支卽顯生死有果 說有現在八支卽顯因果相續.

28 阿毘達磨發智論 제1;<26-921중> 於此生十二支緣起 幾過去 幾未來 幾現在耶 答二過去 謂無明行 二未來 謂生老死 八現在 謂識名色六處觸受愛取有.

29 와-사나-는 '향기를 풍기다, 그을리다, ~에 향을 피우다, 배어들게 하다'라는 뜻을 가진 제10류동사 어근(√vās)에서 온 여성명사로 마음에 남겨진 무의식적인 영향을 의미한다.

30 十住經 제3;<10-515상> 無明因緣諸行者 卽是過去世事.

31 本際經;<1-487중> 有愛者其本際不可知 本無有愛然今生有愛 便可得知 所因有愛 有愛者則有習非無習.

32 雜阿含經 제14;344경:<2-95중> 汝何爲逐 汝終不能究竟諸論 得其邊際 若聖弟子 斷除無明而生明 何須更求.

33 大智度論 제90;<25-697상> 若無明因緣更求其本則無窮 卽墮邊見失涅槃道 是故不應求 若更求則墮戲論非是佛法 菩薩欲斷無明故求無明體相 求時卽入畢竟空 何以故 佛經說 無明相內法不知外法不知內外法不知.

34 本際經:<1-487중>.

35 四分律 제32;<22-798중>.

36 成唯識寶生論 제1:<31-78상> 凡有諍事欲求決定 須藉二門 一順阿笈摩 二符正理…… 阿笈摩

者便成正理所託之處.

37 雜阿含經 제12:제298경:<2-85상> 云何無明 若不知前際 不知後際 不知前後際 不知於內不知於外不知內外 不知業不知報不知業報 不知佛不知法不知僧 不知苦不知集不知滅不知道 不知因不知因所起法 不知善不善有罪無罪習不習 若劣若勝染污淸淨 分別緣起 皆悉不知 於六觸入處不如實覺知 於彼彼不知不見無無間等癡闇無明大冥是名無明.

38 雜阿含經 제18:<2-126하> 舍利弗言 所謂無明者 於前際無知 後際無知 前後中際無知佛法僧寶無知 苦集滅道無知 善不善無記無知 內無知外無知 若於彼彼事無知闇障 是名無明.

제6부 ‖ 실천론

1 象跡喩經;<1-464중> 若有無量善法 彼一切法 皆四聖諦所攝 來入四聖諦中 謂四聖諦於一切法最爲第一…… 猶如諸畜之跡 象跡爲第一.

2 성열, 『부처님말씀』, 현암사, 2002, 17쪽.

3 成實論 제6:<32-281중> 知者見者能得漏盡 非不知見者.

4 大智度論 제90:<25-699중> 正使大智及諸天 有生必有死 有死必有苦 是故 知生定是苦本.

5 大智度論 제90:<25-696상> 衆生不知由生有苦 若遭苦時但怨恨人 自不將適初不怨生以是故增長結使 重增生法不知眞實苦因.

6 達梵行經;<1-600중> 略五盛陰苦.

7 雜阿含經 제18;490경:<2-126하> 略說五受陰苦.

8 宗鏡錄 제42:<48-665상> 衆苦之本 皆從一念結構而生 應須密護根門常防意地 無令妄起暫逐前塵.

9 宗鏡錄 제42:<48-665중> 以執陰是有 爲陰所籠便成陰魔.

10 衆集經:<1-50중> 復有三法 謂三苦 行苦苦苦變易苦.

11 雜阿含經 제8;<2-54하> 云何苦集道跡 緣眼色 生眼識 三事和合觸 緣觸生受 緣受愛緣愛取緣取有 緣有生 緣生老病死憂悲惱苦集如是 耳鼻舌身意 亦復如是 是名苦集道跡.

12 雜阿含經 제12;292경;<2-82하> 思量衆生所有衆苦 種種差別 此諸苦何因何集何生何觸思量取因取集取生取觸 若彼取滅無餘 衆苦則滅 彼所乘苦滅道跡如實知.

13 法海經 :<1-818중> 大海之水 唯有一味 無若干味 無不以鹹爲味 吾法如是 禪定之味志求寂定致神通故.

14 增一阿含經 제7;화멸품 2경;<2-579상>.

15 大般涅槃經 제5:<12-391하> 夫涅槃者名爲解脫.

16 Sn: 1093. Possessing nothing and grasping after nothing, I call Nibbāna.

17 Sn.837.

18 Sn.796~803.

19 別譯雜阿含經 제13;<2-467상> 佛知過去世 未來世亦然 現在普悉知 諸行壞滅相 明達了諸法 應修者悉修 應斷盡斷除 以是故名佛 總相及別相 分別解了知 一切悉知見 是故名爲佛.

20 雜阿含經 제26:<2-190중> 離貪欲者心解脫 離無明者慧解脫.

21 佛性論 제3:<31-803상> 一切諸見 以無明爲本 無相解脫門爲對治道 離諸見外一切煩惱 以貪愛爲本 無願解脫門爲對治道.

22 雜阿含經 제2:42경:<2-10상> 世尊告諸比丘 有七處善 三種觀義 盡於此法 得漏盡 得無漏 心解脫慧解脫 現法自知 身作證具足住 我生已盡 梵行已立 所作已作 自知不受後有.

23 七處三觀經:<2-498하>, <2-875중>.

24 S.N.III.p,54. The Seven Points.
雜阿含經 제2:42경:<2-10상> 云何比丘七處善 比丘 如實知色 色集色滅色滅道跡 色味色患色離如實知.

25 增一阿含經 제10:<2-593중> 世尊告諸比丘 有此二事 學道者 不應親近 云何爲二事 所謂著欲及樂之法 此是卑下凡賤之法 又此諸苦衆惱百端 是謂二事學道者不應親近 如是捨此二事已 我自有至要之道 得成正覺 眼生智生意得休息 得諸神通 成沙門果 至於涅槃 云何爲至要之道 得成正覺 眼生智生意得休息 得諸神通 成沙門果 至於涅槃 所謂此賢聖八品道是.

26 阿毘達磨俱舍釋論 제18;<29-283중> 此道或名覺助 覺助法有三十七品 謂四種念處 四正勤 四如意足 五根五力 七覺分 八聖道分.

27 雜阿含經 제2;57경;<2-14상> 告諸比丘 若有比丘 於此座中 作是念 云何知云何見 疾得漏盡者 我已說法言 當善觀察諸陰 所謂四念處 四正勤 四如意足 五根 五力 七覺分八聖道分.

28 大般涅槃經 권상;<1-193상> 我昔爲汝 說何等法 汝思惟之 勿生懈怠 三十七道品法 所謂四念處 四正勤 四如意足 五根 五力 七覺分 八聖道分 汝應修習精勤思惟 此法能令到解脫處.

29 遊行經:<1-11하> 佛告比丘…… 一者樂於少事 不好多爲…… 二者樂於靜默 不好多言…… 三者少於睡眠 無有昏昧 四者不爲群黨 言無益事…… 六者不與惡人而爲伴黨 七者樂於山林閑靜獨處.

30 大方廣圓覺修多羅了義經說誼:<韓國佛敎全書 7-167하> 功夫始終不離靜淨二字.

31 阿毘達磨順正理論 제60:<29-671상>.

32 Sn.145,146,150.

33 大法炬陀羅尼經 제4:<21-679상> 云何念義 當知是念無有違諍 隨順如法趣向平等 遠離邪念無有移轉及諸別異 唯是一心入不動定 若能如是名爲念義.

34 성열, 『부처님 말씀』, 현암사, 2002, 187쪽.

35 大集法門經 권상;<1-229하> 復次四顚倒 是佛所說 謂無常謂常 是故生起 想顚倒心顚倒見顚倒以苦謂樂 ……無我謂我 …… 不淨謂淨 是故生起想心見到 如是等名爲四顚倒.

36 大般涅槃經 제22:<12-749상> 一切諸佛所有涅槃常樂我淨.

37 大般涅槃經 제24:<12-766상> 菩薩修習三十七品 入大涅槃常樂我淨.

38 首楞嚴義疏注經:<39-880상> 非常非樂非我非淨 非涅槃四德也.

39 雜阿含經 제19: 535경:<2-139상> 若於四念處遠離者 於賢聖法遠離 於賢聖法遠離者於聖道遠離 聖道遠離者 於甘露法遠離 甘露法遠離者則不能脫生老病死憂悲惱苦 若於四念處信樂者 於聖法信樂 聖法信樂者 於聖道信樂 聖道信樂者 於甘露法信樂 甘露法信樂者 得脫生老病死憂悲惱苦.

40 例經:<1-805하> 欲斷無明者 當修四念處.

41 雜阿含經 제11;276경:<2-75중> 於五受陰 當觀生滅 於六觸入處 當觀集滅 於四念處 當善繫心住七覺分 修七覺分已 於其欲漏 心不緣著 心得解脫.

42 雜阿含經 제11;281경:<2-78상> 修習四念處 七覺分滿足.

43 雜阿含經 제18:498경:<2-131상> 過去諸佛如來應等正覺 悉斷五蓋惱心 令慧力羸墮障礙品 不向涅槃者 住四念處 修七覺分 得阿耨多羅三藐三菩提 彼當來世諸佛世尊 亦斷五蓋惱心……今現在諸佛世尊如來應等正覺 亦斷五蓋惱心.

44 雜阿含經 제311;875경;<2-221상> 有四正斷 何等爲四 一者斷斷 二者律儀斷 三者隨護斷 四者修斷.

45 菩提資糧論 제5:<32-535중> 未生惡不善法爲令不生 已生惡不善法爲令其斷 未生善法爲令其生已生善法爲令其住 生欲發勤攝心起願 是爲四正斷.

46 雜阿含經 제26;646경:<2-182중> 信根者 當知是四不壞淨 精進根者 當知是四正斷 念根者 當知是四念處 定根者 當知是四禪 慧根者 當知是四聖諦.

47 雜阿含經 제26;655경:<2-183하> 此五根 慧根爲其首 以攝持故 譬如堂閣棟爲其首 衆材所依以攝持故.

48 雜阿含經 제26;644경:648경;<2-182중> 於此五根 如實善觀察 如實善觀察者 於三結斷知 謂身見戒取疑 是名須陀洹 不墮惡趣法 決定正向於正覺 七有天人往生 究竟苦邊.

49 雜阿含經 제26;645경:649경:<2-182중> 於此五根 如實觀察者 不起諸漏 心得離欲解脫是名阿羅漢 諸漏已盡 所作已作 離諸重擔 逮得己利 盡諸有結 正智心善解脫.

50 雜阿含經 제3;61경:<2-16상>.

51 雜阿含經 제30;854경:<2-217하>.

52 雜阿含經 제30;853경:<2-217중>.

53 增一阿含經 제20:성문품6:<2-653하>.

54 四分律 제32;수계건도분:<22-789중>. 五分律 제15;;<22-105상>.

55 雜阿含經 제26;673경:<2-185하> 有五力 何等爲五 信力 精進力 念力 定力 慧力.

56 大智度論 제48:<25-406중> 所謂七覺分 何等爲七 菩薩摩訶薩修念覺分 依離依無染向 涅槃 擇法覺分精進覺分喜覺分除覺分定覺分捨覺分.

57 M.N. I. p,366. A tendency to ignorance lies latent in a neutral feeling.

58 菩提資糧論 제5:<32-535중> 念擇法精進喜猗定捨 是爲七覺分.

59 成實論 제5:<32-277상> 若比丘行四念處 爾時修習念菩提分 心在念中 簡擇諸法 簡擇諸法故生精進 精進力故能集善法 心生淨喜 心生喜故得猗 得猗故心攝 心攝則得定 得定故能捨貪憂捨貪憂故 知心數次第而生.

60 成實論 제5:<32-277중> 心掉動時 不宜三覺 謂擇法精進喜 更增動故 宜三覺 意謂猗定捨 止發動故 若心懈沒 則不宜三覺 謂猗定捨增退沒 故宜三覺 意擇法精進喜 能發起故 念能俱調.

61 雜阿含經 제26;706경:<2-189하> 有五法 能爲黑闇 能爲無目 能爲無智 能羸智慧 非明非等覺不轉趣涅槃 何等爲五 謂貪欲瞋恚睡眠掉悔疑…… 若有七覺支 能作大明 能爲目增長智慧 爲明爲正覺 轉趣涅槃.

62 雜阿含經 제29:<2-208중> 佛告阿難若比丘身身觀念住 念住已 繫念住不忘 爾時方便修念覺分修念覺分已 念覺分滿足 念覺滿足已 於法選擇思量 爾時方便修擇法覺分 修擇法覺分已 擇法覺分滿足 於法選擇分別思量已 得精勤方便 爾時方便修習精進覺分修精進覺分已 精進覺分滿足方便精進已 則心歡喜 爾時方便修喜覺分 修喜覺分已 喜覺分滿足 歡喜已 身心猗息 爾時方便修猗覺分 修猗覺分已 猗覺分滿足 身心樂已 得三昧 爾時修定覺分 修定覺分已 定覺分滿足 定覺分滿足已 貪憂則滅 得平等捨 爾時方便修捨覺分 修捨覺分已 捨覺分滿足 受心法法念處亦如是說 是名修四念處 滿足七覺分.

63 聖道經;<1-735하> 有一道令衆生得淸淨 離愁慼啼哭 滅憂苦懊惱 便得如法 謂聖正定有習有助亦復有具而有七支 於聖正定說習說助 亦復說具 云何爲七 正見正志正語正業正命正方便正念若有以此七支習助具 善趣向心得一者 是謂聖正定有習有助 亦復有具 所以者何 正見生正志正志生正語 正語生正業 正業生正命 正命生正方便 正方便生正念 正念生正定 賢聖弟子如是心正定 頓盡婬怒癡 賢聖弟子如是正心解脫 頓知生已盡 梵行已立 所作已辦 不更受有 知如眞彼中正見最在其前.

64 雜阿含經 제8;188경;<2-49중> 當正觀察眼無常 如是觀者 是名正見 正觀故生厭 生厭故離喜離貪 離喜貪故 我說心正解脫 如是耳鼻舌身意.

65 雜阿含經 제28;785경;<2-203상> 正見有二種 有正見是世俗有漏有取轉向善趣 有正見是聖出世間無漏無取正盡苦轉向苦邊.

66 聖道經:<1-735하>.

67 兩卷無量壽經宗要:<37-130하> 遠離二邊而不著中 金剛三昧經論:<34-992하> 離二邊亦不墮中.

68 雜阿含經 제133;305경:<2-87하> 八聖道修習滿足已 四念處修習滿足 四正勤四如意足五根五力七覺分修習滿足.

69 三十喩經:<1-519하> 以四念處爲租稅…… 以四正斷爲四種軍…… 以四如意足爲擱輿 …… 以八支聖道爲道路 平正坦然唯趣涅槃.

70 雜阿含經 제31;882경:<2-221하> 譬如百草藥木 皆依於地而得生長 如是種種善法 皆依不放逸爲本.

71 增一阿含經 제27:<2-699중>.

72 雜阿含經 제28; 784경;<2-203상>에 의하면 '나아가'<乃至>에 내포되는 사항이 '재<齋>가 있으며, 선한 행위와 악한 행위가 있고, 선한 행위와 악한 행위의 갚음이 있고, 이 세상이 있고 다른 세상이 있으며, 부모가 있고 중생의 태어남이 있다'는 것임을 알 수 있다.

73 雜阿含經 제28;785경;<2-203상>.

74 雜阿含經 제8; 500경;<2-131하>.

75 大乘寶要義論 제3;<32-56상> 若其所求若有所取若有所捨 皆是魔事 若有所欲若有想像若有領納若有計度 皆是魔事.

76 禪源諸詮集都序 卷上一:<48-400상> 但得情無所念 意無所爲 心無所生 慧無所住 卽眞信眞解眞修眞證也.

77 成實論 제16:<32-366상> 如實知故名智.

78 無量壽經優婆提舍願生偈註;<40-842하> 般若者達如之慧名.

79 M.N. I. pp.203~219.

80 黃蘆園經;<1-679하>.

81 晝度樹經:<1-422중>.

82 Thag. p,282. Elated by some pleasant hap, by ill Depressed, the fools are smitten to and fro, who nothing as it really is can see.(662).

83 阿毘達磨俱舍釋論 제1:<29-168상> 五識界恒與覺觀相應.

84 阿毘達磨俱舍釋論 제3;<29-180중> 心麤名覺 心細名觀.

85 阿毘達磨俱舍釋論 제1:<29-168중> 五識唯有自性分別…… 自性分別卽是覺觀.

86 大集法門經 권상;<1-228하> 離一切色 無對無礙而無作意 觀無邊空 此觀行相 名空無邊處定 復離空處而非所觀 但觀無邊識 此觀行相 名識無邊處定 復離識處而非所觀 但觀一切 皆無所有此觀行相 名無所有處定 復離無所有處行相 名爲非想非非想處定.

87 布吒婆樓經:<1-110중> 捨有想無想處 入想知滅定.

88 舍利弗阿毘曇論 제17:<28-643상>.

89 布吒婆樓經:<1-110중> 有念爲惡 無念爲善 彼作是念時 彼微妙想不滅更麤想生 彼復念言 我今寧可不爲念行 不起思惟 彼不爲念行 不起思惟已 微妙想滅麤想不生 彼不爲念行 不起思惟微妙想滅 麤想不生時 卽入想知滅定.

90 布吒婆樓經:<1-110하> 諸言有想 諸言無想 於其中間 能次第得想知滅定者 是爲第一無上想.

91 김동화 저, 『원시불교사상』, 보련각, 1992, 322쪽.

92 수(壽)는 생존하는 햇수를 말하고, 명(命)은 생명 자체를 의미한다. 수가 몸뚱이와 관계된다면 명은 몸뚱이를 이끄는 정신과 관계된다고 하겠다.

93 雜阿含經 제21;568경:<2-150중> 若死若入滅盡正受有差別不 答 捨於壽暖 諸根悉壞身命分離 是名爲死 滅盡定者身口意行滅 不捨壽命 不離於暖 諸根不壞 身命相屬 此則命終入滅正受差別之相.

法樂比丘尼經:<1-789상> 若死及入滅盡定者 有何差別 法樂比丘尼答曰 死者壽命滅訖溫暖已去 諸根敗壞 比丘入滅盡定者壽不滅訖 暖亦不去 諸根不敗壞 若死及入滅盡定者 是謂差別.

94 大莊嚴法門經 상:<17-826하> 覺五陰者 名爲菩提 何以故 非離五陰佛得菩提.

95 無刺經:<1-561상> 入初禪者以聲爲刺 入第二禪者以覺觀爲刺 入第三禪者以喜爲刺 入第四禪者以入息出息爲刺 入空處者以色想爲刺 入識處者以空處想爲刺 入無所有處者 以識處想爲刺 入無想處者以無所有處想爲刺 入想知滅定者以想知爲刺.

96 守護國界主陀羅尼經 제5:<19-547하> 止觀和合互相資.

97 守護國界主陀羅尼經 제5:<19-547상> 有二種因有二種緣 能令衆生淸淨解脫 謂奢摩他 心一境故 毘婆舍那能善巧故.

98 大般涅槃經 제23:<12-758하> 斷煩惱者不名涅槃 不生煩惱乃名涅槃.

99 勝天王般若波羅蜜經 제3:<8-699상> 毘婆舍那如實見法 奢摩他者一心不亂.

100 血脈論:<48-373하> 若欲覓佛 須是見性 性卽是佛 若不見性 念佛誦經持齋持戒 亦無益處 念佛得因果 誦經得聰明 持戒得生天 布施得福報 覓佛終不得也.

101 血脈論:<48-373중> 卽心是佛 除此心外 終無別佛可得…… 心卽是佛 佛卽是心 心外無佛.

102 悟性論:<48-370하> 知心是空 名爲見佛 何以故 十方諸佛 皆以無心不見於心 名爲見佛.

103 大方廣佛華嚴經 제16:<10-81하>.

104 法寶壇經:<48-356하> 汝之本性猶如虛空 了無一物可見 是名正見 無一物可知 是名眞知 無有靑黃長短 但見本源淸淨覺體圓明 卽名見性成佛 亦名如來知見.

105 大乘起信論:<32-576중, 577상> 所言覺義者 謂心體離念…… 所言不覺義者 謂不如實知眞如法一.

106 禪宗永嘉集:<48-390중> 修心之人 必先息緣慮 令心寂寂 次當惺惺 不致昏沈 令心歷歷 歷歷寂寂 二名一體 更無二時.

107 攝大乘論釋 제9:<31-216상> 若人恒行精進則能治心 由此精進若心沈沒則拔令起 若心掉動則抑令不起 若心平等則持令相續 由心調和所以得定故因精進生定 若心得定則能通達眞如故因定生慧.

108 S.E.D. p,1160. col.1, one who has collected his thoughts or is fixed in abstract meditation, quite devoted to or intent upon.

109 阿毘達磨俱舍釋論 제21:<29-296하> 若心得定則能如實知見.

成實論 제16:<32-366하> 修習定 當得如實現前知見.

十住毘婆沙論 제14:<26-100중> 攝心得定故 生如實智慧.

瑜伽師地論 제22:<30-405하> 心得定故能如實知能如實見.

110 成實論 제16:<32-366상> 知見得是一義.

111 金剛般若波羅密經五家解說誼:<韓國佛敎全書:7-101상>.

112 頌古聯珠通集:<卍續藏經 115-45중>.

113 摩訶止觀 제5:<46-54상> 法性不爲惑所染 不爲眞所淨.

114 宗鏡錄 제39:<48-647중> 不以心分別卽一切法正 若以心分別 一切法邪 心起想卽癡無想卽泥洹.

115 E. 프롬 지음, 이용호 옮김, 『惡에 관하여』, 백조출판사, 1974, 165쪽.

116 A.J.토인비 著, 崔哲海 譯, 『歷史의 敎訓』, 정음사, 1976, 64쪽.

117 E. 프롬 지음, 이용호 옮김, 『惡에 관하여』, 백조출판사, 1974, 170쪽.

118 A.N.I. p,8. This mind, monks, is luminous, but it is defiled by taints that come from without; But this the uneducated manyfolk understands not as really is. Wherefore for the uneducated manyfolk there is no cultivation of mind, I declare.

That mind, monks, is luminous, but it is cleansed of taints that come from without. This the educated Ariyan disciple understands as it really is. Wherefore for the educated Ariyan disciple there is cultivation of the mind, I declare.

119 大般若波羅蜜多經 제598;<7-1096하> 菩薩如是觀察一切心心所法 本性淸淨本性明白.

大乘入楞伽經 제6:<16-628중> 心體自本淨 <16-629중> 心性本淸淨.

120 大乘入諸佛境界智光明莊嚴經 제3;<12-259상> 心法本來自性明亮 但爲客塵煩惱之所染污 而實不能染污自性.

121 大般涅槃經 제24:<12-763중>.

122 最上乘論:<48-377중> 淸淨者心之原也.

123 血脈論;<卍續藏經 110-810하>.

124 悟性論;<卍續藏經 110-818하> 若一念心起則有善惡二業有天堂地獄 若一念心不起卽無善惡二業亦無天堂地獄.

125 金剛三昧經:<9-366중> 衆生之心性本空寂.

126 大般涅槃經 제8<12-651하> 凡夫之人 聞已分別生二法想 明與無明 智者了達其性無二 無二之性卽是實性.

127 四分律 제32; 수계건도:<22-793중>.

128 大般涅槃經 제17:<12-722중> 波羅㮈國有屠兒 名曰廣額 於日日中 殺無量羊 見舍利弗卽受八戒 經一日夜 以是因緣 命終得爲北方天王毘沙門子.

129 圓悟佛果禪師語錄 제6:<47-740상> 靈山會上 廣額屠兒放下屠刀云 我是千佛一數.

130 大般涅槃經 제20<12-737상> 一闡提者亦不決定 若決定者是一闡提終不能得阿耨多羅三藐三菩提 以不決定是故能得.

제7부 ‖ 세제로서 불교 이해

1 摩訶般若波羅蜜經 제25:<8-405상> 菩薩摩訶薩住二諦中 爲衆生說法 世諦第一義諦.

2 大方等大集經 제9:<13-53하> 若有衆生心有願求 當知是人卽名爲著 若不願求則無有著.

3 大智度論 제91:<25-703중> 諸佛菩薩法有初有後 初法所謂布施持戒 受戒施果報得天上福樂 爲說五欲味利少失多 受世間身但有衰苦 讚歎遠離世間斷愛法 然後爲說四諦令得須陀洹果 此中菩薩但說欲令衆生得佛道故先教令行六法 此中善智慧不名爲三解脫門所攝 是善智慧能生布施等善法 能滅慳貪瞋恚等惡法 能令衆生得生天上 何以知之 更有勝法故勝法者所謂四諦聖法 出法一切聖人所行法名爲聖法 出三界生死名爲出法.

4 水野弘元 지음, 김현 옮김, 『원시불교』, 지학사, 1985, 44쪽.

5 성열, 『고따마 붓다』, 도서출판 문화문고, 2008 제1장 붓다가 태어난 인도(15~64쪽)를 참조.

6 雜阿含經 제30:854경:<2-217하> 爾時那梨迦聚落多人命終……佛告諸比丘 汝等隨彼命終彼命終而問者徒勞耳 非是如來所樂答者.

7 別譯雜阿含經 제10;<2-443중> 爾時犢子梵志問目連曰 何因緣故 若沙門婆羅門 來問於佛 死此

生彼 乃至非生非不生 默然不答 其餘沙門婆羅門 若見有人來問難者 隨意爲說我昔曾問沙門瞿曇死此生彼 默不見答 死此不生彼 死此亦生彼 亦不生彼 非生彼 非不生彼 悉不見答 如斯之義 其餘沙門婆羅門 皆悉答之 沙門瞿曇爲何事故 默然不答 目連對曰 其餘沙門婆羅門 不知色從因生不知色滅 不知色味 不知色過 不知色出要 以不能解如是義故著色 我生彼色 我不生彼著色 我亦生彼 亦不生彼著色 我非生彼 非不生彼受想行識 亦復如是 如來如實知 色從因生 色從因滅 知色味 知色過 知色出要 如來如實知故 色生彼心無取著 乃知色非生非不生 亦不取著 受想行識 亦復如是 如斯之義 甚深無量 無有邊際 非算數所知 無有方處 亦無去來 寂滅無相.

8 聖道經;<1-735하> 云何邪見 謂此見無施無齋無有呪說 無善惡業 無善惡業報 無此世彼世 無父無母 世無眞人往至善處善去善向此世彼世自知自覺自作證成就遊 是謂邪見.

9 增一阿含經 제9;4경:<2-589중> 以次與說微妙之法 所謂論者 施論戒論生天之論 欲爲不淨 斷漏爲上 出家爲要 尊者大迦葉已知彼梵志婦心開意解甚懷歡喜 諸佛所可常說法者苦習盡道.

10 雜阿含經 제2;37경:<2-8중> 世間智者 言有 我亦言有 世間智者 言無 我亦言無.

11 雜阿含經 제12;287경;<2-80하>我得古仙人道 古仙人逕 古仙人道跡 古仙人從此跡去我今隨去 譬如有人 遊於曠野 披荒覓路 忽遇故道古人行處 彼則隨行 漸漸前進 見古城邑古王宮殿.

12 雜阿含經 제2; 37경;<2-8중>若如法語者 不與世間諍---世間智者 言有 我亦言有 世間智者 言無 我亦言無---有世間世間法 我亦自知自覺 爲人分別 演說顯示 世間盲無目者不知不見.

13 W.듀란트 지음, 황문수역, 「임마누엘 칸트와 독일관념론」, 『철학이야기』, 고려대학교출판부, 1990.

14 John:1;18; No one has ever seen God.

15 김동화 지음, 『원시불교사상』, 보련각, 1992, 241쪽.

16 弘明集 제3:<52-16중> 萬物之求卑高不同 故訓致之術或精或麤 悟上識則擧其宗本 不順者復其殃放.

17 弘明集 제3:<52-18하> 至於啓導麤近 天堂地獄皆有影響之實.

18 弘明集 제3:<52-20상> 懲暴之戒 莫若乎地獄 誘善之勸 莫美乎天堂.

19 성열, 『부처님 말씀』, 현암사, 2002, 288쪽. A,N. I, p,175.

"If there be a world beyond, if there be fruit and ripening of deeds done well or ill, then, when body breaks up after death. I shall be reborn in the Happy Lot in the Heaven World."

"If, however, there be no world beyond, no fruit and ripening of deeds done well or ill, yet in this very life do I hold myself free from enmity and oppression, sorrowless and well."

"Though, as result of action, ill be done by me, yet do I plan no ill to anyone. And if I do no ill, how can sorrow touch me?"

"But if, as result of action, no ill be done by me, then in both ways do I behold myself utterly pure."

20 諸經要集 제6:<54-53하> 欲知過去因 當觀現在果 欲知未來果 當觀現在因.

21 토인비. 퀘슬러 지음, 이성범 옮김, 『죽음, 그리고 삶』, 범양사, 1980, 40쪽.

22 M. 베버 지음, 홍윤기 옮김, 『힌두교와 불교』, 한국신학연구소, 1987, 160쪽.

23 增一阿含經 제1;서품:<2-551상> 大迦葉問阿難曰 云何阿難 增一阿含乃能出生三十七道品之教及諸法皆由此生 阿難報言 如是如是 尊者迦葉 增一阿含出生三十七品及諸法皆由此生 且置增一阿含一偈之中便出生三十七品及諸法 迦葉問言 何等偈中出生三十七品及諸法 時尊者阿難便說此偈 諸惡莫作 諸善奉行 自淨其意 是諸佛教.

24 妙法蓮華經玄義:<33-695하> 又七佛通戒偈云 諸惡莫作 衆善奉行 自淨其意 是諸佛教.

25 성열, 『부처님 말씀』, 현암사, 2002, 292쪽.

26 景德傳燈錄 제5;<51-243중> 善惡二根皆因心有 窮心若有根亦非虛 推心旣無根因何立 經云善不善法從心化生 善惡業緣本無有實 師又有偈曰 善旣從心生 惡豈離心有善惡是外緣 於心實不有 捨惡送何處 取善令誰守.

27 分別善惡報應經 권상:<1-896하> 一切有情造種種業起種種惑 衆生業有黑白 果報乃分善惡 黑業三塗受報 白業定感人天.

28 阿毘達磨俱舍論 제15;<29-80하> 謂安穩業說名爲善 能得可愛異熟涅槃 暫永二時濟衆苦故 不安隱業名爲不善 由此能招非愛異熟 與前安隱性相違故.

29 阿毘達磨俱舍論 제13<29-71상> 勝義善者 謂眞解脫 以涅槃中最極安隱衆苦永寂猶如無病.

30 雜阿含經 제25;640경:<2-179중> 衆生不識善 不異於野獸.

31 大毘盧遮那成佛神變加持經 제1;<18-2하> 云何人心 謂思念利他.

32 雜阿含經 제35:<2-251상> 汝於所說偈 能自隨轉者 我當於汝所 作善士夫觀 觀汝今所說 言行不相應.

33 토인비 지음, 이성범 옮김, 『죽음, 그리고 삶』, 범양사, 1980, 43쪽.

34 弘明集 제5:<52-30상> 在家奉法則是順化之民 情未變俗迹同方內…… 因親以教愛 使民知有自然之恩 因嚴以教敬 使民知有自然之重 二者之來 寔由冥應 應不在今則宜尋其本 故以罪對爲刑罰 使懼而後愼 以天堂爲爵賞 使悅而後動 此皆卽其影響之報而明於教 以因順爲通而不革其自然也…… 是故教之所撿以此爲崖而不明其外耳.

35 大智度論 제10: <25-135하> 佛亦不分明說五道 說五道者是一切有部僧所說 婆蹉弗妬路部僧

說有六道.

36 大乘義章 제8:<44-624하> 此云地獄 不樂可厭.

37 法苑珠林 제7:<53-322중> 不可愛樂故名地獄.

38 雜阿含經 제31;<2-219중> 愚癡無聞凡夫 於彼命終生地獄畜生餓鬼中 多聞聖弟子 於彼命終不生地獄畜生餓鬼中.

39 雜阿含經 제13;335경:<2-92하> 眼生時無有來處 滅時無有去處 如是眼不實而生 生已盡滅 有業報而無作者 此陰滅已 異陰相續.

40 徐相潤 譯解,『周易』, 韓國協同出版公社, 1983, 52쪽.

41 佛般泥洹經 권하;<1-169상> 善惡隨身 父有過惡 子不獲殃 子有過惡 父不獲殃.
般泥洹經:<1-181중> 父作不善 子不代受 子作不善 父亦不受.

42 A.토인비,A. 퀘슬러 편저, 이성범 역.『죽음, 그리고 삶』, 범양사, 1980, 36쪽.

43 물리법칙을 수학식으로 표현하는 것은 계량화(計量化)를 통해 검증의 정확성과 편리함을 담보하기 위한 것이다. 그러나 업설에서 인과응보는 콩 심은데 콩 난다고 하여 필연성을 강조하여 응보(應報)라고 하지만 인과관계를 수학적 방법으로 계량화할 수 없다. 그러니까 선행을 하면 선의 과보를 받고, 악행을 하면 악의 과보를 받게 된다는 일반적 성향을 말하면서, 그 의미를 강조하여 역설하는 것이 응보일뿐 정밀과학으로 실험을 통해 검증할 수는 없는 노릇이다.

44 고전물리학에서는 세계를 역학적 인과율이 지배하는 것으로 보았지만 현대물리학에서는 인과율마저도 단지 확률에 지나지 않는다고 말한다. 일상생활과 같은 거시 세계에서는 아직도 역학으로 설명하고 있지만 아원자(亞原子)와 같은 미시세계는 뉴턴의 인과율에 따라 결정되는 것이 아니고 오직 집단의 차원에서 통계적으로만 설명할 수 있다고 한다. 다시 말해서 개별적인 입자에 대해서는 그것이 어떻게 될 가능성이 얼마나 있느냐 하는 통계적인 확률로만 표현할 수 있지 어떻게 될 것이다. 혹은 그렇게 되지 않을 것이라는 결정은 내릴 수 없다는 것이다. 그것이 유명한 베르너 하이젠베르크(Werner Heisenberg)의 '불확정성의 원리'이다.

45 부루노와 갈릴레오 이후로 과학과 철학은 자연법칙, 곧 인과관계의 필연성을 중요시하였으며, 스피노자도 장엄한 형이상학을 이 자랑스러운 개념 위에 구축했다. 그러나 흄은 말하기를, 우리는 결코 인과관계나 법칙을 지각하지 못하고 사건과 그 연속을 지각할 뿐이고 여기에서 인과관계와 필연성을 추리한다는 점에 주목하라고 하면서, 법칙은 여러 가지 사건이 복종하는 영원하고 필연적인 섭리가 아니라 우리의 만화경적(萬華鏡的) 경험의 정신적 총괄이고 집약적 표현일 뿐이므로 지금까지 보아 온 사건의 연속이 미래의 경험에서도 변함없이 재현(再現)된다는 보증은 없다는 것이다. 즉 흄에 의하면 법칙은 사건의 연속 속에서 관찰된 관습이고 관습에는 필연성이 있을 수 없다고 했다<윌 듀란트 著, 황문수 譯,『철학 이야기』

, 문예출판사, 1990, 313쪽>.

46 랄프 린튼 지음, 전경수 옮김, 『文化와 人性』, 현음사, 1997, 제1장 개인・문화・사회 참조.

47 六度集經 제4:<3-18중> 夫善惡已施 禍福自隨 猶影之繫形 惡熟罪成 如響之應聲 爲惡欲其無殃猶下種令不生矣.

48 Sn.705.

49 大乘本生心地觀經 제3:<3-302중> 有情輪廻生六道 猶如車輪無始終 或爲父母爲男女世世生生互有恩 如見父母等無差.

50 六度集經 제5:<3-31하> 殺物者自殺 活物者自活.

51 그레고리 베이츤 지음, 서석봉 옮김, 『마음의 생태학』, 민음사, 1989, 504쪽.

52 維摩詰所說經:<14-544하> 說悔先罪而不說入於過去.

찾아보기

[ㄱ]

가립假立 121,122
가립인허명假立隣虛名 79
가명假名 122,129,204,207
가명설假名說 122
가분可分 79
가설 21,48,64,122,149,195
가시설假施設 122
가안립假安立 122
가언설假言說 122
가언적 명제假言的 命題 46
가언적 판단假言的 判斷 377
각관覺觀 342,347
각분覺分 327
각의覺意 327
각지覺支 327
개념적 언어 28,29,38,39,40,41~43
객관세계 20,22,23,92,169,172,186,187,188
191,196,300,342
객진번뇌 187,359,360
겁탁劫濁 149
견見(paśyati) 34,95,332,354
견도見倒 208
견득見得 35
견성見性 350~352,362
견취見取 252
견탁見濁 150
결집 55,87,151
경안각분輕安覺分 327
계금취戒禁取 252
계론戒論 373
계분별관界分別觀 316,317
계탁분별計度分別 200
고苦 19,75,92,94,135,248,250,251,254,257,
267,268,279,287~291,293,296~
298,303~305,320,268
고고苦苦 296,297,304,305
고멸도적苦滅道跡 288,310
고해苦海 92
고행주의苦行主義 298
공무변처정空無邊處定 343
공상요법空相要法 119
공상응空相應 119
공업共業 144,146,147
과보果報(vipāka) 106,127,333,371,376,377,
383,384,390,393,395,415,438
관법무아觀法無我 318,319
관수시고觀受是苦 318,319
관신부정觀身不淨 318
관심무상觀心無常 318,319
관조觀照 145,316,343
광겁曠劫 59
광협자재무애문廣狹自在無礙門 125
괴고壞苦 297
괴멸무상壞滅無常 75
괴상壞相 124,125
교화敎化 141,197,223,374,376,379,
구부득고求不得苦 291,294,300,301,302,405
극미極微 79,80~84
극미결정상주極微決定常住 80~81

기계론적 세계관機械論的 世界觀 397
까르마karma 275,369,371

[ㄴ]
나선형적 순환螺旋形的 循環 147
남방불교南方佛敎 50,51
내사대內四大 78,81,83,85,86
노사老死 248~251,258,267,274
뇌 172,175,176,205,215~217,269
뉴런neuron 215~217
니다르샤나nidarśana 418

[ㄷ]
다르샤나darsana 34,63,161,354
다문견고시대多聞堅固時代 151
단견斷見 59,74,131,132
단단斷斷 322
담마dhamma 62,99
대상적 활동對象的 活動 196
대승불교大乘佛敎 6,50,51,94,118,141,142,151,165,191,192,276,289,320,325,326,359,360,388
대일여래大日如來 137
대치對治 111,255,270,309
독단 21,22,39,60,61,66,74,131,207,226,227,230,237,238,273,306,332,375,396
독룡 18,19
독사 18,19
독자부犢子部 388
동상同相 124
동시구족상응문同時具足相應門 125
동시인과同時因果 289
둣카duḥkha 20,290~293,295~298,305
드라위아dravya 161
등정각等正覺 113,116,117
등지等至 303

[ㄹ]
릴리전 6,7,42,48,49,269,289,337

[ㅁ]
마나스manas 31,167,214
만법유식萬法唯識 25,88,100,204,214
만법유심萬法唯心 88,100,214
말법사상末法思想 150,151
망상분별妄想分別 41
멸수상정滅受想定 303,339,344,346
멸진정滅盡定 303,344~348
명색名色 67,68,88,95,168,169,249,250,253,257,258,263,264,274
명탁命濁 149
무기無記 39,58,59,61,131,135,205,222,225,273,360,372
무념무상 78,336,348,353
무루선無漏善 382,384
무명無明 48,156,186,214,251,253~257,259,265,268~271,274~277,279~283,300,309,320
무분별지無分別智 198,234
무상無常 40,70,73,87,91,93,94,125,153,262,264,296,320
무상無相(alakṣaṇa) 77,310

무상변역지법無常變易之法 78,85,87
무상해탈無相解脫 309
무성고유無性故有 139
무소유처정無所有處定 339,343,345
무시무종無始無終 59
무심정無心定 303
무아無我 87,88,91,93,94,205~208,210~212,
320,357
무아윤회설無我輪廻說 390
무여열반 304,305
무원해탈無願解脫 309
무정설법無情說法 34
무주상보시無住相布施 382
무표업無表業 194
무한순환無限循環 280
미세상용안립문微細相容安立門 125

[ㅂ]
바라문 47,48,129,134,192,204,207,238,298,
299,370,371,374,375,402,404
바라문교 48,226,241,357,369~374,376,378,
403,406
반야般若 198,234,235,339
방구식方口食 335
백업白業 383
번뇌장煩惱障 233,310
번뇌탁煩惱濁 150
법계法界 113,116,122,140,175,178,202
법공法空 113,118,120,123
법불리여法不離如 120,121
법불이여法不異如 120,121
법성法性 120,122,140
법위法位 115,121,140
법이法爾 113,120,140
법주法住 113,115,116,122,140
법주지法住智 115
변애變礙 79,80
변역고變易苦 296,297
별상別相 124
법수法數 162
보디앙가bodhy-aṅga 327
부정관不淨觀 316
부정사유不正思惟 257
부파불교部派佛敎 50,51,273
분별分別 36,39,41,88,89,90,94,113,114,142,
154,156,167,178,180,193,198~201,213,215,
233,235,252,253,264,275,276,282,295,324,
327,331,333,334,338,342,345,346,351,352,
356,360,374,382,422
분별망상 345,361,362,380
분별지分別智 198,234
불국토佛國土 147,148
불립문자不立文字 35
불법佛法 6,67,101,102,151,152,207,240,256,
280,308,370,373
불여래佛如來 137
비기경계非其境界 225
비상비비상처정非想非非想處定 343,
345,347
빨리삼장Pali三藏 53,56

[ㅅ]

사각분捨覺分 327,328
사고四苦 290
사고死苦 293
사념처四念處 317
사다함 324,325
사문유관四門遊觀 154,247
사법인四法印 95
사선四禪 324,339
사선邪禪 323
사성제四聖諦 133,134,136,145,146,164,254, 278,285,287~290,303,310,313,324,369,373, 387
사실적 언어 28,29,38,39,45
사실적 진리 45,46
사업思業 194,253
사여의족四如意足 322,323,333
사유여의족思惟如意足 322,323
사의단四意斷 322
사이업思已業 194,253
사정邪定 323
사정근四正勤 322
사정단四正斷 322,324
사정승四正勝 322
삼계유심三界唯心 25,204
삼과법문三科法門 162
삼마발저三摩鉢底 303
삼마발제三摩跋提 303
삼매三昧 318,336,337,340,341,348
삼법인三法印 68,69,95,264,319
삼세인과三世因果 271,274~276
삼십칠조도품 三十七助道品 313,320
삼수三受 184
삼악도三惡道 406
삼약삼보리 117,250,306,321
삼종관三種觀 310,312
삼처위관三處爲觀 310
상想 180,188,190,199,201,328,338,347
상견常見 59,74,131,133,206,207
상사상속相似相續 83
상주常住 80,113,114,116
상주불변常住不變 82,83
색법色法 23,24,70,101,102,111,191
색본심말色本心末 191,192
색성향미촉법色聲香味觸法 84,88,100,168, 177,181,263
색수상행식色受想行識 84,181,203,262
생生 51,82,154,155,234,248,250,258,274,403
생득적生得的 27,351,358
생로병사 18,247,320
생천론生天論 373
서낭신 220
선禪 35,337,338,348
선불교禪佛教 50,51
선정禪定 151,303,323,328~330,333,336,337, 339,340,342~348,353
선정견고시대禪定堅固時代 151
선종禪宗 348~350,352,354,360
성문제자聲聞弟子 53,56
성법聖法 369
성상成相 124
세제世諦 331,365,367~369,376
소승불교小乘佛教 50,51

소지장所知障 233,235,310
속제俗諦 331,367~369
수受 177,180,182,183,199,201,249,250,257,
258,274,328,329,338,347
수다원須陀洹 324,325,369
수단修斷 322
수념분별隨念分別 200
수속隨俗 121
수식관數息觀 315
수정주의修定主義 298
수호단隨護斷 322
순관順觀 251
스깐다skandha 180,201,295
스빠르샤 177,264,265
승의선勝義善 383
승의유勝義有 170
승의제勝義諦 331,367
시론施論 373
시분상속時分相續 82
식識 163,168,198,201,213,214,235,249,250,
258,274,328,338,347
식무변처정識無邊處定 343
식별識別 30,79,100,163,188,232,265
신견身見 324,325
신구의身口意 277
신부정身不淨 318
신해信解 49,66
실상實相 49,75,77,156
실재적 대상 29
심수만경전心隨萬境轉 314
심여의족心如意足 322,323
심외무별법心外無別法 100
심일경성心一境性 339
심해탈心解脫 309,310
십선十善 332
십세격법이성문十世隔法異成門 126
십악十惡 332
십이연기 136,164,248,250,251,253~257,
259,260,270,271,273,274,276,280
십이처十二處 69,136,162,164,165,168,170,
174,312
십팔계十八界 136,162,164,165,174,175,177,
~179,312

[ㅇ]

아각분猗覺分 327
아귀餓鬼 383,388,389
아나함 324,325,336
아라야식阿賴耶識 192,215,276
아라한 252,281,310,324~326,330,333,336,
389
아어취我語取 252
아의식법我意識法 213,235
안수정등岸樹井藤 19,247
안이비설신의眼耳鼻舌身意 84,181,263
앙구식仰口食 335
애愛 180,248~250,257,258,266,274
애착愛着 242,252,257,266,~268,270,271,
274,275,277,293,297,300,315,318,369
언어도단言語道斷 35,350
업業 106,144,145,192,194,195,207,257,266
~268,272,275~277,332,370,371,374~

376,378,379,383,387,389,390~393,401~403
업보 業報 145,272,369,373,377,390~393,401~403
업장業障(karmāvaraṇa) 275
여如 76,113,120~123,137,139~142,235,339
여래如來 38,58,60,67,74,113,123,137,138,141,142,150,151,156,207,235,254,289,307,352,355
여래장如來藏 138
여래장연기如來藏緣起 138
여실견如實見 35,95,143,250,299
여실지如實知 95,143,250,299
역관逆觀 251
역류逆流 325
연기 74,97,99~106,108~127,129,131,133,134,136,138,140,141,144~146,202,226,248,250,254,256,258,270,271,273,27,280,287,288,297,306,307,377,387
연기법 99,101,102,105,106,108,109,111~114,116,119,121,123,127,129,140,268,279,310,377
연멸고무緣滅故無 139
연생고공緣生故空 139
연생고유緣生故有 139
열반 37,56,58,93~95,109,115,123,136,152,153,156,164,165,235,252,256,261,274,276,280,285,287,288,304~306,313,320,321,324,325,327,329,331,350,356,365,367,368,381,384,406
열반적정涅槃寂靜 69,93~95,264
염각분念覺分 327,328
오경五境 167,174,179,252
오관五官 63,65,84,137,167,173,174,178,201,222,252,254,263,295
오근五根 323,324
오력五力 326
오성음고五盛陰苦 92,291,295,298,312
오온五蘊 81,88,133,136,162,164,165,167,168,171,180~182,188,192,~194,196,198,201~205,207,208,212,252,253,262,295,296,311,312,319,320,324,346~348,361
오온개공五蘊皆空 164,205,357
오정심관五停心觀 315,316
오탁五濁 149,150
오탁악세五濁惡世 147
외사대外四大 78,81,83,85,86,181
욕여의족欲如意足 322,323
욕취欲取 252
우비고뇌憂悲苦惱 92,249,250,251
운명론적 역사관運命論的 歷史觀 145
운명예정설 395
원시불교原始佛教 50,51,55
원융문圓融門 125
위빳사나 348
유有 72,131,206,248,250,257,258,274
유개념類槪念 40,43
유루선有漏善 382,384,385,405
유명무실有名無實 29,36,38,40,42,44,88,100,169
유명유실有名有實 29,30,35,36,38,40,101
유식불교唯識佛教 50,51,192

유식학唯識學 24,25,203,215,276
유여열반 304,305
유위有爲 69,70
유전문流轉門 109,251
유형상지식론有形象知識論 191
육경六境 166,263
육근六根 166,167,263
육근청정六根淸淨 174
육상六相 124,390
육상십현六相十玄 124
육외입처六外入處 166
육입처六入處 257,258,263
육진六塵 166,171,175,204,263
윤회 59,109,124,131,192,251,266,269,270,272,273,274,275,277,299,346,369,370,371,373~379,383~385,387~390,396,400~402,419
율의단律儀斷 322
은밀현료구성문隱密顯了俱成門 125
은현성隱顯性 79,80,84
의意 31,100,167~169,171,173,180,186,200,201,213~215,253,263,295,338,352
의득휴식意得休息 313
의법意法 100
의분별법意分別法 213,235
의언분별意言分別 32
의촉지법意觸知法 213,235
의해탈意解脫 309,312
이법理法 99,102
이상異相 124
이시인과異時因果 289
인과성因果性 127,128,396,397
인과율因果律 148,272,331,369,377,388,391,394~398,438
인과응보因果應報 106,127,128,272,369,373,375,377,379,383~385,387,391~397,399,400,404,437
인다라망경계문因陀羅網境界門 125
인생무상人生無常 71
인성人性 358
인연과因緣果 104
인허隣虛 79
일다상용부동문一多相容不同門 125
일천제一闡提 363
일체개고 92~95,264
일체법一切法 24,88,89,95,170
일체유부一切有部 388
일체행一切行 69,87,91
일체유심조一切唯心造 23,25,187,214
입류入流 325

[ㅈ]

자성분별自性分別 200,342
적정寂靜 94
정각분定覺分 327,328
정견正見 329~331,333,351
정념正念 318,336
정등정각正等正覺 117
정령精靈 118
정명正命 334,335
정법正法 5,56,147,149~152,323,379
정변지正徧知 117

정사유正思惟 334
정수正受 339
정심관停心觀 316
정어正語 334
정업正業 334
정정正定 323,329,330,336,337,348
정정진正精進 322,323
정지正志 334
정진각분精進覺分 327
정진여의족精進如意足 322,323
정토불교淨土佛敎 50,51
정혜겸수定慧兼修 349
정혜쌍수定慧雙修 349
제각분除覺分 327
제법무아諸法無我 42,68,87,88,90,95,100,
143,204,214,319
제법상즉자재문諸法相卽自在門 125
제식연기齊識緣起 257,258,260,270,275
제행무상諸行無常 32,68~73,87,95,101,143,
153,181,188
조사견고시대造寺堅固時代 151
주반원명구덕문主伴圓明具德門 126
중관불교中觀佛敎 50,51
중국불교中國佛敎 50,51,352
중도中道 73,74,122,129~135,206,207,273,
287,310,313,332
중생탁衆生濁 150
중중무진연기重重無盡緣起 109
증득證得 49,51,235
지수智水 93
지식념持息念 315~316
지옥地獄 223,225,361,376,378,381,383,388,
389,394~396,406
직관直觀 78,92,172,198,201,233,235,264,323,
339,346,350,352,354,356
직관지直觀知 198,234,369
직선적 역사관 148
진실제眞實際 140
진여무위眞如無爲 141
진여법眞如法 141
진여수연眞如隨緣 141
진여실상眞如實相 141
진여연기眞如緣起 141
진여일실眞如一實 141
진여평등眞如平等 141
진제眞際 140
진제眞諦 331,367,369,418

[ㅊ]

찰나무상刹那無常 75,82
찰나상속刹那相續 82
찰나생찰나멸刹那生刹那滅 82
천상天上 292,324,325,368,369,376,381,383,
384,395,396,406
초기불교初期佛敎 6,50,51,55,79,80,82,122,
191,192,203,258,259,275~277,289,304,313,
316,320,326,330
총상總相 124,125
축생畜生 383,388,389
출법出法 369
취取 248,250,257,258,274,321
치癡 249,250,254

친인소연親因疎緣 104
칠각분七覺分 313,321,327,333
칠처선七處善 310~312
칠처위지七處爲知 310

[ㅌ]
탁사현법생해문託事顯法生解門 126,127
택법각분擇法覺分 327
투쟁견고시대鬪爭堅固時代 151

[ㅍ]
팔고八苦 290
팔난설八難說 173,174
팔성도八聖道 332
팔정각로八正覺路 332
팔정도八正道 133,134,305,310,311,313,318,
322,329~333,336,337
팔정로八正路 332
팔정행八正行 332
팔종八宗 280
팔직도八直道 332
팔진도八眞道 332
표업表業vijñapti 194

[ㅎ]
하구식下口食 335
학혜견고시대學慧堅固時代 151
항주불변역恒住不變易 78,81,85,87
항포문行布門 125
해여응물解如應物 141
해탈 18,37,94,109,115,123,148,151,155,156,
188,251,304~306,309~313,321,324,325,
330,331,346,365,367~369,383,384
해탈견고시대解脫堅固時代 151
행고行苦 296,297
행行 70,171,192,193~196,199,201,249,250,
274,275,328,338
허상虛像 41
허상虛想 41
현법現法 62,125,126,305
현번득열반現法得涅槃 305
현법락주現法樂住 305
현법중現法中 62,138,305
형식적 진리 45,46
혜력慧力 326,327
혜해탈慧解脫 309,310,312
환멸문還滅門 109,251
흑업黑業 383
희각분喜覺分 327
희론戲論 256,280,386
힌두교 49,192,357,358,369,390
힌두 다르마Hindhu-dharma 101,370

저자 **성 열**

강남포교원장

저자의 다른 책들로는 『고따마 붓다』(2008 불교출판문화대상), 『부처님 말씀』, 『자유인 임제』(2007 문화관광부선정 교양도서), 『산쓰그리뜨문 금강경공부』 등이 있다.

붓다 다르마 불교의 올바른 이해와 실천

제1판 1쇄 발행일 ‖ 2010년 9월 10일
제1판 2쇄 발행일 ‖ 2010년 10월 5일

지 은 이 ‖ 성 열
펴 낸 이 ‖ 고 진 숙
기획·편집 ‖ 김 종 만
디 자 인 ‖ 김 경 수
출 력 ‖ 소망콤(02-362-7254)
종 이 ‖ 신승지류㈜(02-2270-4900)
인쇄·제본 ‖ 상지사피앤비(031-955-3636)
물 류 ‖ 문화유통북스(070-8282-6300)
펴 낸 곳 ‖ 도서출판 문화문고
출판등록 ‖ 2005년 5월 17일(제300-2004-89호)
주 소 ‖ 110-816 서울시 종로구 부암동 129-8 울트라타임730 오피스텔 612호
전 화 ‖ 02-379-8883 팩 스 ‖ 02-379-8874
이메일 ‖ mbook2004@naver.com

ISBN 978-89-7744-031-9 (93220)